板書＆展開例でよくわかる

指導と評価が見える
365日の全授業
中学校国語 2年

改訂

田中 洋一 [編著]

明治図書

はじめに

　現行学習指導要領は，自ら学び自ら考えるなどの「生きる力」の育成を目指すという点や，学校教育法に示されたいわゆる学力の三要素である「基礎的な知識及び技能」「課題を解決するために必要な思考力，判断力，表現力その他の能力」「主体的に学習に取り組む態度」をバランスよく養うという点で21世紀を迎えて始まった教育改革の延長にあるものである。

　1998年に告示された平成10年版学習指導要領は，「ゆとり教育」というキャッチコピーを文部科学省自体が付けたことにより評価は分かれてしまったが，覚える量を減らしてでも生徒が考える時間を確保し，主体的な学びを実現しようという画期的なものであった。間近に控えた21世紀に生きる子供たちを育てるという意図の明確に出た学習指導要領であった。

　それに続く平成20年版学習指導要領，平成29年告示の現行学習指導要領は確実にその方針を受け継いでいる。これらの学習指導要領は，社会の変化に対応し，自らの課題に積極的に取り組み，自力で解決していく能力の育成を求めている。国語科でも論理的な思考力の育成を中心に据え，目的や場面に応じて適切に理解したり表現したりする能力を育てることに重点をおく改善がなされた。特に，生徒自身の手による課題解決を中心に据える授業を目指した。これらの改善は一定の成果を挙げることができたが，国語科においては，言語活動を目的と勘違いさせるようなメッセージが発せられたこともあり，授業改善は十分でない部分もあった。

　さらに，その後の今日的課題として，Society 5.0の社会における学びの在り方，特に個別最適化への対応，GIGAスクール構想への対応，SDGs達成のための資質能力の育成など新しい課題が山積し，さらなる授業改善が求められているのである。今，学校現場では学習指導要領の趣旨を受け，新しい教育課題に対応した授業の実現のために，先生方の創意工夫に満ちた授業が展開されている。日本の教育は優秀で誠実な先生方の努力で支えられているのである。

　本書は，光村図書の教科書教材を用いており，指導事項などは教科書の編集趣意に沿っているが，指導方法や生徒の言語活動には各執筆者たちの研究成果に基づく工夫が凝らされている。執筆に当たったのは21世紀国語教育研究会の会員の先生たちである。本会は東京都を中心とする中学校の管理職を含む教員による会で，発足から21年，会員数約150名の組織である。常に生徒の主体性を引き出し，国語好きを育てる授業を心掛けており，月に一度の定例会や年に一度の全国大会，執筆活動などで切磋琢磨している。本書の基本的な執筆方針は第一章に述べているのでご覧いただきたい。

　本書が，中学校の国語科授業に携わる全国の先生方のお役に立てば幸いである。

編著者　東京女子体育大学名誉教授　田中洋一

本書の使い方

単元構想のページ

単元の目標と評価規準を，三観点で示しています。

単元構想に役立つ教材の特徴と，身に付けさせたい資質・能力について解説しています。単元計画と授業づくりに役立ててください。

---

2 多様な視点から

クマゼミ増加の原因を探る （4時間）

1 単元の目標・評価規準

・情報と情報との関係の様々な表し方を理解し使うことができる。　〔知識及び技能〕(2)イ
・文章全体と部分との関係に注意しながら，主張と例示との関係などを捉えることができる。
　　　　　　　　　　　　　　　　　　　　　　　　〔思考力，判断力，表現力等〕C(1)ア
・文章と図表などを結び付け，その関係を踏まえて内容を解釈することができる。
　　　　　　　　　　　　　　　　　　　　　　　　〔思考力，判断力，表現力等〕C(1)ウ
・言葉がもつ価値を認識するとともに，読書を生活に役立て，我が国の言語文化を大切にして，思いや考えを伝え合おうとする。　　　　　　　　　　　　「学びに向かう力，人間性等」

知識・技能	情報と情報との関係の様々な表し方を理解して使っている。 ((2)イ)
思考・判断・表現	「読むこと」において，文章全体と部分との関係に注意しながら，主張と例示との関係などを捉えている。(C(1)ア) 「読むこと」において，文章と図表などを結び付け，その関係を踏まえて内容を解釈している。(C(1)ウ)
主体的に学習に取り組む態度	粘り強く表現の効果について考え，学習の課題に沿って自分の考えを発表しようとしている。

2 単元の特色

教材の特徴

　本単元は，小見出しによって論の展開が分かりやすく示されており，展開を捉えやすい。また，その論の展開は，仮説を立てそれを解明することを重ねることで「クマゼミ増加の原因」に迫っていくという科学的な検証方法に沿っている。そして結論で筆者は「世間一般にいわれていることをうのみにするのではなく，科学的な根拠を一歩一歩積み上げて臨む姿勢が大切である」と主張している。

　また，意見の確かさを補足するために，数多くの図表を用いることで読者の理解を促している。文章と図表などを結び付けながら，その関係を踏まえて内容を解釈する力を養うためのテキストとして最適である。本文と図表などをどのように結び付けると理解が深まるのかを考えさせながら読み進めていきたい。

身に付けさせたい資質・能力

　本単元では，学習指導要領C(1)ア「文章全体と部分との関係に注意しながら，主張と例示との関係などを捉える」力を育成することに重点を置く。この資質・能力を身に付けるための言語活動として「構成（否定された説を入れたこと）が効果的であったかどうかについて考える」活動を設定する。

　また，本教材は，前述したように本文と図表などの結び付きを考えるのに最適な文章である。そのため，C(1)ウ「文章と図表などを結び付け，その関係を踏まえて内容を解釈すること」や〔知識及び技能〕(2)イ「情報と情報との関係の様々な表し方を理解して使うこと」についても関連して指導する。

3　学習指導計画（全4時間）

時	○主な学習活動	☆指導上の留意点　◆評価規準
1	○単元の目標を確認する。 ○本時の目標を確認する。 ○新出漢字・新出語句について確認をする。 ○教科書を通読する。 ○文章を読んでみて気付いたことや疑問に思ったことを共有する。 ○振り返りをする。	☆学習に見通しがもてるようにする。 ◆意欲的に文章の内容を理解しようとしている。【主】
2	○本時の目標を確認する。 ○本文を図示して，内容を捉える。 ○まとめたものを発表する。 ○振り返りをする。	☆情報における既習事項と結び付けながら指導する。 ☆図示して情報を整理することで，文章の構成や内容を捉えられるようにする。 ◆情報と情報の関係の様々な表し方を理解して使っている。【知・技】
3	○本時の目標を確認する。 ○図形と文章のつながり，図表の特徴，効果，役割について考える。 ○まとめたものを発表する。 ○振り返りをする。	☆グループごとに図表等を振り分けて，本文とのつながり，図表等の効果や特徴，その役割について分析させる。 ◆文章中に示された図や表と関連させて文章の内容を理解している。【思・判・表】
4	○本時の目標を確認する。 ○自分の考えをつくる。 ○班で考えを共有する。 ○班の考えをクラスで共有する。 ○振り返りをする。	☆表現の効果について自分の考えをもたせる。 ◆文章全体と部分との関係に注意しながら，主張と例示との関係などを捉えている。【思・判・表】 ◆粘り強く表現の効果について考え，学習の課題に沿って自分の考えを発表しようとしている。【主】

> 単元全体の学習指導計画を一覧できる表です。主な学習活動が記載されているので，おおまかな流れをつかむことができます。評価規準は毎時の評価規準例と合致しています。指導上の留意点と合わせて付けたい力の見通しをもちましょう。

クマゼミ増加の原因を探る ● 73

本時のページ

本時の指導の重点と，展開に即した主な評価規準の例を示しました。

生徒に示す本時の目標を明記しています。

ダウンロードして使えるワークシートがあります。改変可能な Word データですので，学級の実態に応じてアレンジして使ってください。（ダウンロードのためのパスワードは目次ページに記載しています）

各時間の授業の要所（ポイント）を示しています。

 1 / 4時間　クマゼミ増加の原因を探る

■ 指導の重点
・語句の意味を確認し，本文の内容を捉えさせる。

■ 本時の展開に即した主な評価規準例（Bと認められる生徒の姿の例）
・意欲的に文章の内容を理解しようとしている。【主】

● 生徒に示す本時の目標
　語句の意味を確認し，本文の内容を捉えよう

1　導入
　T：セミについて知っていることは何がありますか。知っていることをワークシート①に書き出してみましょう。　⬇ WS1
　○普段は，あまり意識して考えることがないと思われるので，生活の中でセミについて知っていることを振り返らせる。生徒からは次のようなことが挙がると考えられる。
　　・夏になると鳴いている
　　・アブラゼミ，クマゼミ，ニイニイゼミ…
　　・地中で生活している
　　・抜け殻がよく落ちている
　　・地上で羽化すると一週間ぐらいの命
　　・液体をかけられたことがある

● ポイント　本文に興味をもたせる
　生徒に生活の中で聞いているセミの鳴き方などを思い出させる。普段，聞いている鳴き声がどのような種類のセミのものなのか意識させる。また，実際にデジタル教科書などを使って音声を聞かせることで，セミや本文に興味がもてるようにする。

2　新出漢字・進出語句を確認
　T：この単元に出てくる新出の漢字と語句を確認します。ワークシートの②〜④を解きましょう。
　○新出漢字の読みの確認をする。
　○新出語句の意味を例文を基に自分なりに考えて書く。分からない語は辞書を引かせる（タブレット等で調べさせてもよい）。
　○新出語句を使って例文をつくらせる。

● ポイント　語彙の獲得
　本文を読んで困らないように本文で使用される新出漢字や語句についてあらかじめ確認しておく。辞書やタブレット等を使用して意味を調べることは大切であるが，前後の文脈を利用して自分の言葉で言い換える作業も有効である。ここではできる限り自分の言葉で言い換えさせたい。

3　教科書を通読する
　T：では教科書を読んでいきます。本文の書き方の特徴として気付いたことを挙げてもらいますので，どのような特徴があるのかを意識しながら読み進めましょう。また，先ほど確認した新出漢字や語句が，どこで使われているのかを確

本時で必要な準備物を記載しました。（教科書・ノート・鉛筆・1人1台端末［タブレット］は，準備物への記載はありません）

準備物：ワークシート，国語辞典

【板書例】

クマゼミ増加の原因をさぐる

本時の目標
語句の意味を確認し，本文の内容を捉えよう

①
・夏になると鳴いている
・アブラゼミ，クマゼミ，ニイニイゼミ…
・地中で生活している
・抜け殻がよく落ちている
・地上で羽化すると一週間ぐらいの命
・液体をかけられたことがある

⑤
・見出しが付けられていた。
・見出しで段落が分かれていた。
・図表や写真がたくさん使われていた。
・実際に調べた事実が書かれていた。
・筆者の日ごろの経験をきっかけに研究を進めている。
・仮説を立てて検証している。

展開に沿った具体的な板書例を提示しています。

認してください。また，意味の分からない語句があれば線を引いておき，後で調べましょう。
○範読するかデジタル教科書を使用して音声を聞かせ，その後読ませる。

4　気付いたことや疑問に思ったことを書く
T：本文を読んで気付いたことや疑問に思ったことがあれば，ワークシートの⑤に書き出してみましょう。
○気付いたことや疑問に思ったことをできるだけたくさん書くよう促す。
T：全体で，気付いたことや疑問に思った点を共有します。各自一つずつ挙げてください。
○気付きや疑問点を整理して板書する。
〈予想される生徒の発言〉
・見出しが付けられていた。
・見出しで段落が分かれていた。
・図表や写真がたくさん使われていた。
・実際に調べた事実が書かれていた。
・筆者の日ごろの経験をきっかけに研究を進めている。
・仮説を立てて検証している。など

5　次時の確認をする
T：次の時間は内容を整理していきます。

○生徒が見通しをもてるようにする。

6　振り返りをする
T：本時の目標は「語句の意味を確認し，本文の内容を捉えよう」でした。新出語句の意味を確認し，本文のおおまかな内容を捉えることができたでしょうか。ワークシートに今日の学習の振り返りを記入をしましょう。
○ワークシート「振り返り」の欄に，記入させる。

予想・期待される生徒の発言・作品例を適宜掲載しています。

クマゼミ増加の原因を探る ● 75

CONTENTS

目次

はじめに
本書の使い方

ワークシートについて
本書でマーク記載のあるワークシートは，右のQRコード，または下記URLより無料でダウンロードできます。
※教材のご利用にはMicrosoft Officeが必要です。
※データは，お使いのPC環境によって
　レイアウトが崩れる場合があります。あらかじめご了承ください。

URL　　　：http://meijitosho.co.jp/491218#supportinfo
ユーザー名：491218
パスワード：365chukokugo2

第1章 これからの国語科の授業が目指すもの
——授業づくりのポイントと評価

Ⅰ　国語科で育てる学力 …………………………………………………………………… 014
Ⅱ　国語科の授業改善の視点 ……………………………………………………………… 015
Ⅲ　ICTの活用 ……………………………………………………………………………… 019
Ⅳ　目標と評価規準の設定 ………………………………………………………………… 020

第2章 365日の全授業　2年

見えないだけ／続けてみよう ………………………………………………………… 024
（1時間）

1　広がる学びへ
アイスプラネット …………………………………………………………………… 028
（4時間）
漢字に親しもう1 …………………………………………………………………… 038
［聞く］意見を聞き，整理して検討する …………………………………………… 040
（1時間）

| 文法への扉1　単語をどう分ける？ | 044 |

(2時間)

| 魅力的な提案をしよう | 050 |

資料を示してプレゼンテーションをする
(5時間)

| 枕草子 | 062 |

(3時間)

| 季節のしおり　春 | 070 |

2　多様な視点から

| クマゼミ増加の原因を探る | 072 |

(4時間)

| 情報整理のレッスン　思考の視覚化 | 082 |

(1時間)

| 情報を整理して伝えよう | 086 |

職業ガイドを作る
(5時間)

| 漢字1　熟語の構成 | 098 |

漢字に親しもう2
(1時間)

3　言葉と向き合う

| 短歌に親しむ | 102 |

短歌の創作教室
短歌を味わう
(5時間)

| 言葉の力 | 114 |

(2時間)

| 言葉1　類義語・対義語・多義語 | 120 |

語彙を豊かに　抽象的な概念を表す言葉
(2時間)

情報×SDGs

| メディアの特徴を生かして情報を集めよう | 126 |

デジタル市民として生きる
(2時間)

いつも本はそばに
読書を楽しむ ———————————————132
（1時間）
翻訳作品を読み比べよう ————————————136
星の王子さま
コラム　「わからない」は人生の宝物
読書案内　本の世界を広げよう
（1時間）

季節のしおり　夏 ——————————————140

4　人間のきずな
ヒューマノイド ——————————————142
（4時間）
字のない葉書 ———————————————152
（3時間）
表現を工夫して書こう ————————————160
手紙や電子メールを書く
（3時間）
［推敲］表現の効果を考える ———————————168
（1時間）
言葉2　敬語 ———————————————172
（1時間）
聞き上手になろう —————————————176
質問で思いや考えを引き出す
（2時間）
漢字2　同じ訓・同じ音をもつ漢字 ————————182
漢字に親しもう3
（1時間）

5　論理を捉えて
モアイは語る─地球の未来 ———————————186
（5時間）
思考のレッスン1　根拠の吟味 —————————198
（1時間）
適切な根拠を選んで書こう ———————————202
意見文を書く
（5時間）

聴きひたる　月夜の浜辺 ……………………………………………………… 214
（1時間）

季節のしおり　秋 ……………………………………………………………… 218

6　いにしえの心を訪ねる

音読を楽しむ　平家物語 ………………………………………………………… 220
「平家物語」の世界／「平家物語」の主な登場人物たち
（1時間）

扇の的―「平家物語」から ……………………………………………………… 224
（3時間）

仁和寺にある法師―「徒然草」から …………………………………………… 232
係り結び
（3時間）

漢詩の風景 ……………………………………………………………………… 240
律詩について
（3時間）

7　価値を語る

君は「最後の晩餐」を知っているか …………………………………………… 248
「最後の晩餐」の新しさ
（5時間）

思考のレッスン2　具体と抽象 ………………………………………………… 260
（1時間）

季節のしおり　冬 ……………………………………………………………… 264

［話し合い（進行）］話し合いの流れを整理しよう ………………………… 266
（1時間）

文法への扉2　走る。走らない。走ろうよ。 ………………………………… 270
（2時間）

立場を尊重して話し合おう ……………………………………………………… 276
討論で視野を広げる
（4時間）

漢字に親しもう4 ……………………………………………………………… 286
（1時間）

いつも本はそばに
「自分らしさ」を認め合う社会へ ———— 290
父と話せば／六千回のトライの先に
読書案内　本の世界を広げよう
（1時間）

8　表現を見つめる
走れメロス ———— 294
（8時間）
漢字に親しもう5 ———— 312
文法への扉3　一字違いで大違い ———— 314
（2時間）
描写を工夫して書こう ———— 320
心の動きが伝わるように物語を書く
（5時間）
言葉3　話し言葉と書き言葉 ———— 332
（2時間）
漢字3　送り仮名 ———— 338
（2時間）
国語の学びを振り返ろう ———— 344
「国語を学ぶ意義」を考え，コピーを作る
（4時間）
鍵 ———— 352
（2時間）
国語の力試し ———— 358
（3時間）

＊本書の構成は，光村図書出版株式会社の教科書を参考にしています。

第1章 これからの国語科の授業が目指すもの
——授業づくりのポイントと評価

Ⅰ 国語科で育てる学力

1 学校教育において育成を目指す資質・能力

　平成29年に告示された現行学習指導要領は，育成を目指す資質・能力として全教科共通に次の三点を示している。

- 「何を理解しているか，何ができるか（知識・技能）」
- 「理解していること・できることをどう使うか（思考力・判断力・表現力等）」
- 「どのように社会・世界と関わり，よりよい人生を送るか（学びに向かう力・人間性）」

　これらを，授業等の教育活動を通して育成することになっている。当然，教科指導においても，目標に反映させ，評価の観点や規準に取り入れることが求められている。
　これを受けて「『令和の日本型学校教育』の構築を目指して（答申）」（令和3年）では，2020年代を通じて目指す学校教育の姿として，「個別最適な学び」「協働的な学び」「主体的・対話的で深い学び」「ICTの活用」等をキーワードにし，学校教育の充実を提言しているのである。

2 国語科の課題

　国語科に関する児童・生徒の意識調査は多くあるが，それらの共通点として小学校中学年あたりから，「退屈で面白くない」教科であると感じる児童・生徒が増え，中学生になると「答えがあいまいで学習しにくい」と感じる生徒が増えるようになる。さらに「教師と意見が合わないと正解にならない」と思う生徒も増える。その結果，国語は好きな教科でなく，どのように勉強したらよいか分からない教科であると感じる生徒が多くなる。
　もともと国語科は文字を獲得する初期以外は，新しいことを学ぶというよりも，すでにある程度できることをスパイラルに学び，資質・能力を向上させていく教科である。したがって前述した課題は教科の特性にも関連するが，それだけでなく，授業の流れが明確でなく，子供の思考をいざなう深い学びが少ないという課題が現状の授業にあることは否めない。
　国語の授業の陥りがちな特徴には次のようなものがある。

〇生徒がある程度できる教科であるので，「読み方」や「書き方」の技能を指導していない。
　したがって，読むこと，書くことなどを経験させているだけの授業が多い。この結果，国語の得意な生徒はよいが，苦手な生徒は学習効率が悪い授業になり，成就感ももてなくなる。
〇文章を読んで内容を理解する課題と，読み取った内容について自分の考えをもつ課題が混在

していることが多い。この結果，生徒は自由に考える課題でも，自信がもてず深く考えようとしない。また国語の学習方法が分からないという生徒が増えることにもなる。

本書ではこれらの課題に対し，生徒が言葉を駆使して言語活動をすることの楽しさを味わえるように工夫した。また生徒が成就感を味わえるように学習の道筋を明確にしている。

Ⅱ 国語科の授業改善の視点

1 「知識及び技能」と「思考力，判断力，表現力等」

現行学習指導要領国語の特色に「知識及び技能」と「思考力，判断力，表現力等」の育成方針が明確化されたことが挙げられる。というのは長い間，国語科はこの両者を明確に分けて来なかったからである。平成元年版学習指導要領の実施に伴い導入された観点別学習状況の評価では，多くの教科で「知識・技能」と「思考・判断」を分けて示したのに対し，国語科では，教科の特質により，領域ごとに独自の指導事項と評価規準を設けてきた。これについては評価の分かれるところであるが，少なくとも生徒に教えることは教え，考えさせることは考えさせるという教育の基本の上では課題が多かったのである。そこで今回の学習指導要領では「知識・技能」と「思考・判断」の指導事項を分けて示し，育成する資質能力を明確にしたのである。

本書では，この考えに基づき「知識及び技能」は，固有の知識及び技能を習得させるとともに，それらを既有の知識及び技能と関連付けて活用できるようにしている。文法や漢字についても丸暗記するのではなく，文章を読んだり書いたりする中で使える知識として身に付けさせることを目指している。また，「思考力，判断力，表現力等」については，生徒に考えさせるための課題設定や展開を工夫して，深い思考をいざなう授業を提案している。

2 主体的・対話的で深い学び

現行学習指導要領は，「主体的・対話的で深い学び」を通して生徒の学力を育てることを求めている。本書もその趣旨に沿った授業提案をしている。本書の基本的な考えは以下である。

まず「主体的」な学びについてである。例えば体育の短距離走の時間に，教師が「今日は50メートル走を10本ずつ走る」と指示し，生徒は汗だくになって走る。このような学習を主体的な学びと言うだろうか。生徒が一生懸命に学習していることは間違いないが，主体的と言うには違和感がある。それは，生徒が教師の指示通り活動しているだけで，自身の思考や工夫が見られないからである。これに対して，五輪選手と自分の走り方をビデオで比べ，自分の走り方の短所を見付け，それを直す練習方法を各自工夫するという事例なら主体的な学びと言えよう。要は生徒自身が考えて課題に取り組むことが主体的な学びの条件になるのである。

次に「対話的な学び」である。これは，他者の意見に触れることにより自分の考えを吟味したり再構築したりすることである。話合いはその一方法である。
　このような主体的・対話的な学びを通じて考えを深めることが深い学びである。本書では，まず生徒に自分の考えをもたす。次に交流し他者の意見に触れる。最後に交流の成果として自分の考えを深めるという過程を基本としている。（時数によっては一部を省略している）

3　「読むこと」における深い学び

　「読むこと」は国語科の授業の中で最も多く行われる活動であるが，これにもそれぞれの段階があることに留意する必要がある。読みの段階を三つに整理すると次のようになる。

【文学的な文章の場合】
○第一段階の読み
　叙述を正しく読み，書かれていることを捉える。（登場人物や背景，粗筋等を捉える）

○第二段階の読み
　直接，表現されていないが，表情，動作等の叙述や，前後の展開などから，誰が読んでもほぼ同じように読めるところを読む。
　例１）「楽しそうに話していたＡ君とＢ君だが，Ａ君が突然立ち上がり，ドアをバタンと閉めて出て行った」（前後の状況や動作から，感情の行き違いがあったことを読み取る）
　例２）「彼女はその話を聞いて肩を落とした」（「肩を落とす」という慣用的な表現から心情を読み取る）等である。

○第三段階の読み
　叙述されていないことを，周辺の叙述を基にして想像しながら読む。
　例）「メロスを最後まで支えたものは何だったのか」
　友情，正義感，家族愛，プライド，国王への意地等，叙述を読みながら，一番大きな要素であると思われるものを考える。

　このように，第一段階は誰が読んでも同じ答えになる基礎的な課題である。第二段階も読み手による多少の違いはあっても概ね同じ線上の解釈になる。
　それに対して，第三段階の読みは，読み手が自分の考えで深める読みである。もちろん叙述を土台にすることが必要であり単なる空想ではない。第一段階，第二段階の読みを基にして，それに読み手の感性を加えて読むのである。これは多様な読みが許容される読みで，かなり広い範囲の「正解」がある問いである。このような問いを単元の中心に据える。それにより，生

徒は「私は〜と読む」という意見がもて，自分の解釈や感想と異なる他者の意見を聞くことにより，新たな気付きをもったり自分の読みに確固たる自信をもったりするのである。結果として文学を味わうことの奥深さと，それを追究することの楽しさに気付き，生徒のさらなる主体性を引き出すことにもなる。現状の授業には第三段階の読みの課題もあるが，実際は第一段階から第三段階までのものが混在していることがあり，生徒は「国語は答えがあいまいで勉強しにくい」「先生のまとめに納得しにくい」などの感想をもつことが多くなっている。

【説明的な文章の場合】
○第一段階の読み
　叙述を正しく読み，書かれていることを捉える。

○第二段階の読み
　叙述されていることを整理しながら読む。（事実と意見とに分ける。問題提起の部分と結論の部分を整理する。段落の意味を捉え，段落相互の働きを捉える等）である。

○第三段階の読み
　書かれている内容や論の展開に対して，評価，選択，補充等，自分の考えをもちながら読む。
　例１）環境問題についての三つの提言があるが，自分にとって最も大事だと思うのはどれか。
　例２）環境問題を論じている二人の学者の意見のうち，論の展開に納得がいくのはどちらか。

　文学的な文章の授業と違い，従来の説明的な文章の授業は，ほとんどが第二段階の読みで終わっている。第三段階の読みは，PISA調査で示されているリーディング・リテラシーを活用した読みと同じ方向性で，読み取ったことを活用したり，それを基に自分の意見をもったりする読みである。これらは学習指導要領に示された「考えの形成」に該当する読みである。21世紀型学力として変化の激しい社会において自ら考え，主体的に解決し，よりよく生きていくために必要な力を育てる学習活動と位置付けられる。
　第三段階の読みの課題を授業の中心的な位置に設けることで，文章を正しく理解するだけの授業から一歩進むことができる。そして各生徒がそれぞれ自分なりの考えをもつことで主体的な学びが成立する。第一段階や第二段階の読みでは答えが一つに集約されるので交流しても答え合わせに終始してしまうが，多様な考えが生まれる課題であるからこそ対話的学びが充実し，深い読みにつながる。このように他者と意見交流をしながら自分の読みを追求していく行為は文章を読むことの面白さそのものであり，生徒の意欲を引き出すのにも有効である。

4 「書くこと」「話すこと」における深い学び

　「書くこと」と「話すこと」の表現活動は，一般には理解の活動よりも思考・判断の力を育てると思われがちである。しかし，これも生徒に何を考えさせ，どこで工夫させるかを想定し，課題を設定しないと活動すること自体が目標になってしまう傾向がある。

(1)「書くこと」の場合

　例えば行事作文や，読書感想文などは作文課題の定番と言えようが，これらには「何のために書くのか」「誰が読むのか」という表現活動に必須の条件が設定されていないことが多い。
　生徒は相手や目的に応じて，素材を文章化する対象として整理し，表現や文体，用語などを工夫する。文章の長さも本来は，相手や目的に応じて必要な分量で書けることが文章力の一つと言えよう。「これから運動会を終えてという作文をする。内容は自由，原稿用紙四枚以上」という指示は，生徒が考えるための必要な情報を何も与えていないのである。
　これが例えば「部活動でお世話になっている近所のご老人のAさん（実在の人物）が，君たちの運動会を楽しみにしていたのだが，あいにくお仕事で来られなかった。Aさんに，自分たちの運動会がこんなに楽しかったということをお知らせする手紙を書こう」という設定ならどうであろうか。相手はAさんという実在の人物である。目的は，「運動会を見たがっていてかなわなかったAさんに，運動会が楽しかったことをお知らせする」である。
　生徒はこの設定により，まず運動会という行事の中で，楽しかったことが伝わる（当然Aさんが喜んでくれる）場面やエピソードを探すことになる。つまり運動会という素材を文章の対象に応じて整理するのである。そこにはAさんという人物の人間性や，自分たちとの関わりの程度，また中学生の運動会における「楽しさ」の解釈などが必要である。このような経緯をたどって文章がつくられていく。また「相手」が既に知っている情報は不要であり，必要な情報だけを選ぶという作業も行われる。またAさんに通じる言葉や失礼でない表現を選ぶこともする。さらに，クラス全員がそれぞれ手紙を書くなら，それに相応しい長さはどのくらいかを考えることも必要になる。これら全てが適切に判断できることが文章力なのである。
　このような条件を設定することで推敲も，より有効な活動として設定できる。推敲を学習活動に設定する場合は次のように整理することが有効である。

○推敲A→誤字，脱字，主述や係り受け，呼応のねじれ等。誤っている部分を正しく直す。
○推敲B→相手に対して目的が達成される文章になっているかどうかを確認する。
○推敲C→より高いレベルを目指して表現や構成を磨く推敲。日記や随筆なら，そのときの心情をより適切に表す語を探す。報告文や記録文などでは，無駄な表現をそぎ落として，より分かりやすくするなどの視点で文章を直す。

授業で推敲させることは多いが，教師の指示が明確でないと，ＡＢＣのどのレベルの推敲をしてよいのか生徒は分からない。一般に推敲Ａは正誤を扱うので，誰が推敲しても結果はほぼ同じになるはずである。推敲Ｂは深い学びのための推敲と言える。推敲に臨む姿勢は，読み手になったつもりで目的が達成されているかを確認しようとする試みである。前述の例で言えば，地域のご老人のＡさんになったつもりで読み，運動会の楽しさが伝わるかどうかという視点で推敲することである。相手と目的を意識した作文の仕上げに相応しい推敲である。推敲Ｃは，筆者の思いや感覚の問題に踏み込む推敲である。推敲ＡとＢは相互推敲にも適しているが，Ｃは文章力のある生徒ほど他者のアドバイスに違和感を覚えることが多い。その場合は相互推敲でなく，感想交流とすることが適切であろう。
　このように推敲の目的を明確にすることで，生徒が深く考える活動となるのである。

(2)「話すこと」の場合

　スピーチやプレゼンテーションなどの表現活動の場合は，作文と同様に「相手」と「目的」を明確に設定することで，生徒の思考は深まる。例えば自己紹介の3分間スピーチなどを実施する場合にも，目的は「自己紹介」，相手は「クラスの友達」という程度の設定でなく，より生徒の思考を深めるように設定する。目的や相手は生徒に付けたい力を考慮し，実施する時期などに合わせて，例えば次のように設定することが考えられる。「新しいクラスになって3ヶ月が過ぎた。普段一緒のクラスで生活しているので，学校での様子はかなり分かり合えてきた。今日は，普段見せない自分の別の面を紹介して，より親しくなってもらおう。」
　これにより，目的と相手が明確になる。目的は「より親しくなってもらう」ことであるから紹介するエピソードはみんなからポジティブな印象をもたれるものでなくてはならない。また相手は3ヶ月間一緒に生活してきたが，まだ自分のことはよく知らないことがある友達であるので，野球部に入っているとか数学が得意だとかのみんなが知っている情報は，あまり価値がないことが分かる。みんなが意外に思い，その結果，自分の好感度が上がる内容を考えることになる。生徒が内容や表現について思考したスピーチをするような設定が大切なのである。
　以上の例から分かるように，要は生徒一人一人に自分の考えをもたせる課題を設定することが深い学びにつながるのである。そして，その課題を解決するという明確な目的をもたせることである。考えるということは個人の能力や適性に応じて行われるし，対話的な学びはほかとの違いを認識することになるので，個別最適の面からもふさわしい学びである。本書はできるだけこのようなプロセスを通して，生徒の深い学びを達成しようとする事例を紹介している。

Ⅲ　ICT の活用

　文部科学省は，生徒一人一人に個別最適化され創造性を育む教育を実現するため，ICT 環境

を充実するよう求め，1人1台の端末や高速大容量の通信ネットワークを整備する方針を示し，それは実現しつつある。現在はICTの有効性について吟味しながら使っている段階である。したがってICTを使うことが有効である場面では積極的に使う姿勢が望まれよう。

　国語科におけるICTの活用については，例えば情報の提示や整理の場面，意見集約の場面等が最も効果的に機能するところであるが，その情報を吟味したり評価したりするのは人間である。したがって情報の量や考える時間等は人間が対応できることを想定した設定が必要である。ICTの機能は日進月歩に向上しているので，ICTの長所と短所も刻々変わるが，常に学習者である人間を中心とした配慮が必要である。本書では，全国でICT環境にまだ差があることを考慮した上で，ICTを活用した事例を示している。

Ⅳ　目標と評価規準の設定

　学習指導要領の改訂に合わせて，国立教育政策研究所による「評価規準の作成，評価方法等の工夫改善のための参考資料」が示されている。今回の資料は，学習指導要領の規定から評価規準を作成する際の手順を示している。それを要約すると次のようになる。

1　単元の目標の設定

　年間指導計画や前後の指導事項を確認し，系統的な指導になるように目標を設定することが基本である。本書では各単元における指導事項を，光村図書の内容解説資料にある指導事項配列表に従って作成した。光村図書は全国の先生方の目安になるよう，一単元に多めの指導事項を設定していることがあり，その場合は全ての指導事項を指導しなくてもよく，年間を通して学習指導要領の全ての指導事項が指導できればよいという考えである。本書はそれを承知で，できるだけ示された全ての指導事項と評価規準を示した。それは，読者の方がどの指導事項を選んでも参考になるようにという配慮である。また本書独自の展開を試みて，光村図書の示した指導事項以外のものも設定していることがある。したがって指導事項が多すぎると感じられることもあるだろうが，編集の趣旨をご理解いただき，適宜，選択して活用していただきたい。

○「知識及び技能」の目標
　本単元で指導する学習指導要領に示された「指導事項」の文末を，「〜している」として作成する。
○「思考力，判断力，表現力等」の目標
　「知識及び技能」と同様に，本単元で指導する学習指導要領に示された「指導事項」の文末を「〜している」として作成する。
○「学びに向かう力，人間性等」の目標
　いずれの単元についても当該学年の学年目標である「言葉がもつよさを〜思いや考えを伝え合おう

とする」までの全文をそのまま示す。

2 単元の評価規準の作成

指導事項を生かし,内容のまとまりごとの評価規準を作成することが基本である。

○「知識・技能」の評価規準の作成
　当該単元で育成を目指す資質・能力に該当する〔知識及び技能〕の指導事項について,その文末を「〜している」として「知識・技能」の評価規準を作成する。なお単元で扱う内容によっては,指導事項の一部を用いて評価規準を作成することもある。

○「思考・判断・表現」の評価規準の作成
　当該単元で育成を目指す資質・能力に該当する〔思考力,判断力,表現力等〕の指導事項について,その文末を「〜している」として「思考・判断・表現」の評価規準を作成する。なお指導事項の一部を用いて評価規準を作成することもある。評価規準の冒頭には当該単元で指導する一領域を「(例)『読むこと』において〜」のように明記する。

○「主体的に学習に取り組む態度」の評価規準の作成
　a「知識及び技能を習得したり,思考力,判断力,表現力等を身に付けたりすることに向けた粘り強い取り組みを行おうとする側面」と,b「粘り強い取り組みを行う中で,自らの学習を調整しようとする側面」の双方を適切に評価する。文末は「〜しようとしている」とする。

　本書では,国の示した評価の趣旨を尊重して評価規準を作成している。しかし,実際の授業で指導と評価が一体化するために,毎時の指導事項と評価規準は,より具体的に授業展開に沿ったものを示している。
　以上の編集趣旨をご理解いただき,参考にしていただけると幸いである。

(田中洋一)

第2章　365日の全授業　2年

見えないだけ／続けてみよう （1時間）

1 単元の目標・評価規準

- 抽象的な概念を表す語句などについて理解し，語感を磨き語彙を豊かにすることができる。
〔知識及び技能〕(1)エ
- 文章を読んで理解したことや考えたことを知識や経験と結び付け，自分の考えを広げたり深めたりすることができる。〔思考力，判断力，表現力等〕C(1)オ
- 言葉がもつ価値を認識するとともに，読書を生活に役立て，我が国の言語文化を大切にして，思いや考えを伝え合おうとする。「学びに向かう力，人間性等」

知識・技能	抽象的な概念を表す語句などについて理解し，語感を磨き語彙を豊かにしている。((1)エ)
思考・判断・表現	「読むこと」において，文章を読んで理解したことや考えたことを知識や経験と結び付け，自分の考えを広げたり深めたりしている。（C(1)オ）
主体的に学習に取り組む態度	積極的に抽象的な概念を表す語句や類義語などについて理解し，学習課題に沿って粘り強く読みを深め，自分の考えを広げたり深めたりしようとしている。

2 単元の特色

教材の特徴

　本教材は2年生の教科書の巻頭に掲載されている詩である。進級したばかりの生徒たちは，上級生としての生活や進路への不安，期待や緊張感など，たくさんの感情を抱えていることだろう。そのようなときに，この「見えないだけ」という教材は，自分たちを待ち構えているまだ全貌の見えない大きな未来が，決して悪いものだけではないような気にさせてくれる。

　この詩は二連から成っており，一連には「もっと青い空」「もっと大きな海」「優しい世界」「美しい季節」「新しい友だち」，こうした希望をもてる「確かに在るもの」が優しいリズムで記されている。また，その一連の中でも，前半と後半での対句のリズムが異なる。そのリズムは，「確かに在るもの」が待っている上下左右の空間とともに，読み手を大きな広がりへと誘うだろう。そして二連では，それが「確かに在る」が「まだここからは見えないだけ」と限定表現で終わらせることで，余韻を残している。

　これまでの既習事項を踏まえて内容を把握し，表現や語句の効果を味わうとともに，詩を自

分に引き寄せて考えさせたい。余韻を残したその終わりの先に，自分ならどう考えるのかということを大切にした授業展開を心がける。

身に付けさせたい資質・能力

この単元で生徒に一番身に付けさせたい力は，文章を読んで理解したことに基づいて，それを自分事として捉え，自分の考えを広げたり深めたりする力である。

１時間のうち前半では，詩の中に出てくる印象的な部分や表現・疑問等を抜き出して，自分がそれを選んだ理由を共有する場を設定することで，語句や表現についての語感を磨く。加えて，既習事項とともに語句や表現の効果を全員で確認する。

後半では，最後の「確かに在るもの」が「まだ見えないだけ」という内容を受けて，「それなら，私はこうしよう，こうしたい」という自分の考えにもっていく時間を設定する。そうすることで，詩の内容を読み取るだけではなく，自分のこととして捉えるような，主体的な学びを促すことができると考える。

3　学習指導計画（全１時間）

時	○主な学習活動	☆指導上の留意点　◆評価規準
1	○本単元の目標を確認し，学習の見通しをもつ。 ○詩を自分で音読し，印象に残った部分や疑問に思った部分などをその理由とともにワークシートに書き，班で共有し合う。 ○詩の表現技法や語句について確認し，全体で内容を共有する。 ○二連を受けて，「それなら自分はこう考える」という文章をワークシートに記入し，写真にとって共有する。	☆詩の内容を自分のことに引き寄せて考えられるように，今までの体験を思い出させ，またこれからの時間を想像させる。 ◆詩から抽象的な語句や表現技法として使われている語句を抜き出し，その意味や効果を理解して言葉にしている。【知・技】 ◆詩の内容を自分の知識や経験と結び付けて考え，二連の続きの内容を自分のこととして書いている。【思・判・表】 ◆抽象的な概念を表す語句や類義語などについて積極的に理解し，学習課題に沿って粘り強く読みを深め，自分の考えを広げたり深めたりしようとしている。【主】

見えないだけ／続けてみよう

指導の重点

- 抽象的な概念を表す語句などについて理解し，語感を磨き語彙を豊かにさせる。
- 文章を読んで理解したことや考えたことを知識や経験と結び付け，自分の考えを広げたり深めたりさせる。
- 抽象的な概念を表す語句や類義語などについて理解し，学習課題に沿って読みを深め，自分の考えを広げたり深めたりさせる。

本時の展開に即した主な評価規準例（Bと認められる生徒の姿の例）

- 詩から抽象的な語句や表現技法として使われている語句を抜き出し，その意味や効果を理解して言葉にしている。【知・技】
- 詩の内容を自分の知識や経験と結び付けて考え，二連の続きの内容を自分のこととして書いている。【思・判・表】
- 抽象的な概念を表す語句や類義語などについて積極的に理解し，学習課題に沿って粘り強く読みを深め，自分の考えを広げたり深めたりしようとしている。【主】

生徒に示す本時の目標

- 抽象的な語句，表現技法の意味や効果を理解しよう
- 詩の内容を基に，自分の考えをもとう

1　ワークシートで本単元の目標を確認し，学習の見通しをもつ　WS

○2年生になったばかりの自分に待っているものは何かを考える。その際，1年生のときに待っていたものは何だったのかを教師と一緒に考える。

T：入学したばかりの1年生に待っていたものは何でしょうか。例えば，「新しい友達」「部活動の大変さや楽しさや達成感」ほかには何かありますか。→では，2年生になったばかりのあなたたちを待っているものは何でしょうか。

〈生徒の意見例〉
- 受験のための勉強
- 3年生が引退した後の部活を引っ張るプレッシャー　など

○表現技法の既習事項を簡単に確認する。

ポイント
詩の内容を自分に引き寄せて考えられるように，今までの体験を思い出させ，またこれからの時間を想像させる。

2　詩の範読を聞いた後自分で音読し，印象に残った部分や疑問に思った部分などをワークシートに書き，班で共有し合う

3　詩の表現技法や語句について確認し，全体で内容を共有する

○班で共有した内容を全体で確認する。その際教師は，プロジェクターで黒板に写してある本文にどんどん書き込んでいく。

○一連と二連の違い，対句，体言止め，擬人法，言葉の選び方など，それを知識として指摘するだけではなく，それが使われていることで，自分はどんな受け止め方をしたのかまで発表する。

→なかなかどう思うかまで考えられない生徒には，もしその表現がなかったとしたらどんな印象になるか比較させたり，その言葉が違う言葉だとしたらどのような違いがあるかを考えさせたりする。

4　二連を受けて，「それなら自分はこう考える」という文章を考える

T：二連では，「まだここからは見えないだけ」という終わり方になっています。では，見えな

準備物：ワークシート，プロジェクター

> 「見えないだけ」本文をプロジェクターで映し，表現技法やその効果を書き込んでいく。

必要に応じて生徒の主な発言をメモする

見えないだけ
本時の目標
抽象的な語句，表現技法の意味や効果を理解しよう
詩の内容を基に，自分の考えをもとう

いだけならば，皆さんはこれから待っているものに対して，どうしていきたいでしょうか。ラストにつながる文を「それなら私は」という書き始めで考えましょう。

○ワークシートに書き込ませ，それを写真に撮り，タブレット上で共有する。

ポイント

書けない生徒のために，予めヒントカードを Google Classroom に送っておく。選択肢として，「一歩ずつ進んで（または，走っていって）見えないものを探しにいきたい」「まだ見えないものが怖い気持ちもあるから，少しだけここで深呼吸して準備したい」など，いろいろなバージョンを準備し，自分の感情に近いものを選べるようにしておく。

○タブレット内を見て，他者の意見に触れる。
○教師に指名された生徒は，その文を書くに至った気持ちを発表する。
　→その際，教師は指名する生徒をあらかじめ決めておく。ワークシートの段階で書き込んである内容を机間巡視で確認し，よい意見だとほめつつ，指名することを本人に予告をしておく。

5　まとめ

○他者の意見を見た上で，今はどのような気持ちで「見えないだけ」のものと向き合うのかをワークシートに記入する。

T：皆さんの意見を聞いたり見たりした上で，もし文を変更したければ隣に色を変えて書きましょう。そして最終的な自分の気持ちを，その下に書いてください。

1 広がる学びへ

アイスプラネット　（4時間）

1　単元の目標・評価規準

・情報と情報との関係の様々な表し方を理解し使うことができる。　　　　　〔知識及び技能〕(2)イ
・文章全体と部分との関係に注意しながら、登場人物の設定の仕方などを捉えることができる。
　　　　　　　　　　　　　　　　　　　　　　　　　　〔思考力、判断力、表現力等〕C(1)ア
・言葉がもつ価値を認識するとともに、読書を生活に役立て、我が国の言語文化を大切にして、
　思いや考えを伝え合おうとする。　　　　　　　　　　　　　　　「学びに向かう力、人間性等」

知識・技能	情報と情報との関係の様々な表し方を理解し使っている。　　　　　　((2)イ)
思考・判断・表現	「読むこと」において、文章全体と部分との関係に注意しながら、登場人物の設定の仕方などを捉えている。　　　　　　　　　　　　　　　　　(C(1)ア)
主体的に学習に取り組む態度	積極的に登場人物の人物像について考え、学習課題に沿って考えたことを伝えようとしている。

2　単元の特色

教材の特徴

　本教材は、「ぐうちゃん」という個性的な生き方をしている人物を中心に展開されている小説である。また、「ぐうちゃん」とは異なる価値観をもった人物として「母」と「父」が登場する。そして、これらの人物は、「僕」の視点で語られている。したがって「ぐうちゃん」「母」「父」の人物像をつかむためには「僕」の視点から語られていることに留意する必要がある。語り手の視点に留意しながら登場人物の人物像を捉える学習にふさわしい作品である。
　また、それぞれの登場人物の価値観について、自分の考えをもたせることで、読み手が自分の視点で、読み深めることができる。

身に付けさせたい資質・能力

　本単元では、学習指導要領C(1)ア「文章全体と部分との関係に注意しながら、登場人物の設定の仕方などを捉える」力を育成することに重点を置く。この資質・能力を身に付けさせるための言語活動として学習指導要領に例示されているC(2)イ「小説を読み、引用して解説したり、考えたことなどを伝え合ったりする活動」の趣旨を生かし「印象的な登場人物について考

えたことを伝え合う」活動を設定する。この活動を通して、登場人物の関係を整理したり、人物像を比較したりして登場人物について自分の考えをもたせ、これを伝え合うことで、登場人物についての理解を深めることができる。
　また、この活動を行う際は、〔知識及び技能〕(2)イ「情報と情報との関係の様々な表し方を理解し使うこと」と関連付けて指導する。人物相関図を活用して、視覚的に人物像を捉えられるようにする。

3　学習指導計画（全4時間）

次	時	○主な学習活動	☆指導上の留意点　◆評価規準
一	1	○本単元の学習課題「印象的な登場人物について考えたことを伝え合う」を知り、学習の見通しをもつ。 ○全文を通読する。 ○印象に残った登場人物について考える。 ○登場人物の関係を確認する。	☆登場人物の関係を整理するために、人物相関図を作成させる。 ◆人物相関図を作成して登場人物の関係を整理している。【知・技】 ◆登場人物の関係や語り手の視点を正確に捉えている。【思・判・表】
	2	○「僕」の「ぐうちゃん」に対する心情の変化について考える。 ○「僕」から見た「母」「父」の様子を捉える。	☆「僕」の「ぐうちゃん」に対する心情の変化が表れている箇所を引用し、そのときの心情を考えさせる。 ☆「僕」の視点から見た「ぐうちゃん」「母」「父」であることに気付かせる。 ◆「僕」の視点から見た「ぐうちゃん」「母」「父」の様子を捉えている。【思・判・表】
二	3	○「ぐうちゃん」「母」「父」の中から印象的な登場人物と比較する登場人物をそれぞれ選び、比較しながら印象的な登場人物の人物像について考える。	☆登場人物の言動等を根拠に、その人物の特徴を捉えさせ、特徴を比較することにより登場人物の人物像を捉えさせる。 ◆選んだ登場人物の生き方や価値観が分かる言動に着目して登場人物の人物像を捉えている。【思・判・表】
	4	○四人組のグループになり、印象的な登場人物の人物像について、他の人物と比較して考えたことを伝え合う。 ○印象的な登場人物の生き方や価値観について、自分の考えをもつ。 ○単元の学習を振り返る。	☆グループで伝え合った後、選んだ登場人物の人物像について、考えが広がったり深まったりしたことをまとめさせ、その生き方や価値観について自分の考えを書かせる。 ◆選んだ登場人物の生き方や価値観について読み取り、それに対する自分の考えをもっている。【思・判・表】 ◆積極的に登場人物の人物像について考え、学習課題に沿って考えたことを伝えようとしている。【主】

1/4時間 アイスプラネット

指導の重点
・登場人物の関係を捉えさせる。

本時の展開に即した主な評価規準例（Bと認められる生徒の姿の例）
・人物相関図を作成して登場人物の関係を整理している。【知・技】
・登場人物の関係や語り手の視点を正確に捉えている。【思・判・表】

生徒に示す本時の目標
登場人物の関係を捉えよう

1　学習課題を確認し，通読する
○単元全体の学習課題として「印象的な登場人物について考えたことを伝え合う」ことを伝える。
○これまでの学習を思い出させて，学習課題に取り組むために，どのようなことを意識して読み取りたいか考えさせる。
T：学習課題に取り組むために，あなたはどのようなことを意識して読みますか。これまでの小説を教材とした学習を振り返って，自分が特に意識して読みたいことをワークシートに書きましょう。　⬇ WS1

〈予想される生徒の反応〉
・登場人物の人物像を考えることは苦手なので，行動やセリフに注目して，登場人物の人物像を読み取れるようにしたい。
・「少年の日の思い出」の学習で，語り手の視点によって登場人物の印象が変わることが分かったから，語り手の視点を意識して読みたい。

ポイント　一人一人の目標の設定
自らの学習を調整する力を身に付けさせるためにも，単元全体の目標や学習課題に沿って，一人一人の言葉で個人内目標を立てさせることが有効である。その際，個人の目標が単元全体の目標や学習課題からはずれないように，指導することが重要である。タブレット等を使って書かせることで，コメント機能等を活用して指導する方法も考えられる。

○机間指導の中で，学級全体で共有させたい内容を書いている生徒を二～三人見付けておき，学級全体で共有する。
○単元全体の学習課題に取り組むために，本時は人物相関図をつくって登場人物の関係を捉えることを伝える。
○登場人物に注目しながら全文を通読する。

2　印象に残った登場人物を考える
T：全文を読んで，一番印象に残った人物と，その理由をワークシートに書きましょう。
○最初に印象に残った人物を記録させておく。この後の学習を通して，最初に読んで感じた印象からどのように変容したのか考えさせるようにする。
○単元全体の学習課題として考える登場人物は，この後の学習を通して変わってもよいことを伝

準備物：ワークシート

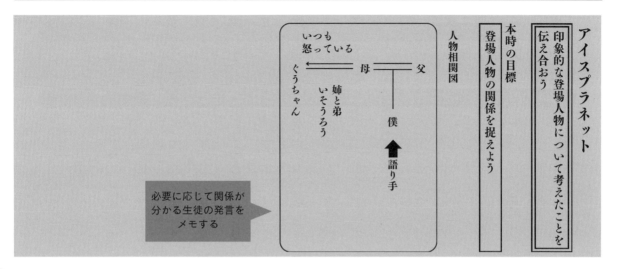

3 人物相関図を作成して登場人物の関係を整理する

T：登場人物の関係が分かるように人物相関図を書きましょう。

○ワークシートに人物相関図を書かせる。読むことが苦手な生徒には、「学びのカギ」に記載されている人物相関図を参考にさせ、本文のどこの表現から関係が分かるか考えさせるようにする。

> **ポイント　登場人物同士の思いが分かる言動も書き加えさせる**
>
> 叔父・おいの関係などの関係性だけでなく、例えば「母」は「ぐうちゃん」のことをいつも怒っている等、文章中から読み取れる登場人物相互の感情なども記載させる。その際、叙述を正確に捉えさせることをねらいとし、叙述に沿って考えさせるようにする。

○四人組のグループになり、それぞれの書いた人物相関図を共有させ自分の考えを伝える。必要に応じて、自分の書いた人物相関図にほかの人の考えたことを追記させる。タブレット等を用いて人物相関図を書かせれば、それぞれが書いた人物相関図を学級全体で共有させることもできる。

○「僕」の一人称で語られていることも確認する。

T：この物語は、誰の視点から語られていますか。また、それによってどのような特色が生まれていますか。

4 本時の振り返り

○本時の目標に即して、生徒に学習を振り返らせる。タブレット等を用いて、学習の記録を蓄積させる。

2 アイスプラネット
4時間

指導の重点
・「僕」から見た「ぐうちゃん」「母」「父」の様子について読み取らせる。

本時の展開に即した主な評価規準例（Bと認められる生徒の姿の例）
・「僕」の視点から見た「ぐうちゃん」「母」「父」の様子を捉えている。【思・判・表】

生徒に示す本時の目標
「僕」から見た「ぐうちゃん」「母」「父」について読み取ろう

1 前時の学習を振り返り、本時の目標を確認する
○単元全体の学習課題として「印象的な登場人物について考えたことを伝え合う」ことを確認する。そのために、前時は登場人物同士の関係を読み取り、人物相関図にまとめたことを確認する。
○本時は、語り手の視点である「僕」から見た「ぐうちゃん」「母」「父」について読み取ることを伝える。

2 「僕」の「ぐうちゃん」に対する心情の変化について考える
T：「僕」の「ぐうちゃん」に対する心情の変化を考えます。まず、文章中から「僕」の「ぐうちゃん」に対する心情が分かる表現を探し、傍線を引きます。その表現を基にして、「僕」の「ぐうちゃん」に対する心情の変化を考えます。
○「僕」の「ぐうちゃん」に対する心情の変化が分かる表現を、ワークシートに抜き出して書き、その表現から考えた「僕」の「ぐうちゃん」に対する心情を書かせる。

ポイント　言葉で心情を表現させる

心情の変化を読み取らせる際に、心情曲線を書かせるという方法もある。心情曲線を書かせることにより、心情の変化を視覚的に表現することができる。

しかし、中学生には、その心情の変化を言葉で表現できる力を身に付けさせたい。「うれしい」「悲しい」という気持ちも、その程度によって様々な表現の仕方がある。その場面にふさわしい言葉を考えさせたい。

また、「僕」の「ぐうちゃん」に対する期待と不満が入り混じった気持ちや、素直になれずつい反発してしまう気持ちなど、一言では言い表せない心情を、どのように表現するのか考えさせたい。

その際、教科書巻末の「語彙ブック」（pp.267〜）を活用するとよい。1年生の教科書の「語彙ブック」には、心情を表す言葉が掲載されている。また、3年生の教科書の「語彙ブック」には、心の動きを表す言葉も掲載されている。他学年の教科書も、電子黒板等で提示して参考にさせることができる。

準備物：ワークシート

アイスプラネット

本時の目標
「僕」から見た「ぐうちゃん」「母」「父」について読み取ろう

ぐうちゃんへの心情の変化
- おもしろい話をしてくれるから好き。
- 自分のことを、子供扱いしていると思い、腹を立てている。
- 「言い逃れ」をするぐうちゃんに、さらに怒っている。
- 距離をとっているぐうちゃんに対して寂しさを覚えている。
- 突然旅に出ると言ってきた「ぐうちゃん」に裏切られたような気持ちになり、素直になれない。
- 旅立ってしまった「ぐうちゃん」を寂しく思う。

→ 全て板書するのではなく、ICT機器を用いて提示するなどして、生徒がワークシートに書き込んだ内容を学級全体で確認できればよい。根拠となる本文を示してあげるのもよい。

母
- 怒るけど「これぐうちゃんの好物」なんて言いながら……。
- 本当に文句ばかりだ。

父
- ぐうちゃんのいそうろうを歓迎している。
- 母は、そんな僕たちに、あきれたり慌てたりしてたけれど、父は何も言わなかった。

○四人組のグループになり、考えたことを話し合わせる。話合いを通して、具体的な表現を指摘し、「僕」の「ぐうちゃん」に対する心情の変化を捉えたり、それを適切な言葉で表現させたりする。

○タブレット等を使って「僕」の「ぐうちゃん」に対する心情の変化を書かせて共有する方法も考えられる。また、話し合ってグループでまとめた考えを、タブレット等を使って書かせて、学級全体で共有させることもできる。

3 「僕」から見た「母」と「父」の様子を読み取る

○「ぐうちゃん」に比べると、「母」「父」の登場場面は非常に少ないため、「母」や「父」に対して「僕」がどのような心情をもっているかは読み取ることは難しいが、様子については読み取りやすいので、深い読みにつなげるとともに語彙も豊かにしたい。文章中の叙述を基にワークシートに書かせるようにする。

T：「母」や「父」の様子が分かる表現を探し、ワークシートに書きましょう。

○「母」や「父」の様子から、「母」や「父」は「ぐうちゃん」に対してどのような思いをもっているのか、生徒に考えさせておくことで次の時間の学習につなげるようにする。

4 本時の振り返り

○本時の目標に即して、生徒に学習を振り返らせる。タブレット等を用いて、学習の記録を蓄積させる。

3/4時間 アイスプラネット

指導の重点
・登場人物同士を比べてそれぞれの人物像を考えさせる。

本時の展開に即した主な評価規準例（Bと認められる生徒の姿の例）
・選んだ登場人物の生き方や価値観が分かる言動に着目して登場人物の人物像を捉えている。【思・判・表】

生徒に示す本時の目標
人物同士を比べて登場人物の人物像を考えよう

1　前時の学習を振り返り，本時の目標を確認する
○前時は語り手の視点である「僕」から見た「ぐうちゃん」「母」「父」について読み取ったことを確認する。
○本時は，人物同士を比べて登場人物の人物像を考えることを伝える。

2　人物同士を比べて登場人物の人物像を考える
○本時の学習の流れを伝える。
T：人物同士を比べて登場人物の人物像を考えます。まず，「ぐうちゃん」「母」「父」から印象的な登場人物を一人選びます。次に，比べる人物を，残った二人の中から選びます。そして，選んだ人物の言動を比べ，それぞれの人物を表す言葉を考えます。
○それぞれの登場人物の生き方や価値観が分かるような言葉で，人物を表すようにさせる。
○この文章は「僕」の視点から語られていることに留意させる。「僕」の視点で語られる内容は「僕」の思いを通しているので，そのまま人物像とするのではなく，一般的に人はどのように解釈するのか考えさせる。
○考えたことを，ワークシートに書かせる。ワークシートの代わりに，タブレット等で書かせることで，共有や修正をさせやすくすることもできる。　WS3

> **ポイント　文章中の表現から人物像を考える**
> 人物像を考えさせる際に，文章中の表現から逸脱してしまう生徒は少なくない。特に，「母」や「父」は根拠となる表現が少ないため，文章中の表現から離れてしまいがちになる。事前に，飛躍しすぎである解釈の例を示す。

T：例えば，「父」が世界中を見て回っている「ぐうちゃん」に対して「なんだか羨ましいきがするな。」と言っていることに着目して，「父」を「夢をあきらめた人物」と解釈するのは，おかしいですよね。このセリフからは，そんなことまでは分かりません。あくまでも，文章中の表現から分かる範囲で考えるようにしてください。

準備物：ワークシート

アイスプラネット

本時の目標
人物同士を比べて登場人物の人物像を考えよう

① 「ぐうちゃん」「母」「父」から印象的な登場人物を一人選ぶ。

② 比べる人物を、残った二人の中から選ぶ。

③ 選んだ人物の言動を比べ、それぞれの人物を表す言葉を考える。

☆ 文章中の表現からわかる範囲で、その人物の生き方や価値観を考えよう。

☆ 「僕」の視点から語られていることに注意する。

〈予想される生徒の考えの例〉
・印象に残った人物…ぐうちゃん
・比較する人物…父
・人物を表す言葉
　ぐうちゃん…自分のやりたいことのために自由に生きる生活
　父…定職に就いて、家族をもつ安定した生活

発展
「好奇心」「安定した生活」など、比較する観点を設定して、レーダーチャートを作成することも考えられる。

3　同じ人物を選択した者同士で話し合う

○印象的な人物と比較する人物の組み合わせが同じ者同士で三〜四人程度のグループになり、書いたことを話し合わせる。

○文章中の表現に着目して考えられているか、飛躍しすぎではないかという点を互いに確認し合うようにする。

○話合いを通して、考えが広がったり深まったりしたことをワークシートに反映させる。タブレット等に書かせておくと、共有や修正も容易となる。

4　本時の振り返り

○本時の目標に即して、生徒に学習を振り返らせる。タブレット等を用いて、学習の記録を蓄積させる。

アイスプラネット ● 35

4 アイスプラネット
（4/4時間）

指導の重点
・印象的な登場人物の人物像について考えたことを伝え合わせる。

本時の展開に即した主な評価規準例（Bと認められる生徒の姿の例）
・選んだ登場人物の生き方や価値観について読み取り、それに対する自分の考えをもっている。【思・判・表】
・積極的に登場人物の人物像について考え、学習課題に沿って考えたことを伝えようとしている。【主】

生徒に示す本時の目標
印象的な登場人物の人物像について考えたことを伝え合い、自分の考えを広げたり深めたりしよう

1 前時の学習を振り返り、本時の目標を確認する
○前時は人物同士を比べて登場人物の人物像を考えたことを確認する。本時の学習は、考えたことを伝え合い、自分の考えを広げたり深めたりすることを伝える。

2 印象的な登場人物の人物像について考えたことを伝え合う
○これまでの学習で考えた人物像について、四人程度のグループに分かれて伝え合う。
○印象的な登場人物、比べた登場人物の組み合わせが異なるメンバーとなるようにグループを分ける。
○それぞれ考えたことを伝え合った後で、「ぐうちゃん」「母」「父」の生き方や価値観について、グループで話し合う。
T：印象的な登場人物の人物像について、これまでの学習で考えてきたことを伝え合います。それぞれ考えたことを伝え合った後で、「ぐうちゃん」「母」「父」の生き方や価値観について、グループで話し合いましょう。無理に一つの結論にまとめる必要はありません。友達の意見を聞いて賛同することがあればメモしておきましょう。

ポイント　グループ構成の工夫
本時の学習では、印象的な登場人物、比べた登場人物の組み合わせが異なるメンバーとなるようにグループを分ける。印象的な登場人物が同じであっても、比較した登場人物が異なると、違った視点から登場人物の人物像を捉えることができる。印象的な登場人物、比べた登場人物の組み合わせが異なるメンバーと話し合わせることで、それぞれの登場人物の人物像についての考えを広げたり深めたりすることができる。

3 印象的な登場人物の生き方や価値観について、自分が考えたことや感じたことをまとめる
○グループで話し合ったことを踏まえて、印象的な登場人物の生き方や価値観について、改めてまとめさせる。話し合い後に考えが変わったらそのことも合わせてまとめる。

準備物：なし

> **アイスプラネット**
>
> **本時の目標**
> 印象的な登場人物の人物像について考えたことを伝え合い、自分の考えを広げたり深めたりしよう
>
> ○印象的な登場人物の人物像について考えたことを伝え合う。
> ○印象的な登場人物の生き方や価値観について、自分が考えたことや感じたことをまとめる。
>
> 単元の振り返り
> ・印象的な登場人物について考えたことを伝え合う活動を通して、考えが広がったり深まったりしたこと。
> ・学習課題に取り組むために意識して取り組んだこと。
> ・単元を通して、考えたことやできるようになったこと。

○印象的な登場人物の生き方や価値観について、自分はどのように感じているのか、考えたことを書かせる。

T：グループで話し合ったことを踏まえて、印象的な登場人物の生き方や価値観について、まとめましょう。その生き方や価値観について、あなたはどう考えますか。考えたことや感じたことを書きましょう。

> **ポイント　自分のものの見方を広げる**
> 自分がこれまでに経験したこと等、自分のことと比べながら考えたことや感じたことを書かせるようにする。

○タブレット等を用いて書かせ、学級全体で共有する。

4　単元の学習を振り返る

○単元全体の学習を振り返り、次の三点について書かせる。
・印象的な登場人物について考えたことを伝え合う活動を通して、考えが広がったり深まったりしたこと。
・学習課題に取り組むために意識して取り組んだこと。
・単元を通して、考えたことやできるようになったこと。

○タブレット等を用いて書かせ、学級全体で共有する。

1 　広がる学びへ

漢字に親しもう１

身に付けさせたい資質・能力

　本教材は漢字を取り立てて学習する第２学年１回目の単元にあたり，学習指導要領〔知識及び技能〕(1)ウの指導を想定した授業とする。漢字学習を単なる暗記学習とせず日常生活や社会生活の中で使われる漢字を意識的に書くことで知識として定着することを生徒に実感させたい。そこで，言語活動として「学校生活に関する漢字」に注目しマッピングを用いて漢字を書かせたり，教科書の練習問題の「大字（だいじ）」に注目し，教科書以外の漢字にも触れたりすることで社会生活に必要な漢字の知識を身に付けさせる。

生徒に示す本時の目標
　学校生活や社会生活に関する漢字について問題を解き，文や文章の中で使えるようになろう

１　漢字に親しもう１の①の問題演習
T：今日は「漢字に親しもう１」で問題演習をします。さて，前回のアイスプラネットでは人物相関図を用いて登場人物の関係性を整理しましたね。今日は，マッピングを用いて「学校生活」に関する漢字を考えたり，社会生活で使われる漢字の知識を身に付けたりしましょう。
○p.28漢字に親しもう１の①【漢字の読み（学校生活）】に取り組む。問題の答えはノートに書かせる。その後，解答を板書する。

２　学校生活に関する言葉をマッピングする
○黒板に「学校生活」と書き教師が主導してマッピングを考えさせる。
T：では，これからマッピングをつくって思考を広げていこうと思います。今回は「漢字」の勉強となります。マッピングに書く言葉は「漢字」を使って書きましょう。さて，学校生活といえば「授業」。学ぶために学校に来ていますが，他にも「学校生活」と聞いてどんなことが思い浮かびますか？

S：部活，服装検査，体育祭，合唱祭，給食，定期考査，休み時間，校舎，先生，委員会活動，弁論大会，学習展示会，避難訓練　等

ポイント　言葉を集約していく
　生徒に考えさせた上で教師が生徒の出した言葉を集約していく。例えば，「体育祭と合唱祭をまとめてなんと言う？」と問いかけ「行事」とする。また，「テスト→定期考査」のように漢字を使って言葉を考えさせる。

T：では，たくさんの言葉が出てきましたが，まだまだ「学校生活」で使われる言葉は多くあります。この後は，ワークシートでさらに考えていきましょう。今回は，「授業」「部活」「行事」「生徒会活動」の四つの言葉でマッピングをしていきます。先ほどと同様に漢字でマッピングをしてください。　　　　　　　　　　WS
○ワークシートを配布し考えさせる。机間指導しながら書けない生徒に声掛けを行う。終了後は隣同士で見せ合う。
T：隣同士で書いた言葉を見せ合ってください。友達のマッピングを見て漢字を付け足しましょう。その際，加筆した部分が分かるように色ペンを使って書いてください。

準備物：ワークシート，振り返りシート

漢字に親しもう1

本時の目標
学校生活や社会生活に関する漢字について問題を解き、文や文章の中で使えるようになろう

P28 ①の解答を板書

学校生活に関するマッピング

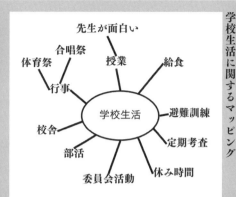

P28 ②の解答を板書

P28 ③の解答を板書

3　漢字に親しもう1の②～③の問題演習

○p.28漢字に親しもう1の②～③に取り組む。問題の答えはノートに書かせる。8分程度時間をとり、その後、解答を板書する。

T：③の⑨に「拾万円」とありますが、読めましたか？「十万円」の方が読みやすいですよね。さて、どうしてこのような漢字の書き方をするのでしょうか？

S：金額など書くときに数字を書きかえられないように難しい漢字を使って書くと聞いたことがあります。

T：その通りです！　よく知っていましたね。「拾」のような漢数字を「大字（だいじ）」と言います。請求書などの会計書類で金額を改ざんされないよう画数が多く難しい漢字を使うのが特徴です。結婚式などに行く際には、「ご祝儀袋」に「大字」を使って金額を書くことが多いです。皆さんも大人になったら使うこともあるでしょう。それでは、ワークシートの表に漢数字を穴埋めしてみましょう。

○ワークシートに漢字を書かせる。以下ワークシートの答え。
壱，弐，参，肆，伍，陸，漆，捌，玖，拾，佰，阡，萬

4　本時の学習の振り返りとまとめ

T：今日は学校生活に関する漢字、社会生活に関する漢字の勉強をしました。では、振り返りシートに今日の授業で学んだことを書き留めておきましょう。その際、今日学んだ漢字を使って書いてください。

○振り返りシートを配布し、学んだことを振り返る。

1　広がる学びへ

［聞く］意見を聞き，整理して検討する　（1時間）

1　単元の目標・評価規準

・意見と根拠など情報と情報との関係について理解することができる。〔知識及び技能〕(2)ア
・目的や場面に応じて，異なる立場や考えを想定しながら集めた材料を整理し，伝え合う内容を検討することができる。　〔思考力，判断力，表現力等〕A(1)ア
・言葉がもつ価値を認識するとともに，読書を生活に役立て，我が国の言語文化を大切にして，思いや考えを伝え合おうとする。　「学びに向かう力，人間性等」

知識・技能	意見と根拠など情報と情報との関係について理解している。　((2)ア)
思考・判断・表現	「話すこと・聞くこと」において，目的や場面に応じて，異なる立場や考えを想定しながら集めた材料を整理し，伝え合う内容を検討している。　(A(1)ア)
主体的に学習に取り組む態度	進んで意見と根拠の関係を整理しながら聞き，根拠の適切さなどについて評価しようとしている。

2　単元の特色

教材の特徴

　本単元では，討論を聞いて根拠の適切さを評価し，根拠とされている資料や情報についての質問や助言をする学習活動を行う。このことにより，情報を聞いて整理し判断する力を養うことを目指す。

　教材は，図書委員会での「学校図書館の利用者を増やすために，雑誌を置くべきか。」という問題についての二人の生徒の討論である。生徒はこれを聞き根拠の適切さを評価し，根拠になっている資料や情報について質問や助言をする。討論のテーマは「学校図書館の利用者を増やすために雑誌を置くべきであるか」である。このことについて述べた二人の中学生が意見を発表している。二人がそれぞれ根拠としている事柄は適切なのかどうかを判断して意見の妥当性を見ることは，社会生活に即した思考力・判断力を養うことにつながる。情報を聞いて整理し判断する力を身に付けることで，豊かなコミュニケーションを育むことができるよう指導していく。

身に付けさせたい資質・能力

　本単元では，学習指導要領A(1)ア「目的や場面に応じて，異なる立場や考えを想定しながら集めた材料を整理し，伝え合う内容を検討する」力を育成することに重点を置く。この資質・能力を身に付けさせるための言語活動として(2)ア「説明や提案などを聞いて質問や助言などをしたりする」活動を設定する。意見を聞くときに，発言者の立場や意見とその根拠を的確に捉え整理して聞き，根拠の客観性や信頼性を確かめたり，意見と根拠の結び付き（「理由づけ」）に無理や飛躍がないか検討したりできるような力を育てる。

　また，この活動を行う際は，〔知識及び技能〕(2)ア「意見と根拠など情報と情報との関係について理解すること。」と関連付けて指導する。そのために学習の冒頭でまず，要点を押さえ情報を整理して聞くことを指導する。学習の中心箇所で，聞き取った根拠の適切さを評価する活動をさせる。そうすることで，目的や場面に応じて，異なる立場や考えを想定しながら集めた材料を整理し，伝え合う内容を検討することができるようにする。

3　学習指導計画（全1時間）

時	○主な学習活動	☆指導上の留意点　◆評価規準
1	○本時の学習の流れを確認し見通しをもつ。 ○意見を整理して聞き取るために必要なことを確認する。 ○一斉にタブレット等で討論の音声を聞いてメモをとり整理する。 ○根拠の適切さを評価する。 ○根拠の資料や情報についての質問や助言を行う。	◆根拠の客観性や信頼性を確かめたり，意見と根拠の結び付き（「理由づけ」）に無理や飛躍がないか検討したりしている。【知・技】 ◆発言者の立場を踏まえ，それぞれの意見と根拠を整理して考えをまとめている。【思・判・表】 ◆進んで聞き取った意見と根拠を整理し，根拠の適切さについて評価しようとしている。【主】

［聞く］意見を聞き，整理して検討する

指導の重点
・討論を聞いて根拠を評価することで，根拠の在り方について理解させる。

本時の展開に即した主な評価規準例（Bと認められる生徒の姿の例）
・根拠の客観性や信頼性を確かめたり，意見と根拠の結び付き（「理由づけ」）に無理や飛躍がないか検討したりしている。【知・技】
・発言者の立場を踏まえ，それぞれの意見と根拠を整理して考えをまとめている。【思・判・表】
・進んで聞き取った意見と根拠を整理し，根拠の適切さについて評価しようとしている。【主】

生徒に示す本時の目標
　討論を聞いて根拠の適切さを評価し，根拠の資料や情報について質問や助言をしよう

1　本時の学習の流れを確認し見通しをもつ
T：この単元では，メモを取りながらモデルの討論を聞きます。整理したメモを基に，根拠の適切さを評価し，根拠の資料や情報についての質問や助言をします。

2　意見を整理して聞き取るために必要なことを学級で確認する
T：話し手の意見を整理して聞き取るために必要なことは何ですか。
○ポイントとして，①聞き方，②聞く観点，③メモの取り方，④整理の仕方を確認する。
○後で，根拠の正確さや結論との関係に飛躍がないかを評価するためのメモであることを告げておく。
○また，音声の情報を整理するためにはメモの工夫も重要である。素早く要点を聞き逃さないよう授業の冒頭でメモのポイントを具体的に確認する。
○メモはワークシートに取らせる。

3　一斉にタブレットでモデルの討論を聞いてワークシートにメモを取り整理する　WS
○二次元コードからモデルの討論を聞かせる。
T：p.29の二次元コードをタブレット等で読み取り，モデルの討論をメモを取りながら整理して聞きましょう。
○二次元コードを読み取らせる。
○聞き逃した部分がある生徒へは，周りの活動に気を付けて音量を調節して個人で聞き直させる。
○意見と根拠の適切さに絞ってメモを取らせる。「感じたこと」という欄を入れておき，「〇〇が足りない」，「一般化できる情報ではない」といったメモができると，さらに評価の参考にする。
T：板書の「意見を聞くときのポイント」を意識しながらメモを取りましょう。
○情報が正確に整理できているかどうかを，p.30の文章に引かれた線と比べて確認させる。足りない点や誤った点は赤ペンでワークシートに修正させる。

準備物：ワークシート

[聞く] 意見を聞き、整理して検討する

本時の目標
討論を聞いて根拠の適切さを評価し、根拠の資料や情報について質問や助言をしよう

〈意見を聞くときのポイント〉
① 聞き方…要点を整理
② 聞く観点…意見、根拠、感じたこと
③ メモの取り方…素早く取る工夫
・略語、記号、矢印などを使う
・要点やキーワード
・短く簡潔に
④ 整理の仕方…表にまとめる

〈根拠の適切さを検討する観点〉
・正確さはあるか
・情報源は確かか
・いつの情報か
・複数の情報であるかなど

---

4 根拠の適切さを評価する

ポイント　情報を聞いて整理し判断する
　意見と根拠の妥当性を判断する力を身に付けさせるために、話し合わせる。根拠は正確な事実か、情報源は信頼できるか、いつの情報か、一般化できる情報か、などの観点を板書で示す。

T：「2021年度の『学校読書調査報告』のデータ」、「自分の周りの中学生の様子」、「今西さんの姉の発言」などが、「学校図書館の利用者を増やすため」に、「雑誌を置く」という意見の根拠になるか、確かめましょう。
○メモを基にまず個人で、評価させ、そう考えた理由も整理させる。
○以下のような問いかけをすることも考えられる。
T：「学校図書館の利用者を増やすため」という目的に合った意見ですか。
T：中学校の図書館という場を踏まえていますか。
T：「雑誌」の特性について目的と照らし合わせて具体的に考えていますか。

5 教科書に示された根拠について質問や助言を行う

T：学級でたくさんの考えが交流できました。教科書に示された根拠資料について何か質問や助言はありませんか。
○学級全体に聞き、発言させる。質問や助言は「もっと〜から情報を探してくるとよかったのではないか」「〜という資料もある」のような、根拠の資料や情報についてのみに限定して発言させる。
○教科書に示されたものの他に雑誌を置くことの適切な根拠がないか考えさせる。

6 単元のまとめ

T：今日の学びは、討論を聞いて根拠の適切さを評価し、根拠の資料や情報について自分の考えをもつ学習でした。今日の学習を、ニュースを聞いたり人の話を聞いたりするなどの、普段の生活の場面でも役立ててください。

1　広がる学びへ

文法への扉1　単語をどう分ける？ （2時間）

1　単元の目標・評価規準

・単語について理解を深めることができる。　　　　　　　　　　〔知識及び技能〕(1)オ
・言葉がもつ価値を認識するとともに，読書を生活に役立て，我が国の言語文化を大切にして，思いや考えを伝え合おうとする。　　　　　　　　　　　　　「学びに向かう力，人間性等」

知識・技能	単語について理解を深めている。 ((1)オ)
主体的に学習に取り組む態度	自立語の仲間分けの活動を通して，単語について積極的に理解しようとしている。

2　単元の特色

教材の特徴

　本単元は，第1学年での言葉の単位（単語から文章まで），文の組み立て（文節どうしの関係），単語の分類（品詞の分類）に続く，自立語の性質を学習する単元である。品詞の分類はすでに第1学年で学習しているが，活用するかどうか，どのような文の成分になるかといった観点でおおまかに分類しただけである。それを踏まえて，本教材は自立語の性質について学ぶことを目的としている。

　ここでは，活用する自立語と活用しない自立語に大きく分けて，学習していく。活用する自立語については，既習事項を確認しつつ，語形の似た語，補助の関係になっている語にまで理解を広げていく。ただし，後の「文法への扉2　走る。走らない。走ろうよ。」で用言の活用について詳しく学習するので，ここでは，自動詞と他動詞，補助動詞，補助形容詞に触れる程度にとどめてある。一方，活用しない自立語については，名詞，副詞，連体詞，接続詞，感動詞の五種類についての内容を一度に学ぶ構成となっている。量が多いため，個々の説明が暗記中心の表面的なものになってしまいがちな点に留意したい。解説を聞くだけでは学習意欲につながりにくいのが実状である。

　そこで本教材は，言葉の仲間分けをする活動を通して，分類の仕方に気付き，能動的な学習ができるようにした。生徒の「気付きたい」という学習意欲を刺激しながら取り組めるよう指導していく。

身に付けさせたい資質・能力

　本単元では，学習指導要領〔知識及び技能〕(1)オ「単語について理解を深める」ことに重点を置く。この資質・能力を身に付けさせるための言語活動として，「言葉の仲間分けをする」活動を設定する。現在学校で学んでいる文法は，言葉の分類の仕方の一例であり，その文法の文言を丸暗記することが学習のゴールではない。言葉の分類の仕方に気付き，分類できるようになることで，言葉を正しく使っていく礎とすることが大切である。学習を通して，自分が普段使っている言葉を観察し，理解しようという態度が養われるよう指導したい。

3　学習指導計画（全２時間）

次	時	○主な学習活動	☆指導上の留意点　◆評価規準
一	1	○本時の目標「自立語の分類について理解しよう」を知り，学習の見通しをもつ。 ○活用のある自立語について既習事項を確認し，自動詞・他動詞の問題に取り組む。 ○活用する自立語について教科書 p.242で確認する。 ○活用しない自立語について言葉の仲間分けの問題に個人で取り組む。 ○四人班で仲間分けを確認する。 ○活用しない自立語について教科書 pp.243-245で確認する。 ○本時の振り返りをする。	☆問題はゲーム性をもたせ，生徒の意欲が高まるように取り組ませる。 ☆どんな点に注目して仲間分けを行ったのか，理由も記入させる。 ◆自立語の分類について理解を深めている。【知・技】 ◆自立語の性質について積極的に考え，学習課題に沿って自立語の仲間分けをしようとしている。【主】
二	2	○本時の目標「自立語について理解を深めよう」を知り，前時の復習をする。 ○「私は誰でしょうクイズ」の例題に取り組む。 ○自立語を全て用いて「私は誰でしょうクイズ」を作成する。 ○四人班で問題を出し合う。 ○「私は誰でしょうクイズ」の画像を提出し，全体で共有する。 ○本時の振り返りをする。	◆自立語について理解を深めている。【知・技】 ◆自立語の性質について積極的に考え，学習課題に沿って自立語を使おうとしている。【主】 ☆ICTも活用し，全体共有を図ることで理解を深められるようにする。

文法への扉1　単語をどう分ける？

指導の重点
・自立語の分類について理解を深めさせる。

本時の展開に即した主な評価規準例（Bと認められる生徒の姿の例）
・自立語の分類について理解を深めている。【知・技】
・自立語の性質について積極的に考え，学習課題に沿って自立語の仲間分けをしようとしている。【主】

生徒に示す本時の目標
自立語の分類について理解を深めよう

1　本時の目標「自立語の分類について理解を深めよう」を確認する

○教科書 p.31上段を見ながら分類の仕方を復習する。
T：教科書 p.31の絵を見て，次の五つの語がどのグループになるか，考えてみましょう。
〈予想される生徒の回答〉
・形が変わるってどういうこと？
・「あらゆる」が分からない。
T：形が変わるというのは，後に続く言葉によって，言葉の最後の部分が変わることです。
○活用については，「ない」を付けて，語尾が変わるか確かめさせる。「あらゆる」は，主語や述語になれるか，考えさせるとよい。
○答えは「速い」「走る」述語，「車」主語，「きらきら」「あらゆる」修飾語である。

2　活用のある自立語について，既習事項を確認し，自動詞・他動詞の問題に取り組ませる

T：今，分類した言葉は全て自立語です。自立語は単独で主語や述語，修飾語などになることができます。では，この述語に分類した言葉を品詞名でいうと何というか覚えていますか。
〈予想される生徒の回答〉
・動詞・形容詞・形容動詞
○品詞について，ウ段の音で終わる言葉など，ヒントを出しながら既習事項を確認しておく。
T：ここで動詞に関する問題です。次の動詞は，AグループとBグループ，どちらに入りますか。理由も考えてみましょう。
○ワークシートを配布し，取り組ませる。
T：Aグループを自動詞，「〜を」を必要とするBグループを他動詞といいます。教科書 p.242で確認しましょう。

3　教科書 p.242を読み，自動詞と他動詞について確認する

○補助動詞，補助形容詞についてもここで触れる。
○補助の関係は，1年生で学習した内容である。補助動詞は「〜て」に続く形でひらがな表記することが多いこと，補助形容詞は「無い」という本来の意味が薄れ，ひらがな表記になっていること，さらに，「ぬ」に置き換えられる助動詞とは違うことを確認する。違いを比較しながら教えるとよい。

準備物：ワークシート

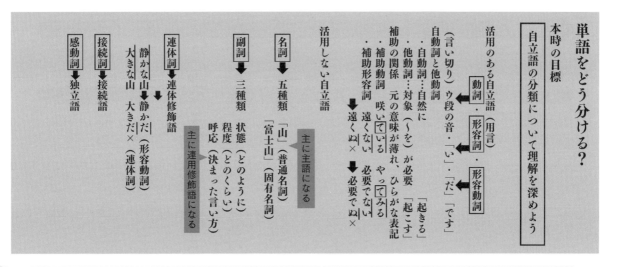

4 活用しない自立語について，仲間分けの問題に取り組ませる

T：次は，活用しない自立語について考えます。ワークシートの2〜4番の問いに取り組んでみましょう。

○ワークシートにある，名詞，副詞，連体詞の問題に取り組ませる。たくさんの名詞を五つに分類し，分類の基準を考えさせる問い，「どのように」「どのくらい」「決まった言い方」で分類させる副詞に関する問い，「の」「る」「な」「た（だ）」がつく連体詞を書き出す問いの三つを問う。

T：2番の名詞を分類する問題について，四人班で意見を交換してみましょう。

ポイント 分類の仕方を考えてみる

名詞は五種類あり，その名称をそのまま暗記するだけでは受け身の学習となる。どうやってグループ分けしたらよいかを考えることが，能動的な学習へとつながり，分類のポイントを押さえた学びとなる。

T：いくつかの班に発表してもらいます。
○生徒の発表後，ポイントとなる点を指摘しておく。どこででも使える「普通名詞」，そこにしかない「固有名詞」，代わりに使う「代名詞」など。

5 活用しない自立語について，教科書を読んで確認する

T：教科書pp.243-245を読んで，ポイントを整理しておきましょう。
○分類のポイントを板書して確認する。

6 本時の振り返りをする

○活用する自立語は，動詞・形容詞・形容動詞で用言という。
○活用しない自立語には，名詞・副詞・連体詞・接続詞・感動詞の五種類がある。

文法への扉1　単語をどう分ける？

指導の重点
・自立語について理解を深めさせる。

本時の展開に即した主な評価規準例（Bと認められる生徒の姿の例）
・自立語について理解を深めている。【知・技】
・自立語の性質について積極的に考え，学習課題に沿って自立語を使おうとしている。【主】

生徒に示す本時の目標
自立語について理解を深めよう

1　本時の目標「自立語について理解を深めよう」を確認し，前時の復習をする
○前時に学習した自立語の品詞名を板書する。
T：前回の授業で，自立語について学習しました。それぞれの品詞の特徴について，隣同士で話してみましょう。全て言えますか。
T：では，それぞれの品詞の特徴について，発表してください。
○自立語の特徴について，隣同士や席が近い生徒同士で話す方法が難しい場合には，最初から指名して答えさせてもよい。その際には，「名詞は五種類ありましたね，覚えていますか」など，個人でも少し考える時間を取りながら進めていくとよい。アウトプットする時間を意識して指導したい。

2　「私は誰でしょうクイズ」の例題に取り組ませる
○答えとともに，使われている自立語も指摘させる。例題は自立語である八品詞全てが使ってある。一つずつでよいので，できるだけ全部の品詞を見付けられるよう，声掛けをする。

3　自立語を全て用いて「私は誰でしょうクイズ」を作成させる
T：今から自立語を全て使って「私は誰でしょうクイズ」をつくってもらいます。文章の中の自立語に目を向ける練習です。「私は誰でしょう」の「私」は有名人でもよいですし，身近な物でも構いません。何を指すのかを直接言わず，「それは～で使う道具です。」のような説明の文章を4文程度つくりましょう。
○まずは，説明の文章をつくり，その後，自立語が全て入るように言葉を付け加えたり，言い換えさせたりする。
○何について書いたらよいか，なかなか思いつかない生徒には，「教室にあるもの」で考えさせる。
〈題材の例〉
・黒板消し　・ほうき　・カーテン
・消しゴム

> **ポイント　なるべく多くの種類の自立語を用いてクイズを考える**
> クイズの作成は，取り組むスピードにも差が出やすい。自立語を文章の中で使ってみることが課題の目的であるため，自立語八品詞を全て使うことが活動の基準となる。その上

準備物：前時のワークシート

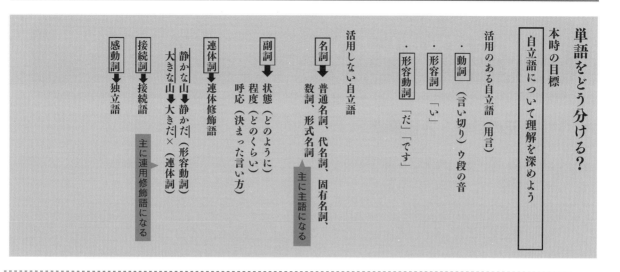

で、発展として名詞五種類を全て使ってみる、副詞も三種類使うなど、個人で目標を高く設定することもできる。生徒の実情に合わせて、柔軟に対応したい。また、クイズをつくるだけでなく、どの品詞を使ったのかについてもワークシートに書き出してまとめておくことで、視覚的にも整理され、さらに学習効果が深まると考える。

4　完成した「私は誰でしょうクイズ」について、四人班で問題を出し合い、取り組ませる

T：問題は完成しましたか。それでは、四人班で問題を解き合ってみましょう。答えだけではなく、使われている品詞も答えてください。

T：もしも問題が完成していない人がいたら、アドバイスをしてあげましょう。使われている品詞が分からない場合は、四人班で相談してみましょう。

○教科書や資料集を見ながら答えてもよいこととする。

5　「私は誰でしょうクイズ」の画像を提出し、全体で共有する

○ここではロイロノート・スクールを使用する。

T：完成した「私は誰でしょうクイズ」を写真に撮って提出してもらいます。タブレットでワークシートの問題部分と答えの部分をそれぞれ別々に撮影し、ロイロノートのカードにそれぞれ貼り付けて提出してください。

○スライドのようにカードをつなげて提出させると、答えが見えないので便利である。一覧を共有して表示すると多くの問題に取り組むことができる。

6　本時の振り返りをする

○「私は誰でしょうクイズ」を一つ取り上げながら、自立語の特徴をまとめる。

1　広がる学びへ

魅力的な提案をしよう
資料を示してプレゼンテーションをする　　　　　　（5時間）

1　単元の目標・評価規準

- 言葉には，相手の行動を促す働きがあることに気付くことができる。〔知識及び技能〕(1)ア
- 自分の立場や考えが明確になるように，根拠の適切さや論理の展開などに注意して，話の構成を工夫することができる。　　　　　　　　　〔思考力，判断力，表現力等〕A(1)イ
- 資料や機器を用いるなどして，自分の考えが分かりやすく伝わるように表現を工夫することができる。　　　　　　　　　　　　　　　　　〔思考力，判断力，表現力等〕A(1)ウ
- 言葉がもつ価値を認識するとともに，読書を生活に役立て，我が国の言語文化を大切にして，思いや考えを伝え合おうとする。　　　　　　　　　　　「学びに向かう力，人間性等」

知識・技能	言葉には，相手の行動を促す働きがあることに気付いている。　　　((1)ア)
思考・判断・表現	「話すこと・聞くこと」において，自分の立場や考えが明確になるように，根拠の適切さや論理の展開などに注意して，話の構成を工夫している。　　　（A(1)イ） 「話すこと・聞くこと」において，資料や機器を用いるなどして，自分の考えが分かりやすく伝わるように表現を工夫している。　　　　　　（A(1)ウ）
主体的に学習に取り組む態度	自らの学習を調整しながら自分の考えが分かりやすく伝わるようにプレゼンテーションをしようとしている。

2　単元の特色

教材の特徴

　本単元の教材はプレゼンテーションによる魅力的な提案である。魅力ある内容のプレゼンテーションをする場合，情報の収集・整理の過程で対象の魅力を客観視する。日ごろ自分自身が気付かなかった対象の価値を，本学習の取り組みで発見することが大切である。ここでは自校の学校生活の魅力を来年入学してくる小学6年生にプレゼンテーションをするという設定である。グループでの協働的な学びを通して，生徒自身の学校生活のよさや意義を共有し，改めて実感することが必要である。本教材の学びの過程で，生徒自身に中学校生活で得た経験のかけがえのなさや成長の喜びを味わわせたい。

身に付けさせたい資質・能力

　本単元では，学習指導要領A(1)イの力を身に付けさせることに重点を置く。言語活動として，自校の学校生活の魅力を来年入学してくる小学6年生にプレゼンテーションをする学習活動を設定する。聞き手の心を動かすプレゼンテーションを行うために，テーマ選び，話す内容の整理や話し方の工夫などの段階で，相手意識と目的意識を具体的にもたせる。また，この活動を行う際は，〔知識及び技能〕(1)アと関連付けて指導する。小学6年生が中学校の学校生活に期待と希望をもてるような内容や表現を設定することで，聞き手の立場に立って表現するという能力を育んでいきたい。

3　学習指導計画（全5時間）

次	時	○主な学習活動	☆指導上の留意点　◆評価規準
一	1	○単元の目標を確認し学習の見通しをもつ。 ○相手と目的を確認し，教材を通読する。 ○小学6年生が興味をもちそうな質問を学級で話し合い，テーマを決める。 ○グループをつくり担当するテーマを決める。	☆相手意識と目的意識をもたせる。 ◆相手が意欲的に進学したいと思えるような言葉や表現を用いている。【知・技】
二	2	○効果的なプレゼンテーションの工夫を学級で話し合う。 ○グループで3分間の進行案をつくる。 ○グループで準備の役割と発表の役割分担をし，個人で準備を行う。	◆言葉には，相手の行動を促す働きがあることに気付いている。【知・技】 ◆自分の立場や考えが明確になるように，根拠の適切さや論理の展開などに注意して，話の構成を工夫している。【思・判・表】
	3	○モデルを視聴する。 ○第2時で既習の効果的なプレゼンテーションの工夫を振り返る。 ○グループの練習を録画し修正点を話し合う。 ○改善点や修正した点を学級で共有する。 ○個人またはグループでプレゼンテーションを修正する。	◆資料や機器を効果的に用いるなどして，自分の考えが分かりやすく伝わるように表現を工夫している。【思・判・表】 ◆自分の考えが分かりやすく伝わるように粘り強く表現を工夫し，学習の見通しをもってプレゼンテーションをしようとしている。【主】 ☆話合いで出た改善点を赤ペンで書かせる。
三	4	○既習事項の積極的な聞き方を確認する。 ○グループ毎にプレゼンテーションをする。 ○聞き手と交流する。	☆小学6年生の立場になって発表を聞かせる。 ◆相手が中学校生活に期待と希望をもてるような言葉や表現を用いることを意識している。【知・技】 ◆プレゼンテーションソフトやフリップなどを効果的に用いて，提案内容が視覚的にも分かりやすくなるよう工夫している。【思・判・表】
	5	○グループでプレゼンテーションを振り返り，学級で共有する。 ○心を動かされた提案を学級で選び，理由を話し合う。 ○個人で単元を振り返る。	☆振り返りの観点を明確に提示する。 ◆資料や機器を用いるなどして，自分の考えが分かりやすく伝わるように表現を工夫している。【思・判・表】

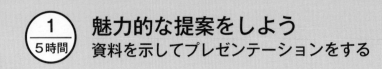

指導の重点
・小学6年生が中学校生活のどのようなことに不安や興味をもつかを考え，テーマを決めさせる。

本時の展開に即した主な評価規準例（Bと認められる生徒の姿の例）
・相手が意欲的に進学したいと思えるような言葉や表現を用いている。【知・技】

生徒に示す本時の目標
　小学6年生が中学校生活のどのようなことに興味や不安をもつかを考え，テーマを決めよう

1　本単元の目標を把握し学習の見通しをもつ
T：単元の目標は，「資料や機器などを使って表現の工夫をしながら，聞き手の心を動かすプレゼンテーションする」ことです。社会で良好なコミュニケーションを図ることにつながる大切な力です。

T：今日の学習では，プレゼンテーションの目的と相手を確認した後，相手を想定して質問を考えプレゼンテーションのテーマと分担を決めます。

2　プレゼンテーションの相手と目的を確認する
○小中交流授業で来年入学してくる小学6年生を対象に，○○中学校の学校生活の魅力を伝えて，来春入学する○○中学校での学校生活に期待と希望をもってもらう目的でプレゼンテーションを行う設定であることを確認する。

T：小中交流授業で，来年入学してくる小学6年生に○○中学校での生活の魅力を伝えるプレゼンテーションを行うという設定で学習します。タブレット等などを使って分かりやすい視覚資料も作成します。聞き手の心を動かすプレゼンテーションにするために，相手意識と目的意識をもって学習に取り組みましょう。

3　教材を通読する
○教材を通読する。
T：教科書p.32の流れに沿って学習を進めます。練習段階で録画を撮り話し合い，よりよいプレゼンテーションになるように振り返ります。

4　小学6年生が中学生にしたいであろう質問を学級で話し合う
T：来年入学する小学6年生は，○○中学校の学校生活のどんなことを知りたいと考えますか。3分間でグループで話し合いましょう。
○3分間時間をとる。
T：では，話し合いを学級で共有しましょう。各グループで話し合った質問を発表してください。
○「部活動はどんな活動をしているのか」，「中学校ではどの教科の何が面白いか」「中学校のクラスの雰囲気はどのような感じなのか」「文化祭や体育祭に中学生はどのように取り組むのか」「中学校に行く前に準備した方がよいことは何か」などの質問が想定される。テーマにつながりそうな質問は板書する。

準備物：なし

魅力的な提案をしよう
資料を示してプレゼンテーションをする

本時の目標
小学校六年生が中学校生活のどのようなことに興味や不安をもつかを考え、テーマを決めよう

〈プレゼンテーションの目的〉
・○○中学校の学校生活に期待と希望をもってもらう

〈伝える相手〉
・来年入学してくる小学六年生

〈小学校六年生から出そうな質問〉
「部活動はどんな活動をしているのか。」
「中学校ではどの教科が面白いか。それはなぜか。」
「中学校のクラスの雰囲気はどのような感じか。」
「文化祭や体育祭で先輩はどのような感じで取り組むのか。」
「中学校に行く前に先輩が準備しておいた方がよいことは何か。」

〈小学生が興味をもちそうなテーマ例〉
・部活動
・中学校で新しく学ぶ教科や授業の様子
・先輩たちの経験やアドバイス　など

ポイント　聞き手の心をつかむテーマ選び
聞き手が興味をもちそうな内容の質問に対して、中学校の先輩が具体的な体験や情報を交えながら答えるプレゼンテーションを想起させる。

5　話し合った質問からテーマを決める
○部活動、中学校で新しく学ぶ教科や授業の様子、友達やクラスの雰囲気、中学校の行事について、先輩たちの経験やアドバイスなどの発言が想起される。出たテーマは板書する。

6　グループをつくり担当するテーマを決める
○三～四人のグループをつくる。グループの数にテーマを絞り担当するテーマを決めさせる。
T：座席を基に三～四人のグループに分かれましょう。グループでどのテーマを希望するか話し合いましょう。
○グループの話し合いを2分間程度行わせる。
T：それぞれのグループが担当するテーマを学級で決めます。
○希望を出し合い調整して、担当のテーマを決定させる。

7　本時の振り返りをし、次時の見通しをもつ
T：小学6年生が進学する中学校の学校生活のどのようなことに興味をもつかを考えながらテーマを決めることができましたか。今日は、プレゼンテーションの相手とその目的を具体的に意識してテーマを決めましたね。次回は、相手と目的を意識しながらグループで進行案をつくり、役割分担して個人でスピーチと資料を作成します。

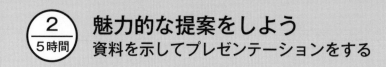

指導の重点
・効果的なプレゼンテーションの工夫について話し合い，発表の準備をさせる。

本時の展開に即した主な評価規準例（Bと認められる生徒の姿の例）
・言葉には，相手の行動を促す働きがあることに気付いている。【知・技】
・自分の立場や考えが明確になるように，根拠の適切さや論理の展開などに注意して，話の構成を工夫している。【思・判・表】

生徒に示す本時の目標
効果的なプレゼンテーションのための工夫を話し合い，発表の準備をしよう

1　本時の学習の流れを確認する
T：今日の学習は，まず，効果的なプレゼンテーションのための工夫について学級で話し合います。その後グループで進行案をつくって役割分担し，個人で準備を行います。

2　効果的なプレゼンテーションのための工夫を学級で話し合う
T：来年入学する小学６年生に中学校生活に期待と希望をもってもらうため，○○中学校の学校生活の魅力を効果的に伝えるプレゼンテーションにするにはどのような工夫をすればよいですか。相手と目的を意識して考えて構成，話の内容，提示資料，話し方などの項目に沿って考えワークシート①に書きましょう。　WS1

> **ポイント　相手意識，目的意識をもたせる**
> 相手…来年入学してくる小学６年生
> 目的…中学校生活に期待と希望をもってもらう

○学級で共有する。発言がなければ補足する。
T：項目ごとに学級で交流し共有しましょう。構成はどのように工夫しますか。
○「序論・本論・結論」が想定される。その他の工夫があれば発言させる。
T：話の内容はどのように工夫しますか。
○文化祭や運動会など行事，友達との絆や成長したエピソードなど，聞き手が共感できるような内容にする。
T：提示資料はどのように工夫しますか。
○写真や動画，見やすいスライドなどが想定される。笑顔で活動する写真や動画，インタビュー音声の挿入などの具体例を挙げ効果に気付かせる。

> **ポイント　スライドの文字はキーワードのみ**
> 説明は口頭で行わせる。スライドの文字は10文字以内を目安に作成させる。

T：話し方にはどのような工夫がありますか。
○適切な速度，アイコンタクト，姿勢，声の抑揚や間の取り方などの発言が想定される。
T：進行の仕方にはどのような工夫がありますか。
○聞き手に質問したり，簡単なクイズを行ったりするなどの工夫などが想定される。

準備物：ワークシート　　　　　　　　　　　　　　※次時で本時の板書を使うため本時終了後に撮影しておく

魅力的な提案をしよう
資料を示してプレゼンテーションをする

本時の目標
効果的なプレゼンテーションのための工夫を話し合い、発表の準備をしよう

（効果的なプレゼンテーションのための工夫）
・相手意識、目的意識をもつ
　相手…来年入学してくる小学六年生
　目的…中学校生活に期待と希望をもってもらう
・構成…小学六年生を惹きつける工夫
・話の内容…先輩の具体的な体験などのエピソード
・提示資料…画像や図、グラフ、写真、動画など
・スライド…文字を大きく要点を簡潔に
・話し方…適切な速度、アイコンタクト、姿勢、声の抑揚や間の取り方
・資料や機器の用い方…タイミング
・進行の仕方…質疑応答、クイズ形式

（準備の役割分担）
①情報収集と整理、
②発表原稿の作成
③提示資料の作成、
④進行

（発表の役割分担）　分担の例
⑤導入…テーマの紹介や目次の説明
⑥中学校生活の紹介…授業、部活動や行事などの具体的な紹介
⑦先輩の声の紹介…成功体験やエピソード
⑧締めくくり…期待や希望を高めるような言葉

3　グループで3分間の進行案をつくる

T：グループで進行案をつくります。構成を意識してワークシートに進行案をつくりましょう。　**WS2**

○グループで進行案を話し合わせる。

4　グループで準備の役割を分担する

T：グループで準備の役割を分担しましょう。
○①情報収集と整理の担当，②発表原稿の作成担当，③提示資料の作成担当，④進行の担当の4つの役割に分担させる。
T：①情報収集の担当者は情報を集める役割です。例えば，部活動や行事の紹介，先輩の声など具体的な情報を集めて整理します。
T：②発表原稿の担当者は，構成に沿って全体のおおまかな発表の流れを考えます。
T：③提示資料の担当者は，写真や動画，図表の作成，スライドのレイアウトを行います。
T：④進行の担当者は，時間管理や進行のほか，聞き手との交流を担当します。クイズや投票などの交流の工夫を考え，質疑応答の準備も行います。

5　グループの発表の役割分担をし，個人で準備を行う

T：グループで発表の役割分担をしましょう。
○例えば，⑤導入部の担当，⑥中学校生活の紹介の担当，⑦先輩の声を紹介する担当，⑧締めくくりの担当の四つの分担などが考えられる。
○⑤導入部の担当者は，テーマの紹介や目次の説明で聞き手に見通しをもたせる工夫をさせる。
⑥中学校生活の紹介の担当者は，具体的な体験を挙げて，中学校生活の魅力を語らせる。
⑦先輩の声を紹介する担当者は，先輩の声や体験談の紹介で聞き手の共感を呼ぶ工夫をさせる。
⑧締めくくりの担当者は中学校生活の魅力を改めて強調し，魅力を伝える。中学校生活への期待や希望を高める工夫をさせる。
T：発表の役割分担が決まったら，個人で準備を進めましょう。

6　本時の振り返りをし，次時の見通しをもつ

T：今日は効果的なプレゼンテーションの工夫を考えながら発表の準備を進められましたか。次の時間はモデルの動画を視聴しグループの練習を録画します。録画を見てグループで話し合い修正します。

3
5時間

魅力的な提案をしよう
資料を示してプレゼンテーションをする

指導の重点
・グループで話し合い，プレゼンテーションをよりよいものに改善させる。

本時の展開に即した主な評価規準例（Bと認められる生徒の姿の例）
・資料や機器を効果的に用いるなどして，自分の考えが分かりやすく伝わるように表現を工夫している。【思・判・表】
・自分の考えが分かりやすく伝わるように粘り強く表現を工夫し，学習の見通しをもってプレゼンテーションをしようとしている。【主】

生徒に示す本時の目標
　プレゼンテーションの内容と方法をグループで話し合い，よりよいものに改善しよう

1　本時の学習の流れを確認する
T：今日の学習は，モデルの動画を視聴しグループの通し練習を録画します。その録画を見てグループで話し合い，修正します。

2　モデルを視聴して効果的なプレゼンテーションを確認する
T：モデルを見て効果的なプレゼンテーションを確認します。p.35の二次元コードで「プレゼンテーションをする」を視聴しましょう。
○タブレット等でp.35の二次元コードを読み取らせ視聴させる。

3　第2時で既習の効果的なプレゼンテーションの工夫を振り返る
T：第2時で既習の効果的なプレゼンテーションの工夫を投影します。スクリーンを見てください。
○第2時の板書の写真をスクリーンに投影し短時間で確認する。練習で随時確認できるように授業の終わりまで投影しておく。

4　個人で練習を行う

> **ポイント　相手と目的を意識させる**
> 　改めて相手と目的を具体的に確認し，意識させる。

T：個人でプレゼンテーションの練習を行います。小学6年生が，中学校生活に期待がもてるように意識して練習に取り組みましょう。
T：準備の分担で，情報収集，資料づくり，進行の担当の人は，発表原稿担当者が作成した発表のキーワードやポイントを押さえて，自分の言葉で話す練習をしてください。練習時間は5分間です。練習で録画して見直し修正するのも大変よい方法ですね。
○5分間の練習時間をとる。

5　グループで通し練習を行って録画し，修正点を話し合う
○3分間のプレゼンテーションに仕上げさせる。15分間，グループで通してプレゼンテーションの練習を行わせる。振り返りのため録画させておくようにする。
T：3分間のプレゼンテーションになるようにしましょう。15分間でグループで通してプレゼン

準備物：プロジェクター，前時の板書，前時のワークシート

魅力的な提案をしよう
資料を示してプレゼンテーションをする

本時の目標
プレゼンテーションの内容と方法をグループで話し合い、よりよいものに改善しよう

〈相手〉
・来年入学してくる小学六年生
〈目的〉
・中学校生活に期待と希望をもってもらう

〈改善点や修正した点〉
・具体的なエピソードを語るようにする
・スライドの写真を発表に合わせ焦点化する
・楽しそうな雰囲気のものにする
・話すときは視線を合わせる
・質問に具体的に答えられるように準備しておく

テーションの練習と修正を行います。振り返りのため録画してください。時間も計りましょう。
○相手と目的が意識できている内容や資料のプレゼンテーションになっているか確認させる。
○プレゼンテーション後の質疑応答の対応も考えさせる。
T：質問を想定して答える練習も行いましょう。
○録画を見返して、よかった点や改善点をワークシートにまとめ話し合わせる。
T：話合いで出た改善点や修正案を進行案に赤ペンで書き入れましょう。

発展
　生徒の実態に応じて、数グループ指名して修正点を発表させて思考を促すことも考えられる。

6　改善点や修正した点を学級で共有する
○修正した点や改善点を数人発表させ、板書する。
T：グループで録画を見合って修正した点を、前の時間の進行案で確認しましょう。どのような修正点があったか、交流しましょう。
○「具体的なエピソードを語るようにする」「スライドの写真を発表に合わせ焦点化する」「楽しそうな雰囲気のものにする」「話すときは視線を合わせる」「質問に具体的に答えられるように準備しておく」などが想定される。

7　個人またはグループでプレゼンテーションを修正する
T：進行案の改善点や修正案を基に、個人やグループでプレゼンテーションを修正しましょう。

8　本時の振り返りをし、次時の見通しをもつ
T：今日は、相手と目的を意識しながら自分たちのプレゼンテーションをグループで話し合い、よりよいものに改善しました。録画を見て改善につなげるときにも相手意識と目的意識が重要でしたね。次の時間は、はじめに聞き方の確認をした後で、グループでプレゼンテーションを行います。振り返りのために録画も行います。

4 魅力的な提案をしよう
5時間　資料を示してプレゼンテーションをする

> **指導の重点**
> ・来年入学してくる小学6年生に向けて、○○中学校の学校生活の魅力を伝えさせる。

> **本時の展開に即した主な評価規準例（Bと認められる生徒の姿の例）**
> ・相手が中学校生活に期待と希望をもてるような言葉や表現を用いることを意識している。【知・技】
> ・プレゼンテーションソフトやフリップなどを効果的に用いて、提案内容が視覚的にも分かりやすくなるよう工夫している。【思・判・表】

生徒に示す本時の目標
　来年入学してくる小学6年生に向けて、○○中学校の学校生活の魅力を伝えよう

1　本時の学習の流れを確認する
T：今日の学習は、はじめに聞き方の確認をします。その後でグループごとにプレゼンテーションを行うという流れで行います。振り返りを次の学習に生かすために録画も行います。

2　既習の積極的に参加する聞き方を確認する
○既習のp.29「[聞く]意見を聞き、整理して検討する」の単元を振り返らせ、積極的に参加する聞き方を確認させる。既習単元の板書の写真をスクリーンに投影し学級で確認する。
T：教科書p.29「[聞く]意見を聞き、整理して検討する」を開きましょう。既に学習した事項です。
T：積極的に参加する聞き方を確認します。どんな項目があったか振り返りましょう。

○聞く態度…視線を合わせたり、姿勢を整えたりして、話し手に対する敬意を示させる。
○笑顔やうなずき…発表者に対する肯定的な反応を示すようにさせる。

○質問をする…理解しきれない部分や興味をもった点は質問をさせる。
○具体的で建設的なコメント…疑問点や反対意見がある場合も、具体的で建設的なコメントを考えさせる。
○メモを取りながら聞く…重要なポイントや気付いたことをメモに残させる。深い質問やコメントにつなげさせる。

> **ポイント　小学6年生が聞く視点で**
> 　プレゼンテーションの相手と目的を意識させ、小学6年生の知識や理解度に配慮して聞かせ評価させる

3　グループ毎に、3分間のプレゼンテーションをする
○それぞれのグループが3分間で「小中交流授業で小学6年生に向けて○○中学校の学校生活の魅力を伝える」という設定でプレゼンテーションをする。
○一グループずつ前に出て発表をさせる。
○スライドの提示のタイミングや、写真やグラフの拡大・縮小なども工夫させる。
○音声資料はスピーカーを接続し教室全体に音声

準備物：プロジェクター，前時の板書

魅力的な提案をしよう
資料を示してプレゼンテーションをする

本時の目標
来年入学してくる小学六年生に向けて、○○中学校の魅力を伝えよう

☆小学校六年生の立場になって発表を聞こう

〈積極的に参加する聞き方〉
・聞く態度：視線、姿勢→敬意を示す
・笑顔やうなずき：肯定的な反応を示す
・質問をする
　：理解しきれない部分、興味をもった点
・具体的で建設的なコメント
　：発表者の力になる
・メモを取る
　：重要なポイントや気付いたことを

☆小六の知識や理解度に配慮して、客観的な改善コメントをしよう

が届くようにさせる。
○プレゼンテーションは録画する。

4 聞き手と交流する

ポイント　客観的な改善コメント
コメントの視点は、「小学6年生の知識や理解度に配慮するとこういう情報がほしかった」などの客観的な改善のコメントを行わせるようにする。

○交流のために、一グループにつき1分間程度の時間を設ける。
○聞き手にコメントをもらったり、質疑応答を受けたりして交流し、プレゼンテーションの内容を深めさせる。
○発表グループの進行役は、例えば次のような問いかけをして質問を促すようにさせる。
T：「中学校生活でもっと詳しく知りたいことはありますか。」
T：「中学校生活を過ごす自分の姿がイメージできましたか。分からないことはありますか。」
T：「説明がよく分からなかった点はありませんか。」
○予想外の質問に対しては、グループで協力して臨機応変に対応させる。

5 本時の振り返りをし、次時の見通しをもつ

T：今日のプレゼンテーションでは、来年入学する小学6年生に希望をもたせるように中学校の魅力を伝えることができましたか。聞き手として質疑応答や評価をする場合も、相手と目的を意識することは大切でしたね。今日発表しきれなかったグループは次の時間に発表を行います。準備をしておきましょう。次回は、今日のプレゼンテーションの振り返りをして、今後に生かせるように単元のまとめをします。

5 魅力的な提案をしよう
資料を示してプレゼンテーションをする
(5/5時間)

指導の重点
・プレゼンテーションの振り返りを交流し，身に付けた力を確認させる。

本時の展開に即した主な評価規準例（Bと認められる生徒の姿の例）
・資料や機器を用いるなどして，自分の考えが分かりやすく伝わるように表現を工夫している。【思・判・表】

生徒に示す本時の目標
プレゼンテーションを振り返ったことを交流し，身に付けた力を確認しよう

1 本時の目標と学習の流れを確認する
T：今日は，前の時間に行ったプレゼンテーションを振り返り，単元のまとめを行います。
①まず，自分たちの録画を視聴してグループで振り返り，②次に，目的に合った提案を学級で選び，理由を含めて話し合います。③最後に個人で単元の学習を振り返ります。

2 グループで自分たちのプレゼンテーションを振り返る
T：録画した自分たちのプレゼンテーションを視聴し，観点に沿ってグループでよかった点や改善点を話し合いましょう。
○10分間程度時間をとる。

> **ポイント　振り返りの観点を明確に示す**
> 内容や構成，話し方，言葉や表現，資料や機器の使い方など，グループで行う振り返りの観点を板書し提示して振り返りの観点を明確にする。

○そのほかに例えば次のように問いかけて振り返りを促す。
T：「聞き手に○○中学校の学校生活の魅力がどのくらい伝わったと考えますか。そう思うのはなぜですか。」
T：「声の大きさや速さについて，聞き手の理解を促すようにできましたか。」
T：「次回のプレゼンテーションで質疑応答を適切に行うための準備としてどのようなことが必要だと考えましたか。」
○グループの振り返りを発表させる。
T：グループで話し合った振り返りを，学級で共有します。各グループの発表者は項目立てをして発言してください。

3 小学生に期待や希望を抱かせそうな提案を学級で選び，その理由を話し合う
○まず個人で提案を選ばせ，理由も示させる。
T：最も目的を達成しそうな提案はどれでしたか。まず個人で選び，その理由を説明しましょう。
T：次に，目的を達成しそうな提案を学級で選び，理由を含めて話し合いましょう。
○個人で選んだ提案を Google フォームに入力させ，理由を記述させる。
○教師はフォームの集計結果を見て，選ばれた理

準備物：ワークシート

```
魅力的な提案をしよう
　資料を示してプレゼンテーションをする

本時の目標
　プレゼンテーションを振り返ったこと
　を交流し、身に付けた力を確認しよう

（グループでの振り返り）
　観点
　　・内容
　　・構成
　　・話し方
　　・言葉や表現
　　・資料や機器の使い方

（個人の振り返り）
　観点
　　・言葉の働き
　　・話の構成や資料作成の工夫
　　・次に生かしたい工夫
```

由についてまとめる。

4　個人で単元を振り返る
○言葉の働きや話の構成や資料作成の工夫，次に生かしたい工夫などをワークシートに自分の言葉でまとめさせる。 **WS3**
○10分間程度時間をとる。

> **ポイント　振り返りの観点を明確に示す**
> 　単元のまとめとして，「言葉の働き」「話の構成や資料作成の工夫」「次に生かしたい工夫」を個人の振り返りの観点として板書する。

○例えば，教師は次のように問いかけを行い振り返りを促す。
T：「言葉には相手の心を動かし行動を促す働きがあります。学習のどのような場面で実感しましたか。」
T：「聞き手の印象に残るプレゼンテーションにするために，話の構成や資料の作成において，どのような工夫をしましたか。」
T：「次に何かを提案するときには，どのような点を工夫したいか考えてみましょう。」
○ワークシートを机間指導しながら確認し，共有したい記述があれば指名して発表させる。

5　単元のまとめをする
T：今回の単元では，相手意識と目的意識をもつことで，効果的に伝えることができることを学びましたね。また，聞くときの評価も視点をもってできましたね。次にプレゼンテーションをするときには，今回学んだ相手意識と目的意識をもつということを思い出してください。

1 広がる学びへ

枕草子 (3時間)

1 単元の目標・評価規準

- 作品の特徴を生かして朗読するなどして，古典の世界に親しむことができる。
〔知識及び技能〕(3)ア
- 現代語訳や語注などを手掛かりに作品を読むことを通して，古典に表れたものの見方や考え方を知ることができる。　〔知識及び技能〕(3)イ
- 目的や意図に応じて，社会生活の中から題材を決め，伝えたいことを明確にすることができる。　〔思考力，判断力，表現力等〕B(1)ア
- 表現の効果を考えて描写するなど，自分の考えが伝わる文章になるように工夫することができる。　〔思考力，判断力，表現力等〕B(1)ウ
- 文章を読んで理解したことや考えたことを知識や経験と結び付け，自分の考えを広げたり深めたりすることができる。　〔思考力，判断力，表現力等〕C(1)オ
- 言葉がもつ価値を認識するとともに，読書を生活に役立て，我が国の言語文化を大切にして，思いや考えを伝え合おうとする。　「学びに向かう力，人間性等」

知識・技能	・作品の特徴を生かして朗読するなどして，古典の世界に親しんでいる。　((3)ア) ・現代語訳や語注などを手掛かりに作品を読むことを通して，古典に表れたものの見方や考え方を知っている。　((3)イ)
思考・判断・表現	・「書くこと」において，目的や意図に応じて，社会生活の中から題材を決め，伝えたいことを明確にしている。　(B(1)ア) ・「書くこと」において，表現の効果を考えて描写するなど，自分の考えが伝わる文章になるように工夫している。　(B(1)ウ) ・「読むこと」において，文章を読んで理解したことや考えたことを知識や経験と結び付け，自分の考えを広げたり深めたりしている。　(C(1)オ)
主体的に学習に取り組む態度	学習課題に沿って，粘り強く「枕草子」に表れた季節感や価値観を読み取り，自分の知識や経験と結び付けようとしている。

2 単元の特色

教材の特徴

「枕草子」は平安時代に，中宮定子に仕える女房　清少納言が著したとされる随筆文学である。教科書に収められた第一段は，四季それぞれのよさを感じる時間帯の情景を，映像的に表して

いる。さらに，続く第百四十五段（うつくしきもの）も第二百十六段（月のいと明かきに）も，同じく情景を映像として捉えやすい内容になっている。「をかし」とは自分がいいと判断して評価したものに使うことを踏まえて，清少納言が「をかし」とするものと，生徒自身の価値観や感覚を比べさせ，清少納言のものの見方や考え方に触れるとともに古典に親しませたい。

身に付けさせたい資質・能力

　本単元では，学習指導要領C(1)オ「文章を読んで理解したことや考えたことを知識や経験と結び付け，自分の考えを広げたり深めたりする」力を育成することに重点を置く。この資質・能力を身に付けさせるための言語活動には，学習指導要領に例示された(2)イ「詩歌や小説（ここでは随筆）などを読み，引用して解説したり，考えたことなどを伝え合ったりする活動」の趣旨を生かし，「自分流『枕草子』を書く」活動を設定し，自分の言葉で「をかし」を表現して，深い学びにつなげられるようにしていく。

3　学習指導計画（全3時間）

次	時	○主な学習活動	☆指導上の留意点　◆評価規準
一	1	○本単元の学習課題を知り，学習の見通しをもつ。 ○「枕草子」が書かれた背景を知る。 ○自分が四季で思いつくものを挙げる。 ○リズムや表現の工夫に気付かせ，それを意識して音読する。 ○音読したり現代語訳を手掛かりにしたりする中で気付いた，自分と清少納言の季節感の違いについて考えたことを挙げる。	☆清少納言自身のことや中宮定子との関係などに触れ，「枕草子」がどのようにしてできたかを伝える。 ◆句点や文節などに注意して，古語のまとまりを意識して音読している。【知・技】 ◆現代語訳や語注を手掛かりに「枕草子」第一段を読み，清少納言のものの見方や考え方を捉えている。【知・技】
二	2	○「をかし」の意味を考える。 ○様々な章段で表された「をかし」を確認する。 ○「をかし」どんな物事について使うか考える。 ○「をかし」とはどんな言葉か自分の考えをまとめる。	☆必要に応じて「九月ばかり」を合わせ読みする。 ☆「をかし」の意味だけでなく，何のどんな様子について「をかし」と表しているのかまで読み取らせる。 ◆「枕草子」のいろいろな章段の合わせ読みを通して，「をかし」とはどんな言葉か，自分の考えをまとめている。【思・判・表】 ◆学習課題に沿って，粘り強く「枕草子」に表れた季節感や価値観を読み取り，自分の知識や経験と結び付けようとしている。【主】
三	3	○「自分流『枕草子』」を書く。 ○「自分流『枕草子』」を伝え合う。 ○学習を振り返る。	☆「をかし」と感じる季節の風物をまとめさせる。 ◆学習を通して捉えた「をかし」と感じる季節の物事を選んでいる。【思・判・表】 ◆季節感を表すものについて，その様子が具体的に想像できるよう，語句や表現を選んで書いている。【思・判・表】

1 枕草子

3時間

指導の重点
・第一段を読んで自分と清少納言の季節感の違いについて考えたことをまとめさせる。

本時の展開に即した主な評価規準例（Bと認められる生徒の姿の例）
・句点や文節などに注意して，古語のまとまりを意識して音読している。【知・技】
・現代語訳や語注を手掛かりに「枕草子」第一段を読み，清少納言のものの見方や考え方を捉えている。【知・技】

生徒に示す本時の目標
　第一段を読んで自分と清少納言の季節感の違いについて考えたことをまとめよう

1　単元の学習課題と本時の学習課題を知る
T：この単元では，清少納言という人が書いた「枕草子」を学習して，「自分流『枕草子』」を書きます。今回の授業では，自分と清少納言の季節感の違いについて考えてみましょう。
○ただ書き方を真似るのではなく，表れたものの見方を捉えた上で自分流を書くことを伝える。

2　清少納言が「枕草子」を書いた背景を知る
T：「枕草子」は，平安時代に清少納言によって書かれた随筆文学です。現存する中では日本で最初の随筆と言われています。「枕草子」は知的で明るい「をかし」の文学と言われています。清少納言は，一条天皇の中宮定子に仕えていました。そのころ見聞きしたことが中心に描かれています。

> **発展**
> 　枕草子については動画の資料教材が多数出ている。補助教材として使用することもできる。ただし，歴史上の解釈についてはいくつもの説があるので注意する。

○3分程度時間をとり，ワークシートに書かせる。
　⬇ WS1

3　自分が思いつく四季のものを考える
T：皆さんが「四季それぞれの季節といえば？」と言われて思いつくものを書いてみましょう。
○3分程度時間をとり，個人で考えさせる。
○ロイロノート・スクールに提出箱をつくり提出させ，全体で共有する。3分程度見る時間をとる。
T：それぞれの季節感が分かって面白かったですね。授業の後半で，清少納言の季節感と比べていきます。

4　第一段を音読する
T：では教科書の本文を音読しましょう。ここは「枕草子」の序段でとても有名な部分です。リズムや表現に特徴や工夫があったら，後で教えてください。
○はじめに教師が第一段全体を範読する。その後，教師の音読に続いて一文ずつ音読する。
T：リズムや表現で気付いたことは何かありましたか。

準備物：ワークシート

枕草子　　　　清少納言

本時の目標
第一段を読んで自分と清少納言の季節感の違いについて考えたことをまとめよう

⓪ どうして「枕草子」は書かれたのか
・定子を励ますため
・定子の素晴らしさを世に伝えるため

① 四季それぞれの季節といえば？
・春　桜、入学式、卒業式……
・夏　プール、海、夏休み、スイカ……
・秋　紅葉、食欲、読書、文化祭……
・冬　雪、正月、お年玉、こたつ……

② 第一段のリズムや表現の特徴、工夫
・一文が短い
・季節の書き出しが「○は〜」
・文の終わりに「〜し」が多い

③ 自分と清少納言の季節感の違い
・時間帯で表現している
・情景で表現している
・五感で感じている

○予想される生徒の反応
・一文が短い。
T：文の切れ目を意識して読めるようにしましょう。
・はじめに季節について「○は〜。」と言っている部分が共通している。
T：それぞれの季節の一文目は、体言止めで表されていますね。
・文の終わりに「をかし」、「つきづきし」、「わろし」など、「〜し」が多い。
T：古語では、「〜し」で終わる言葉は形容詞です。形容詞は、物事に対する評価の言葉として使われることがありますが、序段もそうですね。清少納言の季節への思いが直接表れています。
○確認したことを意識して、改めて音読する。
○宿題として、ロイロノートに提出箱をつくり、音読した音声を録音させて提出させる。

5　自分と清少納言の季節感を比べて、清少納言の季節感でよいとか同感であると感じたことについて考える
T：それでは、音読をしてみて、または現代語を参考にして、はじめに自分が書いた「四季それぞれの季節といえば？」と清少納言の季節感と比べてみましょう。その上で、清少納言の季節感でいいなと感じたことについて、自分の考えをまとめましょう。

ポイント　清少納言のものの見方を確認する
なかなか取り組めない生徒に対して、清少納言のものの見方を確認する。具体的には、時間帯で表現していること、情景で表現していること、五感で感じていることを確認する。

○10分程度時間をとり、ワークシートにまとめさせ、ロイロノートの提出箱に提出させる。
○ロイロノートの提出箱を共有し、クラスメイトの考えを読み合いさせる。

6　振り返りを行う
T：本時の振り返りをしましょう。
○ワークシートの振り返り欄を記入させる。
○次時の予告をする
T：次回は、第一段でもよく出てきた「をかし」について考えます。

2／3時間　枕草子

指導の重点
・「をかし」を意識していろいろな章段を読み,「をかし」に対する理解を深めさせる。

本時の展開に即した主な評価規準例（Bと認められる生徒の姿の例）
・「枕草子」のいろいろな章段の合わせ読みを通して,「をかし」とはどんな言葉か, 自分の考えをまとめている。【思・判・表】
・学習課題に沿って, 粘り強く「枕草子」に表れた季節感や価値観を読み取り, 自分の知識や経験と結び付けようとしている。【主】

生徒に示す本時の目標
「をかし」を意識していろいろな章段を読み,「をかし」に対する理解を深めよう

1 本時の学習課題を知り「をかし」の意味を考える

T：本時は「をかし」という語句に着目します。
○ワークシートを配る。　WS2
T：「をかし」とはどのような意味だと思いますか。
○教科書では,「趣がある」や「面白い」といった訳がついていたり, p.39に「知的で明るい」と解説されたりしていることに触れる。
○第一段の現代語訳「（のは風情がある）」,「（のがよい）」,「（ほど趣深い）」は「をかし」が省略されている文末であることに触れる。
T：「趣がある」や「風情がある」という言葉は聞き慣れないし抽象的でもあります。今回の授業で自分なりに「をかし」がどのようなものに使われているのか, またどのような思いが込められているのかについて考えていきましょう。

2 いろいろな章段の「をかし」について, ワークシートにまとめる

T：どのようなものに対して「をかし」と述べているか, 古文と現代語訳に線を引き, ワークシートにメモしていきましょう。
○各自に教科書を読ませ「をかし」と表されている事柄に線を引かせる。古文と現代語訳ともに引かせる。
○何のどんな様子に対して「をかし」と述べているか, 現代語訳を参考にワークシートに書かせる。
○15分程度時間をとる。

発展
補助資料として「枕草子」の「九月ばかり」を使う。「九月ばかり」は, 長月のある日の出来事について述べられた章段である。昨夜から降っていた雨が上がった翌朝の庭先の光景について,「をかし」と感じることを列挙している内容であり, そのどれもが清少納言独特の視線で切り取られた「をかし」である。さらに結末には,「人の心には, つゆをかしからじと思ふこそ, またをかしけれ」, つまり「他の人にとっては, 少しも趣深くないのだろうなと思うことも, また面白い」と, 清少納言の「をかし」観が読み取れる一節がある。発展では, この段を教科書と合わせ読みすることで, どのようなものに対して「を

準備物：ワークシート

枕草子　　　清少納言

本時の目標
「をかし」を意識していろいろな章段を読み、「をかし」に対する理解を深めよう

① 「をかし」の意味
　趣がある　風情がある　面白い　知的で明るい

② いろいろな章段の「をかし」は何のどのような様子が「をかし」なのか

③ 清少納言は「をかし」をどのように使っているのか
　・自分自身がいいと感じたもの
　・自然や生き物
　・自然の情景
　・他の人が共感しないこと
　・他の人が見逃すような細かいこと
　・定子と過ごしたり宮廷の中でみたりしたこと

④ 清少納言にとって「をかし」とは

◎ 振り返り

かし」を使うかや何のために「をかし」と表される事柄を書き連ねたのか，生徒の考えが広がったり深まったりすることをねらう。

3　「をかし」はどのような物事について使うか自分の考えをまとめる

T：では，どのような物事に対して「をかし」を使うのか，自分の考えをまとめましょう。

○5分程度でワークシートに自分の考えをまとめる。

4　グループと全体で考えを共有する

T：グループで「をかし」はどのような物事に対して使うのか話し合いましょう。

○四人程度のグループになって，7分程度で意見を交流して，グループとして，「○○な物事の〜〜な様子を『をかし』と表している」という型に当てはまる言葉を考える。

○ロイロノートに提出箱を用意して，グループごとに提出させる。

○グループごとにまとまった考えを発表する。

5　「をかし」とはどのような言葉か自分の考えをまとめる

T：今回の授業を通して，清少納言にとって「をかし」とはどのような言葉か，自分の考えをまとめましょう。

○清少納言が「をかし」と表しているのはどのような物事なのか，ワークシートに自分の考えを書かせる。

○5分程度時間をとる。

○ロイロノート・スクールに提出させて共有する。

ポイント　個→小集団→全体→個の活動
3〜5で，個人の考えをもつ，個人の考えをグループで共有し一つにまとめる，各グループの意見を聞いて自分の考えを広げたり深めたりする，最後に改めて自分の考えをまとめる活動を行い，対話的で深い学びを実現させる。

6　振り返り

T：今日の授業の振り返りをワークシートに書きましょう。

○次時の予告をする。

T：次回は学習したことと自分の経験を結び付けて「自分流『枕草子』」を書きます。

3　枕草子

3/3時間

指導の重点
・今までの学習を踏まえて「自分流『枕草子』」を書かせる。

本時の展開に即した主な評価規準例（Bと認められる生徒の姿の例）
・学習を通して捉えた「をかし」と感じる季節の物事を選んでいる。【思・判・表】
・季節感を表すものについて，その様子が具体的に想像できるよう，語句や表現を選んで書いている。【思・判・表】

生徒に示す本時の目標
今までの学習を踏まえて「自分流『枕草子』」を書こう

1　本時の学習課題を知る

T：本時は「自分流『枕草子』」を書きます。今までの学習を踏まえて，第一段のように季節について書きましょう。

○今までのワークシートやロイロノート・スクールで共有されている学習事項を確認しながら取り組むように促す。

2　「自分流『枕草子』」を書く

T：「自分流『枕草子』」を書くに当たって，誰に書くか，どのような目的で書くかを確認しましょう。

○ここでは，「枕草子」を学習した人（相手意識）に自分が季節に対して感じる「をかし」を楽しんでもらう（目的意識）ということを意識させる。

T：次に，書くに当たっての条件を確認しましょう。今までの学習を踏まえて，今回は三つの条件を設定します。これらの条件をクリアした「自分流『枕草子』」をワークシートに書きましょう。　[WS3]

ポイント　条件を提示して書きやすくさせる
ここでは以下の三つの条件を提示する。
(1)第一段を踏まえて書く。第一段の表現の特徴や季節の見方（着眼点）を確認する。特に，書き出しは体言止めで書かれていたこと，五感で感じることを取り上げていたことを確認する。ここでは取り上げる季節の数は問わない。(2)「をかし」と感じるものを取り上げる。清少納言がどのような物事に対して「をかし」と感じていたか確認する。清少納言とは異なる自分の視点で感じたことを書く。(3) 4文以上で書かせる。字数で評価せず，生徒が取り組みやすいようにする。

○15分程度時間をとる。

3　「自分流『枕草子』を読み合う

T：では互いの「自分流『枕草子』」を読み合いましょう。

○三～四人のグループになり互いに読み合わせる。

ポイント　評価させることで批判的な視点をもたせる
グループ内で「自分流『枕草子』」を回し

準備物：前時までのワークシート，ワークシート

枕草子　　　　　　　　　清少納言

本時の目標
今までの学習を踏まえて
「自分流『枕草子』」を書こう

① 「自分流『枕草子』」
　相手意識……「枕草子」を学習した人
　目的意識……自分が季節に感じる
　　　　　　　「をかし」を楽しんでもらう

　三つの条件
　・第一段の特徴を踏まえて書く
　　表現の特徴
　　季節の見方・考え方（着眼点）
　・「をかし」と感じるものを取り上げる
　　どんな物事に対して
　　どんな意味・思い
　・4文以上で書く

◎振り返り
　「枕草子」のおもしろさ
　単元でよく取り組めたこと

- -

読みして評価し合う。評価表をワークシートに用意し，評価の観点を「相手・目的意識があるか」，「第一段を踏まえているか」（書き出しや表現の工夫），「『をかし』と感じることを表しているか」の三つに設定する。
　さらに評価表にはコメント欄を用意し，A評価を付けた場合はその理由を，B評価を付けた場合はその理由またはA評価になるための助言，C評価を付けた場合はB評価になるための助言をそれぞれ短く記入する。このように評価表を用いて読ませることで，対話的な学びの質を上げて自分の考えを広げたり深めたりさせる。

○回し読みはグループごとに机を付けて，時計回りにワークシートを回して行う。一つの「自分流『枕草子』」につき，4分程度で読む活動と評価する活動を行わせ，時計回りに次の人に渡すことを繰り返して回し読みさせていく。評価をする際に作者に確認したいことがあれば適宜質疑応答をさせる。

4　振り返りを行う
T：本時の振り返りをしましょう。「をかし」の文学に触れて，自分でも書いてみました。その中で，どのようなところに古典や「枕草子」の面白さがあると考えますか。
○ワークシートの振り返り欄を記入させる。
○5分程度時間をとって記入させる。
○振り返りで記入した内容を発表させたり，ロイロノートで提出させたりして共有する。

1 広がる学びへ

季節のしおり　春

教材の特徴

　春を感じさせる俳句と短歌の三作品である。自由律俳句と三行書き短歌も含んでいる。この三作品は表現技法をそれぞれ効果的に用い，五感に訴え豊かな色彩感覚で表現する秀逸な作品である。作品で詠まれた情景や作者の心情を想像しながら，春を感じるのに適した教材である。

生徒に示す本時の目標
　表現の工夫について考えてみよう

1　作品を音読する
○本日の流れを説明する。
○最初は各自で音読する。その後，全員で音読する。
T：言葉の響きの美しさやリズムを感じながら音読します。表現の工夫について考えてみましょう。
○作品の第一印象や表現の工夫についての初発の感想をメモさせる。

2　作品を理解する（個人）
○国語便覧やタブレット等を活用して作品を理解する。作者についても調べる。
○様々な表現，表現の工夫（自由律俳句，三行書き短歌，「や」「き」の繰り返しによるリズム，倒置法，三句切れ，体言止め，五感や色彩感覚を働かせている等）について考える。
T：本日の授業では，作品の表現の工夫について考えていきますが，まずは個人での取り組みを大事にします。作品を微音読して作品の表現の工夫を捉えていきましょう。

〈生徒の反応〉
・「窓いっぱいの春」という表現がとてもうまいと思う。春になった喜びが伝わってくる。また，「窓」の繰り返しもリズムがよい。
・「や」の繰り返し，「き」の繰り返しが作品特有のリズムを生んでいる。倒置法がとても効果的であると思う。
・「こよひ逢ふ人みなうつくしき」という表現から作者のうきうきしている気持ちがとてもよく伝わってくる。

ポイント　机間指導を行い，支援する
　教師は机間指導を行い，生徒の取り組み状況を把握して全体や個人に向けて支援する。

3　班内で意見交流する
○最初に役割分担（司会，発表）をする。
○気が付いたことは自由に発表できる雰囲気をつくる。
○班の中で春らしさを感じる部分や，工夫された表現について意見を交流する。その際，自分の考えをふせんに記入し，それを貼りながら発表する。同様の意見についてはカテゴリーごとにまとめる。班員と意見交流する中で自分の考え

準備物：国語便覧，ふせん

季節のしおり　春

本時の目標　表現の工夫について考えてみよう

1　作品の音読

2　作品の理解（個人）
・国語便覧、タブレット等で調べる
・様々な表現、表現の工夫を考える
　自由律俳句　三行書き短歌
　「や」「き」の繰り返しによるリズム
　倒置法　三句切れ　体言止め

3　班内での意見交流
・春らしさ、表現の工夫について
　班内で意見交換する

4　全体共有
・班内での意見交流について
　班の代表者が発表する

5　まとめ・振り返り

を広げたり深めたりする。

T：個人で発見した作品の表現の工夫について班の中で発表しましょう。参考になった班員の考えについてはメモを取っておきましょう。

○班の全員の発表後，班のまとめの成果物をタブレット等で写真に撮って提出箱（ロイロノート・スクール，Microsoft Teams，ミライシード等）に提出する。

4　全体で共有する

○班で意見交流した結果について班の代表者が発表する。その際，提出箱に提出した各班のまとめの成果物をスクリーンに投影するか，各自のタブレット等に送るなどの工夫をする。

T：それぞれの班からは作品の表現の工夫について発表してもらいます。素晴らしい気付きや発見があると思います。発表を聞いて新しく気付いたことなどはメモしておきましょう。

> **ポイント　表現の工夫について板書したり，補足説明をしたりする**
> 表現技法や作品の表現で工夫されている点について，生徒から発表されない場合は教師の方で補足説明を行う。

5　まとめ，振り返りを行う

T：本日は俳句・短歌の三作品の表現の工夫されている点について考えました。まずは個人での取り組みを十分に時間をかけて行い，次に班内の意見交流，最後には全体共有を行いました。友達の考えを聞いて自分の考えが広がったり深まったりすることはとても大事なことです。自分の考えが変容したと思う点を所定のところに記入しましょう。

○他者の考えを聞いた後の自分の考えの変容について所定のところに記入する。

○互いの考えについて，全員が閲覧できるようにする。

○本日の授業の振り返りを行う。

2 多様な視点から

クマゼミ増加の原因を探る （4時間）

1 単元の目標・評価規準

・情報と情報との関係の様々な表し方を理解し使うことができる。　　　〔知識及び技能〕(2)イ
・文章全体と部分との関係に注意しながら，主張と例示との関係などを捉えることができる。
　　　　　　　　　　　　　　　　　　　　　　　　　　　〔思考力，判断力，表現力等〕C(1)ア
・文章と図表などを結び付け，その関係を踏まえて内容を解釈することができる。
　　　　　　　　　　　　　　　　　　　　　　　　　　　〔思考力，判断力，表現力等〕C(1)ウ
・言葉がもつ価値を認識するとともに，読書を生活に役立て，我が国の言語文化を大切にして，
　思いや考えを伝え合おうとする。　　　　　　　　　　　　　　「学びに向かう力，人間性等」

知識・技能	情報と情報との関係の様々な表し方を理解して使っている。　　　　　((2)イ)
思考・判断・表現	「読むこと」において，文章全体と部分との関係に注意しながら，主張と例示との関係などを捉えている。　　　　　　　　　　　　　　　　　　　　　　(C(1)ア) 「読むこと」において，文章と図表などを結び付け，その関係を踏まえて内容を解釈している。　　　　　　　　　　　　　　　　　　　　　　　　　　　　(C(1)ウ)
主体的に学習に取り組む態度	粘り強く表現の効果について考え，学習の課題に沿って自分の考えを発表しようとしている。

2 単元の特色

教材の特徴

　本単元は，小見出しによって論の展開が分かりやすく示されており，展開を捉えやすい。また，その論の展開は，仮説を立てそれを解明することを重ねることで「クマゼミ増加の原因」に迫っていくという科学的な検証方法に沿っている。そして結論で筆者は「世間一般にいわれていることをうのみにするのではなく，科学的な根拠を一歩一歩積み上げて臨む姿勢が大切である」と主張している。
　また，意見の確かさを補足するために，数多くの図表を用いることで読者の理解を促している。文章と図表などを結び付けながら，その関係を踏まえて内容を解釈する力を養うためのテキストとして最適である。本文と図表などをどのように結び付けると理解が深まるのかを考えさせながら読み進めていきたい。

身に付けさせたい資質・能力

　本単元では，学習指導要領C(1)ア「文章全体と部分との関係に注意しながら，主張と例示との関係などを捉える」力を育成することに重点を置く。この資質・能力を身に付けるための言語活動として「構成（否定された説を入れたこと）が効果的であったかどうかについて考える」活動を設定する。

　また，本教材は，前述したように本文と図表などの結び付きを考えるのに最適な文章である。そのため，C(1)ウ「文章と図表などを結び付け，その関係を踏まえて内容を解釈すること」や〔知識及び技能〕(2)イ「情報と情報との関係の様々な表し方を理解して使うこと」についても関連して指導する。

3　学習指導計画（全4時間）

時	○主な学習活動	☆指導上の留意点　◆評価規準
1	○単元の目標を確認する。 ○本時の目標を確認する。 ○新出漢字・新出語句について確認をする。 ○教科書を通読する。 ○文章を読んでみて気付いたことや疑問に思ったことを共有する。 ○振り返りをする。	☆学習に見通しがもてるようにする。 ◆意欲的に文章の内容を理解しようとしている。【主】
2	○本時の目標を確認する。 ○本文を図示して，内容を捉える。 ○まとめたものを発表する。 ○振り返りをする。	☆図示して情報を整理することで，文章の構成や内容を捉えられるようにする。 ◆情報と情報の関係の様々な表し方を理解して使っている。【知・技】
3	○本時の目標を確認する。 ○図形と文章のつながり，図表の特徴，効果，役割について考える。 ○まとめたものを発表する。 ○振り返りをする。	☆グループごとに図表等を振り分けて，本文とのつながり，図表等の効果や特徴，その役割について分析させる。 ◆文章中に示された図や表と関連させて文章の内容を理解している。【思・判・表】
4	○本時の目標を確認する。 ○自分の考えをつくる。 ○班で考えを共有する。 ○班の考えをクラスで共有する。 ○振り返りをする。	☆表現の効果について自分の考えをもたせる。 ◆文章全体と部分との関係に注意しながら，主張と例示との関係などを捉えている。【思・判・表】 ◆粘り強く表現の効果について考え，学習の課題に沿って自分の考えを発表しようとしている。【主】

クマゼミ増加の原因を探る

指導の重点
・語句の意味を確認し，本文の内容を捉えさせる。

本時の展開に即した主な評価規準例（Bと認められる生徒の姿の例）
・意欲的に文章の内容を理解しようとしている。【主】

生徒に示す本時の目標
語句の意味を確認し，本文の内容を捉えよう

1　導入
T：セミについて知っていることは何がありますか。知っていることをワークシート①に書き出してみましょう。　**WS1**
○普段は，あまり意識して考えることがないと思われるので，生活の中でセミについて知っていることを振り返らせる。生徒からは次のようなことが挙がると考えられる。
　・夏になると鳴いている
　・アブラゼミ，クマゼミ，ニイニイゼミ…
　・地中で生活している
　・抜け殻がよく落ちている
　・地上で羽化すると一週間ぐらいの命
　・液体をかけられたことがある

ポイント　本文に興味をもたせる
生徒に生活の中で聞いているセミの鳴き方などを思い出させる。普段，聞いている鳴き声がどのような種類のセミのものなのか意識させる。また，実際にデジタル教科書などを使って音声を聞かせることで，セミや本文に興味がもてるようにする。

2　新出漢字・進出語句を確認
T：この単元に出てくる新出の漢字と語句を確認します。ワークシートの②〜④を解きましょう。
○新出漢字の読みの確認をする。
○新出語句の意味を例文を基に自分なりに考えて書く。分からない語は辞書を引かせる（タブレット等で調べさせてもよい）。
○新出語句を使って例文をつくらせる。

ポイント　語彙の獲得
本文を読んで困らないように本文で使用される新出漢字や語句についてあらかじめ確認しておく。辞書やタブレット等を使用して意味を調べることは大切であるが，前後の文脈を利用して自分の言葉で言い換える作業も有効である。ここではできる限り自分の言葉で言い換えさせたい。

3　教科書を通読する
T：では教科書を読んでいきます。本文の書き方の特徴として気付いたことを挙げてもらいますので，どのような特徴があるのかを意識しながら読み進めましょう。また，先ほど確認した新出漢字や語句が，どこで使われているのかを確

準備物：ワークシート，国語辞典

> # クマゼミ増加の原因をさぐる
>
> **本時の目標**
> 語句の意味を確認し、本文の内容を捉えよう
>
> 1
> ・夏になると鳴いている
> ・アブラゼミ、クマゼミ、ニイニイゼミ…
> ・地中で生活している
> ・抜け殻がよく落ちている
> ・地上で羽化すると一週間ぐらいの命
> ・液体をかけられたことがある
>
> 5
> ・見出しが付けられていた。
> ・見出しで段落が分かれていた。
> ・図表や写真がたくさん使われていた。
> ・実際に調べた事実が書かれていた。
> ・筆者の日ごろの経験をきっかけに研究を進めている。
> ・仮説を立てて検証している。

認してください。また，意味の分からない語句があれば線を引いておき，後で調べましょう。
○範読するかデジタル教科書を使用して音声を聞かせ，その後読ませる。

4　気付いたことや疑問に思ったことを書く
T：本文を読んで気付いたことや疑問に思ったことがあれば，ワークシートの5に書き出してみましょう。
○気付いたことや疑問に思ったことをできるだけたくさん書くよう促す。
T：全体で，気付いたことや疑問に思った点を共有します。各自一つずつ挙げてください。
○気付きや疑問点を整理して板書する。
〈予想される生徒の発言〉
・見出しが付けられていた。
・見出しで段落が分かれていた。
・図表や写真がたくさん使われていた。
・実際に調べた事実が書かれていた。
・筆者の日ごろの経験をきっかけに研究を進めている。
・仮説を立てて検証している。など

5　次時の確認をする
T：次の時間は内容を整理していきます。

○生徒が見通しをもてるようにする。

6　振り返りをする
T：本時の目標は「語句の意味を確認し，本文の内容を捉えよう」でした。新出語句の意味を確認し，本文のおおまかな内容を捉えることができたでしょうか。ワークシートに今日の学習の振り返りを記入をしましょう。
○ワークシート「振り返り」の欄に，記入させる。

クマゼミ増加の原因を探る

指導の重点
・情報を図示し，情報と情報との関係を捉えて，内容を理解させる。

本時の展開に即した主な評価規準例（Bと認められる生徒の姿の例）
・情報と情報の関係の様々な表し方を理解して使っている。【知・技】

生徒に示す本時の目標
情報を図示し，情報と情報との関係を捉えて，内容を理解する

1 既習事項の確認をする
T：前回の授業では，本文の書き方の特徴で気付いたことを挙げてもらいました。その中で，見出しが付けられていることが挙がっていました。文章は六つのまとまりに分かれているので，図を使って整理していきます。教科書 pp.9-10の「思考の地図」に示されている，「思考を広げる」「思考を整理する」「思考を深める」の観点で確認しましょう。

> **ポイント　教材順の変更**
> 教科書 p.52「思考の視覚化」で学習する事項を生かしながら授業を行うことで，本教材は一層理解が深まることが予想される。そのため，pp.9-10の図だけではわかりにくい場合には，「思考の視覚化」をあらかじめ学ぶこともよいだろう。うまく活用していくことで情報に関する資質・能力の定着と向上を図ることができ，主体的に学習に取り組めるようになることが期待できる。

2 矢印や囲みなどを用いて情報の順序や流れを表す
T：ワークシートの①に六つの内容のまとまりを，矢印や囲みなどを用いて情報の順序や流れを表しましょう（その際，各内容のまとまりの要旨を30字程度でまとめて書きましょう）。この後，班でどうしてそのように整理したのかを説明してもらいますので，説明できるようにしておきましょう。　⬇ WS2

○［研究のきっかけ］，［前提］，［仮説1］，［仮説2］，［仮説3］，［まとめ］の六つの内容のまとまりの順序や流れ，関係などを矢印や囲みなどを用いて表す。

○［研究のきっかけ］においては，問いと全体に関わる仮説を確認する。
 ・（問い）なぜクマゼミの占める割合が，これほど高くなったのだろうか。
 ・（仮説）ヒートアイランド現象による環境変化が有利に働いたのではないだろうか。

○ふせんアプリを使用して，つくらせてもよい。

> **発展　各段落の要旨をまとめる**
> 図示が比較的容易に終わってしまうようであれば，各段落の要旨を30字程度の短文でまとめさせることで，各段落の情報をより深く

準備物：ワークシート

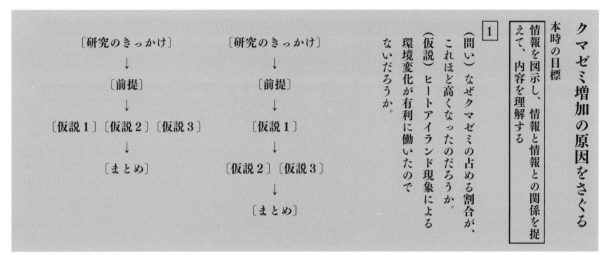

捉えさせる。それにより、情報と情報のつながりをより理解できるようにすることができる。

3　班で共有する
T：四人班で考えたことを共有します。お互いにどうしてそのような図示にしたのかを順番に説明してください。その上で、疑問点などがあれば質問しましょう。

○　　　　［研究のきっかけ］
　　　　　　　↓
　　　　　　［前提］
　　　　　　　↓
　　　　　　［仮説１］
　　　　　　　↓
　　　　　［仮説２］［仮説３］
　　　　　　　↓
　　　　　　［まとめ］

○　　　　［研究のきっかけ］
　　　　　　　↓
　　　　　　［前提］
　　　　　　　↓
　　　　［仮説１］［仮説２］［仮説３］
　　　　　　　↓
　　　　　　［まとめ］

4　全体で共有する
○数名を指名して発表させる。
○ICT機器を活用して、自分の考えを掲示しながら説明させる。

5　振り返りをする
T：今日の目標は「情報を図示し、情報と情報との関係を捉えて、内容を理解している」でした。どうだったでしょうか。図示したことで、情報を整理、本文の内容の理解につながったでしょうか。今日、学んだことを振り返りに記入しましょう。
○数名指名して、全体で共有する。

クマゼミ増加の原因を探る

指導の重点
・図表と文章のつながりを確認し、その特徴や効果、役割について考えさせる。

本時の展開に即した主な評価規準例(Bと認められる生徒の姿の例)
・文章中に示された図や表と関連させて文章の内容を理解している。【思・判・表】

生徒に示す本時の目標
図表と文章のつながりを確認し、その特徴や効果、役割について考えよう

1 本文の特徴について確認する
T:本文の特徴として、図表等が多く使われていることが皆さんから挙がっていました。今日は、図表等と本文のつながり、表現の特徴、効果(役割)について考えていきます。

2 班で担当する図表を割り振る
T:教科書には全部で九つの図表等が挙がっているので、班で分担して分析をします。最終的には、四人班でプレゼンテーションアプリを使用して、発表します。
○本文中の[クマゼミ成虫]、[大阪市・豊中市の位置]、[図1抜け殻調査の結果]、[産卵するクマゼミ]、[図2クマゼミの一生]、[図3、図4、図5生存率・孵化率の比較]、[図6セミの孵化の時期]、[図7土に潜ることのできた幼虫の割合]、[大阪府の都市部でクマゼミの占める割合が高まった要因]の九つのまとまりを確認し、各班で分担する。
○分担は、教員が全ての事項を生徒の興味・関心に応じて割り振れればよいが、必ず生徒のどこかの班が担当するよう、二か所ずつ割り振るとよい。

3 個人で課題に取り組む
T:ワークシートの①にまずは自分で考えたことをまとめます。図表等と教科書のどの部分とつながっているのか、その図表の特徴、効果(役割)について考えたことをまとめましょう。

WS3

4 班で課題に取り組む
T:次に、個人で考えたことを班で共有し、班でさらに分析を進めます。そして発表用の資料にまとめます。発表ができるように、発表者・資料作成者・操作担当等、役割を決めてから課題に取り組みましょう。
○各自でワークシートにまとめたものを共有、整理して、プレゼンテーションアプリを使用して資料としてまとめる。
○[クマゼミ成虫](例)
  本文 クマゼミは〜金色の毛が輝く。
  特徴 (写真)イメージを一目でつかめる。
  効果・役割 セミの種類と言われても、日頃からセミに興味のある人でなければ、セミの種類による形の違いなどはよく分からない。また、

準備物：ワークシート，プロジェクター

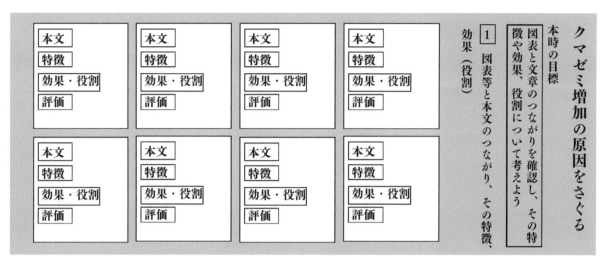

　セミの細部をまじまじと見る人もなかなかいないので，写真があるとセミの詳細について知ることができる。
　評価　あったほうが分かりやすい。
○［大阪市・豊中市の位置］（例）
　本文　豊中市で〜，大阪市内は〜，山の上に〜。
　特徴　（地図）各都市や山などの位置関係を把握。
　効果・役割　大阪府内の位置を全ての人が分かるとはかぎらないので，その位置や山までのおおよその距離感をつかめる。豊中市より大阪市の方が山から離れていることが分かる。
　評価　あったほうが分かりやすい。山から離れていることは分かるが，豊中市より都市部であることがより分かりやすくできるとよかった。
○［大阪府の都市部でクマゼミの占める割合が高まった要因］（例）
　本文　以上のことから〜二点である。
　特徴　（チャート）情報のつながりが一目で分かる。
　効果・役割　これまで仮説と検証を繰り返して，証明してきたことを，原因と結果のつながりを矢印で示すことで，クマゼミ増加がなぜ起こったのかが一目で分かり，文章だけでは分かりづらい部分を補っている。
　評価　文章だけでは，分かりづらい部分もあるので，より理解しやすい。

5　発表して情報を共有する
T：それでは，各班で考えたことを発表してください。自分たちの担当以外の図表等については検討していないので，発表を聞きながらワークシートにまとめていきましょう。
○プロジェクターを使用して，プレゼンテーションアプリで発表する。モニターがない場合は，ミニホワイトボード等を利用して発表し，情報を共有する。

6　振り返りをする
T：今日の目標は「図表と文章のつながりを確認し，その特徴や効果，役割について考えよう」でした。どうだったでしょうか。図表等と文章のつながりからその内容を読み深めることができたでしょうか。今日，学んだことを振り返りに記入しましょう。
○数名指名して振り返りの内容を発表させ，全体で共有する。

クマゼミ増加の原因を探る

指導の重点
・構成が効果的であったかどうかについて自分の考えをもたせる。

本時の展開に即した主な評価規準例（Bと認められる生徒の姿の例）
・文章全体と部分との関係に注意しながら、主張と例示との関係などを捉えている。【思・判・表】
・粘り強く表現の効果について考え、学習の課題に沿って自分の考えを発表しようとしている。【主】

生徒に示す本時の目標
構成が効果的であったかどうかについて自分の考えをもとう

1　自分の考えをつくる
T：前時は、図表等と文章とのつながりからその役割や効果について考えました。今日は、構成が効果的であったどうかについて考えていきます。第2時でも［仮説1］をどこに置くか迷っていた人が多かったですね。その否定された［仮説1］を構成に含めたことは効果的だったのでしょうか。理由も含めて、まずは自分の考えをつくりましょう。ワークシート①に記入してください。　　　　　　　　　　　　　WS4

○クマゼミ増加の原因を証明するだけであれば、その根拠となる事実だけを構成に含めるだけでもその証明は可能である。しかし、わざわざ否定された［仮説1］を含めて書いたことは効果的であったのかどうかについて考えさせたい。

ポイント　理由を考えさせる
効果的であったかどうかを考えさせると、生徒の考えが効果的であった・効果的ではなかった・どちらでもなかったという三つに限られてしまうことが多い。そうならないように本文と関連付けて理由を答えさせることが大切になる。

2　班で考えを共有する
T：四人班で考えを共有します。まずは、自分の考えとその理由を発表してください。その後で自分と意見が違う人がいると思うので、疑問に思ったことや聞いてみたいことを質問してください。

○理由は、本文の叙述を基に考えさせる。

T：班でどのような考えが出たかをまとめ、全体で発表しますので、班の考えとその理由を整理してミニホワイトボードにまとめましょう。また、発表者も決めておきましょう。

○ここでは、班でどのような考えが出たかを整理して発表する。ミニホワイトボードはできるだけ端的にまとめるようにさせて、書ききれない情報は口頭で説明させる。

発展
場合によっては、班で互いの意見を出し合いながら、より納得できる回答を班で話し合わせて一つにまとめさせてもよい。

準備物：ワークシート，ミニホワイトボード

クマゼミ増加の原因をさぐる

本時の目標
構成が効果的であったかどうかについて自分の考えをもとう

1　[仮説1]を構成に含めたことは効果的だっただろうか？本文の叙述をもとに理由もかこう。

		どちらでもなかった　理由	効果的であった　理由
			効果的でなかった　理由

3　班の考えをクラスで共有する

T：では，1班から順番に発表します。自分たちの班で出なかった考えや発表を聞いて新たに思いついたことをワークシート②を使ってメモを取っておきましょう。

○生徒から出される意見として，次のようなものが考えられる。

効果的であった
- 全体に関わる仮説として筆者はヒートアイランド現象を挙げており，気温が直接関わるという考え方に至るのは自然である。[仮説1]を入れたほうが筆者の思考の順序がよく分かってよいから。
- 筆者の主張が「科学的な根拠を一歩一歩積み上げて臨む姿勢が大切である。」ということなので，科学的な根拠としては否定されたことでも，ここに示した方が読者も納得すると考えたから。

効果的でなかった
- 題名である「クマゼミ増加の原因を探る」ということであれば，増加の原因である[仮説2][仮説3]だけを示せばいいので，否定されたことをわざわざ書く必要はなかったと思うから。

どちらでもなかった
- 文章全体の問いに対する答えとしては，[仮説2][仮説3]を根拠として答えられるが，筆者の主張をより強いものとするなら[仮説1]も必要になると思うから。

4　振り返り

T：今日の目標は「構成が効果的であったかどうかについて自分の考えをもとう」でした。どうだったでしょうか。構成について本文の叙述をもとに自分なりに考えをもち，深めることができたでしょうか。今日，学んだことを振り返りに記入しましょう。

○数名指名して，振り返りに書いたことを全体で共有する。

2　多様な視点から

情報処理のレッスン　思考の視覚化　（1時間）

1　単元の目標・評価規準

・情報と情報との関係の様々な表し方を理解し使うことができる。　　　〔知識及び技能〕(2)イ
・言葉がもつ価値を認識するとともに，読書を生活に役立て，我が国の言語文化を大切にして，思いや考えを伝え合おうとする。　　　　　　　　　　　　「学びに向かう力，人間性等」

知識・技能	情報と情報との関係の様々な表し方を理解し使っている。((2)イ)
主体的に学習に取り組む態度	積極的に情報の様々な表し方を理解し，学習したことを生かして練習問題に取り組もうとしている。

2　単元の特色

教材の特徴

　本教材は，情報処理の仕方に重点を置いた教材である。教科書にも記載されているように，複雑な文章を読んだときや，話合いで様々な意見が出たときに，情報を書き出し，関係を図で表すことで頭の中を整理することができる。思考を視覚化することで，他者との情報共有もしやすくなる。

　また，教科書 p.54「情報を整理して伝えよう」でも活用することができる。今回の教材で学んだことを，ほかの単元でも活用できるように指導したい。

身に付けさせたい資質・能力

　本単元では，学習指導要領〔知識及び技能〕(2)イ「情報と情報との関係の様々な表し方を理解し使う」力を育成することに重点を置く。この資質能力を身に付けさせるための言語活動として，「話し合いを一定の観点で整理し，分析する」活動を設定する。様々な情報を整理する際には，観点ごとに整理・分析をすると理解がしやすくなるということを実感できるように指導する。

　また，この活動を行う際は，C(1)ウ「文章と図表などを結び付け，その関係を踏まえて内容を解釈すること。」と関連付けて指導する。思考を視覚化することは，話合いだけではなく，文章を読む際にも活用できるということが理解できるように指導する。そうすることで，普段の生活にも生かすことができるようにする。

3　学習指導計画（全1時間）

時	○主な学習活動	☆指導上の留意点　◆評価規準
1	○単元の学習課題を把握する。 ○教科書 p.52の【問題2】に取り組み，抽象的な情報を具体化するときの整理の仕方を学習する。 ○教科書 p.53の【整理の方法④レーダーチャート】に取り組み，情報を整理するときの注意点を学ぶ。 ○教科書 p.52の【整理の方法①】を基に，意見や考えの整理方法を学ぶ。 ○課題を班で共有し深める。 ○全体で取り組みの共有をする。 ○国語以外の教科での学習や日常生活において，どのような場面で活用できるか考えさせる。	◆学習課題に取り組み，情報同士の関係を図で整理している。【知・技】 ◆学習課題に沿って，積極的に情報の表し方を理解し，学習したことを生かして練習問題に取り組もうとしている。【主】

情報処理のレッスン　思考の視覚化

指導の重点
・情報同士の関係を図で表し，思考を視覚化させる。

本時の展開に即した主な評価規準例（Bと認められる生徒の姿の例）
・学習課題に取り組み，情報同士の関係を図で整理している。【知・技】
・学習課題に沿って，積極的に情報の表し方を理解し，学習したことを生かして練習問題に取り組もうとしている。【主】

生徒に示す本時の目標
情報同士の関係を図で表し，思考を視覚化しよう

1　単元の学習課題を把握する
T：相手に自分の考えが伝わらずに，困ったことや，相手の考えが分からずに困ったことはありませんか。私たちの頭の中は外からは分かりません。頭で考えていることを二字熟語でどう表しますか。
○「思考」という言葉を引き出す。
T：では，「思考」を「見えるようにする」ことを三字熟語で言い換えるとどうなりますか。
○「可視化」「視覚化」などの言葉を引き出していく。
T：この単元では，私たちの頭の中にある「思考」を「視覚化」していく練習をします。次の単元の「職業ガイド」にもつながる学習です。

2　問題演習を通して，階層ごとに整理する情報の整理の方法を身に付ける【問題2】
T：教科書p.52の【問題2】に取り組みます。「食」というキーワードから，階層ごとに整理しましょう。
○自由に取り組ませたり，穴埋め式のワークシートを用意したり，具体的な問題を全て提示した上で一つの広く大きい問題（ここでは「食」）を導かせたりするなど，生徒の実態に応じて様々な指導方法が考えられる。　⬇ WS
T：このように階層ごとに整理すると，意見文やスピーチの題材などを探すときに分かりやすくなります。

> **ポイント　具体と抽象のイメージをつかむ**
> 教科書の説明における「広く大きい問題」を「抽象」，そこから細分化されていくことを「具体」ということへのイメージをもたせる。

3　問題演習を通して，軸で整理して評価する情報の整理の方法を身に付ける【整理の方法④レーダーチャート】
T：皆さんは，この五角形の評価項目を見たことがありますか。このようにいくつかの軸ごとに評価を付ける図の名前をレーダーチャートといいます。項目は五つよりも増えることもあるし，減ることもあります。今回は，カレーとパフェの評価について考えてみます。どのような観点が考えられますか。

準備物：ワークシート，黒板掲示用資料

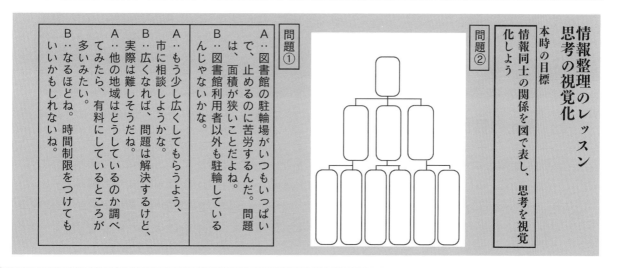

○カレーとパフェについての共通認識を図るため，写真を提示する。カレー・パフェ以外にも映画やスポーツなど，ほかのものでも考えることもできる。観点は「匂い」「栄養バランス」「味」など複数出させる。

T：例えば，「匂いの強さ」「栄養バランス」「値段」で比較をするとどうなりますか。

○生徒の発言を基にレーダーチャートを仕上げる。

T：では次に「彩り」「甘みの強さ」「温度」で比較をするとどうなりますか。

○生徒の発言を基にレーダーチャートを仕上げる。

T：それぞれのレーダーチャートを見て，何か気付くことはありますか。

○「評価項目によって形が変わる」「人によって評価が分かれる」「主観によるところが大きい」などの意見を取り上げてまとめる。

T：今回は簡単な例でしたが，情報を整理するときは，その情報が主観に寄りすぎていないか，都合のよい項目だけで評価をしていないか，などについて考える必要があります。

4 問題演習を通して，一定の観点で整理し分析する情報の整理の方法を身に付ける【整理の方法①】【問題1】

T：最後に，一定の観点で整理し，分析する場合の整理の方法について考えます。

○会話文を提示し，【問題1】の四つの観点のうち「①現状・課題・問題」「②原因・要因」で整理させる。生徒の実態に応じて，隣同士やグループで確認をする時間をとる。

T：会話の続きを表示します。「③解決策・改善策」「④利点・問題点」を整理しましょう。

○会話文の続きを提示し，整理させる。個人で考える時間をとった後，グループで共有，全体で共有する時間をとる。

T：このように，会話を整理していくと，どのようなことを考えているのかが分かりやすくなります。

5 思考を視覚化することのメリットについて自分の言葉でまとめる

T：思考の視覚化をすることでどのような効果があるのか，自分の言葉でまとめましょう。

○まとめた後，グループで簡単に意見交換をさせたり，全体で数名に指名して発表をさせたりする。

2 多様な視点から

情報を整理して伝えよう　職業ガイドを作る　（5時間）

1　単元の目標・評価規準

・情報と情報との関係の様々な表し方を理解し使うことができる。　〔知識及び技能〕(2)イ
・目的や意図に応じて，社会生活の中から題材を決め，多様な方法で集めた材料を整理し，伝えたいことを明確にすることができる。　〔思考力，判断力，表現力等〕B(1)ア
・言葉がもつ価値を認識するとともに，読書を生活に役立て，我が国の言語文化を大切にして，思いや考えを伝え合おうとする。　「学びに向かう力，人間性等」

知識・技能	情報と情報との関係の様々な表し方を理解し使っている。　((2)イ)
思考・判断・表現	「書くこと」において，目的や意図に応じて，社会生活の中から題材を決め，多様な方法で集めた材料を整理し，伝えたいことを明確にしている。　（B(1)ア）
主体的に学習に取り組む態度	粘り強く多種多様な方法で集めた情報を整理し，情報を分類・整理しながら職業ガイドを作成しようとしている。

2　単元の特色

教材の特徴

　本教材は，集めた情報を整理して伝えることに重点を置いた教材である。教科書にも記されているように，考えをまとめるときには，目的に応じて多様な方法で情報を集め，整理をすることが必要である。実際に「職業ガイド」を作成することで，集めた情報をどのように分類・整理すれば読み手に伝わるのか考えさせたい。「職業ガイド」の出来にこだわるのではなく，情報を分類・整理することの効果について考えられるように指導をしたい。

身に付けさせたい資質・能力

　学習指導要領〔知識及び技能〕(2)イ「情報と情報との関係の様々な表し方を理解し使う」力を育成することに重点を置く。この資質・能力を身に付けさせるための言語活動として，「話し合いを一定の観点で整理し，分類する」活動を設定する。様々な情報を整理する際には，観点ごとに整理・分類をすると理解がしやすくなるということを実感できるように指導する。
　また，この活動を行う際は，C(1)ウ「文章と図表などを結び付け，その関係を踏まえて内容を解釈すること。」と関連付けて指導する。「職業ガイド」を作成することは，国語の授業だけ

ではなく，日常の生活にも活用できるということが理解できるようにする。本教材では，調べたことや自分の考えを基にして「職業ガイド」を作成することで，目標を明確にして情報処理や情報の整理をする能力を身に付けられるように指導する。

3 学習指導計画（全5時間）

次	時	○主な学習活動	☆指導上の留意点　◆評価規準
一	1	○複数の「職業ガイド」を比較する。 ○「職業ガイド」に「必ず掲載する項目」を二つ絞る。 ○「調べたい職業」を決め，「職業ガイド」に掲載する項目について情報を集める。	☆「相手意識」「目的意識」を意識させる。 ☆「必ず掲載する情報」を絞ることで，読み合ったときに比較しやすくする。 ◆集めた情報を表や図にまとめ，整理している。【知・技】
	2	○必要な情報を整理する。 ○情報収集を行う。 ○不足している情報がないかグループで検討する。	☆グループで検討し，不必要だと判断した情報でも安易に消さず残しておく。 ◆集めた複数の情報を目的に適した表や図を選んで，整理している。【知・技】 ◆項目ごとに適した方法を考えて情報を収集し，収集した情報を分類・整理して自分の目的に合うものを取捨選択している。【思・判・表】
二	3	○紙面構成について確認する。 ○作品の紙面構成を考え，下書をする。	☆「視覚化」の効果を振り返らせ，どの情報を強調すべきか自分自身で判断させる。 ◆多様な方法で集めた情報を粘り強く整理し，学習課題に沿って職業ガイドをつくろうとしている。【主】
	4	○前時の下書きや構成を推敲し，紙面を作成する。 ○「職業ガイド」をグループで読み合い，推敲する。 ○「職業ガイド」を完成させる。	◆多様な方法で集めた情報を粘り強く整理し，学習課題に沿って職業ガイドをつくろうとしている。【主】
	5	○完成した作品を読み合い，感想を伝え合う。 ○学習を振り返る。	◆グループ内で作品を読み合い，作品を進んで評価しようとしている。【主】

情報を整理して伝えよう　職業ガイドを作る

指導の重点
・複数の情報を比べ、「職業ガイド」で紹介するとよい項目について考えさせる。

本時の展開に即した主な評価規準例（Bと認められる生徒の姿の例）
・集めた情報を表や図にまとめ、整理している。【知・技】

生徒に示す本時の目標
　複数の情報を比べ、「職業ガイド」で紹介するとよい項目について考える

1　単元の学習課題を確認する
T：将来就きたい職業や知っている職業、興味のある職業はどのようなものがありますか。
○将来就きたい職業や知っている職業、興味のある職業について自由に挙げさせる。クラスの状況に応じて、小学生や中学生の就きたい職業ランキングを紹介し、興味をもたせる。
T：今回の授業では、「調べたい職業」を決め、実際に「職業ガイド」を作成します。ただ作成するのではなく、「小学5年生が読みたくなる」作品をつくるのが目標です。
○ここで「相手意識」「目的意識」を確認する。「相手意識」と「目的意識」を明確にすることで、情報をただコピーペーストするのではなく、自分自身の言葉で嚙み砕いて文章にする必要があることを付け加える。

2　複数の「職業ガイド」を比較する
T：それでは、いくつかの書籍や職業案内サイトを比較して、どのような情報が載っているか比較しましょう。調べる際は、必ず出典を確認します。
○二つ以上の情報源（インターネットと本、複数の職業案内サイトなど）から情報を集めさせる。特定の情報源に偏りすぎないように注意させる。
T：どのような情報が載っていましたか。グループで共有し、ピラミッドチャートに書き入れましょう。
○グループでは、「全てのサイトや書籍に必ず掲載されている項目」「掲載されていることが多い項目」「サイトや書籍による差がある項目」の三つに分けさせる。
T：それぞれ分けた項目を全体で共有します。グループによる違いはなんでしょうか。
○「全てのサイトや書籍に必ず掲載されている項目は変わらない」「サイトや書籍による差がある項目は、グループごとに差が出た」など、サイトや書籍によって「必ず掲載する項目」と「知らせたい項目」があることを確認する。

3　「職業ガイド」に「必ず掲載する項目」を二つに絞る
T：今回の「職業ガイド」は「小学5年生が読みたくなる」ことがポイントです。「必ず掲載する項目」を二つに絞ります。どの情報が必要でしょうか。必ず理由を言えるようにしましょう。

準備物：職業ガイド比較用の資料

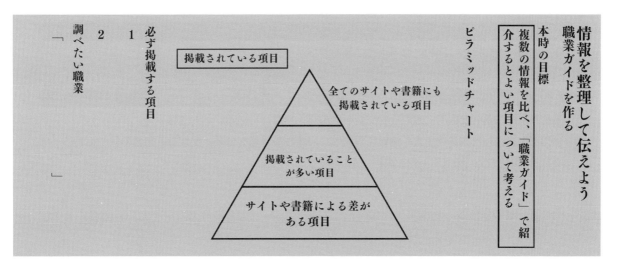

○個人で考えた後にグループで共有し，全体でも共有して二項目に絞る。「職業の就き方」「必要な資格」「一日の過ごし方」「やりがい」など複数出ることが予想される。

4 「調べたい職業」を決め，「職業ガイド」に掲載する項目について情報を集める

T：「職業ガイド」に掲載する項目を絞ることができました。それでは，「調べたい職業」を決めます。自分自身が興味のある職業でもいいですし，授業のはじめに紹介した「小学生の将来なりたい職業ランキング」から選ぶなど，いろいろな方法で決めて下さい。

○クラスの状況に応じてペアやグループで共有する場面をつくる。

T：職業が決まったら，実際に掲載する情報を集めます。先ほど決めた「必ず掲載する項目」以外の情報も集めます。また，自分が選んだ職業が身近な人にいる場合はインタビューをすることも考えられます。

○教科書 p.284の「資料：インタビューをする」を読ませる。インタビューをする場合は次回の授業までに済ませるように指導する。

ポイント　インターネットの取り扱い注意

ICT機器の普及により，書籍・雑誌を積極的に選ぶ生徒は少ないことが予想される。インターネットの情報を取り扱う際の注意についても触れておきたい。出典の明記の仕方については，必ず指導する。

5　次回の授業について確認・予告をする

○今後の授業の流れを確認する。次回は「紹介したい項目」を二つ決めることを伝える。書籍や雑誌で調べる場合は，持参するように伝える。

情報を整理して伝えよう　職業ガイドを作る

指導の重点
・集めた情報を整理し，目的に合うように取捨選択させる。

本時の展開に即した主な評価規準例（Bと認められる生徒の姿の例）
・集めた複数の情報を目的に適した表や図を選んで，整理している。【知・技】
・項目ごとに適した方法を考えて情報を収集し，収集した情報を分類・整理して自分の目的に合うものを取捨選択している。【思・判・表】

生徒に示す本時の目標
　集めた情報を整理し，目的に合うように取捨選択しよう

1　必要な情報を整理する
T：前回は「必ず掲載する項目」を二つに絞り，情報を収集しました。前回予告した通り，今日の授業では，「紹介したい項目」を決めます。「必ず掲載する項目」とは違い，クラスで統一することはしません。グループでそれぞれの「調べたい職業」について，小学生に伝えたいと思うことは何か話し合いましょう。

○グループの意見を全体で共有する。その際，「就きたい人」と「知りたい人」それぞれの「知りたい情報」は違うということに気付かせたい。

T：それでは，「紹介したい項目」を二つに絞ります。前回のピラミッドチャートを参考にしたりグループやクラスで出た意見を参考にしたりしてもかまいません。

○「向いている人」「進路選択について」など，様々な項目が出ることが予想される。悩んでいる生徒が複数いる場合は，状況に応じてペアやグループで意見交換をさせる。また，「小学5年生が読みたくなる」という相手意識・目的意識を再度確認する。

2　情報収集を行う
T：それでは，情報を収集する時間をとります。調べ終わっている場合は，一つのメディアだけではなく，複数のメディアで比較をしましょう。

○データチャート（情報整理表）を基に，情報を収集しワークシートに整理する時間をとる。前回に引き続き，出典を必ず明記するように再度指導をする。　　　　　　　　　⬇ WS

T：情報収集は終わりましたか。項目ごとに集めた情報を各グループで共有しましょう。情報について不足がある，ほかの情報について知りたい，必要のない情報ではないか，など，複数の目で見てアドバイスをしましょう。

> **ポイント　情報を取捨選択するために**
> 　グループで共有した結果，必要ないと思った情報も消さないでおく。二重線を引く，括弧を付けるなど，工夫させたい。ここで必要ないと思った情報でも後々必要になることも考えられる。
> 　グループの意見を全て鵜呑みにするのではなく，自分で取捨選択する力も育みたい。

準備物:ワークシート

情報を整理して伝えよう
職業ガイドを作る

本時の目標
集めた情報を整理し、目的に合うように取捨選択しよう

集めた情報を整理・分類する

調べたい職業	必ず掲載する項目	紹介したい項目
情報源		

←必要に応じて生徒の主な発言をメモする

T:アドバイスが終了したグループから机を元の形に戻し、アドバイスを参考にして情報をさらに収集し、整理しましょう。
○アドバイスを参考にしながら、さらに情報を集める。

3 学習を振り返る

T:今日は、「調べたい職業」について項目ごとに情報を収集した後、整理・分類することができました。今日の学習の振り返りをします。「情報を図や表で整理・分類することは、どのような効果があるか」自分の言葉で説明をしてください。
○ノートに記入させる。「パッと見て分かりやすい」「同じ情報でも調べたサイトや書籍によって、表現の違いがよく分かる」「視覚化することによって、言葉で説明しなくても他者に伝わりやすくなる」
○記入後、グループで共有し、意見交換させる。全体でも共有し、情報を整理・分類することの効果について全体で共有する。

4 次回の授業の予告をする

○次回は紙面のレイアウトを考える時間だということを伝える。

○調べ足りないことがあれば、次回までに必ず調べておくように伝える。

情報を整理して伝えよう 職業ガイドを作る

3/5時間

指導の重点
・小学5年生が読みたくなる情報について考えさせる。

本時の展開に即した主な評価規準例（Bと認められる生徒の姿の例）
・多様な方法で集めた情報を粘り強く整理し，学習課題に沿って職業ガイドをつくろうとしている。【主】

生徒に示す本時の目標
小学5年生が読みたくなる情報は何かを考えよう

1　本時の学習内容を確認する
T：前回の授業までの間に，たくさんの情報を集め，整理・分類することができました。今日は，今まで集めた情報を基に，紙面構成を考え，下書きを作成します。なぜ，下書きをするのでしょうか。

○「作品がつくりやすくなる」「何回も修正することができる」「よりよい作品をつくるため」など，いくつかの発言を促す。

T：一つ前の教材で，「思考を視覚化」することの効果について学びました。一度おおまかに下書きをすることで，紙面構成の大体を作成できます。そこから，何度も修正し，よりよい作品をつくることができます。

「小学5年生が読みたくなる職業ガイド」を作成する際に気を付けることはどのようなことがあるでしょうか。

○小学生にとって「難しい言葉は避ける」「専門的な知識がなくても理解できるように書く」「職業に就きたい人と知りたい人がいるから，両方の人が満足できる内容を目指す」など，今までの学習から発言できるように促していく。

2　紙面構成について確認する
T：今回の「職業ガイド」は，統一されたフォームを使い，作成します。

○「タイトル」「作者名」「必ず掲載する項目①」「必ず掲載する項目②」「紹介したい項目①」「紹介したい項目②」「出典」で構成することを確認する。はじめから書く場所が定まっていると，読み合う際に比較しやすくなる。

T：続いて，「作成例」を見てください。この「作成例」を見て，作者が気を付けたことや工夫はどのようなことだと考えられますか。

○個人で考えさせた後，グループやクラスで共有する。「見出しで興味を引く」「授業で学習した図を作成している」「矢印や図形を使い，パッと見て分かりやすくしている」「小学5年生でも分かるような文章になっている」「専門的すぎない」「興味が湧いた人はさらに情報を集めたくなる」などの発言が考えられる。

ポイント　視覚化の効果を振り返る
ただ情報を羅列するのではなく，矢印や記号，図によって伝えたいことは何か分かるようにしていることを確認する。記号や線の使

準備物：黒板掲示用資料，下書き用作成共通フォーム

作成例 ／ **作成共通フォーム**

タイトル	作者名
必ず掲載する項目①	必ず掲載する項目②
紹介したい項目①	紹介したい項目②

出典を必ず明記する

本時の目標：情報を整理して伝えよう　職業ガイドを作る　小学五年生が読みたくなる情報は何かを考えよう

いすぎは紙面が見づらくなるため，どの情報を強調すべきか，情報を取捨選択する力を発揮させたい。

3　作品の紙面構成を考え，下書きをする

T：「職業ガイド」の紙面構成をする時間をとります。読みたくなる職業ガイドを作成するためには，見出しの工夫も必要です。よく考えて，下書きを書きましょう。

○下書きはＡ４サイズの紙で大まかに作成する。「作成共通フォーム」を配布し，書かせていく。図や表はおおまかに描き，内容や値を書き込ませる。画像を挿入したい場合は，著作権や肖像権に注意するように指導する。悩んでいる生徒がいないか見て周り，必要に応じてアドバイスをする。

T：大まかなレイアウトを決めることができたら，グループで共有をします。それぞれ記事が読みたくなる工夫がされていますが，複数の目で見て，アドバイスをし合いましょう。

○グループでレイアウトや見出しの工夫についてアドバイスや感想を伝え合う時間を取る。

T：アドバイスや感想を参考にして，再度下書きを練りましょう。

4　次回の授業の予告

○次回は実際にパワーポイントを使って記事を作成することを伝える。

○下書きを終わらせることができなかった場合は，次回の授業までに必ず完成させるように伝える。

情報を整理して伝えよう　職業ガイドを作る

4/5時間

指導の重点
・「小学5年生が読みたくなる職業ガイド」を作成するために，紙面の工夫をさせる。

本時の展開に即した主な評価規準例（Bと認められる生徒の姿の例）
・多様な方法で集めた情報を粘り強く整理し，学習課題に沿って職業ガイドをつくろうとしている。【主】

生徒に示す本時の目標
　小学5年生が読みたくなる職業ガイドを作成するために紙面の工夫をしよう

1　本時の学習内容を確認する
T：前回の授業では，A4の紙で「職業ガイド」の紙面の下書きをしました。今日は実際にパワーポイントを使い，「職業ガイド」を作成していきます。授業の前半の時間で，紙面を作成しましょう。

○下書きを基に，「職業ガイド」の紙面を作成することを確認する。下書きを打ち込んで完成ではなく，一度グループで読み合い，さらに推敲することも伝える。

○図や表の作成に手間取ることが予想される。まずは文章を入力してから，図や表の作成に進むように，順序立てて作業を行わせる。学級の状況に応じて，複数の図や表の作成の仕方について，全体で共有してから個人作業をすることも考えられる。

2　打ち込んだ「職業ガイド」をグループで読み合う
T：それでは，打ち込みが終わった「職業ガイド」をグループで読み合いましょう。図や表の工夫ができるところや，矢印や記号などでさらに読みやすくするための工夫ができる箇所はないか，現状のものを評価して，実際に編集者になったつもりでアドバイスや感想を伝えてください。

> **発展　ICTのさらなる活用**
> 　ICT機器をさらに活用するために，文章作成ソフトのコメント機能を使い，感想やアドバイスを記入させることも考えられる。また，同じファイルを同時に開くとエラーが起きたり，誤って削除したりしてしまうこともある。作成したファイルはPDF形式で共有フォルダに保存させると，エラーやトラブルが少ないまま作業を行うことができる。

T：改めて，ほかの人が作成した「職業ガイド」を見て，どのような感想をもちましたか。

○複数の生徒に答えさせる。「図や表があると，注目が集まる」「記号があると，その部分を強調しているように感じた」「簡単な文で作成していても，読み手にはしっかりと伝わる」「四角の線で囲んでいることで，その部分の情報に注目できる」などの発言が考えられる。文章だけではなく，図や表，記号があることの効果に

準備物：黒板掲示用資料

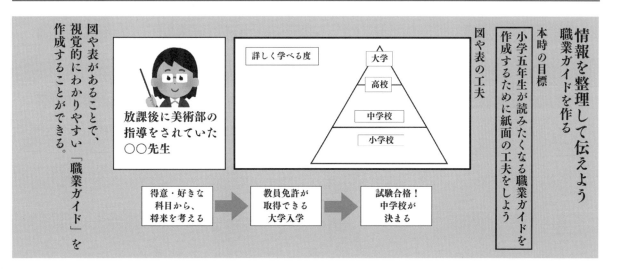

ついて，再度しっかり考えさせたい。

3 「職業ガイド」を完成させる

T：それでは，グループでもらったアドバイスや感想を参考に，「職業ガイド」を完成させます。新たに情報がほしくなった場合は，インターネットや書籍で情報を集めてもかまいません。集めた情報を引用する場合は，出典を必ず明記しておくようにしましょう。授業の残り時間をよく見て，完成させましょう。

○グループでもらったアドバイスや感想を参考に，「職業ガイド」を完成させる。授業の残り時間で完成するように指導する。

○悩んでいる生徒がいないか細かくチェックし，必要に応じてアドバイスをしていく。

○作業が早めに終了している生徒がいれば，困っている生徒の支援をするように伝える。

4 次回の予告をする

T：次回の授業で，クラス全員の完成した「職業ガイド」を読みます。もし，今日の授業で完成しなかった箇所があれば，完成させておくようにしましょう。

○次回は実際に完成した「職業ガイド」を読み，感想を伝え合うことを確認する。授業内に完成した生徒については，「完成作品」フォルダにPDF形式で保存させておく。授業時間外に作業をする生徒は，完成次第「完成作品」フォルダに保存させる。

情報を整理して伝えよう　職業ガイドを作る

指導の重点
・グループ内で作品を読み合い，作品の感想を交流させる。

本時の展開に即した主な評価規準例（Bと認められる生徒の姿の例）
・グループ内で作品を読み合い，作品を進んで評価しようとしている。【主】

生徒に示す本時の目標
作品を読み合い，感想を交流しよう

1　グループに分かれて作品を読み合い，感想を交流する

T：皆さんが作成した「職業ガイド」を読み，それぞれの感想を交流します。
○「完成作品」フォルダを開かせ，感想を入力していく。

> **ポイント　スムーズに作品を読み合うために**
> 作成した「職業ガイド」はPDF形式に変換し，全員が閲覧できる共有フォルダに保存をさせる。編集ができないファイルにしておくことで，誤って文章を消してしまったり，動かしてしまったりするトラブルをなくすことができる。

○評価の項目は三項目とする。
　・見出しの工夫がされている。
　・読みやすく分かりやすい文章になっている。
　・図や表，記号を効果的に使用している。
　それぞれ◎・○・△・×の4段階で評価をさせ，感想を入力させる。入力した評価については公表しない。感想のみを公表する。

2　自己評価・取り組みについての振り返りを行う

T：自分自身の「職業ガイド」への感想をよく読み，自己評価を記入しましょう。
○自分の「職業ガイド」の感想を読む。感想を読み，自分の作品のよかったところや今後に向けて改善できることは何かということについて記入をする。

> **ポイント　他者評価→自己評価につなげる**
> 自己評価をする際は，友達からもらった評価を反映させる。「小学5年生が読みたくなる職業ガイド」にするという最初の目標に立ち返って，できていたか判断させる。

T：取り組みについて振り返ったことを，各グループで共有しましょう。
○前時までのグループに分かれ，それぞれ振り返った内容を共有する。
T：グループ内で出た振り返った内容について，クラス全体で共有します。
○よかったところや今後に向けて改善できることを複数のグループに発表させる。

準備物：なし

情報を整理して伝えよう
職業ガイドを作る

本時の目標
作品を読み合い、感想を交流しよう

【評価の項目】
- 見出しの工夫がされている
- 読みやすくわかりやすい文章になっている
- 図や表、記号を効果的に使用している

→それぞれ◎・○・△・×で評価し、一言感想を記入する。

評価項目にしたがって感想を伝える

学習を振り返る
- 情報を図や記号で整理することにはどのような効果があるか。
- 読み手に何を伝えたいと考え、そのために集めた情報をどのように整理したか。
- 集めた情報を整理する上で、いちばん役に立った方法を理由を含めて書く。
- 今回の学習をどのような場面で生かすことができるか考える。

3 単元のまとめをする

T：今日で、この単元は終了します。学習を振り返りましょう。

○単元の振り返りを行う。以下の項目を示し、それぞれについて書かせる。
- 情報を図や記号で整理することにはどのような効果があったか。
- 読み手に何を伝えたいと考え、そのために集めた情報をどのように整理したか。
- 集めた情報を整理する上で、最も役に立った方法とその理由は何か。

について記入させる。

T：記入した振り返りを全体で共有します。

○電子黒板に振り返りの文章を項目ごとに表示させる。できるだけ多様な意見を扱いたい。具体的に書くことができている文章をピックアップし、全体で共有していく。

T：「読みたくなる職業ガイド」についての授業は今回で終了です。今までの学習を、今後どのような場面で生かせるか考えましょう。

○全体で生徒の考えを共有する。「保健委員会でお便りを作成するときに、図を使ってみたい。」「将来保育士になったら、クラス便りを作成するときに使ってみたい。」「情報を比較検討することの大切さが分かった。社会科で歴史新聞を作成するときに使えると思う。」など、自由に発言させたい。

○今回の授業が、この単元だけではなく日常の生活でも活用できるということに着目させたい。作成した「職業ガイド」は廊下に掲示したり、実際に小学生に読んでもらい感想を記入してもらってもよい。

情報を整理して伝えよう ● 97

2 多様な視点から

漢字1　熟語の構成／漢字に親しもう2　（1時間）

1　単元の目標・評価規準

・第1学年までに学習した常用漢字に加え，その他の常用漢字を読むことができる。また，学年別漢字配当表に示されている漢字を書き，文や文章の中で使うことができる。
〔知識及び技能〕(1)ウ

・言葉がもつ価値を認識するとともに，読書を生活に役立て，我が国の言語文化を大切にして，思いや考えを伝え合おうとする。　　「学びに向かう力，人間性等」

知識・技能	第1学年までに学習した常用漢字に加え，その他の常用漢字を読んでいる。また，学年別漢字配当表に示されている漢字を書き，文や文章の中で使っている。((1)ウ)
主体的に学習に取り組む態度	積極的に辞書等を用いて熟語の意味を調べ，学習課題に沿って漢字を読んだり書いたりしようとしている。

2　単元の特色

教材の特徴

　本教材は漢字を取り立てて学習する第2学年2回目の単元である。内容は二字熟語，三字熟語，四字以上の熟語の主な構成を理解した後，「漢字に親しもう2」で漢字の問題演習を行う単元となっている。「漢字に親しもう2」やワークシートでの問題演習を通して，それぞれの漢字の意味を捉え，熟語の構成について考えることが，熟語の意味を理解する一助となることに気付かせたい。

身に付けさせたい資質・能力

　最近の生徒の言語状況では語彙の少なさが問題視されている。特に，最近では「ヤバい」の一言で全ての感情を表現する生徒も見受けられる。そこで，「様子・気持ちに関する」言葉には様々なものがあることに気付かせ，言語文化を尊重する態度を育成したい。
　そこで，熟語の構成について問題演習を行う。また，分からない言葉を辞書やインターネットを活用して調べ学習を行う。これらの活動を通して漢字学習を単なる暗記の学習とせず，熟語の構成の視点から言葉の意味を考えたり，漢字を覚えたりする方法があることに気付き，生徒が主体性をもって漢字学習に取り組めるようにしたい。

3　学習指導計画（全1時間）

時	○主な学習活動	☆指導上の留意点　◆評価規準
1	○熟語の構成の種類について理解する。 ・教科書の練習問題に取り組む。 ・「漢字に親しもう2」で問題演習をする。 ○ワークシートを用いてグループ学習をする。 ・身の回りにある熟語を探し、熟語の構成について考える。 ・学習のまとめ。	☆ワークシートを用いて熟語の構成を説明し、熟語の構成について理解するよう工夫する。 ☆国語辞典、漢和辞典を準備する生徒が調べている際には机間指導する。 ◆漢字それぞれの意味と組み合わせを考え、熟語の構成を理解している。【知・技】 ◆辞書等を用いて積極的に熟語の意味を調べ、学習課題に沿って漢字を読んだり書いたりしようとしている。【主】

漢字1 熟語の構成／漢字に親しもう2

指導の重点
・熟語の構成の種類について理解させる。
・辞書等を用いて熟語の意味を調べさせ，学習課題に沿って漢字を読んだり書いたりさせる。

本時の展開に即した主な評価規準例（Bと認められる生徒の姿の例）
・漢字それぞれの意味と組み合わせを考え，熟語の構成を理解している。【知・技】
・辞書等を用いて積極的に熟語の意味を調べ，学習課題に沿って漢字を読んだり書いたりしようとしている。【主】

生徒に示す本時の目標
熟語の構成の種類について理解しよう

1 熟語の構成の種類について理解する
T：今日は二つのことを学習します。一つ目は二字以上の漢字の組み合わせでできた語である熟語の構成を学習します。二つ目は「漢字に親しもう2」の練習問題に取り組み，問題演習を通してさらに熟語の構成について理解を深めます。
○教材文とワークシートを用いて二字熟語，三字熟語，四字以上の熟語の構成について理解する。
○ワークシートを拡大したものを黒板に掲示し，熟語の構成について確認しながら教科書の具体例を書き込んでいく。

2 練習問題に取り組む
○教科書の練習問題に取り組み答え合わせを行う。
T：今から教科書の練習問題に取り組みながら熟語の構成について理解しているか確認していきましょう。答えはノートに書いてください。また，熟語の構成を問われる問題はワークシートを参考にA〜Jの記号を書くようにしてください。また，四字熟語の問題では意味調べがあります。便覧や辞典，インターネットを使って調べて書きましょう。

ポイント　便覧や辞典，インターネットの活用
知っている四字熟語でもきちんと意味調べをさせて知識の定着を図る。その際，国語便覧や国語辞典，インターネット等を使い調べさせる。

○答え合わせは生徒に挙手させながら板書をして確認する。

3 漢字に親しもう2を取り組む
○教科書 p.60「漢字に親しもう2」の①【漢字の読み（様子・気持ち）】の問題演習に取り組む。
T：次に，「漢字に親しもう2」の問題演習をします。はじめに①の①〜⑧の問題を見てください。これらは【様子・気持ちを表す漢字】です。今から八つの漢字の読みを教科書に書き込んだ後，A〜Eのどの熟語の構成に当てはまるかを考えてください。分からない漢字は辞典等を使って調べてください。
○「遺憾」や「慈愛」などそれぞれの漢字の意味を知らないとどの構成になるのか考えられない。そこで，分からない漢字は国語辞典や漢和辞典，

準備物：熟語の構成（黒板掲示用資料），国語便覧，漢和辞典，国語辞典，他教科の教科書，ワークシート

漢字1 熟語の構成／漢字に親しもう2

本時の目標 熟語の構成の種類について理解しよう

pp.58-59
二字熟語・三字熟語・四字以上の熟語の主な構成表を板書し，具体例を書き入れていく

【59ページの練習問題の答え】
1
① 自我 （A）
② 着色 （D）
③ 国立 （C）
④ 麦芽 （E）
⑤ 師弟 （B）
⑥ 妥当性
⑦ 非常識
2
① 未経験
② 比較的
③ 無秩序
④ 不本意
⑤ 雌雄
⑥ 有料化
清浄
兼業
濃霧
日没
極上
姉妹
3
① 東奔西走（I）
② 喜怒哀楽（H）
③ 軽挙妄動（I）
④ 疾風迅雷（I）
⑤ 鯨飲馬食（I）
⑥ 温厚篤実（I）

インターネット等を使って調べ，熟語の構成を考えさせる。
○答えを挙手で発表させ，正答を電子黒板に書き込む。
　①遺憾（憾みを遺す）：D
　②慈愛（慈しみ愛する）：E
　③余裕：A
　④素朴：A
　⑤寛大：A
　⑥煩雑（雑で煩わしい）：D
　⑦危惧：A
　⑧恋慕（恋い慕う）：E
○その後「漢字に親しもう2」②〜④の練習問題に取り組み電子黒板を用いて答え合わせを行う。

4　身の回りの熟語を探し，グループで構成を考える

T：では，授業のはじめに配布したワークシートを出してください。今から学習班になって身の回りにある熟語を探し，A〜Jに一つずつ当てはめてみましょう。探す際は，できるだけ教室内の掲示物や国語や他教科の教科書，生徒手帳等から探してみましょう。また，知っている熟語を書いても構いません。見付からない人は，辞典やインターネットで探してください。

○学習班（三〜四人班）となりワークシートの空欄部分に書き出していく。教師は机間指導しながら個々の生徒へ声掛けを行う。
○終了後，穴埋めした部分をタブレット等で撮影し，電子黒板やタブレット等で共有できるようにする。
○以下想定される生徒の答え。
　A：学習，絵画，衣服　等
　B：男女，貧富，抑揚　等
　C：雷鳴，日没，私立　等
　D：読書，加熱，作文　等
　E：数学，校歌，和食　等
　F：大中小，衣食住，陸海空　等
　G：教科書，家庭科，保健室　等
　H：都道府県，起承転結，東西南北　等
　I：読書週間，生徒手帳，給食当番　等
　J：地球温暖化，手指消毒剤　等
○活動時間を短縮する場合，思いついた熟語を発言させA〜Eの板書に付け足す方法もよい。

5　学習のまとめ

T：今日は熟語の構成について学びました。今後は初めて見る熟語があった場合でも，一つ一つの漢字の意味を考えながら構成を考えて熟語の意味を推測してみましょう。

3 言葉と向き合う

短歌に親しむ／短歌の創作教室／短歌を味わう （5時間）

1 単元の目標・評価規準

- 抽象的な概念を表す語句の量を増やすとともに，話や文章や短歌の中で使うことを通して，語感を磨き語彙を豊かにすることができる。　〔知識及び技能〕(1)エ
- 根拠の適切さを考えて説明や具体例を加えたり，表現の効果を考えて描写したりするなど，自分の考えが伝わる文章になるように工夫することができる。
〔思考力，判断力，表現力等〕B(1)ウ
- 観点を明確にして短歌を比較するなどし，表現の効果について考えることができる。
〔思考力，判断力，表現力等〕C(1)エ
- 文章や短歌作品を読んで理解したことや考えたことを知識や経験と結び付け，自分の考えを広げたり深めたりすることができる。　〔思考力，判断力，表現力等〕C(1)オ
- 言葉がもつ価値を認識するとともに，読書を生活に役立て，我が国の言語文化を大切にして，思いや考えを伝え合おうとする。　「学びに向かう力，人間性等」

知識・技能	抽象的な概念を表す語句の量を増やすとともに，話や文章や短歌の中で使うことを通して，語感を磨き語彙を豊かにしている。　((1)エ)
思考・判断・表現	・「書くこと」において，根拠の適切さを考えて説明や具体例を加えたり，表現の効果を考えて描写したりするなど，自分の考えが伝わる文章になるように工夫している。　(B(1)ウ) ・「読むこと」において，観点を明確にして短歌を比較するなどし，表現の効果について考えている。　(C(1)エ) ・「読むこと」において，文章や短歌作品を読んで理解したことや考えたことを知識や経験と結び付け，自分の考えを広げたり深めたりしている。　(C(1)オ)
主体的に学習に取り組む態度	自らの学習を調整しながら，短歌を比較するなどし，表現の効果について積極的に考え語彙を増やそうとし，短歌を鑑賞したり創作したりしようとしている。

2 単元の特色

教材の特徴

　ここでは，短歌に関する三つの教材を学習する。「短歌に親しむ」では，短歌の味わい方や鑑賞する際の着眼点を学ぶとともに，表現の工夫や短歌が人々に与える影響も学ぶ。次の「短歌の創作教室」は，短歌創作のポイントが示されている。本稿ではさらに様々なアイデアを紹

介する。最後の「短歌を味わう」では,生徒の学習進度や興味・関心に応じた発展的学習を行う。協働的な学習だけでなく,学習の個性化も図れる教材である。

身に付けさせたい資質・能力

　以下の三点を身に付けさせる。まず,短歌の創作,鑑賞を通して,「情景や心情を描写する語句に着目し,語感を磨く」ことや,「短歌に用いられた,表現の効果について考える」ことができるようにさせる。次に,短歌の調べと言葉の価値を知り,「我が国の言語文化を大切にする」態度を育てる。さらに創作を通して「自分の考えを広げたり深めたりする」ことができる学習としたい。

3　学習指導計画(全5時間)

次	時	○主な学習活動	☆指導上の留意点　◆評価規準
一	1	○「短歌に親しむ」を読み,短歌の味わい方を捉える。 ○好きな短歌を一首選び,整理する。 ○選んだ短歌について自分の知識や経験を重ねて感想を書く。	☆短歌の基礎知識や筆者の解説は丁寧に読み,正確に理解させる。 ◆短歌の中で使われている語句の,短歌の中での意味や効果を理解している。【知・技】 ◆短歌作品を読んで理解したことや考えたことを知識や経験と結び付け,自分の考えを広げたり深めたりして感想を書いている。【思・判・表】
二	2・3	○「短歌に親しむ」の学習を生かして短歌を創作する。前時で学習した観点に沿って鑑賞する。 ・創作の前に「短歌で遊ぼう」のワークシートで短歌創作の前の演習に取り組む。 ○身近な出来事や感動を題材に短歌を創作する。	☆ワークシートを使い,個人で取り組んだり,ペアや班で取り組んだりさせる。 ☆定型を崩さずに,心を言葉に移し替えていく楽しさを味わえるように助言する。 ◆効果の適切さや,表現の効果を考えて,自分の思いが込められた短歌になるように工夫している。【思・判・表】 ◆短歌に自分の思いを込めるために,適切な語彙を見つけようとしたり表現を工夫しようとしたりしている。【主】 ◆自分の思いを込められた短歌になるように工夫して創作し,それを通して気付いたことや,創作の上での観点や鑑賞の上での観点について理解することができる。【思・判・表】 ◆言葉のリズムを感じたり,自分が創作した短歌のよさを考えたりして,短歌の魅力について友人同士で積極的に交流しようとしている。【主】
	4	○「短歌を味わう」の教材の六首を音読する。 ○ワークシートを使い,大意を理解する。 ○第1時で学習した,短歌を読む際の観点を復習し,鑑賞文を書く準備をする。	☆短歌を選べない生徒には,情景が目に浮かび,共感できる短歌を選ぶように声を掛ける。 ◆自分が選んだ短歌について,観点に基づき内容や表現の特徴について理解し,鑑賞文を書く準備をしている。【思・判・表】 ◆言葉のリズムを感じたり,自分の選んだ短歌のよさを考えたりしようとしている。【主】
	5	○六首の中から好きな短歌を選び鑑賞文を書く。 ○観点に基づいて書かれているかや,自分の言葉を使って鑑賞文を書いているかなど推敲する。 ○各自鑑賞文を仕上げ,交流する。	☆鑑賞文の書き方について確認し推敲させる。 ◆自分が選んだ短歌について,観点を示しながら鑑賞文を書いている。【思・判・表】 ◆鑑賞文の共有を通して,短歌の魅力を理解し,短歌のよさを味わおうとしている。【主】

1 短歌に親しむ

5時間

指導の重点
・短歌の基礎知識を理解し、観点に照らし合わせて感想を書かせる。

本時の展開に即した主な評価規準例（Bと認められる生徒の姿の例）
・短歌の中で使われている語句の、短歌の中での意味や効果を理解している。【知・技】
・短歌作品を読んで理解したことや考えたことを知識や経験と結び付け、自分の考えを広げたり深めたりして感想を書いている。【思・判・表】

生徒に示す本時の目標
　短歌の基礎知識を理解し、短歌を読んで感想を書こう

1　本単元の学習課題を把握する
T：皆さんは「短歌」についてどのようなことを知っていますか。
○本文を読む前に考えさせ、既習事項や百人一首などの知識を確認する。
T：この単元では、まず「短歌に親しむ」という文章を読み、その後、実際に短歌の創作に挑戦しましょう。最後に明治以降の短歌を味わって、皆さんの「言葉の世界」を広げていきます。では、皆さんはこの短歌の教材でどんな学習をしたいですか。

> **ポイント　三つの教材のつながりを伝える**
> 　創作のための第1時の学習があり、さらに、第5時のための創作の時間があるというように、三つの教材の学習がそれぞれ関連していることを伝える。また、学習課題や学習の計画は教師が与えるのではなく、初読の後に生徒に考えさせ、主体的に学習に取り組むようにさせる。

2　「短歌に親しむ」の本文を通読する
○初読で基礎知識の理解と一首選んで感想を書く学習とを行うため、ワークシートなどを用意して理解の解の手助けとする。
T：これから本文を読みますが、短歌の中の言葉や本文中の言葉の中で、「知ったこと、疑問に思ったこと」「うつくしい、感動した、面白い」などの箇所に赤で傍線を引き、「初めて知ったこと」や「短歌のルールと思われること」などには青で傍線を引きましょう。

> **ポイント　学び方のスキルも学ばせる**
> 　生徒はどこに傍線を引くかを考えたときに、最初は区別の仕方が分からない生徒がいると思われる。ここでは、あえて赤と青の傍線と区別しているが、それが難しい生徒もいれば、もっと別の分け方を考え、三番目の色を使ってもよいかなどについて聞いてくる生徒もいると思われる。できるだけ自由に傍線を引かせるようにする。自分で考えて色分けができるように、最低限の指示だけにする。普段からやっておくとよい。

準備物：ワークシート

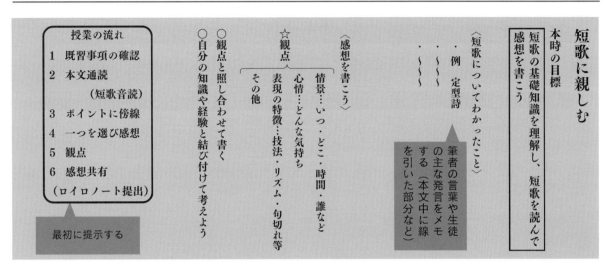

3　短歌についての基礎知識をまとめる
○傍線を引いた箇所について学級全体で共有しまとめる。ワークシートを使い確認する。
T：では，青い傍線の中から，「短歌」とはこういうものだと分かった内容を教えてください。
T：ワークシートにまとめましょう。
○知識・技能に関する学習を行う際は，できるだけシンプルに伝え，まとめる。ワークシートを用意したり，副教材を使用している場合は，それを活用したりする。また，デジタル教材やAI教材，動画教材なども豊富にあるので，厳選した上で活用するのもよい。

4　短歌の味わい方を捉える
T：皆さん，教科書の短歌から好きな短歌を一首選んで3回音読し，感想を書いてみましょう。その際に，先ほど皆さんが引いた傍線が役立ちます。また，筆者の説明をよく読み，次の観点で短歌を味わえるとよいですね（観点を示す）。
○観点は，「①情景　②心情　③表現の特徴」の三つとするが，どうしてもほかの観点を使いたい場合は使ってもよい。
○観点を基に整理させる。また，自分の体験や身の回りの事柄から，考えさせるとよい。選んだ短歌について自分の知識や経験を重ねて感想を書かせる。
○小学校で短歌について学習しているが，観点に基づいた味わい方や表現の特徴などは，初めて学習するので，各短歌の味わい方については，本文を参考に指導する。
○短歌の観点に，何を示すかは様々である。「テーマ」「色彩」「作者の視点」などもある。生徒が気付いたことを取り入れてもよい。

5　感想文を使って交流する
○四人班で感想文の共有をする。ロイロノート・スクールなどの共有するためのアプリを使うと一度に全員のものを見ることもできる。時間の節約にもなり便利である。有効に活用するとよい。

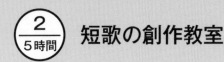

短歌の創作教室 （2／5時間）

指導の重点
・自分の思いを込めて表現を工夫しながら短歌を創作させる。

本時の展開に即した主な評価規準例（Bと認められる生徒の姿の例）
・効果の適切さや，表現の効果を考えて，自分の思いが込められた短歌になるように工夫している。【思・判・表】
・短歌に自分の思いを込めるために，適切な語彙を見つけようとしたり表現を工夫しようとしたりしている。【主】

生徒に示す本時の目標

　自分の思いを込め，表現を工夫して短歌を創作しよう

1　前時の振り返り
○短歌を理解する際の観点が，創作をする際にも役立つことを伝えながら，心情や情景，表現の工夫について振り返る。

T：前回の授業では，短歌が身近なものになったでしょうか。短歌の定型や，短歌を理解する際の観点にはどんなものがありましたか。

> **ポイント　観点について**
> 　短歌の観点について前時の復習を基に「心情，情景，表現の工夫等」について答えさせる。また，短歌によって様々な気持ちを表現することができることを伝え，創作の意欲につなげる。

2　第2時と第3時の目標の確認
○2時間使って，短歌の創作を行うことを伝える。いきなり短歌の「五七五七七」を考えるのではなく，まず演習問題に取り組ませる。リズムを大事にしたり，思わぬ展開を楽しんだりするための演習問題を用意しておき，説明する。

> **ポイント　創作の壁を超える**
> 　小学校時代に短歌の学習をしていたり，百人一首に親しんだりしたことは，多くの生徒が経験している。しかし，短歌を創作するとなるとその壁は大きいであろうと考えられる。第1時で学習した内容を黒板やタブレット上で確認させながら，まず，様々な短歌創作のための演習を行い，自由な発想，言葉探しを行わせる。その際に大事にしたいのは，定型を守るということである。音律の制限を厳格にすることで，日本語の特徴である七五調や五七調の調べを楽しむことがポイントである。この経験が短歌創作の壁を超えるヒントになる。

T：それでは皆さん，短歌創作にチャレンジしましょう。最初にワークシートにある問題に挑戦し，その後で，自分の短歌創作に入ります。

⬇ WS1

3　短歌創作のためのスキルアップ学習
○創作のための演習問題は，数多く用意することも大事であるが，種類を多くすることがさらに

準備物：ワークシート

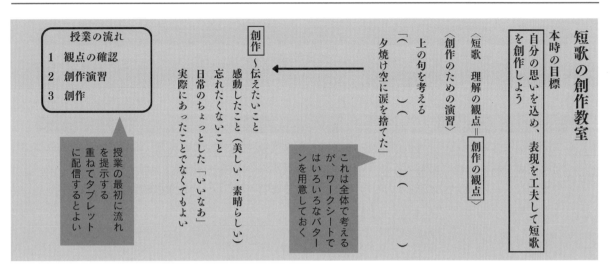

大事である。下の句（上の句）を考える場合は最初に学級全体で取り組むなど，実態に合わせて工夫するとよい。いくつかの問題に取り組ませ，その後，自分なりの創作短歌に取り組むことができるとよいと考える。

発展
演習問題に取り組む中で，同様の短歌問題を生徒が作成できるとよい。発展問題として，短歌のスキルアップのための問題を生徒自身が考え，特定の表現方法を取り入れ五七調，または七五調の言葉を考えさせる。このような活動によってより短歌に親しませる。

○演習問題の内容は①上の句五七五を決めて，学級全体で下の句七七を考える。②逆に五七五の上の句を考える。③有名な短歌の構成を真似て短歌をつくる（例「春過ぎて夏来にけらし白妙の衣干したり天の香久山」の場合は上の句で季節が移り替わったことを示し，下の句にそれが何から分かったのかが表現されている。その構成を真似てつくってみる）。④場面や気持ちを決めて，短歌を創作する（例えば，合唱コンクールの本番で指揮棒が，最初に振り下ろされた瞬間の緊張した気持ちを短歌にする）。⑤友人の悩みや疑問に答え慰めるような短歌を考える（例えば，とても仲のよかった友達と部活でぶつかってしまった。口もきかず仲直りもしない間に，突然転校してしまった。謝ればよかったと後悔している人へ励ましの思いで短歌をつくるとしたらどうなるか考える）。このように，難易度を少しずつ上げていくとよい。

4 短歌創作
○スキルアップ問題は，生徒たちが盛り上がるのだが，全てをやる必要はなく，あくまでも一人一人の能力に合わせて取り組めばよい。
○観点に従って，言語化したものをメモ欄に記入し，短歌の形式にまとめていく。
○交流する際はタブレット等を活用する。

5 生徒作品例の紹介
○ワークシートには生徒に短歌を身近なものとして感じてほしいというねらいから「生徒作品」として教師が創った短歌を掲載した。
〈上記④の例〉「張り詰めた糸をパツンと切る瞬間そこから僕らは歌の世界へ」上記⑤の例「汗涙共に流した仲だからきっとおんなじ空を見てるよ」演習以外の創作例「いつどこで誰が読むのか分からない未来の僕へ言葉を紡ぐ」

3 短歌の創作教室
（5時間）

指導の重点
- 短歌の創作の観点や鑑賞の観点を理解して，短歌を創作させる。
- 短歌のよさについて友人と交流させる。

本時の展開に即した主な評価規準例（Bと認められる生徒の姿の例）
- 自分の思いを込められた短歌になるように工夫して創作し，それを通して気付いたことや，創作の上での観点や鑑賞の上での観点について理解することができる。【思・判・表】
- 言葉のリズムを感じたり，自分が創作した短歌のよさを考えたりして，短歌の魅力について友人同士で積極的に交流しようとしている。【主】

生徒に示す本時の目標
- 短歌の創作の観点や鑑賞の観点について理解して，短歌を創作しよう
- 短歌のよさを話し合おう

1 創作の進捗を確認し，本時の流れを理解する
○前時までで学級全員の短歌創作ができているとよいが，そうでない場合は，第3時と第4時の間をあえてあけてもよい。授業の進度調整を入れることで，全員が短歌創作やその後の交流に主体的に取り組めるようにする。

2 完成した短歌の交流
○交流の仕方には，タブレット等を使った方法や，短歌を書いた短冊を回すなどの方法があるが，今回は最初の四人班の交流を紙媒体を使っての交流とする。学級の実態に合わせて選択する。

> **ポイント　交流の際の注意点**
> 話合い活動でも見られることであるが，交流する際には単に，作品を順番に述べ合うだけでなく，個々の作品に対する感想や評を述べることができるとよい。また，作者に対してその作品に関する質問をすることや，班員同士で添削することも忘れずに行わせるとよ

い。決して，順番に披露して終わることがないようにする。

T：それでは，班の中で話し合ったことを基にもう一度自分の創った短歌を見直しましょう。

3 短歌創作を通して考えた短歌のよさや特徴についての交流
○短歌の創作を通して感じたことや，短歌のよさや，短歌の読み方や特徴などについて先ほどの班とは異なる班で話し合う。同じ班で話し合うよりも，違う視点を取り入れることができ，個々の学びを深める意図がある。

T：皆さん，自分の短歌について友達の意見や感想を取り入れることで，よりよい作品になったのではないかと思います。ではこの2時間の短歌の創作を通して感じたことや，短歌のよさや特徴などについて，先ほどの班とは異なる班で話し合いましょう。

> **ポイント　短歌に関する知識と創作の観点**
> この発問はこの学習の第1時の目標である「短歌に親しむ」の目標を受け，短歌に関する知識の習得と短歌創作という二種類の学習を通して考えさせるものである。また，創作

準備物：ワークシート

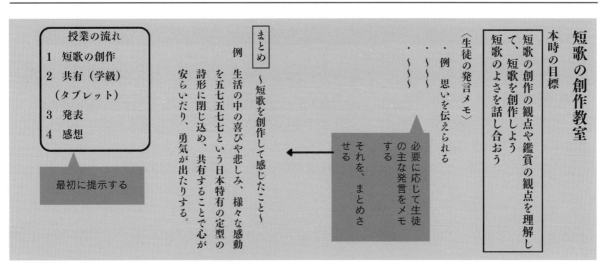

の後に続く、「短歌を味わう」の学習へのステップを意識したものである。短歌創作を通してより理解が深まることをねらいとする。生徒の実態に合わせて、短歌理解の観点が創作の際にも同様に観点となることを確認するだけでも、第4時、第5時の鑑賞文の学習への効果的なステップとなるであろう。

○班で話し合ったことを、タブレット等を活用して学級全体で共有する。
○指導者は各班から出された内容を基に板書まとめていく。

4 創作した短歌作品の音読と振り返り
○本時の学習のまとめとして、各自が創作した短歌を音読し、改めて、創作の観点に基づいて短歌の解説を書く。
T：それでは皆さん、今回自分が創作した短歌を繰り返し音読してみましょう。自分がこの短歌をつくったときの気持ちを振り返ったり、友達からもらった感想などについても考えながら読むとよいですね。
○言葉のリズムを感じたり、自分や友人の短歌のよさを考えたりしようとする。ワークシートを用意して書かせる。 **WS2**

5 短歌のよさを知り、次時の予告を聞く
○今回の創作体験が、短歌作品の鑑賞につながることを知る。

6 生徒作品例
〈短歌〉
○四校時終わりを告げるチャイム鳴り折り目まぶしい白衣着る君
○教室の窓から見える青空はどこへ続くのどこまで続くの
〈短歌のよさ〉
○日常生活の中でもやもやと考えていることを、五七五七七に短くまとめることで整理され、大事なことがクローズアップされる。共感を得られると嬉しいし、苦しいときは励まされる。
○短歌は千年以上もの長い間、日本人の様々な想いを表現してきたものだと思う。しかし内容だけでなく、五七調や七五調という言葉の調べが音楽のようで美しいと思う。

短歌を味わう

4/5時間

指導の重点
・選んだ短歌を観点に基づき味わわせる。

本時の展開に即した主な評価規準例（Bと認められる生徒の姿の例）
・自分が選んだ短歌について、観点に基づき内容や表現の特徴について理解し、鑑賞文を書く準備をしている。【思・判・表】
・言葉のリズムを感じたり、自分の選んだ短歌のよさを考えたりしようとしている。【主】

生徒に示す本時の目標
言葉のリズムを楽しみながら短歌を音読し、選んだ短歌を観点に沿って味わおう

1　学習の見通しをもち、「短歌を味わう」掲載の六首を音読
○これまでの短歌の学習を生かし、五七調や七五調を意識しながら範読を聞き、音読する。
Ｔ：短歌の学習もいよいよ終盤となりました。これまでの学習を生かし、六首の短歌を鑑賞しましょう。この授業は２時間で行いますが、短歌学習の最後は、六首の中のどれかを選んで鑑賞文を書くことで締めくくります。そのためにはまず短歌の内容を理解しましょう。

ポイント　短歌の鑑賞
鑑賞文を書く際の手本は「短歌に親しむ」の本文にもある。どのような心情や情景を詠んだものであるのか、また、どのような表現の工夫が取り入れられているのか、観点を示しながら書くことが大事である。これまでの学習を生かして書く。

2　鑑賞文を書くための理解
○六首の中から自分の好きな短歌を一首選んで鑑賞文を書くのであるが、短歌の大意を理解することは難しいと思われる。
そこで、ワークシートなど（副教材のワークブックでもよい）を使って理解の手助けをする。
○六首の短歌には様々な表現技法が使われている。鑑賞文を書く際に、表現の工夫は観点の一つであるので、全体で触れておくとよい。

ポイント　短歌の理解
短歌の理解と言っても、およそ誰が読んでも共通する部分と、解釈の違いが出てくる部分がある。例えば、若山牧水の「白鳥」のイメージを、数や種類、どこにいるのかなど一つに限定して理解させることはできない。また、色彩について「白と青とあを」までは共通して理解させたいが、それをどのような印象で感じるのかは個々の生徒の感性に委ねる。学級全体で大意を理解することは大事であるが、それぞれの鑑賞の妨げにならないようにすることが大事である。

Ｔ：これらの六首は近代から現代にかけて日本を代表する歌人たちの作品です。どの短歌につい

準備物：ワークシート

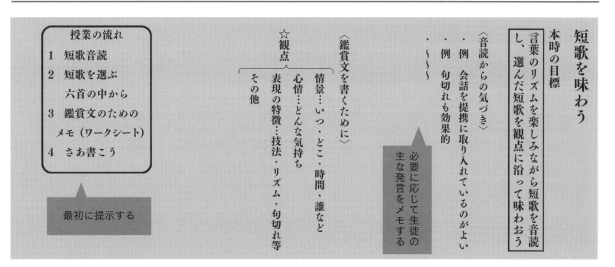

て鑑賞文を書くか決めてください。そして鑑賞文を書くためのワークシートを使って，自分の考えを整理しましょう。

3　鑑賞文の書くための個人作業
○基本的な理解や使われている表現技法について正しく理解しているかどうかを，確認する。

発展
鑑賞文を書く前の学習は個人の作業が中心であるが，同じ短歌を選んだ者同士で交流の場を設けることで，支援にもなり，また思考の深まりにもなる。各自が想像力を豊かに膨らませ，作品世界に入り込めるような展開にすることができる。生徒の実態に応じて共同学習の場を取り入れるかどうかを決めるとよい。

○「短歌を味わう」ではしっかりと鑑賞文を書かせる時間を取りたいために，あらかじめ大意を示すやり方もある。生徒の理解度に応じて，ヒントシートを用意しておくとよい。
○観点は第１時の授業で整理している。いろいろな考え方があるが，ここでは短歌を理解するための観点を

①情景…いつ・どこ・時間・誰など
②心情…どんな気持ち
③表現の特徴…技法・リズム・区切れ等
④その他

としている。④のその他には，五感や色彩，音など，その短歌に特化したものである。生徒が自分で見付けて設定できるとよい。

4　次時の予告
○鑑賞文を書くための準備までは，この時間に終わらせる。できた生徒は，鑑賞文を書き始める。
T：皆さん，これまで学習したことが，次の時間には鑑賞文という形でまとまりますね。とても楽しみです。次の時間は最初の20分で鑑賞文を仕上げ，その後に交流の時間を取ります。今日のワークシートや鑑賞文を書く用紙を忘れずに持ってきてください。

5 短歌を味わう
（5時間）

指導の重点
・自分が選んだ短歌について，観点に基づいて鑑賞文を書かせる。
・鑑賞文の共有を通して，短歌の魅力を理解し，短歌のよさを味わわせる。

本時の展開に即した主な評価規準例（Bと認められる生徒の姿の例）
・自分が選んだ短歌について，観点を示しながら鑑賞文を書いている。【思・判・表】
・鑑賞文の共有を通して，短歌の魅力を理解し，短歌のよさを味わおうとしている。【主】

生徒に示す本時の目標
・自分が選んだ短歌について，観点に基づいて鑑賞文を書こう
・鑑賞文の共有を通して，短歌の魅力を理解し，よさを味わおう

1 本時の流れを理解し時間を意識して取り組む
〇短歌の学習の最後であることを示し，前時の続きの鑑賞文を前半20分で仕上げ，その後交流し，考えを深めたり，鑑賞文の修正を行うことを伝える。
〇書く作業に入る前に，短歌六首を音読する。
T：皆さん，短歌の音読も上手になりましたね。区切れや表現の工夫に応じた音読をしている人もいます。いよいよ今日は短歌の学習の最後です。皆さんの創作短歌にはとてもよいものがありました。そして，教科書の短歌六首の鑑賞文もなかなかのセンスで書き進んでいるようです。今日の仕上がりが楽しみです。途中早く終わった人は，二首目の短歌鑑賞文に挑戦したり，資料集（なければ事前に準備しておく）掲載の他の短歌も読み味わいましょう。

ポイント　鑑賞文の書き方確認と生成AIの活用

最近の作文指導の中で悩ましいのが，生徒たちの生成AIの使い方である。仮に自宅で生成AIに書かせてそれを部分的に取り込み，自分の書いたものであるかのように示された場合，教師は見分けがつかないというのが現状である。メディアリテラシーの問題でもある。一方，鑑賞文を生成AIにつくらせることは，鑑賞文としての観点や自分の鑑賞した内容が盛り込まれているかどうかなどを考えさせることに有効である。内容はともかく，文章の構成については参考にすることができる。そして，それを通して自分の好きな短歌について，自分の言葉で鑑賞し，唯一無二の文章に仕上げていくことに，自分にしかできないのだという自負をもたせたい。

2 観点に基づいた鑑賞文を書く
〇途中，筆が進まない生徒には，もう一度前時のワークシートに戻り，自分が選んだ短歌について観点毎にどのように理解しメモを取っているかを確認するようにと声を掛ける。書けない原因として短歌の意味を捉えられていないことが予想されるので，それについても教師から支援する。

準備物：前時のワークシート，資料集

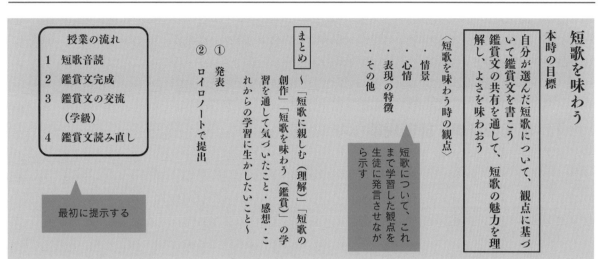

○できた生徒から，ロイロノート・スクールで提出させ，学級内で共有させる。

ポイント　学級内共有とグループ内共有
学級の全員が全て読み，互いの鑑賞文についての意見交流をすることは時間的に難しい。そこで，一定の時間までは自由に提出された鑑賞文を読む時間とする。鑑賞文を書く時間が終了したら，二通りの共有時間を設定する。最初は同じ短歌を選んだ者同士の交流である。読み方の違いから鑑賞の違いの面白さが増すであろう。次に異なる短歌を選んだ者同士の交流を行う。自分が深く読んでいなかった短歌についての学習となる。

T：これから皆さんが書いた鑑賞文について互いに読み合い交流する時間とします。最初の8分間は同じ短歌を選んだ人同士で読み合いましょう。それが終わったら，次は自分が選んだ短歌とは異なる短歌を選んだ人と8分間交流します。どのような意見が出てくるか楽しみですね。

3　鑑賞文交流により自分の考えを再構築する
○鑑賞文を通した交流をすることで，最初に鑑賞文を書いたときと考えに変化が生じることもある。また，どのようなときにこの短歌を口ずさみたいかや，どういう人にこの短歌を教えたいかなども考えさせることで思考が深まると考える。

4　自分の鑑賞文を読み直す
○時間があれば，一度書いた鑑賞文の修正の時間をとるとよい。

T：皆さん，交流を通して自分の鑑賞文の内容の修正すべき点は見つかりましたか。または追記したいことなど出てきた人はいますか。挙手して発表してください。

T：短歌の鑑賞文を通してさらに深く短歌の味わい方が分かったのではないかと思います。
　・短歌を理解している。
　・効果の適切さを考えて，短歌の鑑賞のための観点に基づいて説明や具体例を加えている。
　・短歌から受けた自分自身の思いや考えが伝わるように書いている。

このような鑑賞文になるとよいですね。では，最後に全体で共有できる提出箱（アプリ上）に提出してください。皆さんの鑑賞の力は創作を通してとても高くなったと思います。これからも創作と鑑賞とどちらも楽しんでください。

短歌に親しむ／短歌の創作教室／短歌を味わう ● 113

3 言葉と向き合う

言葉の力

（2時間）

1 単元の目標・評価規準

- 本や文章などには，様々な立場や考え方が書かれていることを知り，自分の考えを広げたり深めたりすることができる。　　　　　　　　　　〔知識及び技能〕(3)エ
- 文章を読んで理解したことや考えたことを知識や経験と結び付け，自分の考えを広げたり深めたりすることができる。　　　　　　〔思考力，判断力，表現力等〕C(1)オ
- 言葉がもつ価値を認識するとともに，読書を生活に役立て，我が国の言語文化を大切にして，思いや考えを伝え合おうとする。　　　　　　　「学びに向かう力，人間性等」

知識・技能	本や文章などには，様々な立場や考え方が書かれていることを知り，自分の考えを広げたり深めたりしている。　　　　　　　　　　　　((3)エ)
思考・判断・表現	「読むこと」において，文章を読んで理解したことや考えたことを知識や経験と結び付け，自分の考えを広げたり深めたりしている。　　　　(C(1)オ)
主体的に学習に取り組む態度	文章を読んで理解したことや考えたことを進んで知識や経験と結び付け，今までの学習を生かして考えたことを伝え合おうとしている。

2 単元の特色

教材の特徴

　本教材は随筆である。随筆とは，見聞，経験，感想などを気の向くままに記した文章のことである（広辞苑（第5版より））。随筆の学習は第1学年で，さくらももこ氏の「二十歳になった日」を，第2学年で本教材と向田邦子氏の「字のない葉書」の二編を，第3学年では，今道友信氏の「温かいスープ」を読むことになっている。

　本教材「言葉の力」はまさに言葉について考えさせる文章である。しかもそれは，単に文字列としての言葉ではなく，言葉を発する本体としての「人」，即ち自分自身の内面について考えさせるものだ。言葉が発せられる前段階での人の全体がどうあるのか，自分自身の全体はどうありたいかということを生徒たちが考えたくなるような，筆者の豊かな経験に基づく文章である。さらには，染色家である志村ふくみ氏の文章も併せて読んでみることで，詩人である筆者と染色家である志村さんのそれぞれの立場や考え方の表し方の違いなども実感できるとよい。

　本単元における学習を通して，詩人である筆者の言葉へのこだわりから，生徒自身が自らの

言葉について振り返らせる機会を設けていきたい。

身に付けさせたい資質・能力

　本単元では，学習指導要領C(1)オ「文章を読んで理解したことや考えたことを知識や経験と結び付け，自分の考えを広げたり深めたりする」力を育成することに重点を置く。この資質・能力を身に付けさせるための言語活動として，志村ふくみさんの文章を参考にさせながら，染色家として染色に対する美への追及を怠らない態度と，詩人として自らの体験を言葉の世界に置き換え，言葉への追及を怠らない態度を感じられるように「言葉に対する筆者の考え方について自分の考えをもち，話し合う」活動を設定する。

　2単位時間設定の教材であるため，教科書にある二次元コードの活用を図り，新出漢字の読み等については，予習に位置付け，家庭学習の習慣化を図る。

3　学習指導計画（全2時間）

次	時	○主な学習活動	☆指導上の留意点　◆評価規準
一	1	○本単元の学習課題「正しい言葉，美しい言葉について，筆者の考えに触れ，そこから自分の考えをもつ」を知り，学習の見通しをもつ。 ○教材文を通読する。 ○教材文中の志村さんの話の内容について読み取る。（課題1） ○筆者の考え方を読み取る。（課題2） ・「言葉の世界での出来事と同じこと」について，筆者は，何と何が，どのように同じだと述べているのかを考える。	☆筆者の考える言葉の一語一語は，その人の全体から出ているものであること，「正しい」，「美しい」はそれを発するその人間全体のことであることを押さえさせる。 ◆文章の内容について，言葉に対する筆者の考え方を読み取っている。【知・技】
二	2	○志村さんの文章を読む。 ・『新装改訂版　一色一生』志村ふくみ著 　（求龍堂，2005年） 　p.18，2行目から p.20，2行目まで ○志村さんの文章から言葉の世界での出来事と何がどのように同じだと筆者は述べているかを考える。（課題3） ○課題3について，グループで意見交換を行う。 ○グループでの意見交換を基に，自分自身がこれまで言葉について大切にしてきたこと，美しい言葉，正しい言葉を使っていくには何が大切なのかをまとめる。	◆二人の書き手がそれぞれの立場や考え方から，自分の思いや考えなどを書き表したものを読んで，美しい言葉や正しい言葉を使うために大切にしたいことを知識や経験と結び付け，自分の考えを広げたり深めたりしている。【思・判・表】 ◆筆者の言葉に対する考えについて，自分の考えたことを伝え合おうとしている。【主】

言葉の力

指導の重点
・文章を読んで，言葉に対する筆者の考え方を読み取らせる。

本時の展開に即した主な評価規準例（Bと認められる生徒の姿の例）
・文章の内容について，言葉に対する筆者の考え方を読み取っている。【知・技】

生徒に示す本時の目標
　文章を読んで，言葉に対する筆者の考えを読み取ろう

1　本単元の学習課題を把握する
T：皆さんは美しい言葉，正しい言葉ということについて考えたことがあるでしょうか。
○生徒の発言の中から「ある」や「敬語」「文法が正しい」「使うように心掛けている」など，声が上がることが想定される。
T：本日と次回の2回にかけて，一人一人に美しい言葉，正しい言葉について考えてもらいます。

> **ポイント　最初の言葉かけ**
> 　キーワードとなる「美しい言葉」「正しい言葉」について考えることを明示することで，初読の段階から生徒が能動的に文章と向き合うようにしていく。

2　教材文の通読
T：「言葉の力」という文章を読んでいきます。皆さんは「美しい言葉」「正しい言葉」とは何か，どのように筆者は考えているかを感じながら一緒に読んでください。

○教科書にある教材文を範読する。
○本単元は2時間設定のため，範読は教師が行いたい。新出漢字等は予習として位置付けておく。
T：本日は，「言葉の力」の文章から，筆者の大岡さんがどのような体験をして，言葉に対してどのような考えをもったのか，みんなで確認していきます。

3　課題1に取り組む
○ワークシートを活用して，志村さんの体験を確認する。　　　　　　　　　　　⬇ WS1
T：この文章の登場人物ですが，筆者の大岡さん以外にもう一人の方が登場してきますね。
T：そうです。志村ふくみさんという方です。この方はどういった方ですか。
○染色家であることを確認。染色とは何かについても確認する。
T：では，志村さんのお話について教科書の文章から内容をまとめてみましょう。
○生徒から出させた内容を板書する。

4　課題2に取り組む
T：次の課題です。
T：p.70の9行目に，「言葉の世界での出来事と同じこと」とありますが，筆者は，志村さんの

準備物：ワークシート

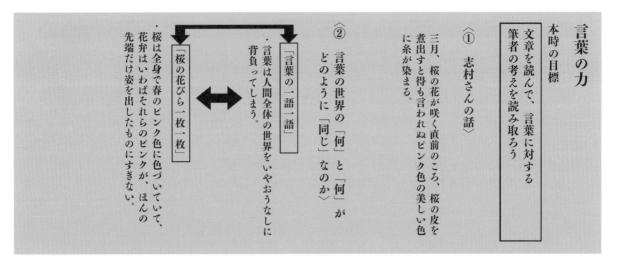

言葉の力

本時の目標
文章を読んで、言葉に対する筆者の考えを読み取ろう

〈①　志村さんの話〉
三月、桜の花が咲く直前のころ、桜の皮を煮出すと得も言われぬピンク色の美しい色に糸が染まる。

〈②　言葉の世界の「何」と「何」がどのように「同じ」なのか〉

「桜の花びら一枚一枚」　⇔　「言葉の一語一語」

・言葉は人間全体の世界をいやおうなしに背負ってしまう。
・桜は全身で春のピンク色に色づいていて、花弁はいわばそれらのピンクが、ほんの先端だけ姿を出したものにすぎない。

お話について、「何」と「何」が、どのように「同じ」だと述べているのでしょうか。
○ワークシートに取り組ませたのち、確認事項を板書していく。
T：「桜の花びら一枚一枚」と「言葉の一語一語」が同じ。どのように同じかというのが「言葉は人間全体の世界をいやおうなしに背負ってしまう」と言っています。
○言葉も花びらも人間全体、樹木全体のほんの尖端だけという筆者の考えを押さえさせる。

5　授業のまとめ

○志村さんが「桜の花の咲く直前の頃」と言っているところに着目させ、まさに花が咲こうとしている時期に「木全体で懸命になって最上のピンクの色になろうとしている姿が」というところに筆者の「体が一瞬揺らぐような不思議な感じに襲われ」かなりの驚きであったことに触れる。
T：時期、タイミングが大切だという志村さんのお話でしたが、一方で、筆者は、何かこれが美しい、正しいということではなく、一語一語の背後に自分の全体がある、ささやかな一語一語には大きな意味があると言っています。この辺りをもう少し深読みしていきたいですね。

発展
ワークシート③のように、筆者の意見についてどのように感じたのかを、周囲の生徒同士で意見交換を行い、互いの考えを知る活動を行うこともできる。

6　次時の見通しをもつ

T：次の時間は、今日学習したことを受けて、筆者の考えから皆さん自身が言葉についてどのように考えるのかを話し合ってもらいます。

2 言葉の力

2/2時間

指導の重点
・筆者の考えについて自分の考えをもたせる。

本時の展開に即した主な評価規準例（Bと認められる生徒の姿の例）
・二人の書き手がそれぞれの立場や考え方から、自分の思いや考えなどを書き表したものを読んで、美しい言葉や正しい言葉を使うために大切にしたいことを知識や経験と結び付け、自分の考えを広げたり深めたりしている。【思・判・表】
・筆者の言葉に対する考えについて、自分の考えたことを伝え合おうとしている。【主】

生徒に示す本時の目標
筆者の言葉に対する考えを理解し、自分の考えをもとう

1 本時の見通しをもつ
○ワークシートを活用していく。
T：前の時間には教科書の「言葉の力」という文章を読んで、志村さんの話から、筆者の言葉についての考えを読み取りました。特に、筆者が志村さんの話と自分の考えをどう結び付けたかについて前回のワークシートを各自確認してください。

> **ポイント　アウトプットによる確認**
> 自分のワークシートを見るだけではしっかりと確認できない場合がある。隣同士や班での話合いなどで互いに確認し合うとよい。

T：本日は、筆者の考えも含めて、もう少し皆さんに言葉について考えてもらいます。

2 志村さんの文章を読む
T：ワークシートの裏面に桜についての志村ふくみさんの文章を掲載しました。これは志村さんの書かれた本「一色一生」から一部分を抜き出しました。一緒に読みましょう。
○志村ふくみさん著「一色一生」の一部分を範読する。

3 課題3に取り組む
○ワークシートを活用する。　**WS2**
T：志村さんの文章はどうでしたか。志村さんの染色家としての鋭い視点や、柔軟な感性など、様々なことが読み取れたと思います。
○必要に応じて、内容を確認する。「花の命」と表現していること、花弁を染めると薄緑になることなどを押さえる。特に、最後のノヴァーリスの言葉と「本当のものはみえるものの奥にあって」の部分は、詳しく解説はしないものの、志村さんはそう感じたのだということを押さえる（実感させる）。
T：さて、ここで筆者の大岡さんに戻りますが、大岡さんは、志村さんの話から、なぜ、花びら一枚一枚を言葉一語一語に例えるなど、桜の話を言葉の話に置き換えたのだと思いますか。
○話合いの際に自分の話すことを整理させるために、まずはワークシートに記入させる。その際は机間指導をしながら直ぐに書き始める生徒やなかなか手を付けない生徒など、状況をよく観察する。適宜、声掛けを行うことと、肯定的な

準備物：前時のワークシート，ワークシート

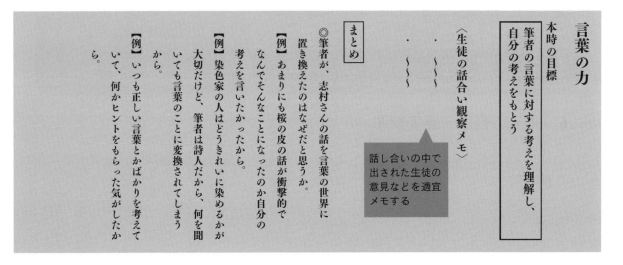

4 話合い活動
○グループに分かれて話し合いを行う。
○グループは四人程度が望ましい。
○教師は話合い活動が停滞しているグループに声を掛けながら，話合いの様子を評価していく。座席表などにメモしていくとよい。

ポイント　話合い活動における注意点

以下の点について，日ごろから約束しておく。
・互いの顔を見ながら話し合う。
・ワークシートにメモを取る場合は簡単に。書くことに集中しない。話したり聞いたりすることに集中する。
・相手の意見は否定しない。
・質問や回答を執拗に重ねず，グループの誰もが同じ時間話ができるように配慮する。

発展

タブレット等を活用する場合はチャット機能を活用することもできる。

5 発表活動
○グループごとに出た意見を全体で共有する。

6 本時のまとめ
T：話合いや他のグループの発表を聞いて，大岡さんの「言葉へのこだわり」が感じられたと思います。志村さんからは染色家としての色のこだわり，一方，大岡さんからは詩人としての考え方が感じられました。

T：では，今日の授業で，改めて考えたことや，これまでの考えが深まったとか，筆者の意見について，ここがよりよく分かってさらに感心したとか，いろいろなことを感じたと思いますので，ワークシートにメモしておきましょう。

○教師は机間指導をしながら，肯定的な対応を基本にしながら助言していく。

T：本単元では，詩人である筆者の言葉への考え方やこだわりを知ることができました。ぜひ，皆さんも自分なりの美しい言葉，正しい言葉について，考えてみてください。

3 言葉と向き合う

言葉1 類義語・対義語・多義語／語彙を豊かに　抽象的な概念を表す言葉　（2時間）

1　単元の目標・評価規準

・抽象的な概念を表す語句の量を増すとともに、類義語と対義語、同音異義語や多義的な意味を表す語句などについて理解し、話や文章の中で使うことを通して、語感を磨き語彙を豊かにすることができる。〔知識及び技能〕(1)エ
・言葉がもつ価値を認識するとともに、読書を生活に役立て、我が国の言語文化を大切にして、思いや考えを伝え合おうとする。「学びに向かう力、人間性等」

知識・技能	抽象的な概念を表す語句の量を増すとともに、類義語と対義語、同音異義語や多義的な意味を表す語句などについて理解し、話や文章の中で使うことを通して、語感を磨き語彙を豊かにしている。((1)エ)
主体的に学習に取り組む態度	類義語・対義語・多義語について意欲的に学び、生活の中で使おうとしている。

2　単元の特色

教材の特徴

　本教材は、語句の量を増し、語彙を豊かにすることを目的とし、学習指導要領〔知識及び技能〕(1)言葉の特徴や使い方に関する事項の「語彙」の学習に位置付けられている。「類義語・対義語・多義語」を比較しながら学習することで、様々な語句の意味を正しく理解し、相手や目的に応じて適切に選択することができることを目指している。

　「語彙を豊かに」は、本教科書において3年間を通して系統立てて配置されている。第1学年では「心情を表す言葉」として、気持ちに適した言葉を選ぶ活動が位置付けられている。第2学年では「抽象的な概念を表す言葉」として類義語等の言葉を比較しながら用例を考える活動を設けた。そして、第3学年では「時代や世代による言葉の変化」として、相手に合わせた言葉を選ぶ活動が位置付けられている。

　本教材では「言葉1」を受け、学んだ類義語や対義語を実際に使うときにどのような観点で選んでいくのかを考えさせる学習となっている。

身に付けさせたい資質・能力

　本教材では「語彙」の学習として，抽象的な概念を表す語句の量を増すとともに，類義語と対義語，同音異義語や多義的な意味を表す語句などについて理解し，話や文章の中で使うことを通して，語感を磨き語彙を豊かにすることが求められている。

　第2学年では前段に記載した本単元の流れを念頭におきながら，似ている言葉でもどう意味や用例が異なるのか，具体例が分かりにくい抽象的な概念を表す言葉について類義語や対義語の視点から比較して考えさせる単元である。ICT機器（タブレット等）を活用しながら，グループでの話合い活動等を通して，語感を磨き，抽象的な概念を表す言葉を日常的に積極的に活用できるようにしていきたい。

3　学習指導計画（全2時間）

次	時	○主な学習活動	☆指導上の留意点　◆評価規準
一	1	○類義語，対義語，多義語について知る。 ・教科書の例文やワークシート等を活用して生徒が語彙量を増やせるようにする。	☆詳細な説明には時間をかけず，ワークシートや教科書 p.272の「語彙ブック」を活用するなどしてできるだけ多くの語彙に触れるようにする。 ◆類義語と対義語，多義的な意味を表す語句などについて理解している。【知・技】 ◆言葉がもつ価値を認識するとともに，思いや考えを伝え合おうとしている。【主】
二	2	○抽象的な概念を表す言葉を探す。 ・ICT機器（タブレット等）又は類語辞典等を活用して，類義語や対義語を探す。（個人又はグループ） ○探した言葉の意味の違いを確認し，用例を考える。 ・グループによる話合い活動で取り組む。	☆「具体」と「抽象」の意味を確認し，抽象的な概念の意味を生徒に理解をさせてから授業を進めるようにする。 ◆抽象的な概念を表す語句の量を増すとともに，語感を磨き語彙を豊かにしている。【知・技】 ◆言葉がもつ価値を認識するとともに，思いや考えを伝え合おうとしている。【主】

言葉1　類義語・対義語・多義語／語彙を豊かに　抽象的な概念を表す言葉

指導の重点
・類義語と対義語，多義的な意味を表す語句などについて理解させる。

本時の展開に即した主な評価規準例（Bと認められる生徒の姿の例）
・類義語と対義語，多義的な意味を表す語句などについて理解している。【知・技】
・言葉がもつ価値を認識するとともに，思いや考えを伝え合おうとしている。【主】

生徒に示す本時の目標
　類義語と対義語，多義語について理解し，自分の語彙を増やそう

1　本時の目標の確認
○教師より本時の目標について確認する。
T：本時は類義語，対義語，多義語について学びます。ここでの学習は単純に類義語や対義語などの意味や中身を確認するだけでなく，使える言葉を増やしていくことが目標です。従って覚えたら終わりということではありません。そうした意識をもって本時の学習に臨んでください。
T：類義語，対義語，多義語とは何でしょうか。使い分けるとどういうよさがあるのでしょうか。

2　類義語の学習
○教科書 p.72 の図からそれぞれの言葉同士の関係を考える。
T：教科書 p.72 を見てください。階段の絵があり，階段のそれぞれの場所，ポイントを表す語句が書かれています。この中で，似た意味の言葉，反対の意味をもつ言葉を考えてみましょう。
○生徒から次のような回答を導き出す。

　・似た意味：「真ん中」と「中央」「隅」と「端」

　・反対の意味：「上」と「下」

T：真ん中＝中央，端＝隅などは類義語と言います。教科書によると，それぞれが「指す部分は微妙に違うが，『中心部から外れた場所』ということは共通している」とあります。共通点はあるけれど，意味は少し異なるグループということです。
○類義語について板書する。
T：類義語は意味が少し異なるということには注意が必要です。教科書 p.72 の下段の例を見てみましょう。紙を「裂く」と「破る」とあります。どちらも紙を分解する際の表現ですが，様子或いはそれをやっている行為者の意図によって使い分けをします。どちらがその状況にふさわしい表現なのかは使う人が判断して発していくことになります。
T：次の例のように類義語ならどれでも当てはまる場合と，当てはまらない，つまり，言い換えができない場合もあります。「戸」と「傘」の例をそれぞれ見てみましょう。
○説明する。「あける」動き，「ひらく」動きについて触れると分かりやすい。

ポイント　生徒から発言を引き出す
　教師が全て伝えていくのではなく，生徒と

準備物：類語辞典又は国語辞典（必要に応じて），ワークシート

類義語・対義語・多義語

本時の目標
類義語と対義語、多義語について理解し、自分の語彙を増やそう

【確認】
類義語：似た意味をもつ語のグループ
対義語：意味が反対の関係や対の関係にある二語
多義語：一つの語で多くの意味をもつ語

ワークシート問い
③ ア 危険 イ 相違 ウ 虚構 エ 容易 オ 解散 カ 警戒
④ 例：先生は、彼に甘い。このお菓子はとても甘い。僕の練習に対する考えは甘いと、コーチから指摘された。

> ワークシートについて、プロジェクターや実物投影機等でスクリーン（黒板）に投影して行うと、視覚的に分かりやすく、どこに何を書くかが一目瞭然となり効果的である。

> 掛け合いながら発言を引き出していったり，ペアやグループで話し合わせながら進めたりしていく。日ごろの生徒の様子，50分間の時間配分などを考えながらどのような進行にするかは教師が決めていく。

・個人，ペア，又はグループで取り組む。
・類語辞典や国語辞典を活用する。
・ICT機器（タブレット等）を活用する。
○学級全体でワークシートの回答を確認する。
○ワークシートは予習や復習として家庭学習として活用することもできる。時間差で回答をICT機器（タブレット等）に配布し，家庭で答え合わせができるようにすることもできる。

3 対義語の学習
○教科書の「兄」「弟」「姉」「妹」を見ながら説明していく。
○対義語の意味を板書する。

4 多義語の学習
○教科書の「高い」の例を活用しながら多義語の説明をする。「どの意味を表しているかは，文脈から判断できる」という箇所は注意する。文全体，或いは，前後の語の意味から該当の「高い」という語句の意味を判断していくということを理解できているかどうか，生徒の様子から見取ることが必要である。
○多義語の意味を板書する。

発展
語彙ブック（教科書p.272）を活用する。類義語と関連する語句という二種類の例が示されているところに着目し，グループ学習等で言葉の意味を確認していく。

5 演習課題
○ワークシートの演習課題に取り組む。生徒の実態に応じて取り組み方を決める。 WS1

6 本時の振り返り
○類義語，対義語，多義語について理解することができたか本時の学びを振り返らせる。
○教科書p.73下段「生活に生かす」を読む。
T：本時は，類義語，対義語，多義語について学びました。目標は自分の語彙を増やして実際に使うことです。どんな言葉があるのかを辞書やタブレットを活用して日常的に調べ，相手や場に応じて使い分けをしてみてください。

言葉1 類義語・対義語・多義語／語彙を豊かに

言葉1 類義語・対義語・多義語／語彙を豊かに　抽象的な概念を表す言葉

指導の重点
・抽象的な概念を表す語句について理解し，自分の語彙を増やし，語感を磨かせる。

本時の展開に即した主な評価規準例（Bと認められる生徒の姿の例）
・抽象的な概念を表す語句の量を増すとともに，語感を磨き語彙を豊かにしている。【知・技】
・言葉がもつ価値を認識するとともに，思いや考えを伝え合おうとしている。【主】

生徒に示す本時の目標
抽象的な概念を表す語句について理解し，自分の語彙を増やし，語感を磨こう

1　本時の目標の確認
〇教師より本時の目標について確認する。
T：本時は抽象的な概念を表す言葉について学びます。言葉の意味を理解し，相手や場面，目的に応じて使い分けをして，より分かりやすく説得力のある話をしたり作文を書いたりできるようにすることが目標です。そうした意識をもって本時の学習に臨んでください。

2　抽象的概念の確認
〇「抽象的」という言葉の意味を調べる。
T：まず，「抽象的」とは何でしょうか。「抽象」とも言いますが，意味を調べてみましょう。
〇国語辞典又はICT機器（タブレット等）を活用する。
〇生徒から出た意見を基に板書する。
T：では，実際に「抽象的な概念の言葉」を探してみましょう。ワークシートに思いつく限り書き出してみてください。　⬇ WS2
〇生徒に発表をさせ，学級全体で共有をする。

> **ポイント　語彙ブックの活用**
> 「語彙ブック」（教科書 p.272）を活用してもよい。掲載されている抽象的な概念を表す言葉の例を取り上げ，説明を加えるとより理解しやすい。

〇ワークシート②に取り組む。
T：では，次に今出してもらったそれぞれの言葉について，前回の復習も兼ね，類義語や対義語を探してもらいます（全体の共有は行わない）。
〇国語辞典，類語辞典又はICT機器（タブレット等）を活用する。

> **発展　語彙ブックの活用**
> 「語彙ブック」（教科書 p.273）を活用する。他教科の教科書を手に取らせ，そこから抽象的な概念を表す言葉を探す。自分たちの身の回りには抽象的な概念を表す言葉が多数存在していることに気付かせる。

3　演習
〇ワークシート③の課題に取り組む。
T：抽象的な概念を表す言葉について，実際にど

準備物：類義語辞典又は国語辞典（必要に応じて），ワークシート

類義語・対義語・多義語

本時の目標
抽象的な概念を表す語句について理解し，自分の語彙を増やし，語感を磨こう

[確認]
抽象的…思考や感情，物事の性質を表す。
対義語→具体的（形を備え，存在が感知できるさま。実体的，個別的なさま。）

ワークシート問い
① 目的
② 目標（類義語） 手段（対義語）
③ 目的 より大きくて最終的なゴールを指す。
　　　↑
　留学の目的は海外の文化に触れることだ。

　ういう使い方をしているのでしょうか。用例として，今，探した言葉やその類義語や対義語を使った短文をつくってみましょう。
○生徒の実態に応じて取り組み方を決める。
　・個人，ペア，又はグループで取り組む。
　・類語辞典や国語辞典を活用する。
　・ICT機器（タブレット等）を活用する。
○取り組むに当たって，意味と用例の関係に気を付けるよう助言する。
　・取り上げた言葉の意味と用例で使われている意味が一致しているか確認させる。
　・辞書に掲載している意味を丸写しするのではなく，用例の意味も考えながら記入させていく。
○取り組み前に学級全体で「目標」と「目的」を例として考え方や記入の仕方を確認しておくとよい。
○学級全体でワークシートの回答を確認する。個人やペアで取り組んだ場合も，その後にグループで確認してから全体での共有に移してもよい。

ポイント　発表内容について
　本活動においては，特に意味の相違をしっかりと説明させることが大切である。抽象的な概念のため，例え方が難しい場合がある。そういう場合は用例も合わせて説明すると分かりやすくなることもある。適切に教師が補足しながら手助けすることも大切である。

4　本時の振り返り
○抽象的な概念を表す語句について理解し，使い方を含めて，自分の語彙を増やすことができたか本時の学びを振り返らせる。
○教科書p.75下段「語感を磨く」を読む。
T：本時は，抽象的な概念を表す言葉について学びました。目標は自分の語彙を増やして実際に使うことです。
T：対義語を使うことで一つの考えや意見を比較しながら述べることができるようになり，相手に分かりやすく伝えられることがあります。また，類義語は，「目的」と「目標」の例を見る通り，言い換えができることもありますが，微妙な意味の違いから，似ていたとしても言い換えはできないこともあります。使い分ければ，自分の言いたいことがはっきりと相手に伝えることができるようになります。
T：こうしたことを日頃から意識しながら，ぜひ，自分という人間全体で言葉と向き合い，美しい言葉，正しい言葉を使うことを意識していってください。

情報×SDGs

メディアの特徴を生かして情報を集めよう（2時間）／デジタル市民として生きる

1 単元の目標・評価規準

・意見と根拠，具体と抽象など情報と情報との関係について理解することができる。
〔知識及び技能〕(2)ア
・情報と情報との関係の様々な表し方を理解し使うことができる。　〔知識及び技能〕(2)イ
・目的に応じて複数の情報を整理しながら適切な情報を得て，内容を解釈することができる。
〔思考力，判断力，表現力等〕C(1)イ
・言葉がもつ価値を認識するとともに，読書を生活に役立て，我が国の言語文化を大切にして，思いや考えを伝え合おうとする。　　　　　　　　　　　　　　　「学びに向かう力，人間性等」

知識・技能	・意見と根拠，具体と抽象など情報と情報との関係について理解している。((2)ア) ・情報と情報との関係の様々な表し方を理解し使っている。((2)イ)
思考・判断・表現	「読むこと」において，目的に応じて複数の情報を整理しながら適切な情報を得て，内容を解釈している。(C(1)イ)
主体的に学習に取り組む態度	積極的に情報と情報との関係について理解し，学習課題に沿って適切な情報を得て，粘り強く内容を解釈しようとしている。

2 単元の特色

教材の特徴

　本単元は，「メディアの特徴を生かして情報を集めよう」「デジタル市民として生きる」という二つの教材を扱う。急速に情報化する社会の中で，日々あふれるような量の情報に接することができる生徒たちにとって，情報との関わり方を学ぶことは非常に重要である。1年次の情報についての既習事項に加え，「情報整理のレッスン　思考の視覚化」で学んだ内容を踏まえて，情報に関する力をさらに身に付けさせたい。
　「メディアの特徴を生かして情報を集めよう」では，災害時における情報収集という具体的なテーマを通して，どの場面ではどのメディアで情報収集すべきかを検討させる。その際，速報性，詳細さ，信頼性という観点をもたせることによって，より正確に内容を分析することができる。また，複数の情報を合わせて読ませることによって，正確で客観的な情報の見付け方について考えることができる。

「デジタル市民として生きる」には，情報の受信者と発信者がそれぞれに気を付けるべきことが分かりやすく書かれている。正確な情報を受け取り読み取る力及び情報を活用して自分の考えを発信する力を身に付ける際，メディアとどのように向き合っていくべきかを考えさせたい。

身に付けさせたい資質・能力

本単元で最も身に付けさせたい力は，「情報と情報との関係について理解したことを，文章の内容の解釈に役立てる力」である。

「メディアの特徴を生かして情報を集めよう」では，情報についての基本的な知識・技能を学ぶ。また，各メディアの特徴をその理由とともに考えさせる活動，そして，そのメディアが必要となる具体的な場面と抽象的な場面を考えさせる場面を設定することによって，自分の体験，伝聞と情報の結び付け方の手助けとなるようにする。

そうして理解したことを，「デジタル市民として生きる」の筆者の主張を踏まえながら，自分の考えを文章にまとめる活動をさせる。

3 学習指導計画（全2時間）

次	時	○主な学習活動	☆指導上の留意点　◆評価規準
一	1	○本単元の目標を確認し学習の見通しをもつ。 ○自分が情報を発信するときと受信するときに，気を付けていることを振り返る。 ○各メディアの特徴を理由とともに考え，班，クラス内で共有する。 ○どんなときにどんなメディアを使うとよいかを，具体と抽象で考える。	☆メディアについての身近な例を最初に上げさせて，単元の内容を自分に引き寄せて考えさせる。 ◆意見と根拠，具体と抽象の関係を理解し，ワークシートに整理している。【知・技】 ◆各メディアの特徴を比較して理解し，観点に沿って表にまとめている。【知・技】
二	2	○本時の目標を確認し学習の見通しをもつ。 ○接続する語句を意識しながら範読を聞く。 ○ワークシートの穴埋めをしつつ本文の内容を把握する。 ○本文の内容について，感想をGoogleフォームに記入し，全体で共有する。 ○「デジタル市民」として情報とどう関わっていくべきか，自分の考えをワークシートに記入する。 ○まとめと振り返り。	◆前時で学んだメディアについての情報をもちながら本文を読み，内容を解釈している。【思・判・表】 ◆学習したことを基に，自分なりの考えをもって，本文の内容を進んで解釈しようとしている。【主】

メディアの特徴を生かして情報を集めよう

指導の重点
・意見と根拠，具体と抽象など情報と情報との関係について理解させる。
・情報と情報との関係の様々な表し方を理解させる。

本時の展開に即した主な評価規準例（Bと認められる生徒の姿の例）
・意見と根拠，具体と抽象の関係を理解し，ワークシートに整理している。【知・技】
・各メディアの特徴を比較して理解し，観点に沿って表にまとめている。【知・技】

生徒に示す本時の目標
メディアの発信する情報について考えよう

1 本単元の目標を確認し，学習の見通しをもつ
T：友達がSNSに投稿した内容に，あなたは反射的に「なるほど！」と思い，その投稿を拡散しようとしましたが，ふと思いとどまりました。さあ，そのときのあなたはどんな行動をとるとよいでしょうか。ワークシートに記入しましょう。 WS1

〈SNSの投稿内容〉
　友達から聞いたんだけど，コロナウイルスは熱に弱いらしいよ！　だからお湯をたくさん飲めば感染しないんだって。みんなもたくさんお湯を飲もう！

〈予想される生徒の反応〉
・インターネットで本当かどうか調べる。
・根拠があるのかを調べる。
　→教師がどのようなホームページや団体にアクセスするかさらに問いかける。
・家族や友人など，身近な人に聞く。
　→教師が，家族や友人が専門的な知識をもっているかどうかを問いかける。

○隣の席の生徒と共有した後，教師に指名された生徒が自分のワークシートに記入したことを発表する。

ポイント
メディアについての考えを自分のことに引き寄せて考えられるように，例を出して今までの体験や伝聞を思い出させる。

2 自分が情報を発信するときと受信するときに，気を付けていることを振り返る
T：あなたが情報を発信したり，受信したりする際に気を付けていることはありますか。その有無と理由をワークシートに記入しましょう。

3 各メディアの特徴を考え，班，クラス内で共有する
T：メディアの特徴を，観点に沿って考えましょう。

○教科書の資料を使用し，メディアの特徴を「速報性」「詳細さ」「信頼性」の観点に沿って考える。その際，ワークシートの「3（高い）」「2（中くらい）」「1（低い）」の三段階の数字に丸をさせる。またその考えた理由をメモする。
○ワークシートに記入した内容を，四人班で共有する。

準備物：ワークシート，黒板掲示用資料

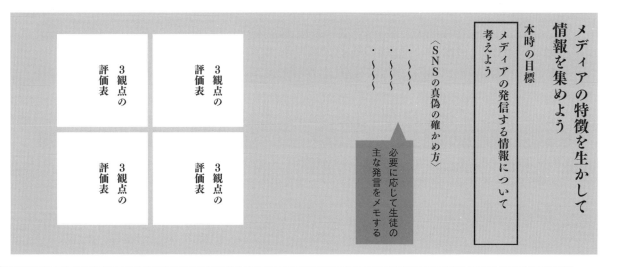

○班内で話し合った内容を，A3用紙の表に記入し，黒板に貼る。
○班の代表が発表した内容を教師がまとめ，電子黒板に映るワークシートに書き込んでいく。後にPDFファイル化し，Google Classroomに送る。（聞き取れなかったり，書ききれなかったりした生徒用）

4 どんなときにどんなメディアを使うとよいかを，具体と抽象で考える

○前単元の「語彙を豊かに　抽象的な概念を表す言葉」で学んだことを思い出しながら，「具体的」「抽象的」な言葉がどのようなものかを確認する。
T：どういうときに，どのようなメディアを使うとよいかを，具体と抽象で考えて見ましょう。
〈具体例①〉
・家に置く防災セットをつくる。
・バレーボールの歴史について学校の授業でプレゼンする。
　→「つまり」どんな場合か，抽象化する。
〈解答例〉
・急ぎではないので，じっくり調べることができる場合。また，正確さが求められる場合。
　→この場合はどのメディアを使うとよいのかを考える。
〈具体例②〉
・今，制服にこぼれたインクを染み抜きしたい。
・駅のホームで，乗るはずの路線の運転停止アナウンスが流れた。
　→「つまり」どんな場合か，抽象化する。
〈解答例〉
・急いで情報を収集する必要がある場合。また，調べられる媒体が限られている場合。
　→この場合はどのメディアを使うとよいのかを考える。

ポイント
　具体と抽象については，後に「思考のレッスン」で詳しく学ぶので，本単元では具体例を多く出し，「抽象化すること」に慣れさせる。

5 振り返り

○メディアの特徴と，具体と抽象について，Googleフォームを使用し，理解できたかを確認する。

デジタル市民として生きる

指導の重点
・複数の情報を基に目的に応じて自分の考えをもたせる。
・積極的に情報と情報との関係について理解し，学習課題に沿って適切な情報を得て，内容を解釈させる。

本時の展開に即した主な評価規準例（Bと認められる生徒の姿の例）
・前時で学んだメディアについての情報をもちながら本文を読み，内容を解釈している。【思・判・表】
・学習したことを基に，自分なりの考えをもって，本文の内容を進んで解釈しようとしている。【主】

生徒に示す本時の目標
既習事項を使って本文を把握し，その内容に対して自分の考えをもとう

1　本時の目標を確認し，学習の見通しをもつ
○前時を振り返り，それぞれのメディアの特徴や，情報を受信したり発信したりする際に気を付けるべきことなどを確認する。

2　接続する語句を意識しながら範読を聞く
○1年生の既習事項である「接続する語句」「指示する語句」を全体でテンポよく確認してから，範読を聞く。

> **ポイント**
> 範読を聞く際，「問題提起の部分」「その答えの部分」「筆者の主張」を見付け，本文に線を引く。また，大切だと思う接続する語句を丸で囲む。

3　ワークシートの穴埋めをしつつ本文の内容を把握する
○ワークシートの，本文の内容が穴埋めになっている表を完成させる。　⬇ WS2

> **発展**
> あらかじめ Google Classroom に共同編集ができるワークシートを送っておき，早く穴埋めができた生徒が記入できるようにしておく。また，後で閲覧のみになるように教師が編集をする。全て電子黒板に写す。

4　本文の内容について，感想を Google フォームに記入し，全体で共有する
T：前回の授業で，皆さんはメディアの特徴や，情報を受信したり発信したりする際に気を付けるべきことなどを確認しました。それを踏まえて，この本文について自分はどう思うのか，考えてみましょう。
○筆者の意見についての，賛成，反対，疑問に思う部分や，構成について気になる部分など，本文の内容についての感想をフォームに記入する。同時に，Classroom に送られている，フォームとリンクしているスプレッドシートで全員の意見を共有する。
〈予想される生徒の反応〉
・情報の信頼性を評価するときの三つの観点には納得する。

準備物：ワークシート

デジタル市民として生きる

本時の目標
既習事項を使って本文を把握し、その内容に対して自分の考えをもとう

〈ワークシートの穴埋め語句〉
・～～～　・～～～
・～～～　・～～～
・～～～

・本文の内容について、感想をGoogleフォームに記入する。

課題
「デジタル市民」として情報とどう関わっていくべきか

課題についての自分の考えをワークシートに記入する。

・私たちが情報を発信するとき、本当にマスメディアと同じように責任をもたなければいけないのだろうか。
・第九段落の筆者の意見で、「責任ある情報発信者になろう」と書かれているが、本文の多くは情報受信者の心得だったと思う。意見と根拠がつながっていないのではないだろうか。
○四人班になり、スプレッドシートを見ながら自分の意見を発表する。また、その中に気になる意見があれば取り上げて、班内で内容について話し合う。
○教師と一緒にスプレッドシートの内容を確認していく。発表する生徒の意見で付け加えることがあれば、その都度教師が隣のセルに内容を打ち込んでいく（タブレット等と電子黒板を併用する）。

5 「デジタル市民」として情報とどう関わっていくべきかについて、自分の考えをワークシートに記入する

T：皆さんのいろいろな意見を踏まえて、「デジタル市民」としてどう情報と関わっていくべきか、自分の意見をワークシートに記入しましょう。

ポイント
何もない状態からは自分の意見を出すことができない生徒も、スプレッドシートを参考にして自分の意見を構築することができる。

○ワークシートに記入した内容は、撮影してタブレット等で提出し、誰もが読めるようにする。
○机間指導をしてあらかじめ発表させる生徒を決定しておき、それとなく助言とともに指名することを生徒に予告しておく。

6 まとめと振り返り

○本単元で学んだことを、箇条書きでタブレット等にまとめていく。その際、最低限の内容は教師とともに全体で確認する。加えて学んだことがあれば、個人でさらに書き加えていく。
○その後、個人作業に移る。上記の箇条書きにしたまとめを、「①本単元でできるようになったこと・理解できたこと」「②がんばろうとしたが今回ではできなかったこと・理解しにくかったこと」に仕分けする。
○さらに、②の項目に対して、これから何を学んでいきたいか、どうすれば理解できるのか、加えて学びたいことがあるかなどを記述させる。

いつも本はそばに

読書を楽しむ （1時間）

1 単元の目標・評価規準

・本や文章などには，様々な立場や考え方が書かれていることを知り，自分の考えを広げたり深めたりする読書に生かすことができる。　　　　　　　　　〔知識及び技能〕(3)エ
・言葉がもつ価値を認識するとともに，読書を生活に役立て，我が国の言語文化を大切にして，思いや考えを伝え合おうとする。　　　　　　　　　　「学びに向かう力，人間性等」

知識・技能	本や文章には，様々な立場や考え方が書かれていることを知り，自分の考えを広げたり深めたりする読書に生かしている。　　　　　　　　　　　　　　　　　((3)エ)
主体的に学習に取り組む態度	読書を通して考えたことや思いを進んで伝え合おうとしている。

2 単元の特色

教材の特徴

　本や文章などが様々な立場や考えから書かれていることを理解し，自分の考えを広げたり深めたりする読書に生かす単元である。これまでに朝の読書時間や日常生活で読んだ本から，他者に紹介したい本を選んで紹介しつつ，新しい本に出会うきっかけづくりの活動を行う。
　教科書では，お互いのお薦めの本を共有したり，リストから情報を得たりするためにブックトークや読書ポスター作り，読みたい本のリスト作りの活動の中から生徒が取り組むものを選ぶように設定されている。これまでの読書経験を振り返って紹介する本を決め，本を読んだ後の感動を伝え合って，これからの読書生活をより豊かなものにする時間とする。授業後は，発展として発表したブックトークの録画を共有したり，読書ポスターを掲示板に貼ったりして，より多くの生徒が本の情報に触れられるように工夫することもできる。

身に付けさせたい資質・能力

　本単元では，学習指導要領〔知識及び技能〕(3)エ「本や文章などには，様々な立場や考え方が書かれていることを知り，自分の考えを広げたり深めたりする読書に生かすこと」ができる力を育成することに重点を置く。
　本単元の学習では，これまでに経験しているスピーチや，紹介する文章の作文を生かし，本

を紹介する相手を意識しながら活動させる。「どのような人に読んでほしいか」ということを明確に考えさせ，その本を読んだ後の自分の感情や感覚，印象に残った場面や読み取った主なテーマを分かりやすく伝えさせる。今回は，読書から得た知識や経験を情報として整理し，この1時間で読書紹介カードを作成する。ここから発展させて，発表で伝え合うブックトークの資料やカードを大きく拡大したものを基に掲示用のポスターとすることも可能である。紹介カードはグループや，座っている列の生徒同士，または全体で教室内を移動しながら読み，多様な本の魅力を感じて，本を選択する際の観点とさせる。

3　学習指導計画（全1時間）

時	○主な学習活動	☆指導上の留意点　◆評価規準
1	○本時の目標と紹介する目的と相手を確認する。 ○読書記録などから，紹介する本を選ぶ。 ○本の紹介カードを作成する。 ・紹介する目的と紹介する相手を確認する。 ○作成したカードを読み合い，本の情報を共有する。 ・読んだ感想を一言伝え合う。	☆「どのような人に読んでほしいか」など，伝える相手の関心や読後感を意識させる。 ☆黒板に一斉に張り出したり，テーブルごとに読んでほしい相手が似ているカードを集めて置いたりし，実際に読んでみたいと思うカードの場所に生徒を自由に移動させて読ませる。 ☆教室でなく，学校図書館で授業を展開し，その場で本を探させてもよい。 ◆本の紹介を通して，本の魅力を感じ，今後どのような本を読んでいきたいかを考えている。【知・技】 ◆読書を通して考えたことや思いを進んで伝え合おうとしている。【主】

1 | 1時間　読書を楽しむ

指導の重点
・読んでほしい相手を想定して本を紹介させる。

本時の展開に即した主な評価規準例（Bと認められる生徒の姿の例）
・本の紹介を通して，本の魅力を感じ，今後どのような本を読んでいきたいかを考えている。【知・技】
・読書を通して考えたことや思いを進んで伝え合おうとしている。【主】

生徒に示す本時の目標
読んでほしい相手を考えて紹介しよう

1　学習課題を把握する

T：これまでに読んだ本を振り返ってほかの人に紹介しましょう。
○本時の目標と，紹介する目的と相手を確認する。
T：今日は，はじめに紹介する目的と「どのような人に読んでほしいか」ということを考えて，自分で相手を設定します。

> **ポイント　生徒の考えを生かして学習課題を設定する**
>
> 目的を「本と読みたい人を出会わせる」と提示し，伝える相手については様々な場面と相手を想像させ，考えさせる。読んでどのような気持ちになりたい人がいるか，これからどのような本と出会いたいと思っているかを生徒とのやりとりを通して明確にしていく。発言を基にした言葉を用いて相手を設定することで，生徒が学習の必然性を感じ，主体的に学習に取り組むことができるようにする。

T：本を読んだ後，どのような気持ちになりたい人がいると思いますか。自分が印象に残った本を思い出してください。読んだ後にどのような気持ちになりましたか。

〈予想される生徒の意見〉
　部活動で大会を目指して頑張るチームの絆がテーマの物語を読んで，諦めそうな仲間を励ます言葉が印象的でした。ホッと安心したような温かい気持ちになりました。こんな感動する本には出会いたい人がいると思います。

T：そうですね。「読んだ後に温かい気持ちになりたい人」と，紹介する相手として書いておきましょう。（板書する）ほかにも読んだ後，どのような気持ちになりたい人がいるか考えてみましょう。

〈予想される生徒の意見〉
・主人公が成長する姿に感動したい人
・怖い話でぞっとして涼しくなりたい人
・じっくりと歴史について考えたい人
・謎を解く推理をしながら読みたい人　など
　生徒の意見を生かして相手を設定させる。

2　読書記録などから，紹介する本を選ぶ

○読書記録などから紹介する本を選ばせる。
T：朝の読書活動や日常の読書で読んだ本の中から紹介したい本を選びましょう。紹介する相手と照らし合わせて，適切な本を選んでください。

準備物:ワークシート(本の紹介カード)

読書を楽しむ

本時の目標
読んでほしい相手を考えて紹介しよう

〈紹介する目的〉
・「本」と「読みたい人」を出会わせる

〈紹介する相手の例〉
・読んだ後、温かい気持ちになりたい人
・主人公が成長する姿に感動したい人
・怖い話でぞっとして涼しくなりたい人
・じっくりと歴史について考えたい人
・謎を解く推理をしながら読みたい人 など

→生徒にいくつか考えさせて書き留める

活動 紹介カード作り
① カード作成
② 読み合って、感想を伝え合う

---

3 本の紹介カードを作成する 📥 WS

○相手を設定し、カードの項目に沿って本の魅力が伝わるように紹介文を書かせる。

T:カードを読んだ人が本を手に取って読みたくなるように、その本の中でも印象に残った場面や自分が読み取ったテーマについて分かりやすく書きましょう。

○はじめに「読んで欲しい相手」という項目を準備して相手の設定が分かるようにする。その後の記入欄は、本のタイトル、作者名、出版社名、簡単なあらすじ、印象に残った場面やテーマなど、興味や関心を引きつけるようにまとめさせる。

○机間指導で相手と本が適切に設定できたかを確認し、指導・助言する。出版社名などが分からないときは、インターネット等で調べさせる。

4 作成したカードを読み合い、本の情報を共有する

T:それでは、作成した紹介カードを読み合って、本の情報をたくさん共有しましょう。

ポイント
生徒の実態に応じて、共有方法を選ぶとよい。
① 教室で普段学習しているグループでの交換。

② 指定した列(縦・横)ごとの交換。
 → 紹介カードを読んだ後に一言ずつ感想を交流できるようにする。
③ 全員の紹介カードを黒板やホワイトボード等に貼ったり、机に並べたりして自由に教室を動いてカードを読む。
 → 並べるときに相手の設定が似ているものをまとめておくと、生徒が自分の目的に沿って情報を得られる。タブレット等を活用して共有する場合も、相手の設定を基にまとめる。

○読んでみたいと思った本について、全体で数名、指名して発表させる。

T:紹介カードを基に新しい本と出会いましたか。これからも読書を楽しみましょう。

発展
学校図書館で授業を展開した場合は、本を探す時間をとる。カードを一つの冊子にまとめて閲覧したり、ポスターとして拡大したり、共有の段階でブックトークを展開したりしてもよい。

いつも本はそばに

翻訳作品を読み比べよう　星の王子さま　（１時間）
コラム　「わからない」は人生の宝物
読書案内　本の世界を広げよう

1　単元の目標・評価規準

・本や文章などには，様々な立場や考え方が書かれていることを知り，自分の考えを広げたり深めたりする読書に生かすことができる。　　　　〔知識及び技能〕(3)エ
・観点を明確にして文章を比較するなどし，文章の構成や表現の効果について考えることができる。　　　　　　　　　　　　　　　〔思考力，判断力，表現力等〕C(1)エ
・文章を読んで理解したことや考えたことを知識や経験と結び付け，自分の考えを広げたり深めたりすることができる。　　　　〔思考力，判断力，表現力等〕C(1)オ
・言葉がもつ価値を認識するとともに，読書を生活に役立て，我が国の言語文化を大切にして，思いや考えを伝え合おうとする。　　　　　　　　　「学びに向かう力，人間性等」

知識・技能	本や文章などには，様々な立場や考え方が書かれていることを知り，自分の考えを広げたり深めたりする読書に生かしている。　　　　　　　　((3)エ)
思考・判断・表現	・「読むこと」において，観点を明確にして文章を比較するなどし，文章の構成や表現の効果について考えている。　　　　　　　(C(1)エ) ・「読むこと」において，文章を読んで理解したことや考えたことを知識や経験と結び付け，自分の考えを広げたり深めたりしている。　　　(C(1)オ)
主体的に学習に取り組む態度	言葉がもつ価値を認識し，読書を通して考えたことや思いを進んで伝え合おうとしている。

2　単元の特色

教材の特徴

　読書は，本から多くの情報を得たり，様々な境遇で生活する人の生き方に触れることができ，自分の考えを広げたり深めたりすることができる活動である。生徒にとっては，日本で書かれた物語を手に取ることが多いが，日本文学以外の本を手に取るきっかけをつくれば，さらなる考え方の広がりが期待できる。様々な国から日本に届けられた文学作品を，複数の翻訳者が手掛けていることはよく見られることである。この単元における「星の王子さま」はその一例であり，その翻訳者の言葉の選び方で作品の印象が大きく変わることがある。異なる翻訳者の捉え方に触れたり，言葉の選び方について考えを深めたりする経験をさせることで，読書生活を

より豊かにし，生徒が外国文学の本を手に取る動機付けにしたい。

身に付けさせたい資質・能力

　本単元では，学習指導要領C(1)エ「観点を明確にして文章を比較するなどし，文章の構成や表現の効果について考えること」ができる力を育成することに重点を置く。また，〔知識及び技能〕(3)エ「本や文章などには，様々な立場や考え方が書かれていることを知り，自分の考えを広げたり深めたりする読書に生かすこと」およびC(1)オ「文章を読んで理解したことや考えたことを知識や経験と結び付け，自分の考えを広げたり深めたりすること」とも関連付ける。

　生徒が翻訳作品に触れ，翻訳された言葉を楽しみつつ，その表現の効果について考える力を育成する。常体と敬体の印象の違い，「天」と「空」等，翻訳した言葉の違いから生じる王子さまの捉え方の違いなど，これまでに様々な物語で身に付けた読む力を発揮する機会とする。授業の後半では，コラム「『わからない』は人生の宝物」を読み，自分が見たことのないものを想像する楽しさや，読書における不思議な体験について，自分の経験と結び付けて考えを広げさせる。最後に「本の世界を広げよう」では，日頃から読書に親しみがなかった生徒にも，これまでに触れなかったジャンルの本に興味をもたせ，読書の幅を広げるきっかけとさせたい。

3　学習指導計画（全1時間）

時	○主な学習活動	☆指導上の留意点　◆評価規準
1	○本時の目標を確認する。 ○「星の王子さま」の複数の翻訳を読み比べる。人物の言動や表現を基に気が付いたことを共有し，言葉の選び方によってどのように印象が変わるかを捉える。 ・グループで共有した後，意見を全体で共有する。 ○コラム「『わからない』は人生の宝物」を読み，自分の経験と照らし合わせて考えたことを伝え合う。 ○「本の世界を広げよう」を参考にし，様々な分野の本への興味や関心を高め，読書の世界を広げる。	☆「天」「空」の違いなど，生徒の発見から考える学習活動を展開する。 ☆「星の王子さま」のほかの場面について，教師から紹介することもできる。 ☆教室でなく，学校図書館で授業を展開し，今後読みたい本を探させてもよい。 ◆読書生活を振り返り，より豊かにするためにできることを具体的に考えている。【知・技】 ◆言葉に注目して文章を比較し，表現の違いによる作品の印象の違いについて考えている。【思・判・表】 ◆文章を読んで考えたことを知識や経験と結び付け，自分の考えを広げている。【思・判・表】 ◆表現の効果について進んで考え，翻訳を比べて感じたことを伝え合おうとしている。【主】

翻訳作品を読み比べよう　星の王子さま
コラム　「わからない」は人生の宝物
読書案内　本の世界を広げよう

1／1時間

指導の重点
・言葉に注目しながら，二つの翻訳の読み比べをさせる。

本時の展開に即した主な評価規準例（Bと認められる生徒の姿の例）
・読書生活を振り返り，より豊かにするためにできることを具体的に考えている。【知・技】
・言葉に注目して文章を比較し，表現の違いによる作品の印象の違いについて考えている。【思・判・表】
・文章を読んで考えたことを知識や経験と結び付け，自分の考えを広げている。【思・判・表】
・表現の効果について進んで考え，翻訳を比べて感じたことを伝え合おうとしている。【主】

生徒に示す本時の目標
言葉に注目しながら，二つの翻訳を読み比べよう

1　学習課題を確認する
T：今日は，外国の文学作品の翻訳を読み比べてみましょう。
○本時の目標を確認する。
T：皆さんは「星の王子さま」のお話を知っていますか。このお話は日本語に訳されているのですが，翻訳した人によって言葉や表現が違う部分があります。外国語から日本語に翻訳するときに，どのような言葉が選ばれているかということに注目して比べます。まずは読んで，異なる部分に線を引きながら探しましょう。
○教師が範読する。
T：どのような違いがありましたか。気が付いたことがあった人は発言してください。
〈予想される生徒の発言〉
・文の終わりの書き方（常体・敬体）が違う。
・「大声を上げて言いました」と「さけんだ」が異なる。
・「天」と「空」と表現している。
・「鼻を高く」と「得意になって」がある。
・「かわいらしい声」と「けらけらと笑った」が違う。

ポイント　生徒の考えを生かして表現の効果を考えさせる
教師が生徒の発言の中から取り上げて，全体で印象の違いを伝え合う。その後に，各々が注目した違いについてどのような印象の違いがあるかを主体的に考え，取り組む。

2　言葉の選び方によってどのように印象が変わるかを捉える
T：これから注目した言葉の印象の違いについて，自分の考えをワークシートに書きます。例として先生の考えを伝えます。文末が常体と敬体だと指摘した人がいました。上段の内藤さんの翻訳は敬体です。丁寧な印象で絵本に出てくる語り方と似ていますね。下段の池澤さんは常体を使っています。文の歯切れがよく，展開が速く感じるかもしれません。どの年齢層でも親しめそうな印象です。では，ほかに挙がった言葉や表現について，個人で印象の違いを考えましょう。　　　　　　　　　　⬇ WS
〈予想される生徒の考え〉
・「大声を上げて言いました」というのは相手

準備物：ワークシート

翻訳作品を読み比べよう 星の王子さま

本時の目標
言葉に注目しながら、二つの翻訳を読み比べよう

〈生徒の発言メモ〉
・文の終わりの書き方（常体・敬体）が違う。
・「大声で言いました」と「さけんだ」が異なる。
・「天」と「空」と表現している。
・「鼻を高くする」と「得意になって」がある。
・「かわいらしい声」と「けらけらと笑った」が違う。

必要に応じて生徒の発言を書く

振り返り
① 翻訳作品の言葉を比べて気が付いた印象の違いや考えたこと
② 言葉から想像を広げた経験について
③ これからの読書に生かしたいこと 等

に聞かせようとしている感じがする。一方で「さけんだ」は感情的になっているような印象を受ける。どちらかというと「さけんだ」の方が王子さまの驚きが表現できていると思う。など

〇グループで共有させた後、全体で共有する。机間指導をしながら複数名、発表する生徒を決める。指名して内容について全体で共有する。

T：では、Aさんが「天」と「空」の違いについて意見を書いていたので、皆さんの前で発表してください。

S：「天」というとイメージが、壮大で架空のものという感じがします。「天から落ちた」というのはよく分からない存在が落ちてきた、不思議な感情が王子さまにあると思います。「空」は私たちにも身近な表現で、実際に飛行機などで飛べます。「空から落ちた」というと失敗してしまったという感じがあって、王子さまは相手の失敗を見下して笑った印象になります。

T：素敵な考察ですね。Aさんの意見について賛成や反対、補足の意見がある人はいますか。

〇いくつかの意見について取り上げ、言葉の選び方によって様々な表現の印象に違いが出ることを確認する。

3 コラムを読み、自分の経験と照らし合わせて考えを伝え合う

〇翻訳によって生じた「未知なるものを想像する面白さ」について読ませる。

T：外国語をどのような日本語に翻訳するかによって、ずいぶんと印象が変わることが分かりましたね。後でその言葉の意味が分かると面白いという鴻巣さんの意見でした。皆さんには同じように読書を通して想像した経験がないか振り返ってみましょう。

〇翻訳の読み比べとコラムを通して、学習したことをワークシートの最後に振り返らせる。

〇書き終わった生徒の考えを全体で数名共有する。

4 「本の世界を広げよう」を参考にし、様々な分野の本への興味関心を高める

T：最後に、読書案内には分野ごとに本が紹介されています。新しいジャンルの本と出会って、これからも読書を楽しみましょう。

発展
学校図書館で授業を展開した場合は、机やお薦めコーナーにいくつかの翻訳作品を並べて、生徒が手に取りやすいように配慮する。

いつも本はそばに

季節のしおり　夏

教材の特徴
　夏を感じさせる俳句・短歌・随筆の三作品である。三作品とも季節を表す語を効果的に使う等，作者の優れた工夫により夏らしさを表現した作品となっている。この三作品における言葉の使い方に学び，歳時記や国語辞典，小説，随筆等を活用して自分の好きな夏らしい言葉を探す。そして，それを友達と交流させる。言語感覚を磨き語彙を豊かにすることに適した教材である。

生徒に示す本時の目標
・俳句・短歌の夏らしさを味わおう
・自分の好きな夏らしい言葉を探そう

1　作品を音読する
○本時の流れを説明し，各自で音読した後，全員で音読する。
T：作品を音読しながら，リズムを感じたり，言葉の響きの美しさを感じたりしましょう。

2　内容を理解する
○作品の夏らしさを味わう。
○国語便覧やタブレット等で調べる。
○季節を表す語が効果的に使われていることを理解する。
T：この三作品には季節を表す語が使われています。それぞれの作品の季節を表す語を探してみましょう。
○歳時記を活用して，夏らしい日本語に触れたり，自分の好きな語を探したりする過程で，改めて三作品について言葉が効果的に使われていることや表現のうまさに気付かせていく。

3　自分の好きな夏らしい言葉を探す
○歳時記を活用して自分の好きな夏らしい言葉を探す。
T：歳時記の中で自分の好きな夏の季語を十くらい探してみましょう。
〈生徒の反応〉
・日本語には季節を表す語がとても多い。
・意外な言葉，日常の言葉が季語になっている。
・知らない言葉がたくさんある。
・日本語だけではなく外国から来た言葉も歳時記には多い。
・歳時記の季語はいつ誰が決めたのか知りたい。

ポイント　歳時記に触れて，日本語の美しさ，日本語の言葉の響きの美しさを味わわせる
　初めて歳時記に触れる生徒も多い。季語の多さ，意外さ，日本語の言葉の美しさ，言葉の響きの美しさを味わわせる。日本人の繊細さ，日本情緒について思いを馳せる生徒も多いと思われる。日本人としての誇りや自信につなげていきたい。

T：先ほど歳時記の中の言葉で自分の好きな夏の言葉を十くらい探してもらいましたが，今度は国語辞典，小説，随筆などから自分の好きな夏らしいの言葉を十くらい考えましょう。

準備物：国語便覧，歳時記，国語辞典，小説・随筆など

> **季節のしおり　夏**
>
> 本時の目標
> 俳句・短歌の夏らしさを味わおう
> 自分の好きな夏らしい言葉を探そう
>
> 1　作品の音読
> 2　内容の理解
> ・国語便覧、タブレット等で調べる
> ・作品の夏らしさを味わう
> ・歳時記を活用して季節を表す語が効果的に使われていることを理解する
> 3　自分の好きな夏らしい言葉を探す
> ・まず歳時記で探す
> ・次に国語辞典、小説、随筆等で探す
> 　夕焼け　花火　紫陽花　さくらんぼ
> 　熱中症　ゲリラ豪雨　鍛えの夏
> 4　班内で交流
> ・共感するところや疑問点等、自由に意見交流をする
> 5　全体共有
> 6　まとめ・振り返り
> ・言葉から感じる夏らしさを味わうことができたか
> ・自分の好きな夏らしい言葉を探すことができたか

〈生徒の反応〉
・熱中症　熱帯夜　WBGT　ゲリラ豪雨　ハンディ扇風機　線状降水帯
○歳時記に掲載されている自分の好きな夏の季語十と国語辞典や小説，随筆などから選んだ言葉十を，タブレットの所定のところに，入力して提出箱（ロイロノート・スクール，Microsoft Teams，ミライシード等）に提出する。

4　班内で交流する
○提出された二十の言葉について班内で意見交流する。その際，自分の感想も述べる。
○相互評価表を用いて出された言葉について感想を書く。
○共感するところや疑問点等，意見交流する。
T：歳時記やその他の資料から選んだ自分の好きな夏らしい言葉について班内で意見交流をしましょう。

> **ポイント　友達と意見交流する中で語感を磨き語彙を豊かにする**
>
> 　自分の好きな夏らしい言葉について，友達と意見交流することで，友達から刺激を受け互いの語感が磨かれ語彙が豊かになる。

5　全体共有する
○各班の代表者が班の意見交流について発表する。
○教師は全員から提出箱に提出された自分の好きな夏らしい言葉について，全員に配信する。
T：各班の意見交流について各班の代表者は全体の場で発表してください。また，全員から提出された自分の好きな夏らしい言葉について皆さんに配信しましたので，それも参考に語感を磨き語彙を豊かにしていきましょう。

6　まとめ，振り返りを行う
○言葉から感じる夏らしさを味わうことができたかを振り返る。
○自分の好きな夏らしい言葉を探すことができたかどうかを振り返る。

4 人間のきずな

ヒューマノイド （4時間）

1 単元の目標・評価規準

・話や文章の構成や展開について理解を深めることができる。　　〔知識及び技能〕(1)オ
・登場人物の言動の意味などについて考え、内容を解釈することができる。
　　　　　　　　　　　　　　　　　　　　〔思考力、判断力、表現力等〕C(1)イ
・言葉がもつ価値を認識するとともに、読書を生活に役立て、我が国の言語文化を大切にして、思いや考えを伝え合おうとする。　　　「学びに向かう力、人間性等」

知識・技能	話や文章の構成や展開について理解を深めている。　　　　　　　　((1)オ)
思考・判断・表現	「読むこと」において、登場人物の言動の意味などについて考え、内容を解釈している。　　　　　　　　　　　　　　　　　　　　(C(1)イ)
主体的に学習に取り組む態度	積極的に学習課題に沿って文や文章の構成などについて理解し、内容を解釈しながら、それに対して自分の考えをもとうとしている。

2 単元の特色

教材の特徴

　本教材は、思春期の生徒にとって身近で時には深刻な思いともなる「恥ずかしさ」がテーマの一つとなっている。中学生にとって、「恥ずかしい思いをしたくない」という思いは、非常に大きいものだろう。だからこそ語り手の「僕」や友人の「タクジ」が恥ずかしい思いをした際の言動には、共感したり、自分だったらこうするだろうと思ったりして、物語を自分の近くに引き寄せて考えることができる。

　また、文章の構成は過去と現在が複雑に交差する形態をとっている。冒頭の場面は社会人である「僕」の職場の会議室から始まり、最後は大人になった「僕」と「タクジ」が少年の日の約束を果たすところで終わる。回想のある構成は１年生のときの「少年の日の思い出」で学んでいるが、より時間が入り乱れていることで、強く時間の奥行を感じることができる。今感じているものはそれだけで完結するのではなく、続いていく人生の一幕なのだと知ることができるのが、作品の魅力の一つなのだと気付かせたい。

　さらに、本教材は登場人物の複雑な感情が表現されていることも魅力である。一つの描写から一つの感情だけが読み取れるのではなく、人間らしい複雑に入り混じった感情を探すことが

できる。だからこそ，個人で読むだけでは気付かないことも，協働学習を行うことで新しい気付きを得ることができる。物語を読む楽しさを，多くの生徒同士に味わわせたい。

身に付けさせたい資質・能力

　本単元で身に付けさせたい力は，「描写されている登場人物の言動が，話の展開などにどのように関わっているかを考える力」である。大きなテーマは，「ヒューマノイド」という作品の面白さを味わうことである。この大きなテーマに向かって，登場人物の言動や話の構成について考えながら，生徒同士の対話を通して自分なりの課題解決を図っていく。

3　学習指導計画（全4時間）

次	時	○主な学習活動	☆指導上の留意点　◆評価規準
一	1	○本単元の目標を確認し，学習の見通しをもつ。 ○新出漢字の確認をする。 ○本文を読む。 ○文学的文章の基本を確認する。 ○場面分けをする。 ○「ヒューマノイド」はなぜ「面白い」のかを考える。	☆最初に，学校や家，習い事などで感じる感情にはどのようなものがあるかを考えることによって，物語を自分に引き寄せさせる。 ◆登場人物の言動の意味などについて考え，作品の「面白さ」について自分の意見をまとめている。【思・判・表】
二	2	○本時の目標を確認し，学習の見通しをもつ。 ○描写から人物像を読み取る練習をする。 ○「僕」と「タクジ」の人物像を個人で読み取る。 ○読み取った人物像をグループで共有する。 ○グループごとに発表する。	◆登場人物の言動の描写から，その人物像を読み取っている。【思・判・表】
三	3	○本時の目標を確認し，学習の見通しをもつ。 ○作品の面白さを解明するために，自分がどの観点で分析していきたいかを決める。 ○選んだ観点を分析するために，どのようなことを考えればよいのかを考える。 ○分析したことを個人でワークシートに記入した後，同じものを選んだ生徒同士でグループになり，話し合う。 ○グループ内で納得できる意見を Google スライドにまとめる。	◆話や文章の構成や展開について，その効果などを分析し，ワークシートに記入している。【知・技】 ◆登場人物の人物像が，話の展開などにどのように関わっているかを考え，ワークシートに記入している。【思・判・表】
	4	○本時の目標を確認し，学習の見通しをもつ。 ○それぞれの観点ごとにつくったグループで全体発表をする。 ○いろいろな意見を聞いた上で，自分が考える「ヒューマノイド」の「面白さ」を文章にまとめる。 ○まとめと振り返りを行う。	☆登場人物の言動に着目した内容解釈と構成については，二つともに触れるよう指示する。 ◆それぞれの観点で分析された「作品の面白さ」を共有した上で，自分なりの考えをもとうとしている。【主】

$\frac{1}{4時間}$ ヒューマノイド

指導の重点
・登場人物の言動の意味などについて考え，内容を解釈させる。

本時の展開に即した主な評価規準例（Bと認められる生徒の姿の例）
・登場人物の言動の意味などについて考え，作品の「面白さ」について自分の意見をまとめている。【思・判・表】

生徒に示す本時の目標
本文を通読し，「この作品はなぜ面白いのか」を考えよう

1　本単元の目標を確認し，学習の見通しをもつ
○人間の感情にはどのようなものがあるかを全体で共有する。

T：学校でよく感じる感情はどのようなものでしょうか。または，家で，習い事でなど，それぞれの場面で感じる感情も思い出してみましょう。

> **ポイント**
> 全体発問で答えられる感情を黒板に書いていく。ある程度出そろったら，「一番感じたくないものは何か。」「それはなぜか。」などと発問して，人間の感情と，その感情になる経緯を深く掘り下げていく。

2　新出漢字の確認をする
○語句確認のプリントはあらかじめ配付し，宿題にしておく。その際，新出漢字や語句を使った短文を作成させておき，発表させる（自分の体験でもよいし，創作でもよい。今回の新出漢字や語句をどれだけ使って文章をつくれるか，ゲーム感覚での宿題とする）。

3　本文を読む
○教師が伊坂幸太郎についての話をするのを聞く。今までの筆者や書籍についての紹介の内容を思い出す。
（時折授業の前に教師が筆者や書籍を紹介をする時間をとり，その中で伊坂幸太郎の著作を紹介しておく）

T：今まで紹介した伊坂先生の本も面白かったですが，今回のお話も「面白い」です。では，その「面白さ」はどこからくるのでしょうか。それを考えながら読んでみましょう。

○教師が範読するのを聞く。

4　文学的文章の基本を確認する
○教科書 pp.276-277の「『学びのカギ』一覧　文学的な文章を読むために」を使用しながら，文学的文章の基本を確認し，ワークシートに記入する（人物像と構成は後でやるので除く）。

⬇ WS1

〈確認事項〉
・登場人物の設定
・語り手
・題名について　など

準備物：ワークシート

> **ヒューマノイド**
> 本時の目標
> 本文を通読し、「この作品はなぜ面白いのか」を考えよう
>
> 〈生徒の発言メモ（人間の感情を書く）〉
> ・楽しさ　・プレッシャー
> ・つらさ　・不安
> ・恥ずかしさ　・虚栄心（みえ）
>
> 〈ワークシートの穴埋めの語句を書く。〉
> ・～～～　・～～～
> ・～～～　・～～～
> ・～～～　・～～～
> ・～～～　・～～～
>
> なぜ「ヒューマノイド」は面白いのか
>
> Googleフォームに記入する。

5　場面分けをする
○1年生のときに学んだ場面分けの観点を確認する。
　・1行空いている部分
　・時
　・場所　など
○場面を，過去，現在の時間に沿って，七つに分ける。

6　「ヒューマノイド」はなぜ「面白い」のかを考える
○考えられる作品の面白さの理由をGoogleフォームに記入する。同時に，Google Classroomに送られている，フォームとリンクしているスプレッドシートで全員の意見を共有する。
○四人班になり，スプレッドシートを見ながら自分の意見を発表する。また，その中に気になる意見があれば取り上げて，班内で内容について話し合う。
○教師と一緒にスプレッドシートの内容を確認していく。
〈生徒の反応例〉
　・伏線回収が気持ちよいから。
　・登場人物が魅力的だから。
　・構成が複雑で読み手を飽きさせないから。
　・題名と本文のつながりが魅力的だから（題名が「ヒューマノイド」である理由）。

7　次時の予告をする

2/4時間 ヒューマノイド

指導の重点
・登場人物の言動の意味などについて考え，内容を解釈させる。

本時の展開に即した主な評価規準例（Bと認められる生徒の姿の例）
・登場人物の言動の描写から，その人物像を読み取っている。【思・判・表】

生徒に示す本時の目標
「僕」と「タクジ」の人物像を読み取ろう

1 本時の目標を確認し，学習の見通しをもつ
○前時で把握したあらすじを，指名された生徒が説明する。補足がある際は，さらにほかの生徒が答える。
○「僕」と「タクジ」はどのような人物だという印象をもったか考え，答える。教師は黒板に生徒の発言をメモし，その印象はどこの描写から読み取れたのだろうか，という疑問を投げかけておく。
T：学校でよく感じる感情はどのようなものでしょうか。または，家で，習い事でなど，いろいろな場面で感じる感情も思い出してみましょう。

> **ポイント**
> 登場人物の印象を「なんとなく」で答える生徒は多い。それを最初に聞いておき，その「なんとなく」の印象は，言動などの描写から生まれていることに気付かせる。

2 描写から人物像を読み取る練習をする
○「星の花が降るころに」や「少年の日の思い出」，「アイスプラネット」などの既習の教材で，描写から人物像を読み取る練習をする。
○その際，単体の描写ではなく，複数の描写を合わせて考えることで，より詳細な人物像に迫れることを確認する。また，読み取れる内容は必ず一言で表されるとは限らず，いくつかの要素で構成されている可能性が高いことも把握する（手元にあるならば，その教材を学んだ際のワークシートも参考にする）。

3 「僕」と「タクジ」の人物像を読み取る
T：今，練習したことを参考にして，今度は「ヒューマノイド」に出てくる「僕」と「タクジ」の人物像を読み取りましょう。前回，作品の面白さは「登場人物が魅力的だから」と発表してくれた人がいましたが，確かにどのような物語でも，読み手は登場人物の言動にいろいろな思いをもち，感情を揺さぶられますからね。登場人物の言動はその魅力の分析の手掛かりになるでしょう。
○「僕」か「タクジ」か，人物像を読み取りたい方を選び，個人で「登場人物のことが特に分かる描写」と，そこからどのような人物だと読み取れるかを考え，ワークシートに記入する。

⬇ WS2

準備物：ワークシート

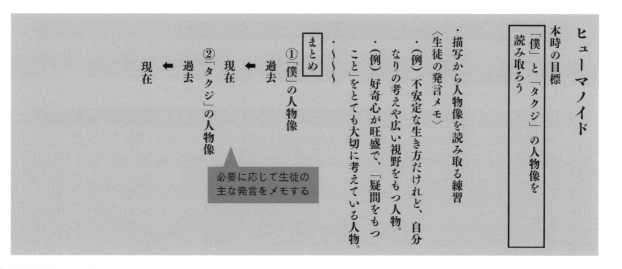

○全文からだと範囲が広いので，まず自分が特に印象的だった場面に着目し，そこから読み取れることを探す。

4　読み取った人物像をグループで話し合う

○「僕」を選んだ生徒と「タクジ」を選んだ生徒をそれぞれ四人程度のグループに分け，自分の読み取ったことを発表し合う。その際，各自の読み取りが，描写を基に成り立っているものなのかどうか，またほかの読み方もあるのではないかと考えて話し合う。

> **ポイント**
> グループ内であまり意見が集まらなかった場合は，その場で担当を決めて再度考える。担当の決め方は，場面で分けたり，現在と過去で分けたりするなどが考えられる。

○グループの代表一人のワークシートをタブレット等で写真に撮り，共有する。

5　グループごとに発表する

○提出されたカードを見ながら，それぞれのグループの代表が発表する。
○その際，全員教科書を開き，該当箇所に線を引きながら聞く。
○発表された内容は，自分のワークシートにメモする。
○発表内容が描写を基にした意見として成り立っているかどうかを，教師とともに確認する。

6　次時の予告をする

3/4時間 ヒューマノイド

指導の重点
・話や文章の構成や展開について理解を深めさせる。
・登場人物の言動の意味などについて考え、内容を解釈させる。

本時の展開に即した主な評価規準例（Bと認められる生徒の姿の例）
・話や文章の構成や展開について、その効果などを分析し、ワークシートに記入している。【知・技】
・登場人物の人物像が、話の展開などにどのように関わっているかを考え、ワークシートに記入している。【思・判・表】

生徒に示す本時の目標
自分で決めた観点に沿って、作品の面白さを解明しよう

1 本時の目標を確認し、学習の見通しをもつ
○前時で学んだ、「僕」と「タクジ」の人物像について、指名された生徒が発表する。
○単元の1時間目にやったことを、Googleフォームの内容をまとめたスプレッドシートを見ながら振り返る。

2 作品の面白さを解明するために、自分がどの観点で分析していきたいかを決める
○作品の面白さがどこからくるのかを、スプレッドシート見ながら確認し、全体でいくつかの要素にまとめていく。
〈例〉
①登場人物が魅力的だから面白い。
②構成が複雑だからこそ面白い。
③伏線回収が心地よいから面白い。

ポイント
生徒から多くの意見が出たとしても、似た要素をまとめて提示し、三つくらいに絞る。作品の面白さを解明するために考えるに足る課題であるかどうかを教師の方で最終的に判断する。

3 選んだ観点を分析するために、どのようなことを考えればよいのかを考える
○同じものを選んだ生徒同士でグループになる。（三、四人ずつのグループ）
☆①「僕」と「タクジ」の人物像は2時間目である程度読み込んでいるので、この登場人物の言動が、物語の魅力にどう関わっているのかを考えるよう助言する。
→「恥をかく場面でも動揺しないタクジが、なぜ美術の時間での失敗では赤くなったのか。」「僕はなぜ、怒りにも似たいら立ちが湧いたのか。」「最後の一文に込められた感情はどんなものか。」など、人間の複雑な感情が読み取れる描写を取り上げる。
☆②「少年の日の思い出」の、回想を含む構成の効果について思い出すように助言する（最後の場面で、現在に戻ってこない構成に、読み手はどのような印象をもつか、など）。
→「現在と過去が入り乱れて構成されていることで、読み手はどのような気持ちになるのか」「僕とタクジ、それぞれにとっての六月

準備物：ワークシート

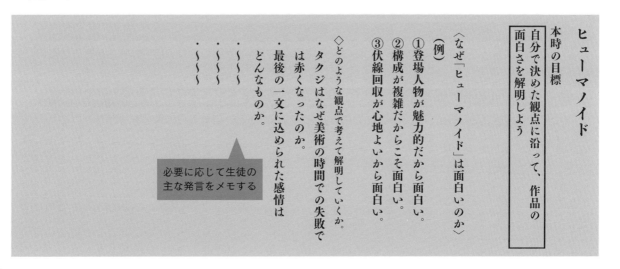

☆③「星の花が降るころに」の伏線を思い出すように助言する（同じ言葉やキーワードなどに注目し，対応する文や場面を探す）。
　　→「恥ずかしさというキーワードが出てくる場面に注目する。」「転ぶ，転ばないというキーワードが出てくる場面に注目する。」など。
○個人で考えた後，同じものを選んだグループで話し合う。

十日はどのような意味をもつのか。それは現在と過去で違うのか」など。

4　個人で分析したことをワークシートに記入した後，同じものを選んだ生徒同士がグループになって話し合う　WS3

T：それぞれの観点で，どのようなことを考えれば作品の面白さを解明できるのかを確認します。まずは個人で考えワークシートに書き入れ，その後グループで話し合いましょう。

5　グループ内で納得できる意見を Google スライドにまとめる

○次時の発表のためのスライドを作成する。スライドは凝ったものではなく，簡単なものでよい。その際，教科書本文の該当描写を写真に撮り，貼り付けてもよい。

6　次時の予告をする

○スライドの内容は次時までに教師が確認をする。

4/4時間 ヒューマノイド

指導の重点
・学習課題に沿って文や文章の構成などについて理解し，内容を解釈しながら自分の考えをもたせる。

本時の展開に即した主な評価規準例（Ｂと認められる生徒の姿の例）
・それぞれの観点で分析された「作品の面白さ」を共有した上で，自分なりの考えをもとうとしている。【主】

生徒に示す本時の目標
他の観点を選んだ人の意見を聞いた上で，自分が考える「ヒューマノイド」の面白さを書こう

1 本時の目標を確認し，学習の見通しをもつ
○前時でどのようなことを行ったかを，指名された生徒が発表する。
○これからのグループ発表に備えて，簡単にリハーサルを行って準備する。

2 それぞれの観点ごとにつくったグループで全体発表をする
○あらかじめ机は教室の端に寄せ中央を空けておく。
○全員タブレット等と教科書を持つ。
Ｔ：では，最初の観点の発表グループは位置について準備してください。ほかの人は，タブレットでGoogle スライドと，教科書を開きながら聞きましょう。そして聞く際は，その発表で作品の「面白さ」が解明されるかどうか，考えながら聞いてください。
○登場人物の観点で作品の面白さを解明したグループが3班あるとしたら，教室の三角に発表グループがスタンバイする。
○その際，ほかの観点で分析した生徒は聞き手に回る。発表内容は，教科書の該当箇所に線を引きながらメモをする。
○発表グループが話しているときは，聞き手は椅子でぐるりと囲むような配置で座る。
○一つの観点のグループの発表が終わったら，次の観点のグループが発表する，という流れを繰り返す。

3 発表で印象に残ったものを自分のワークシートにメモする　WS4
Ｔ：席を元に戻して，発表内容で印象に残ったことをメモしましょう。また，違うという部分があればそれもメモしましょう。
○席を戻した後は個人で課題に取り組む。

> **ポイント**
> 発表内容のメモの作成が追いつかなかった生徒も，スライドを落ち着いて見られることで，内容を思い出しながらワークシートに記入することができる。

○登場人物の言動がどう話の展開に関わっているかについてと，文章の構成については，最低限押さえるべき点を教師が黒板に書いて確認する。

準備物：ワークシート

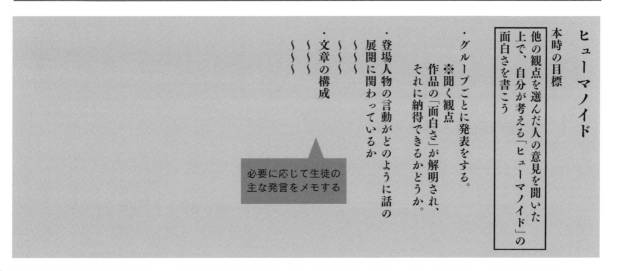

4 いろいろな意見を聞いた上で、自分が考える「ヒューマノイド」の「面白さ」を文章にまとめる

T：三つの観点で、それぞれのグループが発表してくれた内容を共有することができました。それでは、それを踏まえて、自分が考える「ヒューマノイド」の「面白さ」を書いてみましょう。

ポイント
自分のグループの意見だけではなく、納得したほかの観点の内容を取り入れたり、意見を変えたりしても構わないと助言する。

5 まとめと振り返りを行う

○本単元で学んだことを、Google Classroomに配信されているドキュメントに、箇条書きでまとめていく。その際、最低限の内容は教師とともに全体で確認する。そのため学んだことを、個人でさらに書き加えていく。

○その後、個人作業に移る。上記の箇条書きにしたまとめを、「①本単元でできるようになったこと・理解できたこと」「②がんばろうとしたが今回ではできなかったこと・理解しにくかったこと」に分け、記入する。

→この流れを単元ごとに毎回行うことによって、自分の学習を客観的に整理する癖をつけられるようにする。

4　人間のきずな

字のない葉書
（3時間）

1　単元の目標・評価規準

・本や文章などには，様々な立場や考え方が書かれていることを知り，自分の考えを広げたり深めたりする読書に生かすことができる。　〔知識及び技能〕(3)エ
・観点を明確にして文章を比較するなどし，表現の効果について考えることができる。
〔思考力，判断力，表現力等〕C(1)エ
・言葉がもつ価値を認識するとともに，読書を生活に役立て，我が国の言語文化を大切にして，思いや考えを伝え合おうとする。　「学びに向かう力，人間性等」

知識・技能	本や文章などには，様々な立場や考え方が書かれていることを知り，自分の考えを広げたり深めたりする読書に生かしている。　　　　　　((3)エ)
思考・判断・表現	「読むこと」において，観点を明確にして文章を比較するなどし，表現の効果について考えている。　　　　　　　　(C(1)エ)
主体的に学習に取り組む態度	積極的に文章を比較するなどして表現の効果について考え，学習課題に沿って自分の考えを伝え合おうとしている。

2　単元の特色

教材の特徴

　本教材は，1976年に発表された随筆であり，30年以上前から教科書教材として掲載され続けている作品である。作者である向田邦子は，放送作家としても活躍し，「寺内貫太郎一家」を代表とする昭和の家族像，厳格だけれども情に厚い父親像を描いた作品が多い。
　本教材の前半部分は，作者の女学生時代の父親との手紙にまつわる思い出を通して，作者の心情や父親の人柄が直接的な表現で語られる。一方，後半部分は戦時中の父親と，疎開していた妹とのエピソードについて，登場人物の行動や様子を描写することで心情を表現している。二つの思い出は，どちらも作者の父親への思いを読み取ることができるが，その表現の方法は対照的である。作中に描かれている父親は，現在の理想の父親像とはかけ離れているかもしれない。しかし，作者にとって思い出の中の父親は，子どもへの愛情にあふれた人物であることが読み取れる。その際，現在の中学生にはなじみの薄い出来事や表現も多い。時代背景を理解させたり，語句の意味を調べさせたりする必要がある。随筆の特徴を捉えさせた上で，登場人

物の言動などに着目して,作者の思いを読み取らせる。

身に付けさせたい資質・能力

　本単元では,学習指導要領C(1)エ「観点を明確にして文章を比較するなどし,表現の効果について考える」力を育成することに重点を置く。この資質・能力を身に付けさせるための言語活動として学習指導要領に示されたC(2)イ「小説などを読み,引用して解説したり,考えたことなどを伝え合ったりする活動」の趣旨を受けて「表現に込められた作者の思いを考えて伝え合う」活動を設定する。表現に込められた作者の思いを考えることを通して,その表現の効果について考えさせる。

　また,この活動を行う際は,〔知識及び技能〕(3)エ「本や文章などには,様々な立場や考え方が書かれていることを知り,自分の考えを広げたり深めたりする読書に生かすこと。」と関連付けて指導する。随筆は,作者の見聞や体験,思索,感想などを自由な形式で書いた文章である。自分が体験したことのないようなことも,文章を読んで追体験することで,自分の考えを広げたり深めたりすることができる。文章に表れている作者の思いを考え,伝え合うことを通して,自分の考えを広げたり深めたりさせる。

3　学習指導計画（全3時間）

次	時	○主な学習活動	☆指導上の留意点　◆評価規準
一	1	○本単元の学習課題「他の随筆と読み比べ,作者の表現の効果を考えよう」を知り,学習の見通しをもつ。 ○教材を通読する。 ○文章の構成を確認する。 ○前半部分を読み,父親の人物像を捉える。	☆随筆の特徴について確認する。 ☆生徒の理解度に応じて,時代背景を説明するなどする。 ◆作者の父親の人物像について読み取っている。【思・判・表】
	2	○後半部分を読み,父親の行動から読み取れる心情について考える。 ○前半部分と後半部分の表現方法の違いについて読み取る。	☆映像資料等を活用して,東京大空襲や学童疎開の様子を説明するなどする。 ◆前半部分と後半部分の表現方法の違いについて読み取っている。【思・判・表】
二	3	○表現に込めた作者の思いを読み取り,自分の考えをもつ。 ○四人グループで,自分の考えを伝え合う。 ○単元の学習を振り返る。	☆グループで伝え合わせた後,再度自分の考えをまとめさせる。 ☆単元の学習を振り返らせる際に,随筆の味わい方について考えさせる。 ◆随筆の味わい方について考え,日常の読書に生かせそうな点をまとめている。【知・技】 ◆積極的に文章を比較するなどして表現の効果について考え,学習課題に沿って自分の考えを伝えようとしている。【主】

1/3時間 字のない葉書

指導の重点
・前半部分を読み、描かれている父親の人物像について考えさせる。

本時の展開に即した主な評価規準例（Bと認められる生徒の姿の例）
・作者の父親の人物像について読み取っている。【思・判・表】

生徒に示す本時の目標
　前半部分を読み、作者の表現の仕方に着目して父親の人物像について考えよう

1　学習課題を確認し、通読する
○単元全体の学習課題として「表現に込められた作者の思いを考えて伝え合う」ことであり、そのために、今日は前半部分の表現に注目して、父親の人物像について読み取ることを伝える。
○この作品は随筆であることを確認する。その際に、1年生の学習や、小学校の学習で随筆を読んできていることに留意し、これまでの学習と関連付けるよう生徒に意識させる。
T：この作品は随筆です。随筆は、どのような文章だったでしょうか。小学校の学習や中学校でのこれまでの学習を思い出してみましょう。

> **ポイント　学習の見通しをもたせて通読する**
> 　学習のはじめに全文を通読する際には、何のためにこの文章を読むのか、生徒に読むためのポイントを示すことが重要である。本単元では、「表現に込められた作者の思いを考えて伝え合う」活動を行うために、作者が父親に対してどのような思いをもっているか考えさせながら読ませる。作者の父親に対する思いが分かる表現に線を引かせながら読ませるなどの工夫が考えられる。

2　文章の構成を考える
○前半と後半のエピソードについて、それぞれいつの出来事か確認する。
T：この文章は、前半と後半に分けられます。前半と後半は、いつの出来事でしょうか。また、どのようなことについての思い出でしょうか。
○前半部分は、作者が女学校一年の頃の一学期。脚注に女学校の説明があり、女学校一年は13歳頃であることが分かり、作者の生年月日から、だいたい1942年頃の出来事であることが分かる。後半部分は終戦の年の出来事であるから、前半部分のエピソードは後半部分のエピソードよりも3年ほど前の出来事であることが分かる。この作品を書いているのは、1945年から31年後であるから、1976年であることもわかる。正確な年号は必要ないが、二つの思い出は、どちらも約80年前のエピソードであり、この文章が書かれたのも約50年前であることを確認する。

3　前半部分から父親の人物像を考える
T：前半部分を読んで、父親のことが分かる表現

準備物：なし

字のない葉書　向田邦子

本時の目標
前半部分を読み、作者の表現の仕方に着目して父親の人物像について考えよう

[随筆]
→作者の見聞や体験、思索、感想などを自由な形式で書いた文章

〈文章の構成〉

前半	・作者が女学校一年の頃（1942年頃の出来事） ・父親からの手紙のエピソード
後半	・終戦の年（1945年の出来事） ・字のない葉書のエピソード

〈父親の人物像〉
・筆まめな人
・暴君…日常の父親
　　↕照れ性
・威厳と愛情にあふれた非のうちどころのない父親…手紙のなかの父親

を探し、どのような父親だったのか考えましょう。

○父親のことが分かる表現に線を引かせる。父親の言動から、どのような人物であったのかを想像させる。普段の父親の姿と、手紙の中の父親とに分けて考えさせる。

> **ポイント　時代背景を理解させる**
> 「罵声やげんこつは日常」「ふんどし一つで家中を歩き回り」「かんしゃくを起こしては母や子供たちに手を上げる」など、現代では理解できないような父親の姿であるが、約80年前の家族の姿であることを理解させることで、学習が深まる。戦前の民法で定められていた家族制度を紹介するなどして、当時は家族の中で父親が絶対的な存在であること、また、当時の父親は家族を守るという意識が強い人が多いことなどを理解させると、作品中の父親の人物像が理解しやすくなる。

○四人組のグループになり、線を引いた表現について共有させる。また、その表現からどのような父親だと思ったのか自分の考えを伝え合わせる。

T：四人組になって、線を引いた表現を伝え合います。また、その表現からどのような父親だったのか話し合います。

○グループで話し合わせて、父親の人物像をグループごとにまとめさせる。その際、タブレット等の学習支援ソフトを用いてまとめさせることで、グループの考えを学級全体で共有しやすくさせる。

〈予想される生徒の反応〉
・普段、家族の前では暴君のような姿を見せているが、娘のことを大切に思う愛情にあふれた人物。

4　本時の振り返り

○本時の目標に即して、生徒に学習を振り返らせる。タブレット等を用いて、学習の記録を蓄積させる。

²⁄₃時間 字のない葉書

指導の重点
・後半部分のエピソードの内容を読み取り，作者の表現の仕方について考えさせる。

本時の展開に即した主な評価規準例（Bと認められる生徒の姿の例）
・前半部分と後半部分の表現方法の違いについて読み取っている。【思・判・表】

生徒に示す本時の目標
後半部分のエピソードの内容を読み取り，表現の仕方について考えよう

1　前時の学習を振り返り，本時の目標を確認する

○前時は，前半部分の表現から普段の父親の姿や，作者との手紙の中の父親の姿を読み取ったことを確認する。さらに本時では，後半部分のエピソードの内容を読み取り，表現の仕方について考える学習を行うことを伝える。

T：前の時間では，前半部分の表現から普段の父親の姿や，作者との手紙の中の父親の姿を読み取りました。今日は，後半部分の「字のない葉書」のエピソードの内容を読み取り，筆者の表現の仕方について考えます。

○「この手紙も懐かしいが，最も心に残るものをといわれれば，父が宛名を書き，妹が『文面』を書いた，あの葉書ということになろう」という表現から，作者にとって「字のない葉書」のエピソードが「最も心に残るもの」であることを確認する。

T：どのような葉書ですか。

○「父が学童疎開をすることになった末の妹にもたせた葉書」「元気な日にはマルを書いて毎日出すようにと，父が自分宛ての宛名を書き，末の妹にもたせた葉書」

2　学童疎開中の妹の様子を読み取る

T：学童疎開中の妹の様子が分かる表現に傍線を引きましょう。

○「紙いっぱいはみ出すほどの，威勢のいい赤鉛筆の大マル」が次の日から「急激に小さく」なっていき，「バツ」に変わり，「まもなくバツの葉書も来なくなった」という流れを確認する。

ポイント　当時の情景を想像させる
東京大空襲や学童疎開という言葉を聞いたことはあっても，この時代の情景をイメージできない生徒は多いのではないかと思う。タブレット等を使って，東京大空襲や学童疎開について調べさせてもよいし，映像資料を見せてもよい。東京大空襲で焼け野原となった東京の様子や，学童疎開の食事の様子など，生きるか死ぬかの瀬戸際を命がけで生き抜いてきた人々の暮らしや思いを想像させることで，この文章の父親の言動の意味がより深く理解できる。

準備物：なし

字のない葉書　向田邦子

本時の目標
後半部分のエピソードの内容を読み取り、表現の仕方について考えよう

字のない葉書のエピソード

○最も心に残るもの
→学童疎開をすることになった末の妹にもたせた葉書

○元気な日にはマルを書いて毎日出す
・初日　赤鉛筆の大マル。歓迎。
・次の日からマルは急激に小さくなり、バツに変わる。姉の姿を見て泣いた。
・バツの葉書も来なくなる。
・三月目　百日ぜき、しらみだらけの頭　三畳の布団部屋に寝かされていた。

○末の妹が帰ってくる日の様子
・家庭菜園のかぼちゃを全部収穫。
・茶の間に座っていた父は、はだしで表へ飛び出した。痩せた妹の肩を抱き、声を立てて泣いた。

〈表現の仕方の違い〉

前半	・「父」の人柄や「父」への心情を直接表現している。 →父親の人物像をわかりやすく伝えている。
後半	・行動や様子で、心情等を間接的に表現している。 →読み手が「私」の思いを想像しながら読むことができる。

3　妹が学童疎開から帰ってくる日の様子を読み取る

T：妹が学童疎開から帰ってくる日の家族の様子が分かる表現に傍線を引きましょう。

○「家庭菜園のかぼちゃを全部収穫した。」
「二十数個のかぼちゃを一列に客間に並べた。」
「茶の間に座っていた父は、はだしで表に飛び出した。」
「痩せた妹の肩を抱き、声を上げて泣いた。」

4　前半部分と後半部分の表現方法の違いについて考える

T：前半部分と後半部分を比べて、人物の人柄や心情の表現の仕方はどのような違いがあるでしょうか。

○（回答例）「前半部分は、人柄や心情を直接表現している。後半部分は、行動や様子で、心情等を間接的に表現している。」など

T：前半部分と後半部分の表現の違いは、どのような意図があるか考えましょう。

○前半部分と後半部分の表現の違いは、読み手にとってどのような違いがあるかという視点で考えさせる。

○自分の考えを、タブレット等の学習支援ソフトを用いてまとめさせることで、そのあとグループや学級で情報を共有させやすい。

○四人組のグループになり、考えたことを共有させる。

〈予想される生徒の反応〉
・前半部分は、父親の人柄等を直接表現することで、読み手に父親の人物像を分かりやすく伝えている。後半部分は、情景や行動を中心に表現することで、読み手は当時の様子を想像しながら読むことができる。

5　本時の振り返り

○本時の目標に即して、生徒に学習を振り返らせる。タブレット等を用いて、学習の記録を蓄積させる。

3/3時間 字のない葉書

指導の重点
・表現に込められた作者の思いについて，自分の考えを伝え合わせる。

本時の展開に即した主な評価規準例（Bと認められる生徒の姿の例）
・随筆の味わい方について考え，日常の読書に生かせそうな点をまとめている。【知・技】
・積極的に文章を比較するなどして表現の効果について考え，学習課題に沿って自分の考えを伝えようとしている。【主】

生徒に示す本時の目標
表現に込められた作者の思いについて，自分の考えを伝え合おう

1 前時の学習を振り返り，本時の目標を確認する
○前時は，後半部分のエピソードの内容を読み取り，前半部分と後半部分の表現の仕方の違いについて考えたことを確認する。本時は，表現に着目して，その表現に込めた筆者の思いについて考えたことを伝え合うことを伝える。

T：これまで，前半部分，後半部分のエピソードの内容を読み取り，前半部分と後半部分の作者の表現の仕方の違いを考えました。前半部分のエピソードは，直接的な表現で「父」の人柄を説明していました。後半のエピソードは，「最も心に残るものといわれれば」と書いてあるように，作者にとって強く印象に残っている出来事で，読み手が「父」や作者である「私」の思いを想像しながら読めるような表現の仕方でした。そこで，本時では表現から作者である「私」の思いを考え，自分の考えを伝え合います。

2 表現から作者の思いを考える
○末の妹が帰ってきた場面で，作者である「私」は，どのような思いで，「父」を見ていたのか考えさせ，ワークシートに自分の考えを書かせる。その際に，考えた時に着目した表現もワークシートに書かせる。 ⬇ WS

T：作者である「私」は，末の妹が帰ってきたときどんな思いで，「父」を見ていたのでしょうか。

ポイント
後半部分のエピソードの中でも，作者にとって特に強く印象に残っている出来事であろうと思われるのが「私は父が，大人の男が声を立てて泣くのを初めて見た。」という表現である。このときの作者である「私」の思いを想像しながら考えることは，前半部分で語られた父親の人物像や後半部分のエピソードを踏まえた上で，読み手の感性も加えて想像しながら読み深めることにつながる。

3 考えたことを伝え合う
○四人組のグループになり，自分の考えを伝え合わせる。伝え合うことを通して，考えを広げた

準備物：ワークシート

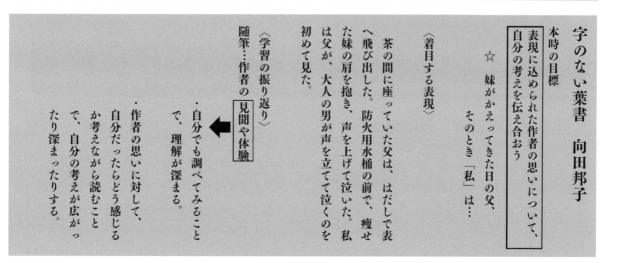

〈予想される生徒の反応〉
・「父」が声を上げて泣いている姿を見て、ひどく驚くとともに、そこに「父」の「末の妹」に対する強い愛情を感じた。このとき、「私」は自分が「父」のもとを離れていたときに、毎日のように手紙を送ってきてくれたことを思い出し、「父」の家族に対する深い愛情を感じていたのではないか。
・声を上げて泣いている「父」の様子を見て「私」も泣いていたと思う。「私と弟は家庭菜園のかぼちゃを全部収穫した」と書いてあるので、「私」も「末の妹」が生きて帰ってきてくれたことを心から喜んでいると思う。だから、あの「父」が泣いている姿を見て自分も泣いていると思う。

4 単元全体の学習の振り返り
○学習の振り返りとして、文章を読んで考えたこと、今回の学習を日常の読書にどう生かすかということについて書かせる。その際、本単元での学習のポイントや随筆の特徴について再度確認し、随筆の味わい方をどう日常の読書に生かすかという視点で考えさせる。

ポイント　随筆の味わい方
本単元の学習では、戦時中の様子を調べたり、この時代の家族制度を調べたりして、内容の理解を深める経験をしている。また、本時の学習では作者の思いを想像しながら読むことで、読みが深まったり、自分の考えが広がったりすることを学んでいる。本単元の学習を振り返らせることによって、日常の読書に生かせるようにする。また、向田邦子の他の随筆の作品を紹介したり、「本の世界を広げよう」に掲載されている随筆の作品を紹介したりして、本単元で学習した読み方を用いて実際に随筆を読んでみるように促すとよい。

○タブレット等を用いて、学習の振り返りをさせることで、生徒が学習の振り返りとして考えたことも、クラスで共有することができるので、有効である。

4　人間のきずな

表現を工夫して書こう　手紙や電子メールを書く　（3時間）

1　単元の目標・評価規準

・言葉には，相手の行動を促す働きがあることに気付くことができる。〔知識及び技能〕(1)ア
・敬語の働きについて理解し，話や文章の中で使うことができる。　〔知識及び技能〕(1)カ
・表現の効果を考えて描写したりするなど，自分の考えが伝わる文章になるように工夫することができる。　〔思考力，判断力，表現力等〕B(1)ウ
・言葉がもつ価値を認識するとともに，読書を生活に役立て，我が国の言語文化を大切にして，思いや考えを伝え合おうとする。　「学びに向かう力，人間性等」

知識・技能	・言葉には，相手の行動を促す働きがあることに気付いている。　((1)ア) ・敬語の働きについて理解し，話や文章の中で使っている。　((1)カ)
思考・判断・表現	「書くこと」において，表現の効果を考えて描写したりするなど，自分の考えが伝わる文章になるように工夫している。　（B(1)ウ）
主体的に学習に取り組む態度	粘り強く表現の効果を考えて描写し，自分の考えが伝わるように工夫し，学習の課題に沿ってお礼状を書こうとしている。

2　単元の特色

教材の特徴

　手紙や電子メールは，質問，依頼，案内，報告，お礼などを伝えるために現在でも広く使われる手段である。相手や目的に応じて手段を選択し，自分の思いや考え，用件が的確に伝わるように表現を工夫して書かせる指導をしたい。

　生徒たちは，SNSのような短文で書く形式は身近で慣れているが，手紙や電子メールで書く文章の形式には慣れていない。また，普段から敬語を使い慣れていないこともある。そのため，基本的な形式について知ることや適切な敬語を使って表現することについても併せて指導できる単元である。後に続く，「推敲」「敬語」の単元と関連付けて学習に取り組ませたい。

　手紙の形式を知り，敬語でうまく表現しながら，自分の思いや考えが的確に相手に伝わるように表現を工夫して「お礼状」を書かせる活動を通して資質・能力の育成を図っていきたい。

身に付けさせたい資質・能力

　本単元では，学習指導要領B⑴ウ「根拠の適切さを考えて説明や具体例を加えたり，表現の効果を考えて描写したりするなど，自分の考えが伝わる文章になるように工夫する」力を育成することに重点を置く。この資質・能力を身に付けさせるための言語活動として学習指導要領に例示されたB⑵イ「社会生活に必要な手紙や電子メールを書くなど，伝えたいことを相手や媒体を考慮して書く」の趣旨を生かし，職場体験のお礼状を書く活動を設定する。手紙や電子メールの形式を知り，自分の思いや考えを的確に相手に伝わるように表現を工夫できるように指導する。

　また，この活動を行う際は，〔知識及び技能〕⑴カ「敬語の働きについて理解し，話や文章の中で使うこと。」と関連付けて指導する。社会の中において，手紙や電子メールを使用する場合は，当然敬語での表現となる。そのため，敬語を駆使しながら伝えたいことが相手に的確に伝わるように指導する。

3　学習指導計画（全3時間）

時	○主な学習活動	☆指導上の留意点　◆評価規準
1	○本単元の課題「表現を工夫してお礼状を書く」を知り，学習の見通しをもつ。 ○伝える相手や目的，内容を確認する。 ○手紙や電子メールの形式を知る。 ○通信手段の違いについて考え，選ぶ。 ○下書きをする。	☆通信手段を選び，相手や目的に応じて既習の「敬語」を適切に用いて表現できるように意識させる。 ☆既習の「推敲」の学習を生かして，具体的な説明を加えるなど効果的な表現になるように意識させる。 ◆敬語の働きについて理解し，話や文章の中で使っている。【知・技】
2	○手紙（お礼状）を書く。 ・前時の下書きを基に，相互推敲をする。 ・推敲の指摘を基に清書をする。	◆言葉には，相手の行動を促す働きがあることに気付いている。【知・技】 ◆粘り強く表現の効果を考えて描写し，自分の考えが伝わるように工夫し，学習の課題に沿ってお礼状を書こうとしている。【主】
3	○学習を振り返る。 ・清書したお礼状を友達と読み合う。 ・互いに相手に自分の考えや思いが効果的に伝わるように工夫した表現を確認する。 ○どのような表現がより効果的なのかを考える。 ・自分が書いた文章やほかの人が書いた文章を読んで自分の考えをもつ。 ・グループで考えたことを共有する。 ・全体で発表して考えを共有する。	☆思いや用件が的確に伝わるように，具体的な説明を入れたり，より効果的な語句・表現を用いたりできているかを確認させる。 ☆感謝の気持ちが伝わるようにするためのよりよい工夫について考えを深められるようにする。 ◆互いの文章を読み合い，自分の思いや考えがより伝わる文章とはどのようなものかを考えている。【思・判・表】

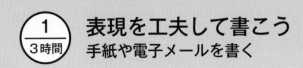

指導の重点
・通信手段を選び、相手や目的に応じて適切な表現で書かせる。

本時の展開に即した主な評価規準例（Bと認められる生徒の姿の例）
・敬語の働きについて理解し、話や文章の中で使っている。【知・技】
（※第2時も併せて評価する）

生徒に示す本時の目標

通信手段を選び、相手や目的に応じて適切な表現で書こう

1 本単元の学習課題を把握する
T：総合的な学習の時間で職場体験を行いました。各事業所に大変お世話になりましたね。その思いを事業所の方に伝えたいと思います。どのような手段があるでしょうか。
○「お礼状」「感想文」「発表会に来てもらう」といった生徒の発言を取り上げ、本単元の学習課題につなげる。
T：この単元では、「お礼状を書く」を課題として設け、取り組んでいきたいと思います。皆さんは、きちんとした形式の「お礼状」を書いたことがありますか。ない人がほとんどですね。社会に出てからも通用する「お礼状」の形式を知り、実際に事業所宛に、皆さんの思いが伝わるように表現を工夫して書いてみましょう。

> **ポイント 生徒の言葉を生かして学習課題を伝える**
> 教師が一方的に学習課題を伝えるのではなく、生徒の発言を取り上げながら、自分の経験や体験と比べながら、本時の学習課題を聞

くことで、その有用性を捉え、生徒自身が学習に対して主体的に取り組むことができるようにする。

2 伝える相手や目的、内容をワークシートで確認する　WS1
T：伝える相手は誰ですか。
○職場体験で三日間お世話になった「事業所の方」「○○さん」「○○先生」などが挙がる。
T：お礼状を書く目的はどのようなことですか。
○「感謝の気持ちを伝えること」「私たちのため時間を割いてくれたことにお礼を伝える」「優しく教えてくれたことにお礼を伝える」「私たちのために準備をしてくれたことに感謝を伝えること」などが挙がる。
T：では、どのような内容を書けば感謝の気持ちが伝わりますか。事業所の方々は、皆さんのどのようなことを知りたいのでしょうか。
○「丁寧に教えてくれて嬉しかった」「体験の感想」「自分たちの成長につながったこと」など、生徒の意見を基に、自分たちが体験したことを表現を工夫しながら記述していくことを確認する。また、感謝の気持ちを表現する一つとして「敬語」を使うことも確認しておきたい。

準備物：ワークシート

表現を工夫して書こう

本時の目標
通信手段を選び、相手や目的に応じて適切な表現で書こう

○相手と目的、内容

相手
・事業所の方々

目的
・感謝の気持ちを伝えること
・私たちのため時間を割いてくれたことにお礼を伝える
・優しく教えてくれたことにお礼を伝える
・私たちのために準備をしてくれたことに感謝を伝える

内容
・ありがとう
・丁寧に教えてくれて嬉しかった
・体験の感想
・自分たちの成長につながったこと
　　↓
できるだけ具体的　表現を工夫して　敬語で

○通信手段

手紙
気持ちを伝えやすい
手書きで書ける

電子メール
やり取りが簡単
すぐに届く

○学習発表会に事業所の方に来てもらえるように文章を工夫して入れさせる。

ポイント　既習事項を使いながら学習する
「表現の効果を考える」「敬語」の単元が続くため、この単元と関連付けて学習を進めると有効である。「表現の効果を考える」で学習した、相手の行動を促す表現を「敬語」とともに、活用して使用させる。

発展
「敬語」の確認のために、教科書 p.110「書くことのミニレッスン」（二次元コード）に取り組ませてもよい。

3　手紙や電子メールの形式を確認する
○教科書を使用しながら、手紙と電子メールそれぞれの形式を確認する中で二つの形式の違いに着目させる。また、手紙については、書き出しの位置も大切になることを伝える。

4　通信手段の違いについて考え、選ぶ
T：手紙と電子メールにはどのような違いがありますか。
○「電子メールの方がすぐに届く」「手紙の方が手書きで気持ちを伝えやすい」など、二つを比較して考えさせたい。
T：相手と目的を考えると、今回はどちらを使うとよいでしょうか。
○「感謝の気持ちを伝える」ので「手紙」の方が適切だと考えられる。常に、相手と目的に立ち戻って考えさせていく。

5　「お礼状」の下書きをする
T：ワークシートに沿って、下書きをしていきましょう。皆さんの思いが伝わるように表現を工夫することを忘れないようにしましょう。
○「時候の挨拶」「安否を気遣う文」「結びの言葉」は、タブレット等を活用して調べさせる。

6　振り返り
T：次回はお礼状の下書きを推敲して、清書します。本日の目標は「通信手段を選び、相手や目的に応じて適切な表現で書こう」でした。うまく自分の気持ちを表現できたでしょうか。次回どのような点を確認するとよいですか。
○本日できたこと、次回に生かせそうなことを数名に発表させて、次回の学習につなげる。

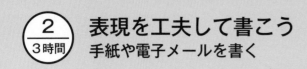

2 / 3時間　表現を工夫して書こう
手紙や電子メールを書く

指導の重点
・交流を通して，自分の思いや考えが伝わる文章になるように工夫して書かせる。

本時の展開に即した主な評価規準例（Bと認められる生徒の姿の例）
・言葉には，相手の行動を促す働きがあることに気付いている。【知・技】
・敬語の働きについて理解し，話や文章の中で使っている。【知・技】
・粘り強く表現の効果を考えて描写し，自分の考えが伝わるように工夫し，学習の課題に沿ってお礼状を書こうとしている。【主】

生徒に示す本時の目標
互いの文章を読み合い，自分の思いや考えが伝わる文章になるように工夫しよう

1　自分で書いた「お礼状」を推敲する
T：前回書いた下書きをまずは，自分で推敲します。推敲の仕方は，既に学習しました。大きなポイントを二つ覚えていますか。
○次に続く単元と関連付けて学習を進める。学習したのが直近であれば，生徒の声で推敲の二つのポイントを確認できるとよい。
「表記や語句の用法，叙述の仕方を整えること」と「表現の効果を確かめて文章を整えること」の二つがあることを確認させて，文章をチェックさせる。
T：大切なのは相手と目的を考えて文章が的確かどうかを確認することでした。前回確認した相手と目的をもう一度確認して的確な文になっているかを読み直してみましょう。

> **ポイント　推敲の観点を示す**
> 「推敲して文章をよりよくしましょう」では抽象的なので生徒はどの部分を見ていいのか曖昧になってしまう。次の単元で，「推敲」を学べる学習課題があるので，ここで観点を

確認しておくことで，文章を見直す視点をもつことができるとよい。
また，「推敲」を行って「表現の効果を確かめて文章を整える」には，相手と目的が明確になっていることが重要である。再度確認して意識することで，深く考えさせたい。

○「推敲」の観点
「表記や語句の用法，叙述の仕方を整えること」
　・誤字や脱字などはないか。
　・熟語や慣用句・ことわざを適切に使っているか。
　・常体・敬体のどちらかに統一されているか（今回は敬体に統一されているか）。
　・主語・述語の対応は正しいか。
　・敬語を適切に使っているか。
　・長くて読みにくい文はないか。など
「表現の効果を確かめて文章を整えること」
　・相手意識・目的意識が観点となる。
　　（今回は，事業所の方に，感謝の思いを伝えることである）
○事業所の人になったつもりで読み，感謝の思いが伝わったかどうかを考える。

準備物：前時で書いた下書き，ワークシート

表現を工夫して書こう

本時の目標
互いの文章を読み合い、自分の思いや考えが伝わる文章になるように工夫しよう

○推敲の観点
「表記や語句の用法、叙述の仕方を整えること」
・誤字や脱字などはないか。
・熟語や慣用句・ことわざを適切に使っているか。
・常体・敬体のどちらかに統一されているか。
・主語・述語の対応は正しいか。
・敬語を適切に使っているか。
・長くて読みにくい文はないか。など

「表現の効果を確かめて文章を整えること」
・相手意識・目的意識が観点となる。
　　　　　　　　　　　　↓
　　事業所の方へ感謝の思いを伝える

---

2 互いの「お礼状」を推敲する

T：自分自身で見直してみて，気付いたところは直すことができたでしょうか。どうしても自分で書いた文章では気が付かない部分もあるので，お互いに交換して「推敲」をします。
　誤字や脱字など気付いた部分は鉛筆で線を引きましょう。それ以外の部分は，本人と話して直接確認をしましょう。

○誤字や脱字などは後で本人が訂正できるように鉛筆線を引かせる。それ以外の部分で分かりづらい部分は，本人に確認させて表現の変更が必要であれば変えさせる。
　また，「推敲」のみならずほかの人がどのように表現しているのかを参考にすることも大切である。ほかの人の表現を見て気付いたことを自分の文章に生かせるとよいだろう。

3 「お礼状」を清書する

T：それでは，自分で見直したり，ほかの人に読んでもらったり，ほかの人の表現から気付いたりしたことを生かして書き直したものをワークシートに清書します。また，どの位置から書き出すかもポイントになりますので，もう一度教科書で確認しましょう。 **WS2**

○助言や気付きを生かし，表現を改めたり，より具体的な表現にしたり，比喩表現や慣用句を使ったり，自分の思いや考えが相手に伝わりやすいように工夫させる。
　また，下書きでは指導していない「拝啓や敬具」の位置，「署名と宛名」の位置（高さ）などを確認させる。

4 振り返り

T：次回は清書でできたものを最終的に読み合って確認をし，学習を振り返ります。本日の目標は「互いの文章を読み合い，自分の思いや考えが伝わる文章になるように工夫しよう」でした。ほかの人の助言や自分の気付きを生かし，表現を工夫して書き直すなどできたでしょうか。

○本日の学習できたこと，特に，主体的に学習に取り組む態度を見たいので，学習の調整ができたかどうかを確認させたい。

3 表現を工夫して書こう
手紙や電子メールを書く

(3時間)

指導の重点
・互いの文章を読み合い，自分の思いや考えがより伝わる文章にするための工夫をさせる。

本時の展開に即した主な評価規準例（Bと認められる生徒の姿の例）
・互いの文章を読み合い，自分の思いや考えがより伝わる文章とはどのようなものかを考えている。
【思・判・表】

生徒に示す本時の目標
互いの文章を読み合い，自分の思いや考えがより伝わる文章とはどのようなものかを考えよう

1 清書した「お礼状」を読み合う
T：今回の「お礼状」を書くポイントは「事業所の方に皆さんの感謝の気持ちを伝えること」でした。皆さんの思いや考えが伝わるように工夫できているか。以前学習した敬語が正しく使われているかどうかを中心に互いの文章を読みます。

T：互いに読み終わったら，よかった点や気付いたことなど感想やアドバイスをワークシートに記入しましょう。疑問点があれば，質問を書いておいてもかまいません。 ⬇ WS3

> **ポイント　観点を明確にする**
> 互いがどのように文書を書いたのかを読み合うという言語活動は，考えを広げたり深めたり，自分の考えを確かなものにしたりするためにとても有効な活動である。
> さらに，観点を明確にすることで，生徒はどこに注目して読むべきか分かるので，この授業の中で付けたい力に焦点を当てて学び合うことができるようになる。

> **発展**
> ほかの生徒のよいと思った点や気付いたこと，疑問に思ったことを話し合わせるとより理解が深まる。
> その際も，「自分の思いや考えが伝わる文章にするためにどのような工夫があったか」について観点を明確にして話し合わせることで，より理解が深まっていく。

2 どのような表現がより効果的なのかを考える
T：ほかの人が書いた手紙を読んで，あるいはこれまでに自分の手紙に付けてもらった感想やアドバイスを通して，「感謝の気持ちをより効果的に伝えるための工夫として」どのような文章がよりよいか考えましょう。まず，自分の考えをワークシートにまとめましょう。

> **ポイント　相手の立場に立って考える**
> 感謝の気持ちが伝わるような文章にするために，どのような工夫をすればよいかを考える。そのためには，相手の立場に立つことが大切である。具体的なエピソードが添えられていることや，担当者だけでなく職場の方全

準備物：清書したお礼状，ワークシート，ミニホワイトボード

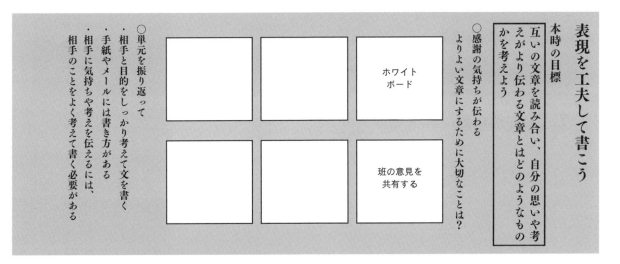

表現を工夫して書こう

本時の目標
互いの文章を読み合い，自分の思いや考えがより伝わる文章とはどのようなものかを考えよう

○感謝の気持ちが伝わるよりよい文章にするために大切なことは？

○単元を振り返って
・相手と目的をしっかり考えて文を書く
・手紙やメールには書き方がある
・相手に気持ちや考えを伝えるには，相手のことをよく考えて書く必要がある

（ホワイトボード／班の意見を共有する）

員に対して心が向けられていることなど，よりよい文章はどのようなものかを考えて深めさせたい。
「事業所の方がやってよかったと思えるような文章」「お礼状をもらって嬉しいと思えるような文章」とはどのようなものか読み手のことを考えて深めさせていく。

T：四人班で意見を共有します。ミニホワイトボードに班で整理してまとめます。発表者も決めておきます。
T：〇班から順番に発表してください。
○「私たちが一生懸命に活動に取り組み，充実した日々になったことが伝わる方が嬉しいと思う」
「体験中に興味をもったことや感動したことなど，具体的なことが伝わった方がやってよかったと思ってもらえるだろう」
「どのような活動が，どのような学びにつながったのかを具体的に書くことで，何が有効だったのかが事業所の方にも分かる方が嬉しい」
「担当者の方だけでなく，私たちのために時間をとって準備をしてくださった方々にも感謝を伝えてもらった方がよい」

3 単元を通して，学んだことを振り返る

T：これまで，3時間かけて，手紙やメールを使って伝えたいことを相手を考えて工夫して書く練習をしてきました。この3時間を通してどのようなことが学習できたでしょうか。また，これからの生活の中でどのように生かしていけるでしょうか。考えてまとめてみましょう。
○数名指名して，振り返りを発表させる。
○「手紙やメールに書き方があることを知らなかったので，勉強になった。次回，目上の方にお礼状を書くときなどに生かしていきたい。」
「事業所の方に感謝の気持ちが伝わるように，自分がどのような体験からどのようなことを学べたのか，どのようなことに感謝しているのかなどを具体的に書くことができた。お礼状に限らず，目的と相手を意識して，自分の思いや考えが伝わるように工夫して文章を書くようにしていきたい。」

4　人間のきずな

［推敲］表現の効果を考える　（1時間）

1　単元の目標・評価規準

・言葉には，相手の行動を促す働きがあることに気付くことができる。〔知識及び技能〕(1)ア
・敬語の働きについて理解し，話や文章の中で使うことができる。　　〔知識及び技能〕(1)カ
・読み手の立場に立って，表現の効果などを確かめて，文章を整えることができる。
〔思考力，判断力，表現力等〕B(1)エ
・言葉がもつ価値を認識するとともに，読書を生活に役立て，我が国の言語文化を大切にして，思いや考えを伝え合おうとする。　　　　　　　　　　　「学びに向かう力，人間性等」

知識・技能	・言葉には，相手の行動を促す働きがあることに気付いている。((1)ア) ・敬語の働きについて理解し，話や文章の中で使っている。((1)カ)
思考・判断・表現	「書くこと」において，読み手の立場に立って，表現の効果などを確かめて，文章を整えている。（B(1)エ）
主体的に学習に取り組む態度	粘り強く，学習課題に沿って，表現の効果などを確かめながら，手紙文を整えようとしている。

2　単元の特色

教材の特徴

　本単元は，前出の「表現を工夫して書こう」と関連して，自分の考えや思いが相手に伝わる表現ができるよう，自分の表現の効果について検討する場として設定されている。遠山さんが小学校の恩師へのお誘いの文章として書いた「手紙」が，教材として示されている。「手紙」の相手は小学校の恩師であり，その目的は恩師を音楽会にお誘いすること，あるいは，自分の成長した姿を伝え感謝の気持ちを伝えることであると考えられる。そのためには，どのような表現で書くとよいかを考えさせる。

　また，「推敲」を行うに当たっては，表記や語句の用法，叙述の仕方を整えることと，自分の考えや思いが相手に伝わるように表現の効果を確かめて文章を整えることの両方を確認させたい。教科書の課題においても，1が表記や語句の用法，叙述の仕方を整えること，2が表現の効果を確かめて文章を整えることの問いとして設定してある。2つの「推敲」があることを意識させながら指導したい。

なお，今回は教科書で次ページにある「言葉2　敬語」と関連させて授業を実施する。そのことにより，より実践的に表現を学ばせることができると考えた。

身に付けさせたい資質・能力

　本単元では，学習指導要領B(1)エ「読み手の立場に立って，表現の効果などを確かめて，文章を整える」力を育成することに重点を置く。この資質・能力を身に付けさせるための言語活動として学習指導要領に示されたB(2)イ「社会生活に必要な手紙や電子メールを書くなど，伝えたいことを相手や媒体を考慮して書く」活動を設定する。本単元においては，すでに書かれた「手紙」の文章を整えることで，第1学年での既習事項である「表記や語句の用法，叙述の仕方を整えること」を確認し，「表現の効果を確かめて文章を整えること」ができるように指導する。

　また，前述したように「言葉2　敬語」と合わせた学習にするため〔知識及び技能〕(1)カ「敬語の働きについて理解し，話や文章の中で使うこと」と関連付けて指導する。読み手に手紙によって働きかけ，行動するように促すには，どのような言葉が必要なのかをよく考えて選べるようにしたい。

3　学習指導計画（全1時間）

時	○主な学習活動	☆指導上の留意点　◆評価規準
1	○本単元の課題「読み手の立場に立って，自分の思いや考えが効果的に伝わる文に推敲する」を知り，学習の見通しをもつ。 ○「手紙」の課題を通して，「推敲」について学習する。	☆「表記や語句の用法，叙述の仕方を整えること」にとどまらず，相手と目的をよく考えて「表現の効果を確かめて文章を整えこと」まで指導する。 ◆言葉には，相手の行動を促す働きがあることに気付いている。【知・技】 ◆敬語の働きについて理解し，話や文章の中で使っている。【知・技】 ◆読み手の立場に立って，表現の効果などを確かめて，文章を整えている。【思・判・表】 ◆粘り強く，学習課題に沿って，表現の効果などを確かめながら，手紙文を整えようとしている。【主】

［推敲］表現の効果を考える

指導の重点
・読み手の立場に立って，自分の思いや考えが効果的に伝わる文に整えさせる。

本時の展開に即した主な評価規準例（Bと認められる生徒の姿の例）
・言葉には，相手の行動を促す働きがあることに気付いている。【知・技】
・敬語の働きについて理解し，話や文章の中で使っている。【知・技】
・読み手の立場に立って，表現の効果などを確かめて，文章を整えている。【思・判・表】
・粘り強く，学習課題に沿って，表現の効果などを確かめながら，手紙文を整えようとしている。【主】

生徒に示す本時の目標
　読み手の立場に立って，自分の思いや考えが効果的に伝わる文に整えよう

1　本単元の学習課題を把握する
T：誰かにあてて文章を書くとき，どういうことを確認しますか？
○「原稿用紙の使い方」「正しい漢字の使い方」「誤字・脱字」「正しい文法」「話し言葉と書き言葉」「相手に伝わらない文がないか」といった生徒の発言を取り上げ，既習事項については確認し，本単元の学習課題につなげる。
T：この単元では，「手紙」を課題とし，「推敲」を行っていきます。ここでは1年生のときにすでに学習した「表記や語句の用法，叙述の仕方を整えること」を確認しながら，「表現の効果を確かめて文章を整えること」をできるようにしていきましょう。

ポイント　生徒の言葉を生かして学習課題を伝える
　教師が一方的に学習課題を伝えるのではなく，生徒の発言を取り上げながら，既出事項（「推敲」）を確認し，本時の学習課題を伝えることで，生徒自身が学習に対して主体的に取り組むことができるようにする。

2　「手紙」を読んで，相手と目的を捉える
T：本文の「手紙」を読んで，遠山さんは，どのような相手に，何の目的で手紙を書いたのかワークシートで確認しましょう。 ⬇ WS
○「手紙」の相手は小学校の恩師である本間先生である。その目的は恩師を音楽会にお誘いすること，あるいは，自分の成長した姿を伝え感謝の気持ちを伝えること。この二つを確認させる。
T：どのような表現で書くとよいでしょうか。

ポイント　相手意識と目的意識
　語句等の訂正にとどまらず，より効果的な表現を目指す際は，より明確に相手意識と目的意識を確認することにより，「推敲」が行いやすくなる。

3　①「表記や語句の用法，叙述の仕方を整える」「推敲」Aを行う（①〜⑧）
○①お会いして②おかげ③おっしゃっていた④気の置けない⑤います⑥さて，十一月に市の音楽会があります。僕は二年前に初めて見学しまし

準備物：ワークシート

[推敲] 表現の効果を考える

本時の目標
読み手の立場に立って、自分の思いや考えが効果的に伝わる文に整えよう

○推敲 A
・誤字・脱字・常体・敬体の統一
・文法・話し言葉

○推敲 B
読み手の立場で目的が達成されたかを見る

相手と目的

相手　小学校の恩師である本間先生

目的
・恩師を音楽会にお誘いすること
・自分の成長した姿を伝え感謝の気持ちを伝えること

←
・感謝の気持ちが伝わるように
・今までの成長が先生に伝わるように
・音楽会に行ってみたいと思えるように
（敬語）

た。このときの吹奏楽部の演奏には魅了されました。⑦いちばんの衝撃は、サックスに出会ってことです。⑧お越しください。については既習事項として確認をする。個々に考えさせた後で、少人数で確認をさせて、全体で確認をする。

発展
生徒の理解度によっては、①〜⑧まで線の引かれていない教科書本文をワークシートとして、「推敲」を行いたい箇所に線を引かせて共有して、どう変えるとよいかを考えていってもよい。

4 ２「読み手の立場に立って、表現の効果を確かめて文章を整える」「推敲」Bを行う（⑦・⑦）

T：最初に示した、「相手」と「目的」を考えて、より効果的な表現にしようと思うと、⑦・⑦はどのように変えるとよいでしょうか？
○⑦ひときわ「僕の心に響く音色でした」「僕の心を虜にしてやまないものでした」「僕にとってかっこよく聞こえるものでした」などできるだけ生徒の意見を広く許容し、僕の感動が先生により伝わる表現を考えさせる。

○⑦「楽譜がボロボロになるぐらい書き込みながら」「朝から晩まで練習をし」「家でも毎日２時間練習をし」「家では音を出せないので空で練習をし」「毎日早めに学校に行って練習をし」などできるだけ生徒の意見を広く許容し、僕の努力した様子が先生により伝わる表現を考えさせる。

T：班（四人程度）で、より効果的な表現を考えて、発表しましょう。
○それぞれの考えを出し合い、より効果的な表現について考えさせる。その際、手紙の「相手」と「目的」を意識するように考えさせる。
T：全体で共有をしましょう。
○ホワイトボード（ICT機器）にそれぞれの班の意見を書かせて発表させ、全体で共有をする。

5 振り返りと次の単元への予告
T：本日の目標は「読み手の立場に立って、自分の思いや考えが効果的に伝わる文に整えられるようになろう」でしたが、今後の学習にどのように結び付けていけるでしょうか。
○本日の学習できたこと、今後に生かせそうなことを数名発表させて、これからの学習につなげる。

4　人間のきずな

言葉2　敬語　（1時間）

1　単元の目標・評価規準

・敬語の働きについて理解し，話や文章の中で使うことができる。　　〔知識及び技能〕(1)カ
・言葉がもつ価値に気付くとともに，進んで読書をし，我が国の言語文化を大切にして，思いや考えを伝え合おうとする。　　　　　　　　　　　　　　「学びに向かう力，人間性等」

知識・技能	敬語の働きについて理解し，話や文章の中で使っている。　　((1)カ)
主体的に学習に取り組む態度	敬語の種類や働きを進んで理解し，相手や場面に応じて粘り強く使い分けようとしている。

2　単元の特色

教材の特徴

　本教材は，小学校学習指導要領第5学年及び第6学年〔知識及び技能〕(1)キ「日常よく使われる敬語を理解し使い慣れること。」で学んだことを発展させる教材である。中学2年生という生活体験により，敬語の学習をより実感をもったものにできると考える。また，第3学年の〔知識及び技能〕(1)エ「敬語などの相手や場に応じた言葉遣いを理解し，適切に使うこと。」につながるものでもある。文化審議会答申『敬語の指針』（平成19年）では「第1章　敬語についての考え方」において，敬語は人と人との間の関係を表現するものであり，社会生活において，人と人が言語コミュニケーションを円滑に行い，確かな人間関係を築いていくために，現在も，将来にわたっても敬語の重要性は変わらないという基本的な認識を示し，「相互尊重」「自己表現」というキーワードで敬語の使い方を説明している。この考えを基に，敬語の学習を進めた。

　教科書では敬語を使った言葉遣いとそうでない言葉遣いの例を示し，敬語の働きをまず考えさせている。その上で敬語の種類を短文とともに示し，表にまとめている。さらに敬語を組み合わせて使用している例を示し，最後に生活の中でどのように生かしたらよいかについて触れている。生徒の言語生活に合わせて，実生活で活用できるようにするための工夫がなされている教材である。また，この教材の直前の教材は推敲によって「表現の効果を考える」である。そこには小学校の恩師への手紙を推敲する中で敬語が適切に使われているかを確認する学習がある。前単元と合わせて本単元は敬語についての基礎的な知識を改めてまとめることを計画し

ている。

身に付けさせたい資質・能力

この教材で,生徒に身に付けさせたい資質・能力は第一に〔知識及び技能〕(1)カ「敬語の働きについて理解し,話や文章の中で使うことができる」である。さらに敬語が日本語の特徴の一つであることも踏まえ,「敬語の種類や働きを進んで理解し,場面に応じて粘り強く使い分けようとする」態度も身に付けさせたい。職場体験や高校訪問の際に,敬語を使って話したり書いたりすることのできる力を育てる。知識だけにとどまらせる学習ではなく,自分の知識や経験と結び付け,敬語を使って実際に話したり書いたりできる力を育てる学習活動とする。

3 学習指導計画(全1時間)

時	○主な学習活動	☆指導上の留意点　◆評価規準
1	○目標を確認する。「敬語の種類や働きを理解し,職場体験の礼状の中で適切に敬語を使おう」 ○教科書の例示を基にして,敬語の働き,敬語の種類を理解する。 ○職場体験でお世話になった事業所の方にお礼の手紙を書く中で,敬語の組み合わせや適切な使い方について理解する。職場体験を思い出し,相手や場面に応じて使い分けられるようにする。 ○振り返り ・書いた手紙の中で使われている敬語に傍線を引いて適切かどうか確認する。 ・敬語の学習は,教室の中だけでなく,実際の生活の中で活用するためにあることを確認する。	☆教科書に書かれている敬語の使い方や敬語の種類を正しく理解させ,実際に活用する場面を設定しながら,相手や場面に応じて適切に活用できるようにさせる。 ◆職場体験先への礼状を書くに当たり,敬語の種類を理解し,文章の中の相手や場面に応じて,適切に敬語を使って書いている。【知・技】 ☆書いた手紙に尊敬語,謙譲語,丁寧語が使われているところに傍線を付け,使い方を確認する。その際に,三種類全てを活用するように助言する。 ◆職場体験先への礼状を通して,敬語の種類や働きを理解し,相手や場面に応じて表現を工夫し,敬語を適切に使おうとしている。【主】

1/1時間 言葉2 敬語

指導の重点
・敬語の種類や働きを理解し，職場体験先への礼状の中で適切に敬語を使わせる。

本時の展開に即した主な評価規準例（Bと認められる生徒の姿の例）
・職場体験先への礼状を書くに当たり，敬語の種類を理解し，文章の中の相手や場面に応じて，適切に敬語を使って書いている【知・技】
・職場体験先への礼状を通して，敬語の種類や働きを理解し，相手や場面に応じて表現を工夫し，敬語を適切に使おうとしている。【主】

生徒に示す本時の目標
敬語の種類や働きを理解し，職場体験の礼状の中で適切に敬語を使おう

1 学習課題を把握し「敬語の働き」について考える

T：皆さんは前回の推敲の授業の中で「敬語」についても適切かどうか確認していましたね。今日は「敬語」について改めてどのような表現なのか，また今使っている敬語のほかにどのようなものがあるかなどについて学習しましょう。そしてその知識を，職場体験の事業所の方へお礼状を書く際に役立ててほしいと思います。
○本文の敬語が使われている文と，そうでない文とを読み，意見を発表する。
T：この文例から「敬語の働き」にはどのようなことがあるでしょうか。また，どのような人に対して使う言葉ですか。
T：敬語は，目上の人や敬意を表したい人に対して使う表現であることが分かりましたね。これは日本語の特徴でもあります。

2 本文中の「敬語の種類」の部分を読む
○生徒に本文の内容を読み取らせながら，板書で整理していく。

T：これから教科書の，敬語の種類についての部分を読みます。まず，本文を読み敬語を使う相手や誰の行動を表現しているのかによって，敬語を分類していることを理解しましょう。

ポイント 図式化して尊敬語と謙譲語との違いを捉える
生徒にとって，謙譲語の概念が分かりにくいと思われるため，タブレット等にて動画を視聴するとよい。また，お世話になった事業主・親・自分のように三者を具体的に示して尊敬語と謙譲語との違い敬語の種類を捉えさせる。

3 敬語の組み合わせについて理解する
○実際の話し言葉や書き言葉の中では，敬語は組み合わせて使われていることを，例文を基に理解する。

T：皆さん，この文章から分かるように，一つの文章の中には，尊敬語や謙譲語，丁寧語が組み合わされて使われています。生活の中で，相手への敬意を表したり，目上の方に感謝の気持ちを表したりするときには，適切に敬語を使うことが大事だということが分かりましたね。それ

準備物：ワークシート

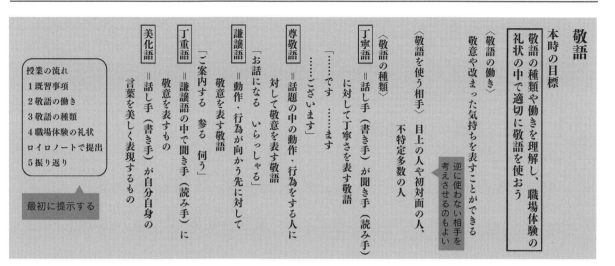

では教科書の演習問題をやってみましょう。
○早くやり終えた生徒はワークシート①に取り組む。

4 職場体験先への礼状（ワークシート）を書くことを通して，敬語を適切に使う

T：それでは，学習した敬語を適切に使い，先日行った職場体験の事業所の方へお礼状を書きましょう。その際に，事業所の方の行動，自分の行動や気持ち，話を聞いた家族の行動や気持ちを入れるとよいでしょう。
○ワークシート②に取り組む。

> **ポイント　尊敬語・謙譲語・丁寧語を使って書こう**
>
> 　職場体験先の事業所の方の行動，自分の行動・気持ち，話を聞いた家族の行動・気持ちなどが入るようにあらかじめ伝えておくとよい。
> 　職場体験の実施時期から間もない時期に学習できるように計画し，実際に礼状を出すことによって，生きた教材としたい。

5 書いた礼状を読み返し，敬語について振り返りをする

○文章の中に使われている敬語に傍線を引く。タブレット等に入力させて行うと傍線を引いたり推敲したりすることが容易である。

T：敬語を適切に使って事業所の方への感謝の気持ちを伝えることができましたか。普段の生活の中でも，相手や目的，場に応じて敬語を適切に使い，よりよいコミュニケーションを心掛けましょう。

【礼状の例】

　拝啓　暑い日が続きますが，○○様はじめ事務所の皆様お元気でいらっしゃいますか。

　先日の職場体験では，大変お世話になり，ありがとうございました。運輸会社の仕事は多様かつ広範囲で，私は大変驚きました。○○様をはじめ配送事務担当の皆様から事務仕事の説明や，倉庫の清掃の仕方等，とても丁寧に教えていただきました。心から感謝申し上げます。

　父も配送関連の仕事ですので，早速うちに帰って話したところ，親切な職場で体験ができて幸せだなと申しておりました。

　お盆の時期になるとますますお忙しくなることでしょう。どうぞお体に気を付けてお過ごしください。ありがとうございました。

　　　　　　　　　　　　　　　　　　敬具

4 人間のきずな

聞き上手になろう
質問で思いや考えを引き出す
（2時間）

1 単元の目標・評価規準

・言葉には，相手の行動を促す働きがあることに気付くことができる。〔知識及び技能〕(1)ア
・論理の展開などに注意して聞き，話し手の考えと比較しながら，自分の考えをまとめることができる。〔思考力，判断力，表現力等〕A(1)エ
・言葉がもつ価値を認識するとともに，読書を生活に役立て，我が国の言語文化を大切にして，思いや考えを伝え合おうとする。「学びに向かう力，人間性等」

知識・技能	言葉には，相手の行動を促す働きがあることに気付いている。((1)ア)
思考・判断・表現	「話すこと・聞くこと」において，論理の展開などに注意して聞き，話し手の考えと比較しながら，自分の考えをまとめている。(A(1)エ)
主体的に学習に取り組む態度	相手と目的を意識した上で，粘り強く相手の論理の展開などを注意して聞き，進んで相手の話を充実させる質問をしようとしている。

2 単元の特色

教材の特徴

　本教材は，3年間を通して系統的に位置付けられた単元の2年目のものである。1年次で，聞き方の工夫や質問の種類を主に学習したことを踏まえて，相手の思いや考えを引き出すインタビューを行う。相手の思いや考えを引き出すには，誠実な態度で傾聴し，話し手にとって答えやすい質問をすることが肝要である。そこで，聞き手の効果的な技能を理解した上で，話し手・聞き手・聴衆が得たい情報を考えてインタビューに臨むことで，能動的な聞く力の育成を目指していく。効果的な技能の習得には，『東京都中学校国語教育研究会第一研究部（東山信彦）「話し合いプログラム」』における「もやしちゃん」を参考にして，本単元の指導を行う。「もやしちゃん」の合い言葉「それでも青い服のもやしちゃん」
　　そ：それどういうこと（詳しく説明して）？　　れ：例をあげて？　　で：でも？逆に？
　　も：もし～ならどうする（どうなる）？　　あ：相槌　　お：驚き　　い：言い換え
　　ふく：復唱　　も：目的　　や：役割　　し：進行管理　　ちゃん：ちゃんとルールを守る
を取り入れられれば，相手の思いや考えを引き出すことができる可能性が高まる。本単元では，比較的難易度の高い最初の八項目が達成できるように指導を行う。

身に付けさせたい資質・能力

　本単元は，学習指導要領〔知識及び技能〕(1)ア「言葉には，相手の行動を促す働きがあることに気付くこと。」に重点を置き，指導に当たる。生徒たちは，多くの場面で他者と関わり合いながら生活をしている。その中で何かを依頼したり，されたりする場面は数多くあり，依頼の仕方によって相手の行動も大きく変わってくる。まずはその点に気付くことから始め，次第に相手の思いや考えを引き出すにはどのような質問がよいのかを相手と目的を確認した上で，「もやしちゃん」を用いて，理解させたい。またインタビューをしている中で，相手が伝え足りないと感じる主張や根拠などを的確に判断し，追加で質問できるようにもしていきたい。そのための言語活動として，小グループでインタビューをし合い，その様子をタブレット等で録画し，振り返りを入念に行う活動を展開する。振り返りの際は，話し手が伝え足りないと感じることはないかを必ず確認し，録画を見ながら自身の質問の仕方を省察する。そして，学習指導要領A(1)エ「論理の展開などに注意して聞き，話し手の考えと比較しながら，自分の考えをまとめること」に沿って，質問後に話し手と自分の考えを比較し，まとめていくことで，生徒自身の価値観が広がるようにしていく。

3　学習指導計画（全2時間）

次	時	○主な学習活動	☆指導上の留意点　◆評価規準
一	1	○単元の流れ・目標を示し，学習の見通しをもつ。 ○相手の思いや考えを引き出す質問とはどのようなものか，インタビューを例に考える。 ○効果的なインタビューの方法を理解する。 ○テーマに対し，話し手の話したいことや聞き手や聴衆の聞きたいことは何か考える。 ○実際にインタビューを行う。 ○グループでインタビュー結果を振り返り，次回につなげる。	☆「それでも青い服のもやしちゃん」を確認し，効果的な聞く技能について理解させる。 ☆インタビューの際は，相手と目的を確認し，タブレット等で自身の様子を録画させる。 ◆質問や振る舞いを工夫することで，相手の考えを引き出すことに気付いている。【知・技】 ◆相手と目的を意識し，粘り強く相手の論理などを聞き，相手の話を充実させる質問をしようとしている。【主】
二	2	○前時の復習と本時の目標を確認し，学習の見通しをもつ。 ○前回のインタビューを踏まえ，今回インタビューする上での修正点を考える。 ○実際にインタビューを行う。 ○グループでインタビュー結果を振り返り，単元全体のまとめを行う。	☆前回の内容のよかった点と改善点を必ず確認し，今回の内容に生かすようにさせる。 ☆インタビューの際は，相手と目的を確認し，タブレット等で自身の様子を録画させる。また振り返りは思考ツールを使い，視覚的にまとめさせる。 ◆自身の考えと比較しながら，話を聞き，そこから考えたことをまとめている。【思・判・表】 ◆相手と目的を意識し，粘り強く相手の論理などを聞き，相手の話を充実させる質問をしようとしている。【主】

聞き上手になろう　質問で思いや考えを引き出す

指導の重点
- 言葉には，相手の行動を促す働きがあることに気付かせる。
- 相手と目的を意識した上で，相手の論理の展開などを注意して聞き，相手の話を充実させる質問をさせる。

本時の展開に即した主な評価規準例（Bと認められる生徒の姿の例）
- 質問や振る舞いを工夫することで，相手の考えを引き出すことに気付いている。【知・技】
- 相手と目的を意識し，粘り強く相手の論理などを聞き，相手の話を充実させる質問をしようとしている。【主】

生徒に示す本時の目標
効果的なインタビューの方法を理解し，話の展開に注意して聞き，相手の思いや考えを引き出す質問をしよう

1　単元の流れ・目標を示し，学習の見通しをもつ

T：皆さんは「インタビュー」と聞いて，どのようなことを想像しますか。
○1分程度，隣の席の生徒同士で話し合い，全体で簡単に確認する。
T：この単元では，「インタビューとは何か」を把握した上で，「効果的なインタビューの方法」を理解し，実際にインタビューをすることで相手の思いや考えを引き出していきます。

2　「相手の思いや考えを引き出す質問」とはどのようなものか考える

T：では，実際のインタビューの例を見て，「相手の思いや考えを引き出す質問」とはどのような質問か考えてみましょう。
○例を前にあるスクリーン等で視聴する。
○3分程度，近くの席の生徒四人程度で考える。
○挙手等で全体確認するか，ロイロノート・スクール等を使い，意見を提出させ，全体共有する。

ポイント　スモールステップで考える
「相手の思いや考えを引き出す質問」がどのような質問か意見が出ない場合は，そもそもどのような質問が出ていたか挙げさせ，その質問がインタビューの中で果たした役割や効果について考えていくと，相手の思いや考えに迫る質問について理解しやすくなる。

3　効果的なインタビューの方法を理解する

T：今まで考えてきたことをまとめて，「効果的なインタビューの方法」とは何か学習します。これは，「もやしちゃん」です。もやしちゃんの合言葉は，「それでも青い服のもやしちゃん」です。確認していきましょう（本書 p.176参照）。
○先程確認した「相手の思いや考えを引き出す質問」とはどのようなものか生徒から出てきた意見を可能な限り「もやしちゃん」と結び付ける。
○1年生のときに学習した「聞き上手になろう」の単元の復習も意識する。

4　プレインタビューの準備を行う

○必ず，相手と目的を確認する。

準備物：プロジェクター，黒板掲示用資料，ワークシート

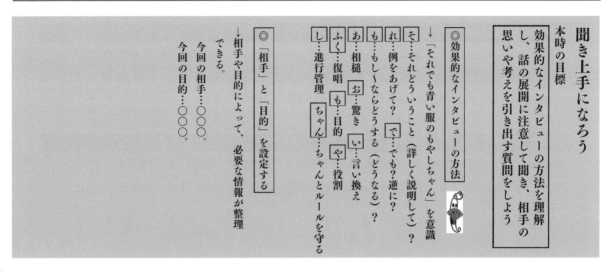

6 自分のプレインタビューを振り返り，次時の見通しをもつ

T：録画を見ながら，どのような質問や態度が効果的だったか，グループのほかの人のプレインタビューも参考にして考えてみましょう。

○考えた結果は，ロイロノートの一枚のシートにまとめる。次回は振り返った内容を基にさらにレベルの高いものを目指す。

ポイント　相手と目的を考える

相手と目的を設定することで，既に相手が知っている情報（今回は価値のない情報）や引き出すべき情報（価値のある情報）などの整理ができるため，生徒の思考が深まる。

○テーマは「最近気になるニュース」とし，プレインタビューの順番や役割を決める。話し手は話すことを決め，聞き手に事前に話題を伝える。
○聞き手は話し手から話題を聞いたら，「話し手が話したいこと」・「自分や聴衆が聞きたいこと」を考え，ワークシートにまとめる。
○まとめる作業が難しいと感じる生徒には，簡単に話し手と確認する時間を設けてもよい。

5　プレインタビュー（練習）を行う

T：実際に「もやしちゃん」を意識して，プレインタビュー（練習）をしましょう。
○四人程度の小グループで実際にプレインタビュー（練習）を一人３分で行う。
○実施の際，聴衆役の生徒にはプレインタビューの様子をタブレット等で録画させ，時間管理を行わせる。

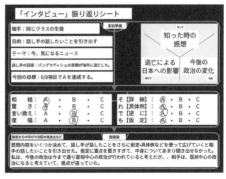

【実際の様子と生徒の例】

2/2時間 聞き上手になろう　質問で思いや考えを引き出す

指導の重点
・論理の展開などに注意して聞き，話し手の考えと比較しながら，自分の考えをまとめさせる。
・相手と目的を意識した上で，粘り強く相手の論理の展開などに注意して聞き，相手の話を充実させる質問をさせる。

本時の展開に即した主な評価規準例（Bと認められる生徒の姿の例）
・自身の考えと比較しながら，話を聞き，そこから考えたことをまとめている。【思・判・表】
・相手と目的を意識し，粘り強く相手の論理などを聞き，相手の話を充実させる質問をしようとしている。【主】

生徒に示す本時の目標
相手の思いや考えを引き出す質問をしてインタビューを充実させよう

1　前時の学習内容を振り返り，本時の目標と内容を確認する

T：前回は，「もやしちゃん」を基にプレインタビューを行いました。振り返りをグループで確認しましょう。
○必要に応じて前回の録画を見ながら行う。
○振り返りの際には，話し手が伝え足りないと感じることの有無を必ず確認し，自分の質問に足りなかったことを理解する。
T：今回は，前回を踏まえ，よりレベルの高い質問をしていきましょう。

2　インタビューの準備を行う

○前回と同様に必ず，相手と目的を確認する。
○テーマは「今，夢中になっていること」とし，インタビューをする役割と順番を決める。また，話し手は話すことを決め，聞き手に事前に話題を伝える。

> **発展　インタビューテーマを自由に設定する**
> 教科書にはテーマが出ているが，グループの実態に応じて，前回と同じテーマにしたり，発展的なテーマにしたりしてもよい。
> 社会科の資料集等に掲載されている時事問題や入学試験等の集団討論などのテーマから抜粋すると教科横断の深い学びにつながる。

○前回と同様に，「話し手が話したいこと」・「自分や聴衆が聞きたいこと」を考え，まとめる。
○まとめたものや前回の振り返りを踏まえ，相手の思いや考えを引き出すための質問について「もやしちゃん」を活用しながら個人で最終確認する。

3　インタビューを行う

T：「もやしちゃん」や前回の振り返りを意識して，インタビュー（本番）をしましょう。
○四人程度の小グループで実際にインタビューを一人5分で行う。
○実施の際，聴衆役の生徒にはインタビューの様子をタブレット等で録画させ，時間管理を行わせる。

> **ポイント　生徒の様子を見て助言する**
> 単発の質問を複数個しているだけの生徒がいる場合は，相手の答えを深めていく質問

準備物：前時のワークシート

聞き上手になろう

本時の目標
相手の思いや考えを引き出す質問をしてインタビューを充実させよう

◎インタビューを行う
相手…同じクラスの同級生
目的…相手の思いや考えを引き出すこと
→「それでも青い服のもやしちゃん」を意識
→前回の振り返りを活かす

◎振り返り
・前回の課題を踏まえてできたか。
・「それでも青い服のもやしちゃん」を意識できたか。
・相手の意見に対して、自分はどう考えたか。

（「それでも青い服のもやしちゃん」の「そ」・「れ」の部分）を連続させるとよいことを助言する。

4　自分のインタビューを振り返る

T：録画を見ながら，自分のインタビューを振り返ってみましょう。その際，前回の課題を達成できたかどうかに注目しましょう。

ポイント　話し手の意見を踏まえ，自分の意見を記述させる

聞き取った意見に対して，自身はどう思ったか考え，振り返り等で記述させると学習が深まる。

5　単元のまとめ

T：振り返りやまとめを一人1分程度で発表し，小グループで共有しましょう。
○プレゼンさせることで自分なりに整理させる。
○今後のあらゆる「聞く」場面においてこの単元の学習成果を生かすよう助言する。

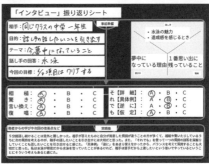
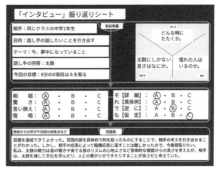

【実際の様子と生徒の例】

4　人間のきずな

漢字2　同じ訓・同じ音をもつ漢字／漢字に親しもう3　（1時間）

1　単元の目標・評価規準

・第1学年までに学習した常用漢字に加え，その他の常用漢字を読むことができる。また，学年別漢字配当表に示されている漢字を書き，文や文章の中で使うことができる。
〔知識及び技能〕(1)ウ

・同音異義語や同訓異字について理解し，話や文章の中で使うことを通して，語感を磨き語彙を豊かにすることができる。
〔知識及び技能〕(1)エ

・言葉がもつ価値を認識するとともに，読書を生活に役立て，我が国の言語文化を大切にして思いや考えを伝え合おうとする。
「学びに向かう力，人間性等」

知識・技能	・第1学年までに学習した常用漢字に加え，その他の常用漢字を読んでいる。また，学年別漢字配当表に示されている漢字を書き，文や文章の中で使っている。((1)ウ) ・同音異義語や同訓異字について理解し，話や文章の中で使うことを通して，語感を磨き語彙を豊かにしている。((1)エ)
主体的に学習に取り組む態度	積極的に同じ訓・同じ音をもつ漢字の意味の違いを辞書で調べ，文章の中で漢字を正確に読んだり書いたりしようとしている。

2　単元の特色

教材の特徴
　本教材は漢字を取り立てて学習する単元で3回目となる。内容は，第1学年での既習事項である「漢字の音訓」の内容を受けて，「同訓異字」「同音異義語」を学習するものとなる。「漢字に親しもう3」では「同訓異字」の問題が出題されており，文脈に合わせて漢字を使い分ける問題演習を通して知識の定着を図ることができるため併せて学習したい。

身に付けさせたい資質・能力
　「同音異義語」や「同訓異字」について理解し，話や文章の中で使うことを通して漢字を使い分ける力を身に付けさせたい。そこで，本教材を通してそれぞれの漢字が表す意味や文脈の中での使われ方を考えることで，漢字を正しく使い分けられる力を身に付けさせる。また，学

習指導要領に「同音異義語」に関して「話し言葉の場合は意味内容の伝達に混乱が生じやすいので，常に注意する必要がある。」とあり，誤って理解されそうな「同音異義語」を考える活動を行うことで「話すこと・聞くこと」の学習にも生かせる力を身に付けさせたい。

3 学習指導計画（全1時間）

時	○主な学習活動	☆指導上の留意点　◆評価規準
1	○「同訓異字」と「同音異義語」について確認する。 ○ワークシートと「漢字に親しもう3」の問題演習に取り組む。 ・個人で「同訓異字」「同音異義語」の短文づくりの課題に取り組む。 ・学習班で話し言葉の場合，意味内容の伝達に混乱が生じやすい「同音異義語」を考える。 ・学校新聞の誤字変換を訂正する課題に取り組む。 ・振り返りシートに学んだことをまとめる。	☆教材文等を用いて「同訓異字」と「同音異義語」についてまとめる。 ☆ワークシートを用いて「同訓異字」と「同音異義語」についての問題演習に取り組ませる。 ◆同じ訓・同じ音をもつ漢字について理解し，文脈に即して漢字のもつ意味を考えながら，文章中で漢字を使い分けている。【知・技】 ◆積極的に同じ訓・同じ音をもつ漢字の意味の違いを辞書で調べ，文章の中で漢字を正確に読んだり書いたりしようとしている。【主】

漢字2 同じ訓・同じ音をもつ漢字／漢字に親しもう3

1／1時間

指導の重点
- 同音異義語や同訓異字について理解させ、文や文章の中で適切に使い分けさせる。
- 漢字の意味を辞書で調べ、文章の中で正確に読んだり書いたりさせる。

本時の展開に即した主な評価規準例（Bと認められる生徒の姿の例）
- 同じ訓・同じ音をもつ漢字について理解し、文脈に即して漢字のもつ意味を考えながら、文章中で漢字を使い分けている。【知・技】
- 積極的に同じ訓・同じ音をもつ漢字の意味の違いを辞書で調べ、文章の中で漢字を正確に読んだり書いたりしようとしている。【主】

生徒に示す本時の目標
同じ訓・同じ音をもつ漢字について勉強し、漢字を使い分けられるようになろう

1 学習課題を提示する
T：今日は、「同じ訓・同じ音をもつ漢字」について学びます。はじめに教科書p.118を開いてください。パソコンを前にした人がどの漢字を入力すればいいのか悩んでいますね。「あつい」は1〜3のどれが正しいですか。同様に「きかい」についても1，2のどちらが正しいですか。教科書に○を付けてください。
○挙手をさせ、生徒に答えさせる。
T：では答え合わせです。「あつい」は1「きかい」も1が正解です。どうしてそれぞれの漢字を選んだのか理由を説明できる人は挙手して理由を教えてください。

> **ポイント　選んだ理由を言葉で説明させる**
> ここでは「文の意味に合わせて漢字を使い分ける」や「漢字の意味から推測して考える」などの言葉を引き出したい。

2 「同訓異字」「同音異義語」の使い分けについて理解する
T：「暑い」「熱い」「厚い」のように、同じ訓をもつが、意味の異なる漢字を「同訓異字」と言います。
○黒板に「同訓異字」の語と例を書き、「同訓異字」についての説明を書く。
T：次に、「機会」と「機械」のように、同じ音をもつ漢字から成る言葉を同音異義語と言います。
○黒板に「同音異義語」の語と教科書の例を書き「同音異義語」についての説明を書く。
T：p.119の練習問題に取り組みさらに理解を深めましょう。
○答え合わせは電子黒板を用いて解答を書き込む。または、生徒に挙手させ答えさせる。

3 ワークシートで問題演習　⬇ WS
T：では、ワークシートの①同訓異字の短文づくりに取り組みましょう。
○辞書を用いて調べ、意味の違いを確認させる。
○生徒に挙手で答えさせ、板書する。

> **発展　マスコミも迷う同訓異字**
> 食べ物の「かたい（固い・硬い・堅い）」はどの漢字が適切なのか判断が難しい例であ

準備物：黒板掲示用資料，国語辞典，ワークシート

漢字2 同じ訓・同じ音をもつ漢字

本時の目標
同じ訓・同じ音をもつ漢字について勉強し、漢字を使い分けられるようになろう

○同訓異字……同じ訓をもつが、意味の異なる漢字。

○同音意義語…同じ音をもつ漢字から成る言葉。

同訓異字の語　(例)　早い・速い　誤る・謝る

同音異義語の語　(例)　関心・感心　指示・支持

p.118上段イラストを掲示する

【ワークシートの答え】
① (例) 教室の窓から見える美しい風景を写真に「写し」、その写真をパソコンに移してから、プロジェクターで壁に「映し」ました。
② (例) オリンピックでは注目選手「以外」の選手が優勝する「意外」な結果となった。
③ (例) かがく (科学、化学)、すいせい (彗星、水星)、せいすう (整数、正数)
④ 誤　　正
　答え→応え
　完成→歓声

る。そこで、生徒に「固い・硬い・堅い」の漢字の違いについて考え話し合わせる活動を取り入れてみてもよい。話し合い後、「かたい (固い・硬い・堅い)」や「やわらかい (軟らかい・柔らかい)」に関してはテレビの字幕でどの漢字を使用するか、一般の人へ調査したり意見交換会を設けたりしながら漢字の使い分けについて検討していることを伝え、日常生活で目に触れるテレビの字幕や新聞、ネットニュース等でどの漢字を使用しているのか関心をもたせたい。

T：次に、②同音異義語の短文づくりをしましょう。

○生徒に挙手で答えさせ、板書する。

T：さて、先ほど扱った「同音異義語」ですが、書き言葉ではそれぞれの識別も難しくありません。しかし、話し言葉の場合は意味内容の伝達に混乱が生じやすいものもあります。例えば「しりつ」は「私立」と「市立」があり「わたくしりつ」と「いちりつ」のように言い分けて使うことも多いですね。次の問題は③話し言葉の場合、意味内容の伝達に混乱が生じやすい「同音異義語」の語句を班で考えてください。

○学習班 (三〜四人班) になりワークシートに記入させる。生徒に挙手させ発表させる。

T：最後に、④学校新聞の誤字変換を訂正する問題に挑戦しましょう。文脈に合わせて漢字を使う力が試されます。

○生徒に挙手で答えさせ、板書する。

4　漢字に親しもう3の問題を解く

○p.120「漢字に親しもう3」の問題演習をする。答えはノートに書かせ、答え合わせは電子黒板で行う。

○分からない漢字は辞書を用いて調べさせ、意味を確認する。

5　学習のまとめ

T：今日は「同じ訓・同じ音をもつ漢字」について学びました。今後、高校・大学とレポートを作成する際には手書きよりもパソコンで入力する機会の方が増えます。また、日常の連絡手段でもSNSなどを使って文字入力する機会も皆さんは多いことでしょう。その際、今日学んだ「同訓異字」と「同音異義語」を正しく使い分け、伝わる文章を書けるようにしましょう。

5 論理を捉えて

モアイは語る—地球の未来 （5時間）

1 単元の目標・評価規準

・意見と根拠，具体と抽象など情報と情報との関係について理解することができる。
〔知識及び技能〕(2)ア
・文章の構成や論理の展開について考えることができる。
〔思考力，判断力，表現力等〕C(1)エ
・文章を読んで理解したことや考えたことを知識や経験と結び付け，自分の考えを広げたり深めたりすることができる。 〔思考力，判断力，表現力等〕C(1)オ
・言葉がもつ価値を認識するとともに，読書を生活に役立て，我が国の言語文化を大切にして，思いや考えを伝え合おうとする。 「学びに向かう力，人間性等」

知識・技能	意見と根拠，具体と抽象など情報と情報との関係について理解している。((2)ア)
思考・判断・表現	・「読むこと」において，文章の構成や論理の展開について考えている。（C(1)エ） ・「読むこと」において，文章を読んで理解したことや考えたことを知識や経験と結び付け，自分の考えを広げたり深めたりしている。（C(1)オ）
主体的に学習に取り組む態度	粘り強く論理の展開について考え，筆者の主張に対する自分の考えを文章にまとめようとしている。

2 単元の特色

教材の特徴

　本教材は，「序論・本論・結論」で構成されている文章である。序論でイースター島に関する四つの問題提起がされ，本論で四つの問いに対する答えと根拠を示し，それらを踏まえ，結論部分では，イースター島の問題を現代の地球規模の問題に広げ，筆者自身の主張につなげる構成となっている。このような文章構成を理解した上で，まずは筆者の主張とその根拠を正確に読み取ることから始め，それらを自分なりにまとめさせていき，読解力を高めさせたい。
　また次の段階として，筆者の論理展開に妥当性があるかどうか吟味させることで，批判的な読みを行う力を養成する。このような活動を通して最終的には，論理展開を吟味するのに必要なことが何か気付かせ，吟味した筆者の主張に対し，自身の知識や経験と結び付けた意見をもつことで自らの考えを広げさせることにも焦点を当てていきたい。

身に付けさせたい資質・能力

　本単元では，学習指導要領C(1)エ「文章の構成や論理の展開について考えること」に重点を置き，指導に当たる。本文では，イースター島の例のように現代の地球も同様の危機に瀕していると述べられている。この例えが妥当かどうか考察することが鍵である。論理の飛躍を起こしているか判断するためには，主張や根拠を読み取り，それに基づいて考えていく必要がある。そのために言語活動として，思考ツールを用いた主張や根拠を捉える活動をスモールステップを意識して協働的に行っていく。これは，〔知識及び技能〕(2)ア「意見と根拠，具体と抽象など情報と情報との関係について理解する」ことと〔思考・判断・表現〕の指導事項を相互に関連させながら，授業を進めるということである。そうすることで，クリティカルリーディングの視点をもった読解ができるようにしたい。

3　学習指導計画（全5時間）

次	時	○主な学習活動	☆指導上の留意点　◆評価規準
一	1	○単元の流れ・目標を示し，学習の見通しをもつ。 ○本文を通読し，小グループで音読を行う。 ○形式段落に番号を付ける。 ○本文を「序論・本論・結論」に分ける。	☆本文を分ける際は，必ず根拠も挙げさせる。 ☆音読は，第2・3時も同様に授業冒頭で行う。 ◆適切な根拠とともに本文を三つに分けている。【知・技】
二	2	○本文の四つの問いとその答えと根拠を捉え，まとめる。	☆思考ツールを用いて，視覚的にまとめさせる。 ◆適切な根拠を基に四つの問いとその答えを導いている。【知・技】
	3	○筆者が考えるイースター島と地球の共通点を工夫して，まとめる。 ○「モアイの秘密を基に地球の未来を考える筆者」の論理展開について，吟味し，評価する。	☆思考ツールを用いて，視覚的にまとめさせる。 ☆今までまとめてきた資料を活用して吟味する。 ◆文章の構成を踏まえ，イースター島と地球の共通点を工夫してまとめている。【思・判・表】 ◆粘り強く根拠を基に論理の展開について吟味，評価しようとしている。【主】
三	4	○前時に吟味したものを200〜400字でまとめる。 ○出来上がったものをグループで検討し，修正の必要があれば，修正する。	☆まとめる際には，書き始めを統一させ，比較・検討しやすくさせる。 ◆筆者の論理の展開について，本文中からの根拠を基に，吟味，評価している。【思・判・表】
	5	○本文の内容を筆者の主張を中心に復習する。 ○筆者の主張に対する自分の意見を知識や経験と結び付けて考え，交流する。 ○単元の学習を振り返る。	☆必要に応じて，学校図書館を利用させる。 ◆文章を読んで，考えたことなどを自身の知識や経験と結び付け表現している。【思・判・表】 ◆粘り強く筆者の主張に対する自分の考えを文章にまとめようとしている。【主】

1/5時間 モアイは語る─地球の未来

指導の重点
・意見と根拠，具体と抽象など情報と情報との関係について理解させる。

本時の展開に即した主な評価規準例（Bと認められる生徒の姿の例）
・適切な根拠とともに本文を三つに分けている。【知・技】

生徒に示す本時の目標
本文を読み，文章の構成を捉えよう

1　単元の流れ・目標を示し，学習の見通しをもつ

T：皆さんは「モアイ」を知っていますか。
○生徒から出てきた発言を基に，教科書の挿絵等も見せ，興味をもたせた上で目標を示す。
T：この単元では，モアイに関する文章の読解を通じて，筆者の論理の展開の仕方がどのようなものなのか考察していきたいと思います。

2　本文を通読し，小グループで音読を行う

○本文を範読する。
T：今から本文を読みます。読み方の分からない漢字には読み方を書き，意味の分からない単語には線を引きましょう。そのほかに気付いたことがあれば，メモをしておきましょう。
○小グループ（四人程度）で音読を行う。
T：それでは，グループで音読をしましょう。

> **発展**
> 生徒の実態に応じて，意味の分からない単語をタブレット等や辞書を用いて調べさせ，グループで共有する活動を行うことも可能である。

3　段落に番号を付ける

○完成したら，隣の席の生徒同士や音読を行った小グループで解答確認を行わせる。
○余裕があれば，段落と意味のまとまりについて簡単に復習する。

4　本文を「序論・本論・結論」に分ける

T：本文を「序論・本論・結論」の三つに分けたいと思いますが，「序論・本論・結論」とは，それぞれどのようなものだったでしょうか。

> **ポイント　「序論・本論・結論」の既習事項の確認を行う**
> 「序論・本論・結論」に関しては，以下のような復習を行い，知識・技能の確認も必ず行う。
> ①「序論」には，「話題・問題提示」がくることが多く，具体的であることが多い。
> ②「本論」には，「事例とその説明やまとめ」がくることが多く，具体的であることが多い。
> ③「結論」には，「筆者の主張」がくること

準備物：ワークシート

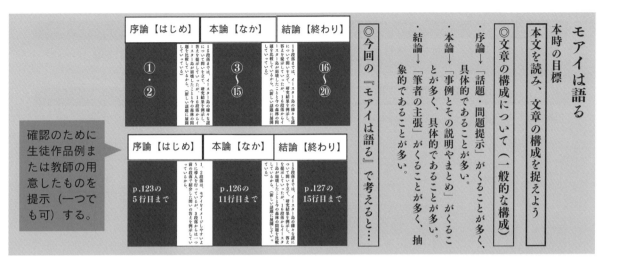

が多く、抽象的であることが多い。

T：それでは、今の復習を踏まえて、本文を「序論・本論・結論」に分けましょう。その際に、分けた理由も書きましょう。

○ロイロノートの「PMIチャート」を使い、視覚的にまとめさせる。ロイロノートがない際は、ワークシートやノートにまとめさせてもよい。 WS1

○分けた理由も併記させる。

T：完成したら、ロイロノート上の提出箱に提出しましょう。全員が提出したら、回答を共有するので、グループで確認してみましょう。

○分けた理由を中心に確認させる、終了したら、全体で確認する。

ポイント　先ほど確認した既習事項の確認とリンクさせる

　以下のように内容のまとまりに注目させて、確認させる。
①「序論」はモアイの紹介と四つの問いを提示している場面。
②「本論」はモアイの四つの問いに関する説明をしている場面。
③「結論」はモアイの例から導かれる筆者の主張が示されている場面。

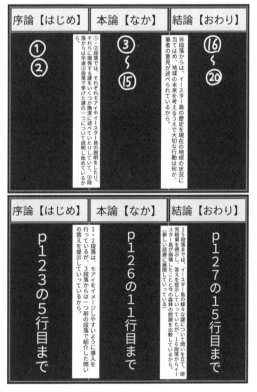

【生徒の例】

5　次時の見通しをもつ

T：次回は、今回分けた序論と本論のつながりを意識しながら、本文中の四つの問いに答えを出す活動を行います。

モアイは語る―地球の未来　●　189

モアイは語る―地球の未来

指導の重点
・意見と根拠、具体と抽象など情報と情報との関係について理解させる。

本時の展開に即した主な評価規準例（Bと認められる生徒の姿の例）
・適切な根拠を基に四つの問いとその答えを導いている。【知・技】

生徒に示す本時の目標
本文を読み、四つの問い・問いに対する答え・その根拠を捉え、まとめよう

1　前時の学習内容を振り返り、本時の目標と内容を確認する
T：前回は、本文を「序論・本論・結論」に分けました。確認してみましょう。
○隣の席の生徒と二人程度で分け方とともに1分程度で確認させる。
T：今回は、序論と本論の切れ目のポイントとなった四つの問いについて考えていきます。

2　小グループで本文の音読を行う
○小グループ（四人程度）で音読を行う。
T：それでは、前回のようにグループで音読をしましょう。

3　本文の四つの問い・答え・根拠・それらが書いてある段落番号を捉え、まとめる
T：本文に書かれているモアイに関する四つの問いを見つけましょう。見つけたものは、ロイロノート・スクールの「フィッシュボーン図」の所定の位置に書き（打ち）こみましょう。
○完成したら、隣の席の生徒同士や音読を行った小グループで解答確認を行わせる。
T：次に、四つの問いに対する解答と解答が書いてある段落を同じくロイロノートのシンキングツール「フィッシュボーン図」の所定の位置に書き（打ち）こみましょう。
○完成したら、隣の席の生徒同士や音読を行った小グループで解答確認を行わせる。

> **ポイント　スモールステップで躓きをなくす**
> 問い、問いに対する解答、解答が書いてある段落、解答根拠を一気に読み取り、確認させると問題が不明確になり、生徒の理解度が低くなる可能性があるので、一つ一つを確認させ、理解度を高めていくようにする。

T：解答根拠の部分のメモを同じくロイロノートのシンキングツール「フィッシュボーン図」の所定の位置に書き（打ち）こみましょう。
○完成したら、一つ目の問いの解答根拠の例を見本で教師が示す。二つ目以降の問いの解答根拠に関しては、隣の席の生徒同士や音読を行った小グループで確認させる。

> **ポイント　協働的な学びにより、より深く考えさせる**

準備物：前時のワークシート

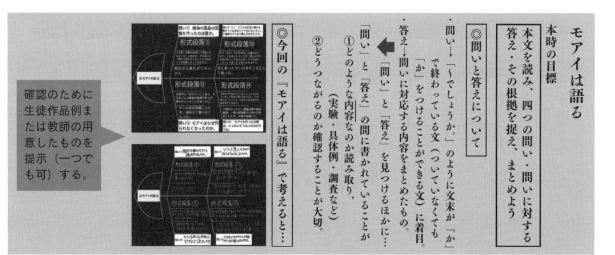

モアイは語る

本時の目標
本文を読み、四つの問い・問いに対する答え・その根拠を捉え、まとめよう

◎問いと答えについて
・問い→「〜でしょうか。」のように文末が「か」で終わっている文（ついていなくても「か」をつけることができる文）に着目。
・答え→問いに対応する内容をまとめたもの。

「問い」と「答え」を見つけるほかに…
①どのような内容なのか読み取り、
②どうつながるのか確認することが大切。

「問い」と「答え」の間に書かれていることが
（実験・具体例・調査など）

◎今回の『モアイは語る』で考えると…

確認のために生徒作品例または教師の用意したものを提示（一つでも可）する。

　解答の根拠を見つけ、詳細にまとめるのは難易度が高いため、以下の項目に留意させる。
① 「問い」、「問いに対する解答」、「解答が書いてある段落の番号」の順に「フィッシュボーン図」を用いて読解を行う。
② 「解答に対する根拠」をまとめるための材料を「フィッシュボーン図」にメモする。メモは、根拠のキーワード、根拠が書いてある部分の段落の要約などを自由に箇条書きで記入させる（グループで確認する際に自身に必要なメモを自ら判断させることが重要）。
③ 解答根拠等を確認させた後は、必ず根拠などを自身でまとめ直すようにさせる。

発展
　生徒の実態に応じて、「フィッシュボーン図」を使わず、どの思考ツールを使うと最も分かりやすく相手に伝わるか自身で考えさせ、考えたものにまとめさせることもできる。

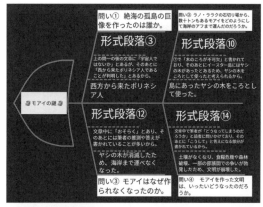

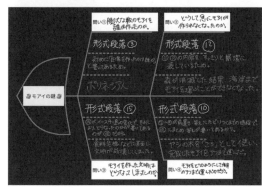

【生徒の例】

4　次時の見通しをもつ
T：次回は、今回分析したことを踏まえ、筆者の論理展開を吟味する活動を行います。

3 モアイは語る—地球の未来

(5/5時間)

指導の重点
・文章の構成や論理の展開について考えさせる。
・粘り強く論理の展開について考え，その妥当性について評価させる。

本時の展開に即した主な評価規準例（Bと認められる生徒の姿の例）
・文章の構成を踏まえ，イースター島と地球の共通点を工夫してまとめている。【思・判・表】
・粘り強く根拠を基に論理の展開について吟味，評価しようとしている。【主】

生徒に示す本時の目標
今までの学習を踏まえ，筆者の論理展開を吟味しよう

1 前時の学習内容を振り返り，本時の目標と内容を確認する
T：前回は，序論と本論の関係性を把握するために，本文中の「四つの問いとその根拠」を読み取りました。確認してみましょう。
○隣の席の生徒と1分程度で確認させる。
T：今回は，本論と結論の関係性をつかむために，イースター島と地球の共通点を考えます。

2 小グループで本文の音読を行う
○小グループ（四人程度）で音読を行う。

3 筆者の考えるイースター島と地球の共通点を工夫してまとめる
T：本論と結論の関係性をつかむために，筆者の考えるイースター島と地球の共通点を考えていきます。ワークシートに観点別に共通点をまとめましょう。まとめる際は，相手に伝わりやすいまとめ方を工夫してみましょう。⬇ WS2
○観点別に共通点をまとめることが困難な際は，一つ例示してもよい。特に，「人口増加」の観点の例を示すと，分かりやすく伝わる。
○完成したら，隣の席の生徒同士や音読を行った小グループで回答を確認させる。

> **ポイント 思考ツール一覧を見せて，どれが相手に伝わりやすいか考える**
> まとめることに苦戦している生徒に対しては，ロイロノート・スクール等で示されている思考ツールの一覧を見せ，どれが最も相手に伝わりやすいツールか考えさせると有効である。それでも厳しい場合には，教師が示した思考ツールの型にまとめさせたり，単純な表にまとめさせたりするのでもよい。

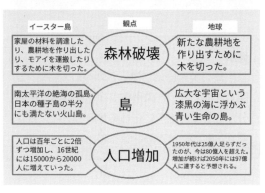

【生徒の例】

準備物：プロジェクター，ワークシート

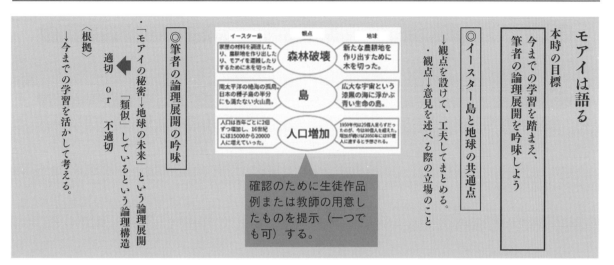

モアイは語る

本時の目標
今までの学習を踏まえ、筆者の論理展開を吟味しよう

◎イースター島と地球の共通点
→観点を設けて、工夫してまとめる。
・観点→意見を述べる際の立場のこと

◎筆者の論理展開の吟味
・「モアイの秘密→地球の未来」という論理展開
　適切 or 不適切
　←「類似」しているという論理構造
〈根拠〉
→今までの学習を活かして考える。

確認のために生徒作品例または教師の用意したものを提示（一つでも可）する。

---

4 「モアイの秘密を基に地球の未来を考える筆者」の論理展開について，吟味し，評価する

T：今までのまとめてきた考えや資料を用いて，「モアイの秘密を基に地球の未来を考える」筆者の論理展開が適切かどうか吟味し，評価しましょう。

○次回に文章にまとめるため，自身の考えなどをメモさせるようにする。

ポイント　学習のつながりを意識させ，思考の整理をさせた上で臨ませる

以下の三つの既習事項を意識させ，今までの意味のまとまり中心の学習を踏まえて，文章全体にかかわる学習につなげるよう意識させ，取り組ませる。
①第1時での本文を三つに分ける学習
②第2時での序論と本論の関係を考察する学習
③第3時での本論と結論の関係を考察する学習

中で整理され，さらに深い学びにつながる。

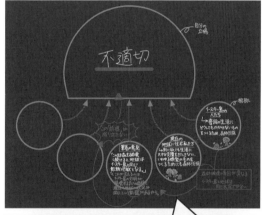

【生徒の例】

発展　構成メモを工夫させる

文章にまとめるための構成メモに思考ツール等を用いることで，まとめる要素が自分の

5　次時の見通しをもつ

T：次回は，吟味した論理展開を文章にまとめる活動を行います。

モアイは語る―地球の未来

指導の重点
・文章の構成や論理の展開について考えさせる。

本時の展開に即した主な評価規準例（Bと認められる生徒の姿の例）
・筆者の論理の展開について，本文中からの根拠を基に，吟味，評価している。【思・判・表】

生徒に示す本時の目標
前回吟味した内容を文章にまとめよう

1 前時の学習内容を振り返り，本時の目標と内容を確認する

T：前回は，文章全体の論理展開を吟味し，評価する準備をしました。筆者の論理展開が適切か不適切か，ロイロノート・スクール（Googleフォーム等でも代用可能）のアンケートで答えましょう。

○ロイロノート等がなければ，隣の席の生徒と簡単に確認させることでも代用可能。

○理由などは現段階では不要なので，適切か不適切か二択のアンケートで答えさせ，簡単に今日やることのイメージをもたせる。

T：今回は，吟味した内容を文章にまとめる活動を行いたいと思います。

2 「モアイの秘密を基に地球の未来を考える筆者」の論理展開について，吟味し，評価した内容を文章にまとめる

T：それでは，前回吟味した筆者の論理展開を評価する文章を200〜400字で書いてみましょう。

ポイント　書き始めを統一させ，出だしで躓く生徒を減らす

書き始めを「私は，筆者の論理展開は◇◇だと思う。」から書き始めるようにさせ，その次に書くべき根拠の吟味につなげやすくさせる。◇◇には，「適切」や「不適切」などを入れるとよい。

○文章を書くときは，紙の原稿用紙・デジタル上の原稿用紙の好きなほうを選択し，自由に書かせる（1行20字は固定した方がよい）。

3 完成した文章をグループで読み合う

T：完成した文章をお互いに回し読みし，よいところを挙げたり，矛盾する部分がないか確認したりしましょう。

○ふせん等によいところや矛盾するところを簡単に書き，四人程度で回し読みしていく。

○共同編集機能があるツール（ロイロノートやMicrosoft Teamsなど）を活用し，デジタル上で書き合ってもよい。

準備物：原稿用紙，ふせん

モアイは語る

本時の目標
前回吟味した内容を文章にまとめよう

◎筆者の論理展開の吟味
・「モアイの秘密→地球の未来」という論理展開
「類似」しているという論理構造
「適切」「不適切」←「そう考える根拠」
→書き出しは、「私は、筆者の論理展開は○○だと思う。」とする。
→「根拠」の部分に「論理の飛躍（説明が飛びすぎて根拠になっていない）」が起きないように丁寧に説明する。

◎文章の読み合い
→よい点を黄色のふせんに、改善点を緑色のふせんに書く。

ポイント　必ず相互にコメント付きの読み合いを行う
同級生からのコメントにより書いたことへの達成感につながることがある。手書きで書いたものには手書きのコメントがあることが望ましい。

4 次時の見通しをもつ
T：次回は，筆者の意見に対しての考えを考えていきたいと思います。

【実際の様子】

【論理展開に対し，不適切であるとする例】

【論理展開に対し，適切であるとする例】

モアイは語る―地球の未来 ● 195

モアイは語る―地球の未来

指導の重点
- 文章を読んで理解したことや考えたことを知識や経験と結び付け，自分の考えを広げたり深めたりさせる。
- 筆者の主張に対する自分の意見を考え，知識や経験などと結び付けた上で文章にまとめさせる。

本時の展開に即した主な評価規準例（Bと認められる生徒の姿の例）
- 文章を読んで，考えたことなどを自身の知識や経験と結び付け表現している。【思・判・表】
- 粘り強く筆者の主張に対する自分の考えを文章にまとめようとしている。【主】

生徒に示す本時の目標
自分の知識や経験と筆者の意見に対して考えたことを結び付けて，まとめよう

1 前時の学習内容をワークシートで振り返り，本時の目標と内容を確認する ⬇ WS3

T：前回は，論理の展開に関して吟味したものをまとめ，発表しました。今回は，筆者の主張に対しての自分の意見を交流していきます。まずは，筆者の主張とその根拠はどのようなものだったか復習しましょう。
○隣の席の生徒同士で復習し合い，その後全体で主張と根拠を確認する。

2 筆者の主張に対する自分の意見を知識や経験と結び付けて考える

T：それでは，筆者の主張に対してどのように思うか，自分の知識や経験と結び付けて考えてみましょう。
○意見はロイロノート等にまとめ，全体で共有できるようにする。今回は無理に字数を指定した文章にまとめなくてもよい。
○まとめ方は指定せず，自由にまとめさせる。その際には，分かりやすさを意識して作成させる。

ポイント　筆者の主張を疑って考えてみる
この課題で難しいポイントは，「自分の知識や経験と結び付けて」という条件がある点である。そこで，なかなか進まない生徒に対しては，以下の手順で取り組ませる。
①確認した「筆者の主張は，いつでも絶対正しいと言えるか。」を判断する。
②なぜ①のように判断したのか理由を考える。
③考えた理由の中で，何かしら自分の経験や知識に沿っているものはないか検討する。
④以上のことを踏まえ，①〜③で考えた筆者の意見に対して自分だったらどう思うか考察する。

○まず自由に意見を言わせる。その後グループで吟味させながら，焦点を絞っていくとよい。

3 挙げた意見を共有し，グループで交流する

T：先程挙げた，意見をグループで共有し，説得力がある内容か考えてみましょう。
○四人程度の小グループで行う。
○説得力がある内容かどうかは，
　①主張と根拠の間に飛躍がないか。
　②自分の知識や経験と結び付けているか。

準備物：ワークシート

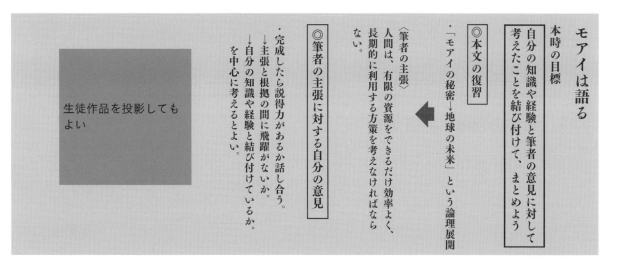

モアイは語る

本時の目標
自分の知識や経験と筆者の意見に対して考えたことを結び付けて、まとめよう

◎ 本文の復習
・「モアイの秘密→地球の未来」という論理展開

〈筆者の主張〉
人間は、有限の資源をできるだけ効率よく、長期的に利用する方策を考えなければならない。

◎ 筆者の主張に対する自分の意見
・完成したら説得力があるか話し合う。
→主張と根拠の間に飛躍がないか。
→自分の知識や経験と結び付けているか。
を中心に考えるとよい。

生徒作品を投影してもよい

の2点に注目するとよい。

> **ポイント　学校図書館を活用する**
> 　内容によっては、探究的な内容になる可能性がある。そういったときは、学校司書と連携を取り、学校図書館を利用すると、探究的な深い学びにつながる。学校図書館が利用できない際は、端末等を活用して進めてもよい。

【筆者の意見に対する思い】
　どんなに長期利用の方策が上手くいったとしても、いつかは資源が枯渇してしまうため、筆者のように有限資源にしか目を向けないのではなく、そのこと以外にも目を向けるべき。
【経験】
　私の祖父母の家の屋根には、太陽光パネルがついている。太陽光による発電で生まれた電気を使い、家庭の大部分の電気使用量をまかなうことができていて、有限資源である化石燃料に依存していない。
【知識】
　現代社会には有限な資源だけではなく、太陽や風力、水力などの力を利用した、自然エネルギーがある。自然エネルギーを利用していくことによって、資源の枯渇問題の現状をやわらげることができる。
【自分の意見】
　有限資源の効率的な利用法を考えることも大切だと思うが、有限資源だけに目を向けるのではなく、自然エネルギーの発電にも着目し、さらに研究を進め、自然の力を上手く利用して生活していく道（新たに資源を作り出すこと）も考えた方が良いと思う。

【生徒の例】

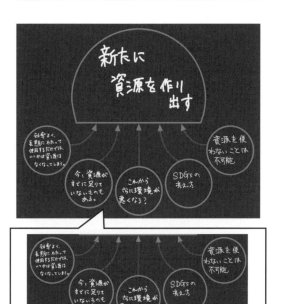

【実際の様子】

4　単元のまとめを行う

T：この単元では、文章の読み取りに加え、論理展開の吟味、そして文章を批判的に検討することも考えました。ほかの文章を読んだ際に生かせることがたくさんあるので、生かしていきましょう。

5 論理を捉えて

思考のレッスン1　根拠の吟味　（1時間）

1　単元の目標・評価規準

・意見と根拠，具体と抽象など情報と情報との関係について理解することができる。
〔知識及び技能〕(2)ア
・言葉がもつ価値を認識するとともに，読書を生活に役立て，我が国の言語文化を大切にして，思いや考えを伝え合おうとする。　「学びに向かう力，人間性等」

知識・技能	意見と根拠，具体と抽象など情報と情報との関係について理解している。　((2)ア)
主体的に学習に取り組む態度	積極的に根拠の適切さや適切な理由づけについて考え，学習課題に沿って意見と根拠との関係について理解しようとしている。

2　単元の特色

教材の特徴

　「私たちのクラスは，今年の文化祭で，ダンスに取り組むべきだ。」という意見とそれを支えるためのいくつかの根拠が，意見と根拠との関係について考えるための具体例として挙げられている。不適切な根拠を生徒に提示してどう感じたかを問うことで，「〜だから」という表面上の言葉に惑わされずに意見と根拠との関係について吟味することの必要性を実感させたい。
　「問題1」は，根拠の客観性，根拠の信頼性，「理由づけ」の有無といった根拠の適切さを吟味するための観点について理解するための課題として，「問題2」は，どのように根拠を示すと説得力の高い意見を述べることができるかについて考えるための課題として活用することができる。
　本単元に示された問題等を通して，意見と根拠との関係に関わる知識・技能を十分に習得した上で，次の単元での意見文を書く学習活動へと展開できるようにしたい。

身に付けさせたい資質・能力

　本単元では，学習指導要領〔知識及び技能〕(2)ア「意見と根拠，具体と抽象など情報と情報との関係について理解すること」のうち，意見と根拠との関係について理解することに重点を置く。この資質・能力は，情報の受信者としても発信者としても求められるものであるが，〔思考力，判断力，表現力等〕B「書くこと」との関連で言えば，(1)ウ「根拠の適切さを考え

て説明や具体例を加えたり，表現の効果を考えて描写したりするなど，自分の考えが伝わる文章になるように工夫する」力の育成の前提となるものである。言語活動例としてはB(2)ア「多様な考えができる事柄について意見を述べるなど，自分の考えを書く活動」で発揮される。

　説得する相手を意識して意見を述べる練習となるように，本単元では「問題1」「問題2」に加えて次の「問題3」を設定する。「クラス全員で納得してダンスに取り組めるように，『文化祭でダンスに取り組みたくない。』と言う人を説得するためには，どのような根拠と『理由づけ』を示せばよいか。」という課題である。

　「ダンスに取り組みたくない。」と一口に言っても，「ダンスは嫌ではないがうまく踊れるか不安だ。」「習い事があるのに練習に時間がかかりそうで困る。」「人前が恥ずかしい。」など，様々な「ダンスに取り組みたくないわけ」が想定できる。想定した「取り組みたくないわけ」から一つを選んで，説得に必要な根拠と納得してもらうための「理由づけ」を考えることになる。

　説得する相手を明確に設定した上で意見と根拠の示し方について考える課題に取り組むことで，実際に自分の意見を発信する際に活用できる段階にまで，意見と根拠との関係についての理解を深めることができる。

3　学習指導計画（全1時間）

時	○主な学習活動	☆指導上の留意点　◆評価規準
1	○「私たちのクラスは，今年の文化祭で，ダンスに取り組むべきだ。」という意見について提示された根拠の不適切な点を指摘する。 ・タブレット等に入力する。 ・根拠の適切さを吟味する視点を理解する。 ○「問題1」に取り組む。 ・ワークシートに考えた内容を記入する。 ○意見の説得力を高める方法を理解する。 ○「問題2」に取り組む。 ・ワークシートに考えた内容を記入する。 ○「クラス全員で納得してダンスに取り組めるように，『文化祭でダンスに取り組みたくない。』と言う人を説得するためには，どのような根拠と『理由づけ』を示せばよいか。」を考える。 ・「ダンスに取り組みたくないわけ」を考える。 ・「ダンスに取り組みたくないわけ」から一つを選ぶ。 ・選んだものに応じて，適切な根拠と適切な「理由づけ」を考え，ワークシートに記入する。 ○学習を振り返る。	☆「客観的な事実を根拠としているか」「根拠とする事実に信頼が置けるか」「適切な『理由づけ』が示されているか」という三つの視点を理解させる。 ☆「理由づけ」が「意見と根拠との結び付き」を意味することについては1年生での既習内容であるが，必要に応じて説明を加える。 ☆意見を受け取る立場だけでなく，意見を伝える立場からも「意見と根拠との関係」について考えさせる。 ☆説得する相手に応じて適切な根拠が異なってくることに気付かせる。 ◆意見と根拠との間には「理由づけ」が必要であることを理解し，根拠の適切さを吟味したり，説得する相手を意識した適切な「理由づけ」を考えたりしている。【知・技】 ◆根拠の適切さを吟味したり適切な「理由づけ」について考えたりする中で，意見と根拠との関係についての理解を深めようとしている。【主】

思考のレッスン1　根拠の吟味

指導の重点
・意見と根拠との関係について理解し，それを活用して情報を分析したり相手を説得したりさせる。

本時の展開に即した主な評価規準例（Bと認められる生徒の姿の例）
・意見と根拠との間には「理由づけ」が必要であることを理解し，根拠の適切さを吟味したり，説得する相手を意識した適切な「理由づけ」を考えたりしている。【知・技】
・根拠の適切さを吟味したり適切な「理由づけ」について考えたりする中で，意見と根拠との関係についての理解を深めようとしている。【主】

生徒に示す本時の目標
意見と根拠との関係について理解し，それを活用して情報を分析したり相手を説得したりしよう

1　意見を受け取る立場で考える
T：「私たちのクラスは，今年の文化祭で，ダンスに取り組むべきだ。」という意見を支える根拠として，納得できないものはありますか。納得できない理由を教えてください。
○教科書に示されている三つの不適切な根拠を提示して，納得できない理由を考えさせる（教科書の説明はまだ見せず，ワークシートを見て考えさせる）。タブレット等からチャット機能などで入力させると，短時間で考えを共有できる。

生徒から「根拠になっていない。」「友達にしか聞いていない。」「三割では少ない。」などの意見が出ることが予想される。
T：それぞれのそれぞれの問題点に気付くことができましたね。意見を読んだり聞いたりするときにはそのまま受け入れてしまう前に，適切に根拠が示されているかを確かめてみましょう。

ポイント　根拠の適切さを吟味する視点
「客観的な事実を根拠としているか」「根拠とする事実に信頼が置けるか」「適切な『理由づけ』が示されているか」という三つの視点を理解させる。「理由づけ」が「意見と根拠との結び付き」を意味することについては1年生での既習内容であるが，黒板に図を示して説明する。

2　練習問題に取り組む（問題1）
T：「問題1」に取り組んで，根拠の適切さを吟味する練習をしてみましょう。
○①②③についてそれぞれの問題点を考え，ワークシートに記入させる。その後全体で共有する。

3　意見を伝える立場で考える
T：今度は意見を書いたり話したりする立場で考えてみましょう。意見と根拠との関係について考える視点をもつことで，自分の意見の説得力を高めることができます。
○教科書の内容を基に「客観的な事実（数値として示せるもの）や信頼性の高い事実（多くの人が共有できる体験談や出来事）を根拠とすること」「適切な『理由づけ』を明示すること」「根拠と『理由づけ』を複数提示すること」の三点を意見の説得力を高める方法として確認する。

準備物：ワークシート

思考のレッスン1　根拠の吟味

本時の目標
意見と根拠との関係について理解し、それを活用して情報を分析したり相手を説得したりしよう

【説得力のある意見】
↑
【適切な「理由づけ」】
説得する相手や状況に応じた根拠についての説明
↑
【適切な根拠】
客観的な事実
（数値として示せるもの）
信頼性の高い事実
（多くの人が共有できる体験談や出来事）

問題1　問題点を指摘しよう
① 根拠と意見とをつなぐ「理由づけ」が示されていない。
② 三人の言葉だけでは、根拠として信頼できない。
③ 根拠となる客観的事実が示されていない。

問題2　説得力を高めよう
① を根拠にした理由付けを根拠にした言葉を選ぶことで、本当に伝えたいことを表せるから。
② を根拠にした「理由づけ」何度も読んでもらうことで、確実に思いが伝わるから。
③ を根拠にした理由付け時間をかけて言葉を選ぶことで、本当に伝えたいことを表せるから。

問題3　「ダンスに取り組みたくない。」という人を説得しよう。
〈上手く踊れるか不安という人〉
「クラスの約6割がダンス選択〈根拠〉」
→「マンツーマンで練習できるから安心〈理由づけ〉」
〈昨年度の練習時間を調べる〈根拠〉〉
→負担の重くない練習計画が立てられることを説明する〈理由づけ〉

4　練習問題に取り組む（問題2）

T：「問題2」に取り組んで、意見の説得力を高める練習をしてみましょう。
〇選んだ根拠と「理由づけ」についてワークシートに記入させる。その後全体で共有する。

5　説得する相手と目的を意識して考える

T：さらに実践的に、説得する相手と状況を意識して考えてみましょう。実際に文化祭でダンスをするとしたら、クラス全員で納得して練習したいですよね。「ダンスに取り組みたくない。」と言う人がいた場合、教科書に示されている「根拠」や「理由づけ」で、納得してもらえるでしょうか。（問題3）
〇説得する相手や状況に応じて適切な根拠や適切な「理由づけ」は異なることに気付かせる。
T：ダンスに取り組みたくないわけとして、どのようなことが想定できますか。
〇「うまく踊れるか不安だ。」「習い事があるのに練習に時間がかかりそうで困る。」「人前が恥ずかしい。」など。
T：想定された「ダンスに取り組みたくないわけ」から一つを選んでください。相手に応じて、ダンスに取り組むことを納得してもらうために、どのような根拠と「理由づけ」を示せばよいか考えてみましょう。
〇「ダンスに取り組みたくないわけ」に応じて、示すべき根拠と「理由づけ」を考え、ワークシートに記入させる。
〇教科書に示されている根拠で説得できないと考えられる場合は、どのような根拠と「理由づけ」があれば説得できるかを考えさせる。

> **ポイント　説得する相手と状況の想定**
>
> 実際に自分の意見を発信する場合には、伝える相手や状況に応じてどのような根拠が適切か、どのような「理由づけ」をすれば納得してもらえるのかを考える必要がある。次の単元で意見文を書く際に、収集した情報から適切な根拠を選んだり、想定される反論への応答を考えたりするときにも重要な視点である。

6　学習を振り返る

〇意見と根拠との関係について理解したこと、それを生かせる場面について、ワークシートに記入させる。

5 論理を捉えて

適切な根拠を選んで書こう　意見文を書く　（5時間）

1 単元の目標・評価規準

・意見と根拠，具体と抽象など情報と情報との関係について理解することができる。
〔知識及び技能〕(2)ア
・伝えたいことが分かりやすく伝わるように，段落相互の関係などを明確にし，文章の構成や展開を工夫することができる。　〔思考力，判断力，表現力等〕B(1)イ
・根拠の適切さを考えて説明や具体例を加えたり，表現の効果を考えて描写したりするなど，自分の考えが伝わる文章になるように工夫することができる。
〔思考力，判断力，表現力等〕B(1)ウ
・言葉がもつ価値を認識するとともに，読書を生活に役立て，我が国の言語文化を大切にして，思いや考えを伝え合おうとする。　「学びに向かう力，人間性等」

知識・技能	意見と根拠，具体と抽象など情報と情報との関係について理解している。　((2)ア)
思考・判断・表現	・「書くこと」において，伝えたいことが分かりやすく伝わるように，段落相互の関係などを明確にし，文章の構成や展開を工夫している。　(B(1)イ) ・「書くこと」において，根拠の適切さを考えて説明や具体例を加えたり，表現の効果を考えて描写したりするなど，自分の考えが伝わる文章になるように工夫している。　(B(1)ウ)
主体的に学習に取り組む態度	積極的に文章の構成や根拠の適切さについて考え，学習課題に沿って自分の考えを書こうとしている。

2 単元の特色

教材の特徴

　多様な考え方のできる話題について自分の立場や提案を決め，根拠を適切に示しながら意見文を書く。直前の単元で身に付けた，意見と根拠との関係についての「知識・技能」を生かして学習活動に取り組ませたい。

　「電車やバスの優先席はなくしたほうがよいか」など，立場が大きく二分される話題を設定して書くタイプの意見文と，「フェイクニュースの拡散とメディアの役割について」など，ある話題に関する提案を書くタイプの意見文があるが，この単元では後者を主に想定しておく。

　話題については，他教科や「総合的な学習の時間」で扱っている学習内容を基に，各々の生

徒が興味・関心に応じて設定できるとよい。ただし，話題の設定に苦労する生徒がいることも想定しておく（本単元では話題を設定し，意見を決めるための時間を確保している）。

身に付けさせたい資質・能力

　本単元では，学習指導要領B(1)イ「伝えたいことが分かりやすく伝わるように，段落相互の関係などを明確にし，文章の構成や展開を工夫すること」及び，ウ「根拠の適切さを考えて説明や具体例を加えたり，表現の効果を考えて描写したりするなど，自分の考えが伝わる文章になるように工夫すること」を扱う。特に「根拠の適切さを考えて説明や具体例を加え，自分の考えが伝わる文章になるように工夫する」力の育成に重点を置く。

　言語活動としては，B(2)ア「多様な考えができる事柄について意見を述べるなど，自分の考えを書く活動。」を行う。直前の単元で身に付けた〔知識及び技能〕(2)ア「意見と根拠，具体と抽象など情報と情報との関係について理解すること。」を発揮して取り組むことになる。新聞に意見を投書して不特定多数の人が読むのか，学校内で意見文を共有して自分と同年代の人が読むのかによって，説明の詳細さや用いる根拠の選び方が異なってくる。本単元では次のような設定で言語活動を行う。「『中学生の主張　〇〇中学校紙面大会』として，理想の社会を実現するための提案を意見文にまとめる。より多くの生徒に自分の考えが伝わり，自分の意見に賛同してくれるように，根拠の示し方を工夫して意見文（600〜800字）を書く。」

3　学習指導計画（全5時間）

次	時	○主な学習活動	☆指導上の留意点　◆評価規準
一	1・2	○情報を収集して話題を決める。 ○集めた情報の信頼性を確かめる。 ○意見を決め，適切な根拠を選ぶ。	◆テーマに沿って集めた情報の中から，自分の意見を支える適切な情報を選んでいる。【知・技】
二	3	○「理由づけ」を考え，「根拠・理由づけ」の段落を下書きする。 ○想定される反論とそれに対する応答を考え，「反論への応答」の段落を下書きする。	☆第4時に構成の検討がしやすいよう，下書きは段落ごとにタブレット等に入力させる。 ◆集めた情報を根拠にして，自分の意見の価値や想定される反論への応答を考えている。【思・判・表】
	4	○タブレット等で下書きした段落ごとの内容を並べ替えて，自分の意見が読み手に伝わりやすい構成を検討する。 ○文末や段落ごとのつながりに注意しながら，600〜800字で原稿用紙にまとめる。 ○文章を読み返し，説得力があるかを確かめる。	◆自分の意見を分かりやすく読み手に伝えるために，二つの「根拠・理由づけ」と「反論への応答」をどのような順序で並べるとよいかを考え，その順序にした意図を言葉にしている。【思・判・表】 ◆意見が読み手に伝わるように，根拠の適切さや文章の構成を検討しようとしている。【主】
三	5	○三人程度のグループで意見文を読み合う。 ○一人一人の意見文についてよい点や改善点を検討する。 ○単元での学習を振り返る。	◆互いに文章を読み合う中で，自分の意見が読み手に伝わるような根拠の示し方や文章の構成について考えようとしている。【主】

適切な根拠を選んで書こう　意見文を書く

指導の重点
・意見文の話題を決め，意見の根拠にできる情報を集めさせる。

本時の展開に即した主な評価規準例（Bと認められる生徒の姿の例）
・テーマに沿って集めた情報の中から，自分の意見を支える適切な情報を選んでいる。【知・技】
（※第2時も併せて評価する）

生徒に示す本時の目標
意見文の話題を決め，意見の根拠になりそうな情報を集めよう

1　単元の見通しをもつ
T：『中学生の主張　○○中学校紙面大会』として，理想の社会を実現するための提案を意見文にまとめます。より多くの生徒に自分の考えが伝わり，より多くの生徒が自分の意見に賛同してくれるように，根拠の示し方を工夫して意見文（600〜800字）を書きましょう。4時間で意見文として書き上げ，5時間目にはお互いに読み合う時間を設定します。
○相手や目的を意識させるとともに，ワークシートで第1時から第5時までのおおまかな流れを示し，単元の見通しをもたせる。　WS1
○教科書の［意見文の例］を読み，意見文の基本的な段落の役割（「話題の提起」「意見の明示」「根拠・理由づけ」「反論への応答」）を捉えさせ，ワークシートで確認させる。

2　話題を決める
T：まずは話題を考えましょう。教科書では，「若者の投票率」を話題にしていますね。今，社会の中でどのようなことが問題になっているか考えてみましょう。SDGsに関わる問題など，ほかの授業で扱っている内容だと考えやすいかもしれません。インターネットで調べてみてもかまいません。
○社会の中でどのようなことが問題になっているかをタブレット等にチャット形式で入力して共有させる。（「食品ロス」「SNS上でのトラブル」「制服の必要性」「生成AIの活用法」「いじめの防止」など思いつく話題や調べた話題を次々に入力させていく。）
○教科書p.132の二次元コードから，「書くことのミニレッスン」内の「表現テーマ例集」を参考にすることもできる。
T：たくさんの話題を共有することができました。この中から「理想の社会を実現するための提案」というテーマに合っていて，興味をもって取り組める話題を選びましょう。
○選んだ話題をワークシートに記入させる。

3　話題に関する情報を収集する
T：選んだ話題に関する情報を，インターネットを活用して集めましょう。実際に意見文で引用するかは後で検討します。まずはできる限り多くの情報を集めましょう。
○見つけた情報はタブレット等でコピーしてドキ

準備物：ワークシート

> 適切な根拠を選んで書こう　意見文を書く
>
> 本時の目標
> 意見文の話題を決め、意見の根拠になりそうな情報を集めよう
>
> 場　『中学生の主張　○○中学校紙面大会』
> 相手　全校生徒
> 目的　より多くの生徒に、自分の意見を理解させ、賛同してもらう。
>
> (1) 話題を考えよう。
> 　○社会の中で問題になっていることとして思いつくことを入力する。
> (2) 話題に関わる情報を収集しよう。
> 　○できる限り多くの情報を集める。
> 　○情報源（書籍・新聞・ホームページ）をメモしておく。
> (3) 情報の信頼性を確かめよう。
> 　○発信者が明確な情報か。
> 　（出典を示せるか）
> 　○客観的な事実に基づいた情報か。

ュメントに貼り付けさせる。再度参照したり引用の際に出典を示したりできるよう、情報源をメモさせておく。

○他人の意見をそのまま自分の意見にするのではなく、事実を収集するように指導する。

> **発展**
> 　学校図書館で第1時を行い、新聞や書籍を含めた多様な方法で情報を収集させることもできる。

4　情報の信頼性を確かめる

T：集めた情報が全て信頼できるものとは限りません。信頼できない情報としてはどのようなものがありますか。

○発信者が明確でないもの、発信者の主観に基づくもの等、信頼できない情報の特徴を確認する。

T：集めた情報を信頼性の高いものとそうでないものに分類していきます。信頼できる情報のページと信頼できない情報のページにドキュメント上で分けておきましょう。

> **ポイント　情報の信頼性と意見文の説得力**
> 　発信者が明確になることで、意見文の中で

出典を示すことができる。また、客観的な事実に基づく情報を根拠とすることで、より多くの読み手に納得してもらえるようになる。このような情報の信頼性と意見文の説得力との関連を意識させる。

○教科書 pp.134-135の例を基に、引用の仕方と出典の示し方のイメージをもたせ、自分の集めた情報が出典を示せるものとなっているかを確認させる。

○インタビューや事例に関する情報であったとしても、「理由づけ」によって多くの人にとって共有できるものであることが説明できればよいことを補足する。

T：情報の分類が適切かどうか、ペアになって確認してみましょう。

○信頼性の高さに応じた分類として妥当かどうかをお互いに確認させる。

5　次時への見通しをもつ

T：次回は集めた情報を基にして意見を決め、意見を支えるのに適切な根拠を選んでいきます。

適切な根拠を選んで書こう　意見文を書く

2/5時間

指導の重点
・選んだ話題について集めた情報を基に自分の意見をもち，説得力のある文章にするための根拠となる情報を選ばせる。

本時の展開に即した主な評価規準例（Bと認められる生徒の姿の例）
・テーマに沿って集めた情報の中から，自分の意見を支える適切な根拠を選んでいる。【知・技】

生徒に示す本時の目標
　選んだ話題について自分の意見をもち，説得力のある根拠となる情報を選ぼう

1　単元の見通しをもつ
T：今日の授業は，前回集めた情報を基に自分の意見を構築して言葉で表現すること，そして，その意見を説得力のある文章にするために根拠として示す情報を選ぶことが目標です。
○前時に集めた情報のうち，信頼性の高い情報を使うように指導する。

2　自分の意見を言葉にする
T：集めた情報をワークシートに整理しながら，自分の意見を言葉にしていきます。まずは①〜③までの内容を記入してみましょう。

⬇ WS2

○教科書の［意見文の例］を基に，板書をして説明する。
○「①理想の社会」
　自分の選んだ話題に関して言うと「理想の社会」とはどんな社会のことか。（例：若者が政治に関心をもち，積極的に選挙に参加する社会。）
○「②社会の現状・課題に関する情報」
　自分の選んだ話題に関して集めた情報のうち，社会の現状や課題に関するものをまとめさせる。
　若者が投票しない主な理由「選挙にあまり関心がなかったから。」「投票に行くのが面倒だったから。」
○「③課題の解決に関する情報」
　社会の現状を打開したり課題を解決したりするために，どのような解決策がとられているか。今の社会で取り組まれていることや検討されていることなどをまとめさせる。
T：②に示された社会の現状から，①の理想の社会に近づくためには，どのような提案が考えられるでしょう。「③課題の解決に関する情報」を参考にしながら考えてみましょう。

> **ポイント　自分の意見を考えさせる時間**
> 　集めた情報から直接意見を考えるのではなく，自分で選んだ話題に即して「理想の社会」をイメージさせておくことで，共通のテーマとして設定した「理想の社会を実現するための提案」という条件を意識させることができる。「理想の社会」と「社会の現状・課題」を比べ，「理想の社会」に近づくためのアイデアを意見（提案）として考えることになる。集めた情報の中で，課題の解決策の事

準備物：ワークシート，前時のワークシート

本時の目標
適切な根拠を選んで書こう　意見文を書く
選んだ話題について自分の意見をもち、説得力のある根拠となる情報を選ぼう

(1) 集めた情報をワークシートに整理して自分の意見を言葉にしよう。

①理想の社会
若者が政治に関心をもち、積極的に選挙に参加する社会。

③課題の解決に関する情報
山形県遊佐町「少年議会」
スウェーデン「学校選挙」
青空市立北高校
〈3年生の投票率6割超〉

④自分の意見（提案）
中学校の授業で模擬選挙を行い投票の意義や方法を学ぶ場を設けることが必要だ。

②社会の現状・健康に関する情報
2022年　参院選投票率　10代34.49%　全年代52.05%
若者が投票しない主な理由「選挙にあまり関心がなかったから。」「投票に行くのが面倒だったから。」

(2) ワークシートに整理した情報の中から、自分の意見を支える根拠となるものを選ぼう。

例やその参考となるデータなどは「課題の解決に関する情報」として整理させる。自分の意見と集めた情報とを区別しておくことで、「根拠」を基に「理由づけ」を考え「意見」を述べるという活動につなげることができる。

○意見が定まったら、前時のワークシートに示した「話題の提起」「意見」の段落にあたる内容をタブレット等に下書きさせておく。

3　自分の意見を支える根拠を選ぶ

T：自分の意見が定まったところで、ワークシートに整理した情報の中で、意見を支える柱となるものを二つ選びましょう。

○前単元での学習内容を想起させ、複数の根拠を示して意見を述べることで説得力を高められることを確認する。

○教科書の［意見文の例］を基に、「②社会の現状・課題に関する情報」「③課題の解決に関する情報」、どちらの情報も根拠として想定できることを説明する。

○根拠として選ばなかった情報も、話題を提起したり想定される反論への応答を述べたりするために活用できることを伝えておく。

4　次時への見通しをもつ

T：次回は意見文の中心となる「根拠・理由づけ」の段落と「反論への応答」の段落の内容を考えていきます。前の単元で学んだ「意見」と「根拠」をつなぐ「理由づけ」が説得力のポイントになります。

適切な根拠を選んで書こう　意見文を書く

指導の重点
・集めた情報を基に「理由づけ」と「反論への意見」を考えさせる。

本時の展開に即した主な評価規準例（Bと認められる生徒の姿の例）
・集めた情報を根拠にして，自分の意見の価値や想定される反論への応答を考えている。【思・判・表】

生徒に示す本時の目標
集めた情報を基に「理由づけ」と「反論への意見」を考えよう

1　単元の見通しをもつ
T：今日は「根拠・理由づけ」の段落二つと「反論への応答」の段落の内容を考えます。
○前回同様，タブレット等に段落ごとに下書きをすることを伝えておく。

2　不適切な例を基に考える
T：個人作業に入る前に，ワークシートにある「意見」「根拠・理由づけ」の例を見てください。何か気付くことはありませんか。　**WS3**
○「○○の調査によると全国の中高生の約７割が『学校に制服は必要だ。』と答えている（根拠）。制服を着る本人である中高生のうち，半数を大きく上回る人が『制服は必要だ。』と考えているということだ。着ている本人たちが必要としているのなら制服はあったほうがよい。（理由づけ）。だから，私はこれからも学校に制服は必要だと考える（意見）。」というような，読み手を説得することを意識できていない例を提示する。
○タブレット等からチャット機能などを用いて問題点を指摘させると，短時間で考えたことを共有できる。
○「制服が必要だから必要という説明になっていて，理由になっていない。」「制服があるとどんなよいことがあるかというのが大事だと思う。」「必要ないと思っている人も，納得するような根拠や理由を言ったほうがいい。」など，生徒からの指摘を取り上げる。

> **ポイント　自分の意見の価値を説明する**
> 意見文を読んで読み手が納得するのは，そこに書かれている意見に価値があると思ったときである。今回であれば「理想の社会を実現するための提案」の有効性を読み手が実感できればよい。「根拠」として，意見の価値（提案の有効性）のあるものを示せるか，「理由づけ」で「根拠」を基に意見の価値（提案の有効性）を説明できるかがポイントになる。

3　「根拠」を基に「理由づけ」を考える
T：意見文における「根拠」と「理由づけ」についてのポイントが確認できました。まずは前の時間に選んだ二つの根拠が，意見の価値（提案の有効性）を示すものとなっているか確認して

準備物：前時のワークシート，ワークシート

本時の目標　適切な根拠を選んで書こう　意見文を書く

(1) 適切な根拠をもとに「理由づけ」と「反論への意見」を考えよう

集めた情報をもとに「理由づけ」と「反論への意見」を考えよう
～不適切な例をもとに考えよう～
（ワークシート）
○必要だから必要？
○必要があることのメリットが重要だと思う。
○制服不要派の人も納得できる理由にする。

適切な根拠
＝自分の意見の価値を示すもの
＋
適切な「理由づけ」
＝自分の意見の価値についての説明
↓
説得力のある意見文
＝読み手が意見に価値を感じる文章

(2) 根拠をもとに「理由づけ」を考えよう。
※「根拠・理由づけ」は二つ準備する。

(3) 想定される反論とそれに対する意見を考えよう。
① 想定される反論を考える。
（賛同，デメリット）
② 反論に当てはまらない具体例を示す。
（事例，体験談など）

みましょう。確認できたら「根拠・理由づけ」の段落を考えましょう。
○ペアや少人数で，根拠としてその情報を選んだ理由を説明し合わせる。
○必要に応じて，根拠とする情報を選び直させる。
○引用するときの表現（「○○によると，『……』である。○○には，「……」と書かれている」）にも注意しながら「根拠・理由づけ」の段落をタブレット等に入力させる。

4　想定される反論と応答を考える
T：より多くの人に納得してもらえる意見文にするためには，想定される反論について述べ，それに対する意見も考えておく必要があります。教科書pp.134-135の例を基に考えてみましょう。

○ワークシートを用いて，教科書の例文が，①提案の有効性への疑問（授業で模擬選挙をしても，実際に選挙に行くとは限らないのではないか。）②反論に当てはまらない具体例の提示（模擬選挙を体験した人の体験談。模擬選挙をしている学校の投票率。）という流れで「反論への意見」を述べていることを確認する。
○反論への意見を述べる際に使う具体例については，第2時のワークシートに整理した情報や多くの人に当てはまる体験談等を用いるか，再度情報を調べる時間を設定する。

ポイント　具体例を示して反論に応答する
想定される反論の内容は，提案の有効性への疑問点や提案のデメリットを考えることになる。その反論に当てはまらない具体例を示すことによって，説得力のある応答をすることができる。

5　次時への見通しをもつ
T：次回は，下書きした各段落の内容をどのような順序で並べると，読み手にとって分かりやすい構成となるか検討し，原稿用紙にまとめていきます。

4 適切な根拠を選んで書こう　意見文を書く
（5時間）

指導の重点
・自分の考えが分かりやすく伝わるように，文章の構成を工夫させる。

本時の展開に即した主な評価規準例（Bと認められる生徒の姿の例）
・自分の意見を分かりやすく読み手に伝えるために，二つの「根拠・理由づけ」と「反論への応答」をどのような順序で並べるとよいかを考え，その順序にした意図を言葉にしている。【思・判・表】
・意見が読み手に伝わるように，根拠の適切さや文章の構成を検討しようとしている。【主】

生徒に示す本時の目標
自分の考えが分かりやすく伝わるように，文章の構成を工夫しよう

1 単元の見通しをもつ
T：ここまでの学習で各段落の内容が決まりました。今日は文章の構成を検討して，600〜800字の文章にまとめていきます。

2 自分の考えが伝わりやすい構成を検討する
T：それぞれの段落をどのような順序で並べると，あなたの意見が読み手に分かりやすく伝わるでしょう。実際に段落を並べ替えて考えてみましょう。
○タブレット等で段落を並べ替えて考えさせる。
○600〜800字という字数の設定上，原則として双括型の構成とする。双括型に限定すると，〈根拠・理由づけ①〉〈根拠・理由づけ②〉〈反論への応答〉をどのような順序で並べるかという点を検討することになる。
○教科書の例文のように〈反論への応答〉を文章の最後にもってくる構成（パターンA）もあれば，〈反論への応答〉の後に〈根拠・理由づけ②〉をもってくる構成（パターンB）も考えられる。

○二つの〈根拠・理由づけ〉のうちどちらを先に示すかも検討すべき点である。
T：段落の順序が決まったら，そのような構成にした意図をワークシートにメモしておきましょう。　WS4
○パターンAまたはパターンBを選んだ意図，「根拠・理由づけ①」「根拠・理由づけ②」をその順序にした意図等を記入させる。

> **ポイント　構成の意図を言葉にする**
> 段落の順序を考える際には「より多くの生徒に自分の意見を理解してもらい，賛同してもらう。」という目的を意識させる。意見文を書く目的，選んだ話題の性質，根拠としている情報の内容を踏まえて，最適な順序を考えることになる。その上で，なぜその順序を選んだのかという意図をワークシートにメモさせることで，自分がした構成の工夫を明確にすることができる。メモの内容はフィードバックに役立てたり，評価資料としたりすることもできる。

3 600〜800字で原稿用紙にまとめる
T：段落の順序が決まった人から，タブレットの

準備物：ワークシート，原稿用紙

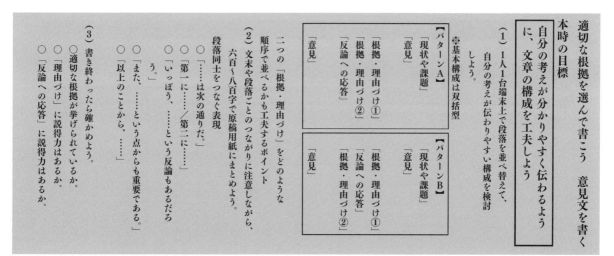

下書きを基に，原稿用紙にまとめていきましょう。

おく。

T：説得力について不安に感じる部分があれば，次の授業でお互いに意見文を読み合う際に，どう感じたか実際に聞いてみましょう。

ポイント　段落同士をつなぐ表現

原稿用紙に清書としてまとめる際には，事実を伝える文と考えを伝える文とで文末表現を書き分けさせる（教科書 p.134「言の葉ポケット」）とともに，段落同士をつなぐ表現を活用させる。「……は次の通りだ。」「第一に……／第二に……」「いっぽう，……という反論もあるだろう。」「また，……という点も重要である。」「以上のことから，……」など，段落同士の関係を示すことによって，構成の意図を読み手に伝えることができる。

4　説得力があるかを確かめる

T：原稿用紙に書き終わったら，説得力のある意見文となっているか，読み手の側から確かめてみましょう。

○「適切な根拠が挙げられているか」「『理由づけ』に説得力はあるか」「『反論への応答』に説得力はあるか」という視点で読み返させる。

○説得力について不安に感じる内容については，原稿用紙の余白部分に理由とともにメモさせて

適切な根拠を選んで書こう ● 211

適切な根拠を選んで書こう　意見文を書く

指導の重点
・根拠の示し方や構成の工夫に注目して意見文を読み合わせる。

本時の展開に即した主な評価規準例（Bと認められる生徒の姿の例）
・互いに文章を読み合う中で，自分の意見が読み手に伝わるような根拠の示し方や文章の構成について考えようとしている。【主】

生徒に示す本時の目標
根拠の示し方や構成の工夫に注目して意見文を読み合おう

1　本時の目標を知る
T：これまで次の条件で意見文を書いてきました。
　場…中学生の主張　○○中学校紙面大会
　相手…全校生徒
　目的…より多くの生徒に自分の意見を理解してもらい賛同してもらう
　根拠の示し方や構成の工夫に注目して，完成した文章を読み合い目的が達成されているか評価しましょう。

> **ポイント　交流の観点を明確にする**
> 誤字脱字や文法的な誤りなど形式的な面の指摘に終始しないよう，交流の観点を明確にしておく。「より多くの生徒に自分の意見を理解してもらい，賛同してもらう。」という目的に立ち返ることで，「読み手に意見の内容を理解してもらえるように構成を工夫できたか」「読み手に納得してもらえるような根拠の示し方ができたか」という点を意識させることができる。

2　三人程度のグループで意見文を読み合う
T：三人一組で意見文を読み合います。「①説得力を感じたところ」「②納得できなかったところ，納得できない理由」「③順序を変えたほうが分かりやすいと思ったところ」について，後で本人に伝えられるようにワークシートにメモしておきましょう。　⬇ WS5

○5分程度で時間を区切って，自分以外の意見文を読ませる。

○書いた本人が説得力について不安を感じている部分については，原稿用紙の余白に記入されている。特にその内容を踏まえつつ①②について考えさせる。

○③については，テーマについて詳しく知らない読み手が読む可能性があることも踏まえて考えさせる。

3　一人一人の意見文について検討する
T：それではワークシートにメモした内容に基づいて，一人一人の意見文のよい点や改善すべき点を検討していきましょう。

○6～8分程度で時間を区切って一人分ずつ検討させる。

○構成の工夫については，第4時にメモしておいた「構成の意図」が読み手に伝わったかどうか

準備物：前時の原稿用紙，ワークシート

本時の目標
適切な根拠を選んで書こう　意見文を書く
根拠の示し方や構成の工夫に注目して意見文を読み合おう

場	『中学生の主張　○○中学校紙面大会』
相手	全校生徒
目的	より多くの生徒に，自分の意見を理解させ，賛同してもらう。

(1) 三人一組で意見文を読み合おう。
　①説得力を感じたところ
　②納得できなかったところ
　③順序を変えたほうがわかりやすいところ

(2) 一人一人の意見について検討しよう。
　①読んでもらった人に意見をもらう。
　②自分の文章のよい点・改善点を原稿用紙の余白に書き込む。
○根拠が体験談でも，他の人にも当てはまる内容であることが「理由づけ」で説明されていた。
○反論が出やすい話題の場合は，「反論への意見」を早めに述べたほうがよい。

(3) 単元での学習を振り返ろう。

を確認させると，よい点や改善すべき点を自覚させることができる。
○説得力については，反対の立場や異なる立場の人が読んでも納得できるのかという点を検討させる。
○よい点や改善すべき点は原稿用紙の余白に書き込ませる。
○全体の参考になるよい点や改善すべき点は，板書して共有する。

> **ポイント　読み合う時間と検討する時間**
> 一対一で読み合って感じたことを伝え合う活動の場合，相手からのコメントが妥当なものでない場合も考えられる。読み合う時間と三人以上で検討する時間を分けて設定することで，それぞれの賞讃やアドバイスなどが妥当なものかどうかを確かめながら，自分の文章のよい点や改善すべき点を考えることができる。

4　単元での学習を振り返る

T：自分の意見文のよい点や改善すべき点に気付くことができたでしょうか。お互いに文章を読み合う中で気付いた内容も踏まえて，この単元での学習を振り返りましょう。
○「自分の意見を明確に伝えるために，どのような基準で根拠を選び，どのように構成を工夫したか」ということについて，自分の言葉でワークシートにまとめさせる。
○数人の生徒に振り返りの内容を発表させる。
T：今回の単元で学んだことを，自分の意見を誰かに伝える際にぜひ活用してみてください。また，特に優秀な作品については，「中学生の主張　○○中学校紙面大会」として配布するので，楽しみにしていてください。

5 論理を捉えて

聴きひたる　月夜の浜辺　（1時間）

1　単元の目標・評価規準

・抽象的な概念を表す語句の量を増すとともに、語感を磨き語彙を豊かにすることができる。
〔知識及び技能〕(1)エ

・言葉がもつ価値を認識するとともに、読書を生活に役立て、我が国の言語文化を大切にして、思いや考えを伝え合おうとする。　「学びに向かう力、人間性等」

知識・技能	抽象的な概念を表す語句の量を増すとともに、語感を磨き語彙を豊かにしている。((1)エ)
主体的に学習に取り組む態度	表現の効果に着目して詩を読み、考えたことなどを伝え合ったりしようとしている。

2　単元の特色

教材の特徴

　本教材は、月夜の晩に拾った一つのボタンを捨てることのできない「僕」の思いが、反復の多用によって表現されている作品である。綴られている言葉はもの悲しく、「僕」の孤独や寂しさを感じ取ることができる。音読によって日本語のリズムや響きの美しさを味わうことのできる教材である。

身に付けさせたい資質・能力

　学習指導要領〔知識及び技能〕(1)エの力を育てることに重点を置く。特に日本語のリズムや響きの美しさを味わうとともに、抽象的な概念を表す語句や、反復・対句等の表現の効果について友達と意見交流をする言語活動を通して、抽象的な概念を表す語句の量を増やし語感を磨き語彙を豊かにする。

3　学習指導計画（全1時間）

時	○主な学習活動	☆指導上の留意点　◆評価規準
1	○音読することによって日本語のリズムや響きの美しさを味わう。 ○「月夜」「ボタン」等が象徴的に表していることを考えるとともに表現の効果に着目する。 ・「月夜」「ボタン」等が象徴的に表していることを考える。 ・七音の繰り返しのリズム，反復表現や対句表現，反語表現など具体的に表現の効果に気付き，知り，味わう。その表現の効果に着目して詩を読み，考えたことなどを友達と意見交流する中で自分の考えを広げたり深めたりする。 ・最後に，再度，音読することによって日本語のリズムや響きの美しさを味わう。	☆個人や全員で音読したりデジタル音源を聴いたりして，日本語のリズムや響きの美しさを味わう。 ☆「月夜」「ボタン」等が象徴的に表していることを，まずは個人で考えさせ，次に班や全体交流をする中で，考えを広げたり深めたりさせる。 ◆詩の中の語句に着目し，詩全体の世界を想像している。【知・技】 ◆進んで表現の効果について考え，今までの学習を生かして詩を朗読しようとしている。【主】

1 聴きひたる　月夜の浜辺
（1時間）

指導の重点
・日本語のリズムや響きの美しさを味わわせる。
・表現の効果に着目させる。

本時の展開に即した主な評価規準例（Bと認められる生徒の姿の例）
・詩の中の語句に着目し，詩全体の世界を想像している。【知・技】
・進んで表現の効果について考え，今までの学習を生かして詩を朗読しようとしている。【主】

生徒に示す本時の目標
・日本語のリズムや響きの美しさを味わおう
・表現の効果に着目しよう

1　本時の流れを説明し，作品を聴いて味わう
○デジタル音源を聴くことによって，言葉の響きやリズムを味わう。

2　作品を音読する
○最初は各自で音読する。その後，全員で音読する。
T：日本語のリズムや響きの美しさを味わいながら音読してみましょう。

3　表現の効果に着目する
○「月夜」「ボタン」等が象徴しているものを考えワークシートに記入させる。 WS
T：詩の題は「月夜の浜辺」ですが，情景を想像する中で「月夜」「ボタン」が象徴しているものを考えてみましょう。
〈生徒の反応〉
・昼間の太陽に比べて「月夜」しかも「浜辺」なので暗い感じ，さびしい感じがする。
・「ボタン」は自分にとってとても大事なもの，夢や希望かもしれない。

○表現の効果に着目する。
T：この詩には様々な表現技法が使われています。一例を挙げると反復表現です。そのほかにも表現技法が使われています。使われている表現技法とその効果を考えてみましょう。

> **ポイント　表現の効果に着目する**
> 音読する中で各自が着目した表現の効果について考えるように指示する。この後，班で意見交流するが，まずは個人で十分に考えるよう指示する。

4　班内で意見交流する
○「月夜」「ボタン」等が象徴しているものについて，班内で意見を交流する。なぜそのように考えたのか，その理由についても意見を交流する。
○次に，使われている表現技法とその効果についても意見を交流する。意見を交流する中で自分の考えを広げ深める。

5　全体交流する
○班の代表者が班内での意見交流で出た意見や感想について全体の場で発表する。

準備物：ワークシート

月夜の浜辺　中原中也

本時の目標
日本語のリズムや響きの美しさを味わおう
表現の効果に着目しよう

1. 作品を聴いて味わう（CD）
   ・言葉の響きやリズムを味わいながら聴く
2. 作品を音読する（個人・一斉・CD）
   ・日本語のリズムや響きの美しさを味わう
3. 表現の効果に着目する
   ・「月夜」「ボタン」等が象徴しているものを考える
   ・七音の繰り返しのリズム・反復表現や対句表現・反語表現などの効果に着目する
4. 班内での意見交流
   ・友達と意見交流し考えを広げ深める
5. 全体での交流
   ・他の班の発表を聞き、考えを広げ深める
6. 再度、作品を音読する（個人・一斉・CD）
   ・日本語のリズムや響きの美しさを味わう
7. まとめ・振り返り

○発表者の発表を聞いて自分の考えを広げ深める。
T：「月夜」「ボタン」等が象徴しているもの、反復表現などの表現の効果について活発な意見交流ができました。このように詩を味わうときは作品の中の言葉や表現から感じ取ることが大事です。その上で、興味のある人は、この作品が書かれた時代背景を調べたり、同じ作者の詩を読んでみたりするのもよいと思います。

○「月夜」「ボタン」等が象徴しているもの、使われている表現技法とその効果に着目することができたかどうかを振り返る。
○友達と交流することによって考えを広げ深めることができたかどうかを振り返り、記入する。

6　再度、作品を音読する

○各自で音読する。その後、全員で音読する。
T：再度、日本語のリズムや響きの美しさを味わいながら音読してみましょう。授業の最初に音読したときに比べて、違いはありますか。

> **発展**
> 最後に代表生徒四人が、「輪唱」をして言葉の響きやリズムを味わうことも効果的である。

7　まとめと振り返りを行う

○本時の目標である「日本語のリズムや響きの美しさを味わおう」「表現の効果に着目しよう」に取り組むことができたか振り返る。

5 論理を捉えて

季節のしおり　秋

教材の特徴

　秋を感じさせる俳句と短歌が三作品、示されている。三作品とも余韻が感じられる作品となっている。三作品はそれぞれの作者の代表作であり、その作者の作風によって秋の捉え方が異なっている。それぞれの作品の内容・詠まれた情景・作者の心情・秋らしいと感じさせる理由について考えさせる言語活動を通して、言葉による見方・考え方を働かせ言語感覚を豊かにしていくのに適した教材である。

生徒に示す本時の目標
　一番秋らしさを感じた作品を選びプレゼンテーションをしよう

1　本日の流れを説明し、作品を音読する

○最初は各自で音読する。その後、全員で音読する。
T：音読を通して、作品のリズムを感じたり、言葉の響きに気付いたりしましょう。

2　作品を理解する

○作品の内容を理解する。
○三作品とも秋を描いており、余韻が感じられる作品となっていることを理解する。作者についてもそれぞれに調べる。
T：国語便覧、タブレット等を活用して、三作品の内容や詠まれている情景、作者の心情等について理解していきましょう。
〈内容把握の例〉
・葡萄を一粒一粒味わって食べている様子から秋らしさを一番感じる。
・秋の花である葛の花が踏み散らされて色の新しさが強調されている。少し前にこの山道を通っていった人がいる。自分はたった一人で山道を歩いていたが、少し前に通った人がいて何だか親近感をもつ。
・秋が深い。隣の人は一体何をしている人なのであろうか。秋が深くなり日が暮れるのも早くなり、寂しい限りだ。とても人恋しい。

3　一番秋らしさを感じた作品を選び、プレゼン資料を作成する

○三作品の中から一番秋らしさを感じた作品を選び、国語便覧、タブレット等を活用して、プレゼン資料を作成する。
T：三作品の中から一番秋らしさを感じた作品を選び、プレゼン資料を作成しましょう。資料は配信したフォーマットに作品名・作者・作品の内容や詠まれた情景・作者の心情・最も秋らしいと感じた言葉・その他を入力していきましょう。イラストを入れてもよいです。

ポイント

　三作品の内容、詠まれている情景、作者の心情を捉え、内容を把握した上で、生徒自身の感性で一番秋らしさを表現した作品を選ばせる。同じような内容把握でも一番秋らしさを表現した作品だと思うものは生徒によって

準備物：国語便覧

季節のしおり　秋

本時の目標
一番秋らしさを感じた作品を選びプレゼンテーションをしよう

1. 作品を音読する
2. 作品を鑑賞する
3. あなたが一番秋らしさを感じた作品を選びプレゼン資料を作成する
   - 配信するプレゼン資料のフォーマット（作品名・作者・詠まれた情景・作者の心情・最も秋らしいと感じた言葉その他）に入力する
   - イラストを入れてもよい
4. 班内でプレゼンを行う
   - 互いに評価し合い、アドバイスし合う
5. 全体共有
   - 同じ作品を選んだ者同士が集合しプレゼンをする
6. まとめ・振り返り
   - 自分の発表について振り返りを行う
   - 他者の発表から学んだことをまとめる

違う。それが言葉による見方・考え方を働かせ、言語感覚を豊かにしていくことに通じる。

4　班内でプレゼンを行う

○作成したプレゼン資料を基に班内でプレゼンを行う。発表の時間は一人２分程度。
○聞いているときは相互評価表（共同編集）に記入し、評価とよりよくするためのアドバイスを積極的に行い、所定のところに記入する。
Ｔ：一番秋らしさを表現した作品について班内でプレゼンを行います。プレゼンの終了後、互いにアドバイスし合った内容を参考に、プレゼンの内容をブラッシュアップして下さい。

5　全体共有としてプレゼンを行う。時間がない場合は代表者が行う

○選んだ作品別にグループをつくり直し、プレゼンを行うことにより作品の鑑賞を行う。
Ｔ：先ほど班内でプレゼンを行いましたが、今度は全体共有としてプレゼンを行います。まず、選んだ作品別にグループをつくり直してください。その後、プレゼンを行います。全体のプレゼンは班内でのプレゼンと同様、互いに評価し合いよりよくするためのアドバイスを記入してください。

ポイント
ブラッシュアップしたプレゼンを通して、なぜその作品が一番秋らしさを表現していると思ったのか互いに共有でき、自らの考えに広がりや深まりを生むことができる。

○プレゼンの内容については、提出箱（ロイロノート・スクール，Microsoft Teams，ミライシード等）に提出した学級全員のプレゼン資料を閲覧できるようにする。全員が全員のプレゼン資料を閲覧して、積極的に互いに気に入ったプレゼンにコメントを記入し合う。

6　まとめ・振り返りを行う

○自分の発表について振り返りを行い、所定のところに記入する。
○コメントやアドバイスを基にさらによくしていくにはどのようにするとよいかを考える。
○班員やクラスメイトのプレゼンに積極的にアドバイスやコメントができたかを振り返る。

6　いにしえの心を訪ねる

音読を楽しむ　平家物語／「平家物語」の世界／「平家物語」の主な登場人物たち　　（1時間）

1　単元の目標・評価規準

・作品の特徴を生かして朗読するなどして、古典の世界に親しむことができる。
　　　　　　　　　　　　　　　　　　　　　　　　　　〔知識及び技能〕(3)ア
・現代語訳や語注などを手掛かりに作品を読むことを通して、古典に表れたものの見方や考え方を知ることができる。　　　　　　　　　　　　〔知識及び技能〕(3)イ
・言葉がもつ価値を認識するとともに、読書を生活に役立て、我が国の言語文化を大切にして、思いや考えを伝え合おうとする。　　　　　　「学びに向かう力、人間性等」

知識・技能	・作品の特徴を生かして朗読するなどして、古典の世界に親しんでいる。((3)ア) ・現代語訳や語注などを手掛かりに作品を読むことを通して、古典に表れたものの見方や考え方を知っている。((3)イ)
主体的に学習に取り組む態度	進んで古典に表れたものの見方や考え方を知り、今までの学習を生かして朗読しようとしている。

2　単元の特色

教材の特徴

　「平家物語」は琵琶法師の「語り」によって全国各地に広められた作品である。琵琶の響きに合わせ、節やイントネーションを付けながら語り聞かせるこの作品は、聞く者を楽しませる工夫に満ちあふれている。それらのリズムや表現の工夫に気付かせていくことで、新たな古典への興味・関心を高めていくことが大切である。

　本教材は、「平家物語」の冒頭部分であり、作品を貫く「無常観」が強く示されている部分でもある。表現の特徴としては、全体的に七五調が基本のリズムになっていること、前半が漢語表現中心であり後半は和語中心の表現へと変化することが挙げられる。また、対句表現を使い、平家一門の衰退と「無常観」を巧みに表現している。短い文章の中に様々な工夫が凝縮されており、生徒自ら気付きや発見もしやすい文章と言える。

　「平家物語」の冒頭部分は、ミュージカルで言えば「序曲」の部分とも言える。序曲は、作品を構成する代表曲で構成され、作品の世界観や大体の流れを音楽によって示し、観客を物語の世界へと誘い、期待感を膨らませる大切な役割をもっている。同様に、琵琶法師の語りによ

る「平家物語」を楽しもうと集まってきた聴衆も，冒頭部分を聞くことで，いよいよ始まる物語への期待に包まれたのではないだろうか。それは昔も今も変わらず物語を楽しむ共通した姿とも言える。冒頭部分のもつ役割について生徒とともに考えながら，作品の朗読を楽しみたい。

身に付けさせたい資質・能力

　本単元では，学習指導要領〔知識及び技能〕(3)ア「作品の特徴を生かして朗読するなどして，古典の世界に親しむ」力を育成することに重点を置く。１時間という限られた時間のため，〔思考力，判断力，表現力等〕を扱わず，次の単元「扇の的―『平家物語』から」に生かせる〔知識及び技能〕を身に付けさせることに焦点を絞る。(3)アの「作品の特徴」とは，「作品がもつ特徴的なリズムや表現など」を指している。また「朗読する」とは，作品の内容を理解した上で，聞き手に内容が伝わるように声に出して読むことである。そこで(3)イ「現代語訳や語注などを手掛かりに作品を読むことを通して，古典に表れたものの見方や考え方を知ること」と関連付けて指導する。以上のことを踏まえ，本単元では「聞き手に表現の特徴や作品の世界観が伝わるように『朗読』しよう」という活動を設定する。朗読の際には，どのような工夫をしたのかを生徒に説明させる。なぜ七五調中心のリズムなのか，なぜ対句なのか，なぜ漢語から和語へ変化するのか等について考え，「無常観」を伝えるように工夫した朗読をさせる。

3　学習指導計画（全１時間）

時	○主な学習活動	☆指導上の留意点　◆評価規準
1	○単元の学習課題を確認する。 ○教科書資料・動画を通して，「平家物語」の概要を理解し，作品を貫く「無常観」について知る。 ○歴史的仮名遣いに気を付けながら，冒頭部分を音読し，読めないところがないかを確認する。 ○冒頭部分がもつ特有のリズムや「無常観」が表れているところについて考える。 ○個人で考えたことを四人班で交流し，朗読にどのように生かすか考える。 ○四人班で朗読発表会をし，今日の学習について振り返る（朗読を通して，古文の調子やリズムについてどんなことを感じたか）。	☆最初は優勢にいた平氏が不利な状況になっていく様子を教科書資料から押さえ，冒頭部分のどの表現と重なるかを考えさせ，朗読につなげさせる。 ☆リズムや表現の工夫を考えるための視点（音数・和語・漢語…）をあらかじめ示しておく。 ☆朗読への生かし方として，間の取り方，強弱等があることを伝える。 ◆七五調や対句表現，漢語と和語の使い分けなど様々な表現の特徴が伝わるよう，間の取り方，強弱などの工夫をしながら朗読している。【知・技】 ◆「無常観」を表現するために，どのような工夫をしたのか，説明している。【知・技】 ◆特徴と思われる部分を指摘し，「無常観」が表現できるよう，間や強弱，抑揚などを使いながら，朗読に生かそうとしている。【主】

音読を楽しむ 平家物語／「平家物語」の世界／「平家物語」の主な登場人物たち

1／1時間

指導の重点
・表現の特徴や作品の世界観について考えさせ，冒頭部分の「朗読」に生かすようにさせる。

本時の展開に即した主な評価規準例（Bと認められる生徒の姿の例）
・七五調や対句表現，漢語と和語の使い分けなど様々な表現の特徴が伝わるよう，間の取り方，強弱などの工夫をしながら朗読している。【知・技】
・「無常観」を表現するために，どのような工夫をしたのか，説明している。【知・技】
・特徴と思われる部分を指摘し，「無常観」が表現できるよう，間や強弱，抑揚などを使いながら，朗読に生かそうとしている。【主】

生徒に示す本時の目標
　表現の特徴や作品の世界観について考え，「朗読」に生かそう

1　本単元の学習課題を理解する
T：今日は，「平家物語」冒頭部分の朗読に挑戦します。今までの古典の授業では「音読」をしてきましたが，今回は「朗読」です。「音読」と「朗読」では何が違うと思いますか。
○黒板に書いた「音読を楽しむ」の横に「朗読」と書き，違いについて触れ，本単元の目標の理解につなげるようにする。タブレット等を使って調べさせ，発言させてもよいが，時間配分に気を付ける。
T：今回は，「リズム・表現の工夫」，「冒頭部分に込められた思い・作品観」の二点から気付いたこと，考えたことを朗読に生かしていきます。四人班で互いに朗読し合う時間もとります。

2　教科書・動画を通して「平家物語」の概要をつかむ
○動画資料等を使って，短い時間で簡潔に概要が理解できるようにする。動画内容はワークシートの裏側（白）にメモさせるとよい。特に次の二点が伝わるようにする。

・平家一門の興亡のありさまを「語った」作品であり，隆盛から衰退までが描かれることによって浮かび上がる「無常観」が作品を貫くテーマになっている。
・琵琶法師の「語り」によって民衆に親しまれた作品であること→リズムの心地よさ，音の響きなどを感じさせる工夫がある。

3　冒頭部分を音読し，歴史的仮名遣いを確認する
T：今から，冒頭部分を音読します。ワークシートを見てください。歴史的仮名遣いが三か所使われています。ルビをあえて振っていませんが，挑戦してみましょう。　⬇ WS
○ペア学習にしてもよい。最後は板書を使って，全体で確認する。

4　冒頭部分がもつ特有のリズムや「無常観」を表現しているところに気付く
T：いよいよ「朗読」の準備に入ります。まずは，リズムについて考えます。「語り」によって親しまれてきた作品ですから，リズムや響きのよさを感じさせる工夫がたくさんあります。何度も声に出して読んだり，音声を聞いたりしながら確かめましょう。

準備物：黒板掲示用資料，ワークシート

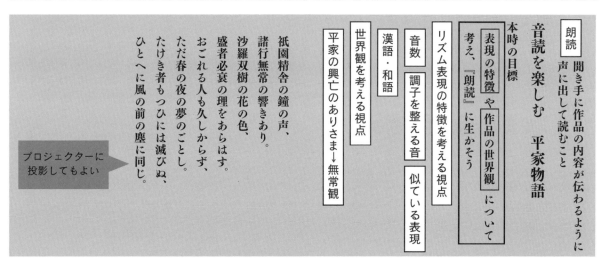

次に「無常観」が表れているところを発見しましょう。なぜそこに「無常観」を感じるのか，自分の考えがもてるようにしましょう。

二つのことを考えるために，視点をいくつか挙げます。「音数」（意味のまとまり（文節）ごとに何音あるのか数えてみましょう），「調子を調える音」（リズム感を出すために，ある字が多く使われていませんか），「似ている表現」（リフレインのような部分がありませんか。似ている表現を繰り返すということは，そこに言いたいことがあるかもしれません），「漢語・和語」（ここからリズムや言葉の雰囲気が変わるというところが出てきませんか）。

以上の視点を基に，気付いたことや考えたことをワークシートに書きましょう。
○キーワードだけを紹介して考えさせてもよい。生徒の実態に応じて（　）内の説明を加える。

> **ポイント　複数の視点を示して考えさせる**
> 限られた時間の中で，「気付く・発見する喜び」を味わわせるためにも，視点はある程度こちらで用意したい。示した視点以外に発見できた生徒は，「興味・関心の広がり」がある生徒として評価する。

5　考えたことを四人班で交流し，朗読発表会をする

T：ここから四人班で考えたことを伝え合い，どのように朗読したらよいか，アイデアを出し合い，朗読発表会をしましょう。
○話し合った記録はGoogleスライドやロイロノート・スクール等にまとめさせ，全体で閲覧できる状況にする。
○最も多く指摘された点やほかの班では指摘されなかった点などを全体で紹介する。
○5分程度，個人で朗読の練習をさせ，朗読発表会をさせる。

6　学習を振り返る

○ワークシートに，朗読を通して，古文の調子やリズムについて感じたことを記述させる。

> **発展**
> 最後に平曲を聞かせ，自分たちの朗読と比較し，共通点や相違点について考えさせながら，当時の人がどのような気持ちで聞いていたか想像させるのもよい。

6 いにしえの心を訪ねる

扇の的—「平家物語」から　（3時間）

1　単元の目標・評価規準

・作品の特徴を生かして朗読するなどして、古典の世界に親しむことができる。
〔知識及び技能〕(3)ア
・現代語訳や語注などを手掛かりに作品を読むことを通して、古典に表れたものの見方や考え方を知ることができる。　〔知識及び技能〕(3)イ
・登場人物の言動の意味などについて考えて、内容を解釈することができる。
〔思考力，判断力，表現力等〕C(1)イ
・言葉がもつ価値を認識するとともに、読書を生活に役立て、我が国の言語文化を大切にして、思いや考えを伝え合おうとする。　「学びに向かう力，人間性等」

知識・技能	・作品の特徴を生かして朗読するなどして、古典の世界に親しんでいる。　((3)ア) ・現代語訳や語注などを手掛かりに作品を読むことを通して、古典に表れたものの見方や考え方を知っている。　((3)イ)
思考・判断・表現	「読むこと」において、登場人物の言動の意味などについて考えて、内容を解釈している。　(C(1)イ)
主体的に学習に取り組む態度	進んで登場人物の言動の意味について考え、学習課題に沿って考えたことを伝えようとしている。

2　単元の特色

教材の特徴

　本教材「扇の的」は、平家物語の中で源義経の家臣である那須与一の活躍を描いた部分である。豊かな情景描写や擬態語・擬音語、係り結びなどの巧みな表現を通して、「聞く」楽しみを存分に味わうことのできる作品である。同時に登場人物の言動から、武士ならではのものの見方や考え方を想像することもできる作品と言える。
　「扇の的」だけで終わらず、「弓流し」の逸話まで読み進めることで、この時代を生きた義経や義経の家臣、平家の武士達のものの見方や考え方に広く触れることもできる。どの登場人物の言動に着目するかによって、見えてくるものも少しずつ異なる。主人への忠誠心を貫く意思の強さ、武士としての譲れないプライド等、現代語訳や語注などを手掛かりに、必要な情報を

本文から読み取り、注目した登場人物の生き方や考え方について考えさせたい。

身に付けさせたい資質・能力

　本単元では、学習指導要領C(1)イ「登場人物の言動の意味などについて考えたりして、内容を解釈する」力を育成することに重点を置く。そのために、〔知識及び技能〕(3)ア及びイの事項を関連付けて指導する。読み物の一つとして楽しませたい。そのために積極的に現代語訳や語注、その他の参考資料等を使わせながら、登場人物の言動に込められた意味について考えさせ、古人のものの見方や考え方に触れられるよう指導する。

　「登場人物の言動の意味について考える」とは、「登場人物の言葉や行動が、話の展開などにどのように関わっているかを考えること」である。この資質・能力を身に付けさせるための言語活動例として示されているC(2)イ「詩歌や小説などを読み、（中略）考えたことなどを伝え合ったりする活動」を受け、「注目した登場人物のものの見方や考え方が最も表れた言動を紹介する」活動を設定する。なぜその言葉や行動が、ものの見方や考え方が最も表れていると言えるのか、作品に登場する多くの言動を分析した上で、説明できるよう指導する。

3　学習指導計画（全3時間）

時	○主な学習活動	☆指導上の留意点　◆評価規準
1	○本単元の学習課題を知り、学習の見通しをもつ。 ○全文を通読し、歴史的仮名遣いの読み方を確認する。 ○「扇の的」の原文を朗読したり、範読を聞いたりしながら、文章独特のリズムを生み出す表現の特徴について考える。	☆表現の特徴や工夫を考える際には、情景が浮かびやすくなる工夫、音の面白さ、リズムのよさなどの視点をもつよう、あらかじめ提示する。 ◆自ら朗読したり、何度も範読を聞いたりしながら独特のリズムを生み出す表現の特徴を指摘している。【知・技】
2	○次の課題から一つ選び、課題解決をする。 ①平家はなぜこのような勝負をしたのか。 ②那須与一はなぜ命令を辞退しなかったのか。 ③義経はなぜ、五十ばかりなる男を射落とす命令をしたのか。 ○課題解決をした人物のものの見方や考え方について自分の考えをもつ。	☆課題解決の過程で、どのような人物像が浮かび上がってきたのか、本文中に根拠を求めながら自分の考えをもつよう指導する。 ◆課題解決を通して、選んだ人物の人物像やものの見方や考え方について、本文中の根拠を基に自分の考えをもっている。【知・技】
3	○同じ人物を選んだ人同士でグループになり、最もものの見方や考え方が表れている言動を「扇の的」、「弓流し」から選ぶ。 ○登場人物のものの見方や考え方が最も表れている言動をミニポスターセッションで紹介する。 ○交流を通して広がった考えを改めてまとめる。 ○単元の学習を振り返る。	◆自分が選んだ人物のものの見方や考え方が最も表れていると思われる言動を本文中から抜き出し、そう考えた理由とともに紹介している。【思・判・表】 ◆前時に考えた人物像と「扇の的」の言動を照らし合わせながら最もものの見方や考え方が表れている言動を検討し、いくつかの根拠資料とともに説明しようとしている。【主】

扇の的─「平家物語」から

指導の重点
・「扇の的」原文部分がもつ独特のリズムに気付き，リズムを生み出す表現の特徴について考えさせる。

本時の展開に即した主な評価規準例（Bと認められる生徒の姿の例）
・自ら朗読したり，何度も範読を聞いたりしながら独特のリズムを生み出す表現の特徴を指摘している。【知・技】

生徒に示す本時の目標
　原文部分がもつ独特のリズムに注目し，リズムを生み出す表現の特徴について考えよう

1　本単元の学習課題を理解する
Ｔ：今回から平家滅亡直前である屋島の戦いの一場面を描いた「扇の的」を学習します。滅亡直前の平家と追い詰める源氏，それぞれどのような思いを抱いていたのでしょうか。源平の戦いからあまり時を経てない鎌倉時代に書かれた文章だからこそ分かる思いに触れてみましょう。作品に登場する人物の中から気になる人物を一人選び，言葉や行動を分析して，どのような思いを抱いていたのかを考えて友達に発表します。
○教科書や資料集，動画資料などを使って「扇の的」の場面が「壇の浦の戦い」の直前であり，平家が滅亡に向かって追い詰められている場面であることを押さえさせる。

2　新出漢字・歴史的仮名遣いを確認する
Ｔ：「扇の的」に出てくる新しい漢字，歴史的仮名遣いを確認します。ワークシートの問題を解きましょう。
○個人で5分程度取り組ませ，時間がきたら解答をGoogle Classroom等で配信し，答え合わせをする。

3　音読したり，音声を聞いたりしながらどのようなリズムの特徴があるかを考える
Ｔ：ここから，今日の目標に向けた活動に入ります。「平家物語」は「語り」によって親しまれてきたということは前回もお話ししました。
　「扇の的」でもどのような工夫がされているか，まずは聞いて楽しむことから始めましょう。リズムがよいところ，聞いて楽しませるための工夫があるところに気を付けて全員で朗読音声を聞いてみましょう。
○教科書の原文と照らし合わせながら音声を聞かせ，気付いたことを教科書にメモさせておく。
Ｔ：（聞き終わったら）この段階でどんなことに気付きましたか。気付いたことをGoogleフォームで送ってください。
○出てきた意見の中の中で多かったものを整理しながら，「繰り返し同じ言葉が使われている（「ぞ」を繰り返している）」，「実際の音を真似ている表現がある」など，「扇の的」特有の係り結びの使い方や擬音語・擬態語につながりそうな指摘も紹介しておく。

準備物：黒板掲示用資料，ワークシート

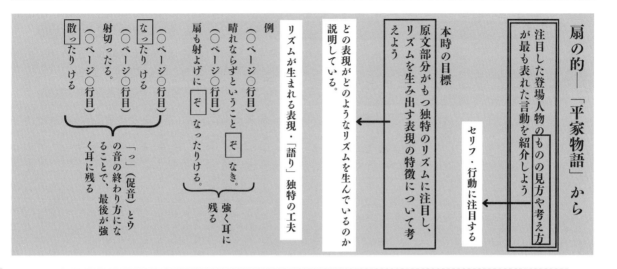

ポイント　初発で気付いたことを全体で共有し，視点や方向性の確認をする

どのようなことを考えていけばよいのか，活動の方向が見えない生徒のためにも，初発の段階で意見を一度共有し，どのような視点で考えていけばよいのかを確認すると，個人で意見ももてるようになり，交流した際もまとめやすくなる。

T：少し視点が出ましたが，ほかにもいろいろな視点で考えるために，少し時間をかけて個人で考えてみましょう。
　二次元コードを使って，朗読音声を聞いたり，自分でも声に出して読んだりしながら，どのような特徴があるかを考え，教科書に気付いたことを書き込みましょう。
○原文テキストを載せたドキュメントに直接書き込ませたものをロイロノート・スクール等で共有するのもよい。また，原文テキストを画像やPDFにし，その上から線を引かせたり，文字情報を入れたりしたものをClassroomで共有させるなどの方法も考えられる。

4　個人で考えたことを四人班で交流し，考えを広げ，朗読を楽しむ

T：教科書にいろいろなメモをしたと思います。黒板に書かれた例を基に，ワークシートに整理してみましょう。同じ言葉や文字を指摘している場合はまとめるとよいですね。
○フォームで指摘された点を基に，ワークシートへのまとめ方の例を示すと，生徒も活動がしやすくなる。
T：四人班になり，気付いたことを交流しましょう。気付いたことを生かしながら，朗読し合いましょう。
○話し合った記録はGoogleスライドやロイロノート等にまとめさせ，全体で閲覧できる状況にする。
○最も多く指摘された点やほかの班では指摘されなかった点などを全体で紹介する。

5　学習を振り返る

○ワークシートに，古文の調子やリズムについて感じたことを記述させる。

扇の的 ―「平家物語」から

2/3時間

指導の重点
・言動などを基に,登場人物の人物像やものの見方や考え方について自分の考えをもたせる。

本時の展開に即した主な評価規準例(Bと認められる生徒の姿の例)
・課題解決を通して,選んだ人物の人物像やものの見方や考え方について,本文中の根拠を基に自分の考えをもっている。【知・技】

生徒に示す本時の目標
言動などを基に,登場人物の人物像やものの見方や考え方について考えよう

1 本単元の学習課題を理解する
T:前回は作品のリズムの特徴について気付いたことを生かしながら朗読をしました。今回は「扇の的」の登場人物のものの見方や考え方について理解を深めます。
　「扇の的」に登場した主な人物を整理してみましょう。どのような登場人物が出てきましたか?
○様々な登場人物の名前が挙がる可能性があるが,時間も見ながら「どこに登場しているか」を大切にして生徒の発言を受け止めたい。挙げられた人物名を,平家側,源氏側に分けながら板書すると,注目する人物を考えやすくなる。
T:様々な登場人物が挙がりましたが,今回は,次の三人に注目して,人物像やその人たちのものの見方や考え方が分かる言動について考えていきたいと思います。
　(黒板に人物名の掲示物を貼る)
　どの人物について考えてみたいか,Googleフォームで答えてください。
○あらかじめフォームで調べたい人物を知ってお

き,偏りがないかどうかを確認する。大きく偏りが出てしまった場合は,調整を試みる。

> **ポイント　三人に人物を絞って考えさせることで,交流に深まりをもたせる**
> 　自由に気になる登場人物を選ばせ,考えさせる方法もあるが,選んだ人物がそれぞれ違うと,交流はただ聞くだけになり深まらないことが多い。同じ人物について考えた人同士が交流することで,根拠の吟味や人物像の吟味ができ,考えに深まりをもたせることができる。
> 　今回の目標は,登場人物のものの見方や考え方が分かるところについて,本文中の言動から根拠をしっかりと見つけ考えさせることにある。対象を複数の言動から検討できる主要な三人に絞ることで,交流の際の深まりをもたせたい。

2 注目した登場人物のものの見方,考え方や人物像が分かるところを原文から探す
T:まずは「扇の的」,「弓流し」の原文から人物像やものの見方,考え方が分かるところを抜き出しましょう。それを基にすると,どんな性格

準備物：黒板掲示用資料，前時のワークシート，配付資料

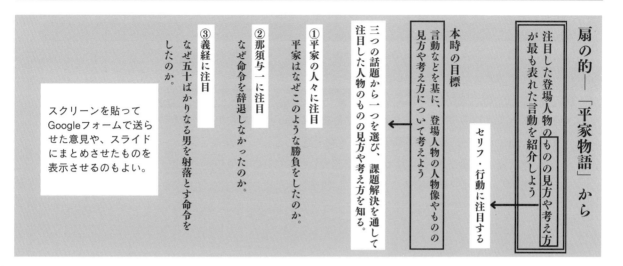

だということが分かるのか，どんな考え方をもっているということが分かるのかなど，自分で考えたことをワークシートにまとめましょう。
○現代語訳も参考にしながら，個人で10分程度取り組ませる。途中の生徒がいても，一度作業を区切り，次の活動に取り組ませる。
○個人で進めることが難しい生徒には，現代語訳の中の注目した人物の言動全てに線を引かせておく。

3 課題解決を通して，注目した登場人物のものの見方，考え方や人物像についてさらに考えを深める

T：少し人物像などが見えてきたでしょうか。この部分だけだと，人物像が分かりにくい人がいたかもしれません。もう少し深く人物像やものの見方や考え方に触れていくために，これから配るいくつかの資料を基に，課題に取り組みます。
　「平家の人々」に取り組んでいる人たちは，「平家はなぜこのような勝負をしたのか」について考えます（板書する）。
　「那須与一」に取り組んでいる人たちは，「なぜ命令を辞退しなかったのか」について考えます（板書する）。
　「義経」に取り組んでいる人たちは，「なぜ五十ばかりなる男を射落とす命令をしたのか」について考えます（板書する）。
○配布する資料は，同じ場面ではあるが，教科書とは異なる現代語訳，『源平盛衰記』の「扇の的」の場面，謡曲「屋島」（「扇の的」の場面）などの現代語訳を用いる。
○必要に応じて，インターネットやほかの図書資料なども使ってよいことを伝える。

4 注目した人物が同じ人同士で交流し，人物像やものの見方・考え方について，自分の考えを深める

T：ここまで個人で考えたことを交流します。同じ人物同士でグループをつくりましたので，座席表を参考に，今から移動をします。
　（移動後）課題に対して考えたことを交流しましょう。
○グループの組み合わせを決めておくとスムーズだが，場所だけを指定して組み合わせを自由にすることもできる。時間を決めて組み合わせを変えるようにすると，ワールドカフェにもなり，より視点を広げることができる。

扇の的 ―「平家物語」から

指導の重点
・注目した登場人物のものの見方や考え方が最も表れた言動を紹介させる。

本時の展開に即した主な評価規準例（Bと認められる生徒の姿の例）
・自分が選んだ人物のものの見方や考え方が最も表れていると思われる言動を本文中から抜き出し、そう考えた理由とともに紹介している。【思・判・表】
・前時に考えた人物像と「扇の的」の言動を照らし合わせながら最もものの見方や考え方が表れている言動を検討し、いくつかの根拠資料とともに説明しようとしている。【主】

生徒に示す本時の目標
注目した登場人物のものの見方や考え方が最も表れていると思われる言動を紹介しよう

1　本単元の学習課題を理解する
T：前回は同じ人物を選んだ人同士で課題について話し合いました。今日は深まった考えを生かし、あらためて「扇の的」、「弓流し」から最もその人のものの見方や考え方、人物像が表れていると思われるところを探し、紹介する活動をします。紹介する際は、ミニポスターセッションの形をとります。
友達の紹介を聞きながら、共感できる人物、共感できない人物は誰かを考えたり、今も共通する考え方や今とは違う考え方はないかを考えたりします（黒板に掲示物を貼りながら説明する）。

2　人物像やものの見方・考え方が最も表れていると思われるセリフや行動を「扇の的」・「弓流し」から抜き出す
T：前回のグループで座り、前回考えた人物像やものの見方・考え方がよく表れていると思うセリフや行動を「扇の的」・「弓流し」から選びましょう。グループで一つにまとめる必要はありません。一人一人が、黒板に示した「紹介の流れ」に沿って説明できるよう、人物像と紹介したい言動の結び付きが納得できるものかどうかをお互いに確認し合いましょう。

○「人物像やその人のものの見方や考え方がよく表れている」と感じた言動とその理由をしっかりと結び付け、説明できることを大切にしたい。今回は、「登場人物の言動の意味をよく考え作品を読み深める」ことを目標としている。グループで一つの考えにしようとするのではなく、それぞれが紹介したい言動について、根拠が明確になっているかどうかを確認し合うことを大事にしたい。

3　ミニポスターセッションができるよう、紹介内容を準備する
T：ではここから、ミニポスターセッションの準備をします。発表することは三点です。
①最も注目した人物のものの見方や考え方が表れていると思った言動
②注目した人物の人物像、どのようなものの見方・考え方をする人物なのか
③なぜ選んだ言動が最も人物像が表れていると思ったのか、です。
三枚のスライドにして発表しましょう。

準備物：黒板掲示用資料

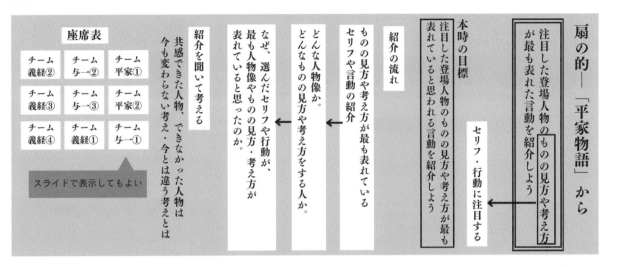

○一枚1分程度で話せるよう準備させる。内容の順番は変えてもよい。
○話し合いの様子や作成途中のスライドを確認し、内容の飛躍がないようにする。
○発表が苦手な生徒に対しては、班員と一緒に二人で発表するなど、柔軟に対応したい。あくまでも注目した人物のものの見方や考え方に触れ、作品の理解を深めたり、自分の考えと比較したりしながら考えを深めたりしていくことを大切にしたい。

4 ミニポスターセッションをし、様々な発表を通して、自分の考えを広げる

T：それではこれからミニポスターセッションをします。黒板にポスターセッション会場図を貼っておきました。一人一回ずつ発表をします。一回3分以内です。発表しない班員は、ほかの発表を聞きにいきます。
　何番目に発表するか、班の中で順番を決めましょう。
○ポスターセッションをすると、聞き手が全くいない班が出ることがある。それを避ける場合は、あらかじめ班ごとに聞きに行く班を指定しておくとよい。
○ポスターセッション後、よくまとまっていた発表をした生徒を何名か指名し、全体で発表させてもよい。

5 学習を振り返る

T：今回の学習を振り返り、共感できた人物や共感できなかった人物についてそう考えた理由と一緒に考えてみましょう。また、現代と似ていると思った考えや違うと思った考えなどについて書きましょう。

ポイント　前時に抜き出していた部分と今回抜き出した部分を比較させ、深まりを実感させる

　今回の学習を振り返る上で、最初に人物像やものの見方・考え方が分かる部分を「扇の的」・「弓流し」から抜き出す時間をつくった。そのときからどれくらい考えに深まりが生まれたのか、比較する時間をもたせたい。言動に注目することで、古人のものの見方や考え方に触れられること、古典を読み物として楽しめることに気付かせ、古典に対する興味・関心を高めたい。

扇の的―「平家物語」から ● 231

6　いにしえの心を訪ねる

仁和寺にある法師—「徒然草」から
係り結び
（3時間）

1　単元の目標・評価規準

・現代語訳や語注などを手掛かりに作品を読むことを通して，古典に表れたものの見方や考え方を知ることができる。　　〔知識及び技能〕(3)イ
・伝えたいことが分かりやすく伝わるように，段落相互の関係などを明確にし，文章の構成や展開を工夫することができる。　〔思考力，判断力，表現力等〕B(1)イ
・文章を読んで理解したことや考えたことを知識や経験と結び付け，自分の考えを広げたり深めたりすることができる。　〔思考力，判断力，表現力等〕C(1)オ
・言葉がもつ価値を認識するとともに，読書を生活に役立て，我が国の言語文化を大切にして，思いや考えを伝え合おうとする。　「学びに向かう力，人間性等」

知識・技能	現代語訳や語注などを手掛かりに作品を読むことを通して，古典に表れたものの見方や考え方を知っている。　　　　　　　　　　　　　　　　　　　　　　　　　　　　　((3)イ)
思考・判断・表現	・「書くこと」において，伝えたいことが分かりやすく伝わるように，段落相互の関係などを明確にし，文章の構成や展開を工夫している。　　　　　　(B(1)イ) ・「読むこと」において，文章を読んで理解したことや考えたことを知識や経験と結び付け，自分の考えを広げたり深めたりしている。　　　　(C(1)オ)
主体的に学習に取り組む態度	積極的に知識や経験と結び付けて考えを広げたり深めたりし，学習課題に沿って考えたことを文章にまとめようとしている。

2　単元の特色

教材の特徴

　本単元は「徒然草」の序段と第五十二段「仁和寺にある法師」を読み，最後に「平家物語」，「徒然草」に登場する人物の特徴について自分の考えを文章で説明する活動を行う。そのため「徒然草」の授業においても，作者や登場する人物の人物像を考えていく必要がある。
　序段では作者の執筆に対する思いや姿勢を想像することができ，第五十二段では「仁和寺の法師」のエピソードを基に教訓的な考えが示されており，作者のものの見方や考え方を知ることができる。「仁和寺」と寺の名前を出したところや，「『ただ一人，徒歩で』石清水に参詣した」と表現したところからも，作者がどのように仁和寺の法師を捉えていたかが想像できる。
　また，本文中には「係り結び」が多く見られ，強調部分が分かりやすいという表現の特徴が

ある。なぜそこに係り結びが使われたのか，作者の意図を考えることで，作者のものの見方や考え方に近づくこともできる。

　分かりやすい構成と比較的平易な古語を用いた作品であることから，部分的に示された現代語訳や語注などを使って原文が読める喜びも味わわせ，古典への興味・関心を高めたい。

身に付けさせたい資質・能力

　本単元は，学習指導要領C(1)オ「文章を読んで理解したことや考えたことを知識や経験と結び付け，自分の考えを広げたり深めたりする」力を育成することに重点を置く。その資質・能力を身に付けさせるために，C(2)イ「詩歌や小説などを読み，引用して解説したり，考えたことなどを伝え合ったりする活動」として「『仁和寺の法師』の描き方から分かったものの見方や考え方について，兼好法師と話し合う」という活動を設定する。兼好法師のものの見方や考え方が分かる記述を引用し，現代の人々の考え方と比較しながら広げたり深めたりした自分の考えを説明させる。この活動を行う上で〔知識及び技能〕(3)イ「現代語訳や語注などを手掛かりに作品を読むことを通して，古典に表れたものの見方や考え方を知る」ことと関連付けて指導する。現代語訳等も活用させながら，古典作品も現代の読み物と同様に自分の考えを広げたり深めたりすることができるということを生徒に実感させたい。

3　学習指導計画（全3時間）

次	時	○主な学習活動	☆指導上の留意点　◆評価規準
一	1	○学習課題を知り，学習の見通しをもつ。 ○動画資料等を通して「徒然草」の概要を知る。 ○「係り結び」をヒントに冒頭部分に込められた作者の思いを考える。 ○第五十二段を読み，タイトルを付ける。	☆表現の特徴の中で，「係り結び」については必ず押さえ，文章を理解する上でどのように活用するのか指導する。 ◆作者のものの見方や考え方について，それが分かる部分を古文から引用し，説明している。【知・技】
	2	○仁和寺の法師の勘違いについて，教科書の絵を使ってグループで説明し合う。 ○なぜ「仁和寺」という寺の名前を出したのか，自分の考えをまとめよう。 ○作者のものの見方や考え方についてグループで交流し，考えたことを作者との対話文の形にして発表する。 ○学習を振り返る。	◆第五十二段に表れていたものの見方や考え方と自分の知識や経験とを比べ，広げ深まった考えについて，説明している。【思・判・表】 ◆経験や知識など，いくつかの視点から作者のものの見方や考え方を比べ，対話文の形で自分の考えたことを説明しようとしている。【主】
二	3	○「人物の特徴を捉えて論じよう」を読み，完成文のイメージをもつ。 ○人物像を300字程度の文章にドキュメントを使ってまとめ，四人班でコメントし合う。 ○学習を振り返る。	◆人物の特徴，根拠となる部分，自分の考えについてそれぞれ設けた段落をどのような順序で展開したらよいか考え，工夫している。【思・判・表】

仁和寺にある法師 ―「徒然草」から
係り結び

指導の重点
・冒頭部分に込められた作者の思いを想像させる。

本時の展開に即した主な評価規準例（Bと認められる生徒の姿の例）
（※第2時も併せて評価する）
・作者のものの見方や考え方について，それが分かる部分を古文から引用し，説明している。【知・技】
・第五十二段に表れていたものの見方や考え方と自分の知識や経験とを比べ，広げ深まった考えについて，説明している。【思・判・表】
・経験や知識など，いくつかの視点から作者のものの見方や考え方を比べ，対話文の形で自分の考えたことを説明しようとしている。【主】

生徒に示す本時の目標
冒頭部分に込められた作者の思いを想像しよう

1　本単元の学習課題を理解する
T：これから「徒然草」を学習します。「枕草子」と並んで日本を代表する随筆と言われています。この単元では，冒頭部分と一つの章段を読み，筆者のものの見方や考え方について，筆者と語り合う，という活動を設定しています。そのために，まずは冒頭部分や今回扱う章段から筆者のものの見方や考え方に触れていきます。

2　「徒然草」の概要をつかむ
T：「徒然草」がどういう作品なのか，動画を通して学習していきましょう。必要に応じてメモを取りましょう。
○ジャンル，作者，成立年代やどのような内容なのか，おおまかにつかめるよう，動画や資料集等を使って簡潔に理解させる。

3　冒頭部分の音読し，「係り結び」と関連させて「あやしうこそものぐるほしけれ」について考える
T：ここからは，冒頭部分に込められた思いについて考えてみましょう。

まずは冒頭部分を音読します。冒頭部分で歴史的仮名遣いが使われているところは三か所です。現代仮名遣いに直して，ペアで音読してみましょう。
○教科書には現代仮名遣いのルビが振られているため，プリントなどでルビのない原文を用意して，歴史的仮名遣いが読めるようにする。
T：冒頭の一文ですが，表現技法を使って強調しているところがあります。どこにあるか，ペアで話し合ってみましょう。
○「係り結び」を説明するための導入である。時間をかける必要はないが，まずは気付かせる，発見させることを大切にしたい。
T：教科書 p.156 を見てください。冒頭部分には「係り結び」が使われていました。作者の感動や疑問の気持ちを強調するときに使います。ぞ，なむ，こそが「強調」，か，やが「疑問」を表します（板書する）。
T：では，冒頭部分で最も強調したい部分はどこだったのでしょうか（生徒の反応を待つ）。
　そうですね，「あやしうこそものぐるほしけれ」です。「こそ」が付いている前の単語「あやしう」を兼好法師は強調したいようです。ここにどのような思いがあったのでしょうか。いくつかの現代語訳を用意しました。この部分を

準備物：黒板掲示用資料

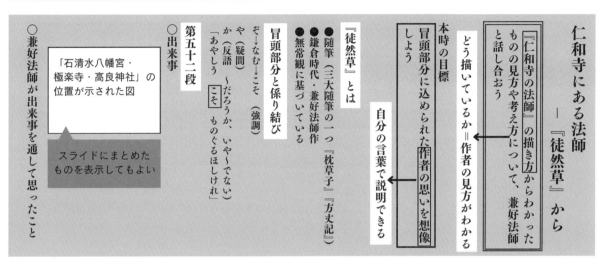

読み比べたり，必要に応じてインターネットで調べたりしても構いません。考えたことは，Googleフォームで送ってください。

○送信された内容はその場で共有できるようにしたり，回答をPDFにして一覧できるようしたりし，全員で共有する。

○生徒の実態に応じてペアやグループ学習にする。課題を難しいと感じている生徒には，一番納得できる現代語訳を選ばせ，その理由をワークシートに書かせる。

4 第五十二段「仁和寺にある法師」を音読し，この話にタイトルを付ける

T：では，実際に章段の一つを読んでいきます。この章段の内容がすぐに分かるようなタイトルを付けてみましょう。まずは歴史的仮名遣いに気を付けて，ペアで音読をします。

○ペアで音読をした後は，朗読音声なども使い，間違いがないかどうか，全体で確認をする。

T：第五十二段の内容を確認していきます。今回は現代語訳が部分のみですが挑戦してみましょう。難しくてよく分からない人は，資料集などで確認しても構いません。

○古文が読めることにこだわらず，内容が理解できることを大切にしたい。

T：この話は大きく二つの部分に分けることができると思います。どこで分かれると思いますか？

○生徒の発言を取り上げながら（場合によってはペア学習か指名などをしながら），最後の一文が筆者の意見であることを確認する。

T：では四人班で話し合い，この章段の内容が分かるようなタイトルを付けましょう。フォームで送ってください。

T：なぜこのようなタイトルを付けたのか，それぞれの班から発表してもらいます。

○考えた理由が説明できることを大切にしたい。次の授業につながるような発表にしたい。

ポイント 「係り結び」の学びを生かす

仁和寺の法師のセリフの後に，「と『ぞ』言ひける」と係り結びが使われる。法師の勘違いを強調するための「係り結び」であることに気付かせる。言葉や表現技報に着目することの大切さを実感させたい。

仁和寺にある法師 ―「徒然草」から
係り結び

2/3時間

指導の重点
・「仁和寺の法師」の描き方を通して，兼好法師のものの見方や考え方について自分の考えと比べ，深めさせる。

本時の展開に即した主な評価規準例（Bと認められる生徒の姿の例）
・作者のものの見方や考え方について，それが分かる部分を古文から引用し，説明している。【知・技】
・第五十二段に表れていたものの見方や考え方と自分の知識や経験とを比べ，広げ深まった考えについて，説明している。【思・判・表】
・経験や知識など，いくつかの視点から作者のものの見方や考え方を比べ，対話文の形で自分の考えたことを説明しようとしている。【主】

生徒に示す本時の目標
「仁和寺の法師」の描き方を通して，兼好法師のものの見方や考え方について自分のそれと比べ深めよう

1 本単元の学習課題を理解する
T：今日は，第五十二段から分かる兼好法師のものの見方や考え方について考え，自分自身の経験や知識と照らし合わせながら，「そういえば自分にもそういう経験があった」，「確かにいつの時代にもこういう人はいるよな」などといった考えをもっていきたいと思います。

2 「仁和寺の法師」の勘違いを説明する
T：第五十二段から分かる兼好法師のものの見方や考え方を知るために，まずは第五十二段の内容の理解を深めていきましょう。
　第五十二段では，仁和寺の法師の勘違いが描かれていましたね。どういう勘違いをしてしまったのか，フリップ（教科書に掲載されている石清水八幡宮・高良神社・極楽寺の位置関係が分かる図）を使ってペアで説明し合いましょう。
○Google Classroomでフリップ用PDFや画像を配布し，タブレット等をフリップとして説明に使用させる。

○何名か指名し，全体で発表させてもよい。生徒の実態に合わせて実施したい。
○ペア学習後，個人でどのような勘違いだったのか改めてワークシートにまとめさせる。

⬇ WS

3 二つの課題を通して，第五十二段から分かる兼好法師のものの見方や考え方について，自分の考えをまとめる（個人）
T：仁和寺の法師の勘違いを通して，兼好法師はどのような考えを述べていましたか。古文から抜き出してみましょう。
○何名か指名して，抜き出したところを聞く。
T：そうですね「その道の先導者はあってほしいものだ」でしたね。
　さてこの章段ですが，本当に「先導者があってほしい」ということを伝えたかったのでしょうか。今から投げかける疑問について考えながら，この章段から分かることについて個人で考え，ワークシートの「対話文」をうめる形でまとめましょう。
疑問①「係り結び」で強調されているところはどこか。
疑問②なぜ「仁和寺」という寺の名前を出したのか。

準備物：黒板掲示用資料，ワークシート

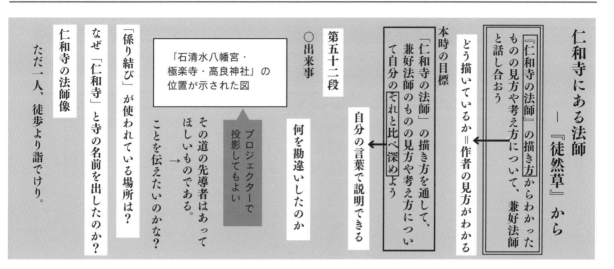

○「石清水に詣でけり」でもよいのに、なぜ「ただ一人，徒歩で詣でけり」と書いたのかといった問いかけをしながら，仁和寺の法師に対する兼好法師の見方や考え方が表れているところにも注目させる。
○第一段（法師についての記述あり）や第五十三段を参考にさせてもよい。

> ポイント　仁和寺の法師の描き方にこそ，兼好法師のものの見方・考え方がある
> 　仁和寺という名前を出した理由という視点で読み直すと，仁和寺の法師に対する評価ともとれる表現があることに気付く。ここにこそ，兼好法師のものの見方や考え方が表れているということに気付かせたい。

4　第五十二段から分かる兼好法師のものの見方や考え方について分かったことを，兼好法師との対話文の形でまとめる

Ｔ：第五十二段から分かる兼好法師のものの見方や考え方について，個人で考えたことを四人班で話し合います。班で考えた兼好法師との対話文を後ほど全体で紹介します。
○話し合いと作成時間を含めて15分くらいを予定

したい。古文から叙述を引用し，兼好法師のものの見方や考え方について説明できるようにしたい。
○資料は Google スライド等を使い，全員が閲覧できるようにする。
○時間や生徒の実態によって，兼好法師の考えのみを班でまとめるような内容で進めるのもよい。活動を完成させるのではなく，本単元の目標を達成させることを大切に進めたい。

> ポイント　兼好法師との対話文を作成する
> 　兼好法師との対話文を作成させる活動を通して，古典には古人との対話ができるおどろきがあることを感じさせたい。

5　学習を振り返る

　兼好法師のものの見方や考え方について，現代にも共通すること，現代とは異なることなどの視点から感じたことを書く。

3 仁和寺にある法師—「徒然草」から
3時間　係り結び

指導の重点
・「扇の的」や「仁和寺にある法師」に登場する人物の特徴を捉えて，自分の意見を書かせる。

本時の展開に即した主な評価規準例（Bと認められる生徒の姿の例）
・人物の特徴，根拠となる部分，自分の考えについてそれぞれ設けた段落をどのような順序で展開したらよいか考え，工夫している。【思・判・表】

生徒に示す本時の目標
「扇の的」・「弓流し」・「仁和寺にある法師」に登場する人物の特徴を捉えて，自分の意見を書こう

1　本単元の学習課題を理解する
T：「扇の的」・「弓流し」，「仁和寺にある法師」を通して，いろいろな人物像に触れ，昔の人のものの見方や考え方について考えてきました。
今日は単元のまとめとして，誰か一人に注目し，人物の特徴についてまとめ，その人のものの見方や考え方，人物像について自分の考えを300字で書いていきます。

2　注目する人物を決め，作品から人物像が分かるところを探す
T：誰に注目するかを決めていきましょう。黒板を見てください。今まで一緒に考えてきた人物を書き出してみました。
注目する人物が決まったら，その人物が出てくるところを読み直してみましょう。人物像が分かるところ，ものの見方や考え方が分かるところに線を引き，どのような性格か，どのようなものの見方や考え方をする人かをメモしましょう。

（少し時間をおいて）
T：注目する人物は決まりましたか。300字にまとめる人物の名前をGoogle フォームで送ってください。
○同じ人物同士で交流するために，ここで注目する人物を聞いておき，グルーピングをしておくとよい。フォーム以外にもロイロノート・スクール等の集計機能などを使うのもよい。

3　注目した人物を「私は○○な人物です」の一文で表現する
T：注目する人物の人物像やものの見方・考え方が分かるところに線を引いたり，メモをしたりすることができたでしょうか。
集めた情報を基に，まずは「私は○○な人物です」と一文で表現してみましょう。考えた一文はフォームで送ってください。
○人物ごとにフォームをつくり，人物ごとに一覧できるようにしておくとよい。全体でも結果を共有しながら，同じ人物でも着目する表現によって，人物像やものの見方・考え方の捉え方が異なる場合があることを確認する。解釈に大きな飛躍がない限り，一つの視点として捉えさせたい。

準備物：黒板掲示用資料

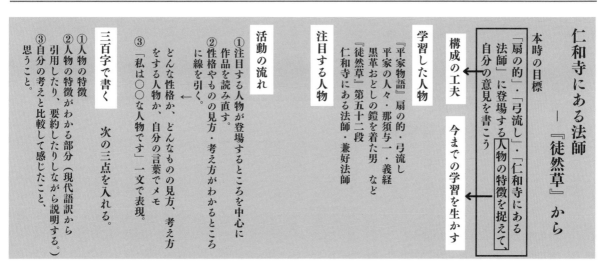

4 同じ人物同士で四人程度のグループになり、人物像やものの見方・考え方の捉え方について交流する

T：ではこれから同じ人物を選んだ人同士でグループになって、今のところ考えている人物像について、そう考えた理由の適切さも含めてアドバイスし合います。誰が読んでも納得できるような文章がつくれるようにしましょう。

○人物ごとの座席だけを決めておいて自由に移動させてもよい。生徒の実態に合わせたい。

ポイント　同じ人物でも、捉え方によって人物像が異なる体験をさせる

理由とする叙述の解釈の仕方によって、想像する人物像やものの見方・考え方にも違いが出てくる。違う部分については、互いが納得できるよう話し合わせたい。交流を通して、自分では気付かなかった新たな視点から人物像について見つめ直すきっかけにしたい。

5 構成を工夫しながら、注目した人物について300字程度で文章を作成する

T：それでは今から、文章をドキュメントで作成します。三段落構成です。段落の順番は問いません。文章は構成の工夫を中心に見ていきます。

○最初にメモしたことと交流後の考えに変化が生まれたことが分かるようなプリント等を用意すると、よい振り返りができる。評価する側にとってもよい材料となる。

（書き終わった頃、15分程度を目安とする）

T：出来上がったドキュメントを、交流したグループの人たちで共有し、コメントし合いましょう。ここからは、「提案」モードにし、何を修正したのかが分かる形にしてください。

（交流後）

T：コメントを通して、修正がある人は修正し、クラスルームに提出をしてください。

○Googleドキュメントの共有機能やコメント機能等を使うことによって、限られたメンバーでコメントし合え、何を修正したのかが残る形で評価を入れることができる。

6　いにしえの心を訪ねる

漢詩の風景／律詩について （3時間）

1　単元の目標・評価規準

・作品の特徴を生かして朗読するなどして，古典の世界に親しむことができる。
〔知識及び技能〕(3)ア
・現代語訳や語注などを手掛かりに作品を読むことを通して，古典に表れたものの見方や考え方を知ることができる。　〔知識及び技能〕(3)イ
・観点を明確にして文章を比較するなどし，文章の構成や表現の効果について考えることができる。　〔思考力，判断力，表現力等〕C(1)エ
・言葉がもつ価値を認識するとともに，読書を生活に役立て，我が国の言語文化を大切にして，思いや考えを伝え合おうとする。　「学びに向かう力，人間性等」

知識・技能	・作品の特徴を生かして朗読するなどして，古典の世界に親しんでいる。　((3)ア) ・現代語訳や語注などを手掛かりに作品を読むことを通して，古典に表れたものの見方や考え方を知っている。　((3)イ)
思考・判断・表現	「読むこと」において，観点を明確にして文章を比較するなどし，文章の構成や表現の効果について考えている。　(C(1)エ)
主体的に学習に取り組む態度	進んで構成や表現の効果を考え，今までの学習を生かして朗読しようとしている。

2　単元の特色

教材の特徴

　本単元では，孟浩然の「春暁」，杜甫の「絶句」，李白の「黄鶴楼にて孟浩然の広陵に之くを送る」の三作品を扱う。いずれも詩の形式が「絶句」であるため，作品同士を比較することで，生徒自身で起承転結や押韻などの法則性に気付くことができる。また解説の文章の共通点について考えさせることで，詩を味わう上での視点を得ることもできる。鮮やかな色のコントラストによる表現の工夫など，時間の許す限り，作品の中に仕掛けられた様々な工夫に生徒自らが気付き，その意図を考える活動などを取り入れる。それらにより古典を味わうことの楽しさを味わわせ，興味・関心が高まるように指導していく。

　教材の最後に，杜甫「春望」が掲載されている。絶句以外にも「律詩」という形式があるこ

と，また，文字数にも五言と七言という決まりがあることを押さえるなどして，漢詩の形式に関する知識を指導する。また，杜甫「春望」の内容理解は，第３学年の「おくのほそ道」「平泉」の学習と関連付くことになる。３年時に松尾芭蕉が漢詩に親しみ，杜甫に憧れて旅に出たことを学び，古典が脈々と現代の私たちに受け継がれてきたことを生徒に実感させるためにも，今回，杜甫の「春望」を鑑賞する時間も確保したい。先に扱った杜甫「絶句」と関連させながら扱うのもよい。

身に付けさせたい資質・能力

　本単元では，学習指導要領C(1)エに基づき，「観点を明確にして漢詩を比較し，漢詩の構成や，表現の効果について考える」力を育成することに重点を置く。この資質・能力を身に付けさせるための言語活動としてC(2)イ「詩歌や小説などを読み，引用して解説したり，考えたことなどを伝え合ったりする活動」として「お気に入りの漢詩表現を紹介する」活動を設定する。漢詩は押韻以外にも平仄（ひょうそく）と呼ばれる音の上がり下がりを意識した漢字の配置が施されている。耳で聞いて楽しむことを重視した表現上の工夫があることにも気付かせながら古典の世界に親しませていきたい。そこで〔知識及び技能〕(3)ア「作品の特徴を生かして朗読するなどして，古典の世界に親し」んでいる，(3)イ「現代語訳や語注などを手掛かりに作品を読むことを通して，古典に表れたものの見方や考え方を知」っているを関連付けて指導する。

3　学習指導計画（全３時間）

次	時	○主な学習活動	☆指導上の留意点　◆評価規準
一	1	○単元の学習課題を知り，学習の見通しをもつ。 ○注意する語句・新出漢字の確認をする。 ○孟浩然・李白の作品について，範読・デジタル音源等を通して作品と解説を確認する。 ○二作品の解説に共通している視点について考える。 ○鑑賞の視点を基に，孟浩然と李白の作品について表現の工夫について考える。	☆杜甫「絶句」については，後から扱うため，ここでは示さないでおく。 ☆漢詩の形式である，五言・七言・絶句・律詩，押韻について押さえておく。必要に応じて動画資料などを使うのもよい。 ◆解説や自ら調べたことなどを手掛かりに作者の思いを想像している。【知・技】
	2	○杜甫「絶句」を鑑賞する。 ○動画資料等を使って杜甫「春暁」を知る。 ○孟浩然・李白・杜甫の漢詩の中から魅力を感じた表現について，四人グループで交流する。	◆選んだ漢詩の表現の工夫や効果について，自分の考えをもっている。【思・判・表】 ◆選んだ漢詩の表現の工夫について，いくつもの視点から考えたり調べたりしようとしている。【主】
二	3	○「NHKクリエイティブライブラリー」を使って紹介映像をつくる。 ○お気に入りの漢詩と漢詩表現を紹介し合う。 ○学習を振り返る。	◆押韻などの音の響き，間や強弱などを工夫しながら朗読している。【知・技】 ◆表現の工夫や魅力が伝わるよう，間の取り方や強弱を工夫して朗読し，選んだ表現の面白さや魅力を自分の言葉で伝えようとしている。【主】

漢詩の風景／律詩について

指導の重点
・漢詩を鑑賞する視点をもち，表現の工夫について考えさせる。

本時の展開に即した主な評価規準例（Bと認められる生徒の姿の例）
・解説や自ら調べたことなどを手掛かりに作者の思いを想像している。【知・技】

生徒に示す本時の目標
漢詩を鑑賞する視点をもち，表現の工夫について考えよう

1　本単元の学習課題を理解する
T：この単元では「お気に入りの漢詩や漢詩表現を紹介する」活動を通して，漢詩を鑑賞する視点を身に付けます。また，工夫された表現や作者の思いを踏まえて朗読にも挑戦します。
　そのために，1時間目は「鑑賞の視点がもてるようになる」ことを目指した授業をします。（黒板掲示用資料を貼りながら）2時間目は実際に作品を鑑賞することを通して，1時間目には気付かなかった視点ももてるようにします。
　これらの身に付けた視点を生かして，3時間目にいいなと思った表現と，その表現が含まれる漢詩についてスライドを使って紹介していきます。

2　注意する語句・新出漢字の確認をする
T：最初に，この教材に出てくる語句や新出漢字を確認します。
○プリント等を用意し，課題に取り組ませるとよい。

3　二つの漢詩（孟浩然・李白）の朗読音声を聞き，「聞いて」気付く特徴や表現の工夫について考える
T：まずは二つの漢詩の朗読音声を聞きます。「平家物語」のように，漢詩も「耳で聞いて楽しむ」ことを意識した表現の工夫があります。まずは中国語による朗読音声を聞いてみましょう。聞いて漢詩の楽しみ方について気付いたことをGoogleフォームで送ってください。
○孟浩然・李白の作品で先に鑑賞の視点を押さえるトレーニングを行なう。杜甫の作品は後から扱うため，ここでは読まないようにする。
○表現の工夫を「耳で聞いて楽しませる工夫」と「読んで楽しませる工夫」の二点から考えさせていく。共通して分かることでも，一つの詩から分かることでも構わない。フォーム以外にも，ロイロノート・スクールやオクリンクでも構わない。回答を即時に一覧できるようにしたい。
T：（フォームの回答を紹介しながら）行末の音の響きが揃っている，音の上がり下がりがある，強弱を付けている，などが出てきましたね。これらは漢詩を楽しむ上での視点になります。これらの特徴を生むために作者が工夫していると考えられることについて，気付いた点をプリントに書きましょう。

準備物：黒板掲示用資料，プロジェクター

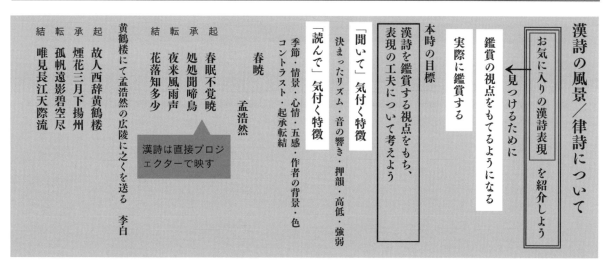

4 二つの漢詩（孟浩然・李白）の解説部分を読み，どのような視点から漢詩を解説しているのかを考える

T：次に，二つの漢詩の解説文を読みます。どのような視点を使って漢詩を鑑賞しているかを考えましょう。二つの漢詩に共通して使っている視点，一つの漢詩にのみ使っている視点，両方とも気付いたことをフォームで送信してください。

○孟浩然・李白の作品を通して身に付けた鑑賞の視点を使って，杜甫の作品を解説の力を頼らずに鑑賞させたい。そのためにも，杜甫の作品と解説はあえて読まずに，孟浩然・李白の作品と解説を先に読む。杜甫の作品と解説を読まないように，別のプリントを用意するのもよい。

○漢詩に描かれた季節，情景，作者の心情については教科書にも示されている視点であり，確実に押さえたい。フォームで送られてくる回答を紹介したり，回答者を指名して詳しく説明させたりしながら，様々な視点がもてるようにしたい。

T：いくつもの視点が出てきましたね。この中から注目したい視点を選び，そのためにどのような表現の工夫をしているかを考え，プリントに書きましょう。

5 考えたことを四人班で話し合い，漢詩を鑑賞するために様々な視点をもつ

T：聞いて楽しむための表現の工夫，読んで楽しむための表現の工夫について，四人班で考えたことを共有し，最後に全体でも発表します。

○「音の響きを楽しませるために」（視点），「行末の漢字の音が揃うように配置している」（表現の工夫）といったように，視点と表現の工夫を関連させて説明できるよう，いくつかの例を示しておくのもよい。

ポイント 「聞いて楽しむ」，「読んで楽しむ」視点から表現の工夫を考える

漢詩には耳で聞いて楽しむための工夫がたくさんある。「聞いて楽しむ」ための作者の表現の工夫という視点も鑑賞の中に取り入れて楽しみたい。

漢詩の風景／律詩について

指導の重点
・漢詩の中からお気に入りの表現や漢詩を見付け，そのよさについて考えさせる。

本時の展開に即した主な評価規準例（Bと認められる生徒の姿の例）
・選んだ漢詩の表現の工夫や効果について，自分の考えをもっている。【思・判・表】
・選んだ漢詩の表現の工夫について，いくつもの視点から考えたり調べたりしようとしている。【主】

生徒に示す本時の目標
漢詩の中からお気に入りの表現や漢詩を見つけ，そのよさについて考えよう

1 この時間の目標を理解する
T：前回は，漢詩を鑑賞する視点について「聞いて楽しむ視点」と「読んで楽しむ視点」から考えました。そのために作者が工夫している表現についても考えましたね。解説を読んだり皆さんと話し合いをしたりする中で視点も多く出てきました。その視点について振り返りましょう（板書する）。

今日は学習した視点を使って，三つの活動を行ないます。杜甫「絶句」に込められた作者の思いや表現の工夫を考える，教科書の最後に紹介されている同じ杜甫の「春望」を動画で理解する，孟浩然，杜甫，李白の作品の中からよいなと思った作品や表現を選び，なぜよいと思ったのか，その「よさ」を自分の言葉で説明する，の三点です。

2 杜甫「絶句」を鑑賞する
T：それでは中国語による朗読音声を流します。気付いた「聞いた楽しむ工夫」についてメモをし，なぜそのような工夫をしたのかなど，考えたことを書きましょう。

○教科書には解説文が書かれているため，漢詩を載せたワークシートを用意し，教科書は見せずに，直接ワークシートで取り組ませる。解説文は，後から自分の考えと比較するために使う。

音声に関する活動は5分程度で一度区切り，その他の表現の工夫について考える活動に切り替える。

T：このまま続けて，ほかの視点も使いながら，作者が作品に込めた思いや表現の工夫について，気付いたことをワークシートに書いていきましょう。必要に応じてインターネットで調べたり，資料集などを使って調べたりしても構いません。

3 教科書の解説文と比較し，自分の鑑賞の視点を振り返る
T：今から教科書の解説と自分が考えた表現の工夫を比べてみましょう。筆者が使っていた視点と自分が考えた視点でどのような違いがあったでしょうか。筆者が解説していることを色ペンでワークシートに書き，比較して気付いたことを書きましょう。

○デジタル音源を流すなどして，教科書の解説部分を聞き，解説で使われた視点について全員で確認する時間を取りたい。先に全員で確認する

準備物：黒板掲示用資料，プロジェクター

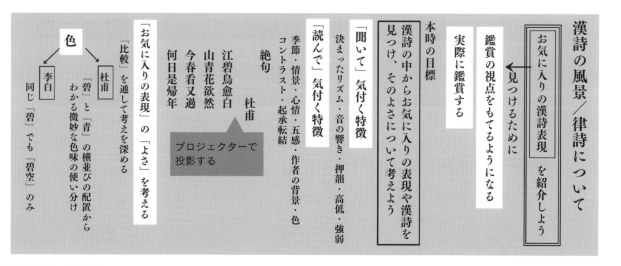

4 杜甫「春望」について，動画を通して内容を確認する

T：ではここから，同じ杜甫の作品「春望」に触れていきたいと思います。どのような思いが込められているか，杜甫の人生などにも触れながら気付いたこと，考えたことをワークシートに書きましょう。

○動画以外にも資料集等を使って学習したり，前時で学習した視点を使って鑑賞し合ったりする活動があってもよい。時間や生徒の実態に合わせたい。

○この詩が3年生で学習する「おくのほそ道」の「平泉」に関連することも伝えておく。

5 お気に入りの作品や表現を選び，同じ作品を選んだ人同士で交流する

T：「春望」も含め四作品を通して，いいなと思った作品や表現の工夫について考えます。
　黒板を見てください（板書する）。いいなと思う表現を考えるときには，ほかの作品で似ている表現，同じ作者で違う作品などを比べて「よさ」を見付ける工夫をしてみましょう。

か，生徒に考えさせてからにするかは，生徒の実態に合わせたい。

ポイント　似たような表現などを比較することで「よさ」を浮かび上がらせる

同じ「碧」でも杜甫と李白ではどのように使い方が異なるのだろうか（板書例）。作品の中だけにとどまらず，他作品やほかの作者の表現等と「比較」することで見えてくる「よさ」を考えさせることで，思考を深めさせたい。

T：お気に入りの作品をどれにするか，決まったらGoogleフォームで送ってください。

○フォームで送られてきた回答を基に，グループを作成しておく。

T：同じ作品を選んだ人同士で，どのような言葉や作品と比べたのか，そしてどのような「よさ」に気付いたのかを交流しましょう。

○同じ作品を選んだ人同士が話す席だけ用意し，自由にグループを組ませてもよい。生徒の実態に合わせたい。

漢詩の風景／律詩について

指導の重点
・選んだ漢詩の情景や表現の工夫が伝わるように朗読させ，お気に入りの表現を紹介させる。

本時の展開に即した主な評価規準例（Bと認められる生徒の姿の例）
・押韻などの音の響き，間や強弱などを工夫しながら朗読している。【知・技】
・表現の工夫や魅力が伝わるよう，間の取り方や強弱を工夫して朗読し，選んだ表現の面白さや魅力を自分の言葉で伝えようとしている。【主】

生徒に示す本時の目標
選んだ漢詩の情景や表現の工夫が伝わるように朗読し，お気に入りの表現を見つけて紹介しよう

1 この時間の目標を理解する
T：前回の授業で交流して深めたことを，今日は改めて個人でスライドにして発表していきます。今日のスライドは，動画的スライドです。映像や音楽を使いながら，一番心にも耳にも響いた作品を朗読します。朗読では，描かれた世界や作品に込められた思い，リズムの心地よさや響きのよさが伝わるよう，工夫してみましょう。最後に発表し合います。友達の朗読や発表を聞きながら，漢詩に対する新たな発見をしたり，理解を深めたりしていきましょう。
○最初に漢詩について解説した動画など，発表の参考となるものを見せて，活動の見通しをもたせるとよい。

2 スライドを作成する
T：黒板を見てください。発表では四つの要素を入れていきます。
①選んだ漢詩を朗読する。
　朗読は書き下し文の方で行ないます。「朗読」ですので，作品に描かれている世界や作者の思い，表現の工夫などが伝わるようにこれまでのプリントなどを見て思い出して読み上げましょう。
　背景として使う朗読映像は最大4カット（絶句であれば1行1カット，律詩であれば2行で1カットのイメージ）とします。
②作品から伝わる情景や作者の思いを説明する。
　まずは作品をどのように鑑賞したかを伝えましょう。どのような情景を浮かべたのか，どのような思いを読み取ったのかを伝えましょう。
③お気に入りの表現について説明する。
　前回の授業で考えたことを生かしましょう。いくつかの視点から優れていると思ったこと，ほかの表現や他作品と比べて魅力的に感じたことなどを説明しましょう。
④②・③が伝わるように，朗読に生かしたことを説明する。
　1時間目に聞いた中国語による朗読のように，高低や強弱，間などが音の表情をつくります。作者の思いや優れた表現を伝えるために，どのような工夫をしたのか，説明しましょう。
○フリーの映像や音楽を使って動画を作成できるサイトがある。フリーの写真をスライドに貼る

準備物：黒板掲示用資料，ワークシート

漢詩の風景／律詩について

本時の目標
選んだ漢詩の情景や表現の工夫が伝わるように朗読し，お気に入りの表現を見つけて紹介しよう

紹介映像をつくろう

① 選んだ作品の朗読

朗読用映像（最大4カット）
決まったリズム・音の響き・押韻を意識して朗読する。

② 作品から伝わる情景・作者の思い

作者の情景 作者の思い（最大2カット）
季節・情景・心情（作者の背景）

③ お気に入りの表現を紹介する

お気に入りの表現紹介
季節・五感・作者の背景・色・コントラスト など
「比較」を通して深めたことなど

④ ②・③を朗読で伝えるために工夫したこと

情景・思い・表現の工夫等を伝えるために工夫したこと

のもよい。限られた時間の中で効率よく作成できるサイトなどを活用したい。

○スライドの作成については，四人班で作品を一つ選び，分担して作成し，発表するのもよい。時間や生徒の実態に合わせて活動を調整したい。

> **ポイント　朗読に映像や画像を使うことで，イメージをより豊かに表現させる**
> スライドに使用する映像や写真を通して，どのような情景を想像したのか，お気に入りの表現からどのようなイメージをもったのかなどを伝えることができる。自分の考えたことを言葉とともに伝えたい。

3　四人班でミニ発表会をする

T：作成したスライドを使って，お気に入りの作品と表現を紹介する発表会を行ないます。四人班になってください。そして発表する順番を決めてください。順番が決まったら，個人で練習時間をとりましょう。（5分程度）

T：ではここから発表会を行ないます。聞き手は，ワークシートに新たに知ったことや考えが深まったことなどをメモしていきましょう。

○個人練習や発表の際に，タブレット等で録画させ，発表や振り返りに生かすとよい。発表時に録画した動画は，授業後に提出させると評価に生かすことができる。

○四人班で代表を決めて，全体で発表会をするのもよい。四人班の組み合わせによって，充実した発表ができなかった班がある場合には，代表者を選出して全員の前で発表させ，全員が考えを深めるきっかけをつくる方法も考えられる。

4　学習を振り返る

T：自分の朗読について，お気に入りの表現の工夫の説明について，自分の発表動画を確認しながら振り返ります。

朗読では，何を伝えるためにどのような工夫をしたのか，友達の朗読を聞いて，どのような発見や気付きがあったかを振り返ります。

表現の工夫については，友達の発表も踏まえながら，どのような表現が特にすばらしいと感じたのか，自分の言葉でまとめてみましょう。

7 価値を語る

君は「最後の晩餐」を知っているか／「最後の晩餐」の新しさ　（5時間）

1 単元の目標・評価規準

・情報と情報との関係の様々な表し方を理解し使うことができる。　〔知識及び技能〕(2)イ
・観点を明確にして文章を比較するなどし，文章の構成や論理の展開，表現の効果について考えることができる。　〔思考力，判断力，表現力等〕C(1)エ
・言葉がもつ価値を認識するとともに，読書を生活に役立て，我が国の言語文化を大切にして，思いや考えを伝え合おうとする。　「学びに向かう力，人間性等」

知識・技能	情報と情報との関係の様々な表し方を理解し使っている。　((2)イ)
思考・判断・表現	「読むこと」において，観点を明確にして文章を比較するなどし，文章の構成や論理の展開，表現の効果について考えている。　(C(1)エ)
主体的に学習に取り組む態度	自ら進んで文章を比較するなどし，学習課題に沿って，文章の構成や論理の展開，表現の効果について考えたことを伝えようとしている。

2 単元の特色

教材の特徴

　「君は『最後の晩餐』を知っているか」は，筆者が「最後の晩餐」について評価し，自分の見方や感じたことを論じた評論文である。筆者は序論において，自分が「最後の晩餐」を見たときに感じた「かっこいい」という抽象的な言葉から論を進めていく。本論では「かっこいい」と感じた理由について，「解剖学」「遠近法」「明暗法」という三つの科学的な視点から「最後の晩餐」の魅力を分析し，結論で「最後の晩餐」の本当の魅力について論じていく。
　一方で「『最後の晩餐』の新しさ」では，成立年代が異なるほかの作者の作品と比較しながら説明をしており，絵の構図の違いや細部の状況などといった読み取れる事実を客観的に説明している解説文である。

身に付けさせたい資質・能力

　この二つの文章には「評論文」と「解説文」としての違いが顕著に表れているため，最終的に二つの文章を比較しながら読むことによって，それぞれの筆者の意図や目的について考え，自分の考えを広げたり深めたりすることをねらいとする。

　そのために，まず「君は『最後の晩餐』を知っているか」の内容を図示しながら読み取ることによって，筆者の論の展開や伝えたいことを整理する。その上で「『最後の晩餐』の新しさ」と比較しながら読み，読み手の納得を求めるための評論文と，読み手の理解を求めるための解説文との違いに目を向けさせ，筆者の意図や目的について考えさせる。

　文章を比較する際には，内容と形式（表現や構成）の二つの観点において比較する。それにより，文章の意味をより深く理解するだけでなく，構成や表現のもたらす効果についても考えることができる。

3　学習指導計画（全5時間）

次	時	○主な学習活動	☆指導上の留意点　◆評価規準
一	1	○「君は『最後の晩餐』を知っているか」を通読する。 ○筆者が伝えたいことや，論の展開について読み取り，本文の内容を図で示す。	☆本文の中で筆者が伝えたいことを柱として，読みとった情報を図にまとめさせる。 ◆本文から読み取った内容を記号や本文中の言葉を用いながら図示している。【知・技】
二	2・3	○筆者が「かっこいい」と言った理由について読み取る。 ○絵画の三つの科学「解剖学」「遠近法」「明暗法」について確認し，筆者の論を読み取る。 ○「最後の晩餐」の本当の魅力について読み取り，本文の内容を整理しながら図に書き加える。	☆筆者の論の展開を捉えるために，絵画の三つの科学や「最後の晩餐」の本当の魅力について読み取らせる。 ◆絵画の三つの科学や，筆者の語る魅力について読み取り，筆者の論理の展開について考えている。【思・判・表】
三	4・5	○「『最後の晩餐』の新しさ」との比べ読みをする。 ○二つの文章の内容を表にまとめながら比較をし，それぞれの文章の筆者の意図や目的について考える。	☆二つの文章を比べながら読み，それぞれの筆者の意図や目的について考えさせる。 ◆二つの文章を比較して読み，二人の筆者の論の違いを比較してまとめている。【思・判・表】 ◆二つの文章を読んで考えたことを知識や経験を結び付け，自分の考えを広げたり深めたりしている。【思・判・表】

君は「最後の晩餐」を知っているか／「最後の晩餐」の新しさ

〈1／5時間〉

指導の重点
・本文から読み取った内容を記号と本文中の言葉を使って図にまとめさせる。

本時の展開に即した主な評価規準例（Bと認められる生徒の姿の例）
・本文から読み取った内容を記号や本文中の言葉を使いながら図示している。【知・技】

生徒に示す本時の目標
本文から読み取った内容を記号や本文中の言葉を使って図にまとめよう

1　学習の見通しをもつ
○本単元では，「最後の晩餐」について書かれた二つの文章を比較しながら読み，文章の構成や表現の効果について考えていくことを伝える。

T：この絵画を見たことがありますか（「最後の晩餐」の絵を黒板に投影する）。

○絵画を紹介する際には，デジタル教科書や電子黒板などのICT機器を活用し，生徒たちの学習意欲を喚起するとよい。時間に余裕があれば5〜10分程度，絵を見た感想などをふせんやカードに書き出し，グループ内で共有するなどの活動を取り入れてみるのもよい。

2　「君は『最後の晩餐』を知っているか」を通読し，本時の目標を示す
○本時の目標として，「本文から読み取った内容を記号や本文中の言葉を使って図にまとめること」を示す。

> **ポイント　序論・本論・結論の構成をつかむ**
> 通読する際には段落番号を振りながら，序論（①〜④段落）・本論（⑤〜⑯）・結論（⑰〜㉑）のまとまりになっていることに気付かせると，次の図示する活動に取り組みやすくなる。

T：「最後の晩餐」を見たときに，筆者がどのようなことを感じ，どのようなことを考えたか，本文を読んでみましょう。

3　本文から読み取った内容を，図で整理する
○本文から読み取った内容を記号や本文中の言葉を使いながら図にまとめる。
○本文を読んだことがない人でも，図を見たら本文の内容や筆者の伝えたいことが分かるように整理させる。
○図示する際のまとめ方の例をいくつか示すと，イメージがしやすくなる。以下の三パターンを基本として，例を示すとよい。
　・記号や矢印を用いてまとめた例
　・イラストや絵を用いてまとめた例
　・言葉のみを使ってまとめた例

> **ポイント　筆者が伝えたいことに着目させる**
> 図にまとめる際には，筆者が伝えたいことを柱としてまとめていくことを伝える。

準備物：黒板掲示用資料

君は「最後の晩餐」を知っているか

本時の目標
本文から読み取った内容を記号や本文中の言葉を使って図にまとめよう

○図にまとめるときのポイント
・筆者の伝えたいことは？
・筆者がそう思った理由は？
・どんなふうに論を進めている？

○まとめ方の例

記号や矢印を用いてまとめた例

イラストや絵を用いてまとめた例

言葉のみを使ってまとめた例

自分に合ったまとめ方で図示しよう

例えば，
・筆者の伝えたいことは何か？
・筆者がそう思った理由は何か？
・どのように論を進めているのか？
などの視点で整理させるとよい。

4 整理した図を近くの人と交流する

○自分が整理した図を近くの人と見せ合い，気付いたことや自分の図に足りなかった情報などを書き加えさせる。

T：自分が描いた図を近くの人と交流してみましょう。気付いたことや，自分の図になかった情報などがあれば，本文のどこに書いてあったかなどを確かめてみて，自分の図に書き加えてもいいです。

○交流活動においては紙のワークシートを使ってペアワークやグループワークをするのもよいが，手描きした図を写真に撮って，ロイロノート・スクールやGoogle Classroomなどで共有できるようにすると，お互いの図を効率よく見合うことができるようになる。

5 次回の学習について予告する

○次回は，本文の内容について詳しく読み取っていくことを伝える。

○次回以降，本文を読み取っていく上で，今回描いた図に書けていなかった情報が出てきた際には，随時書き加えていくことを伝える。

T：図に整理しながら読んだことで，文中の情報が整理できたと思います。今日，図示したことを基に，次回は詳しく内容を読み取っていきます。図には，読み取った内容が増えていったら，情報を書き加えていってください。

君は「最後の晩餐」を知っているか／「最後の晩餐」の新しさ

2／5時間

指導の重点
・筆者が「かっこいい」と述べた理由を読み取り，それを図に整理させる。

本時の展開に即した主な評価規準例（Bと認められる生徒の姿の例）
・絵画の三つの科学や，筆者の語る魅力について読み取り，筆者の論理の展開について考えている。【思・判・表】（※第3時も併せて評価する）

生徒に示す本時の目標
筆者が「かっこいい」と思った理由を読み取ろう

1 筆者が絵を見て感じたことが書かれている箇所を確認する
○四段落に「『かっこいい。』と思った。」「理屈ではなく，衝撃がやってくる。」と書かれていることを確認する。

T：前回，筆者の伝えたいことを中心に，本文の内容を図に整理してもらいました。筆者は「最後の晩餐」を見たときに，どう思ったのでしたか？　それは本文のどこに書いてありましたか？

○「かっこいい」というのは，抽象的な表現であるため，本時では筆者がなぜそう思ったのかについて読み取っていくことを伝える。

2 筆者が「かっこいい。」と思った理由について読み取る
○四段落「科学が生み出した新しい芸術」に着目し，絵画の三つの科学について一つずつ整理していく。
○大半の生徒は前時に図示したことによって，三つの科学についてはすでに読み取っていること

が想定される。図示したものを基に，何段落に記述があるかを細かく確認しながら，本文に立ち返らせ，内容を正しく読み取らせていくようにするとよい。
○読み取った内容は，実際に「最後の晩餐」の絵を見ながら，三つの科学がどこに生かされているか確かめるようにする。ここでもICT機器などを活用し，拡大して投影するなどすると見やすくてよい。

ポイント　三つの科学について
三つの科学について書かれた段落は以下の通りである。それぞれの科学が，絵画にどのように生かされているのかを読み取っていく。

【解剖学について】
・十～十一段落
　→手のポーズが顔の表情に生かされている。

【遠近法について】
・十二～十三段落
　→室内の壁や天井，奥行きの表現，キリストに視線を集める効果などに生かされている。

【明暗法について】
・十四段落
　→現実の光と同じ方向を表すことができ，

準備物：なし

君は「最後の晩餐」を知っているか

本時の目標
筆者が「かっこいい」と思った理由を読み取ろう

- ○「最後の晩餐」を見た感想
  …「かっこいい。」
- ・科学が生み出した新しい芸術
  → 絵画の三つの科学

○解剖学…手のポーズや顔の表情
○遠近法…室内の壁や天井
　・奥行きの表現
　・キリストに視線を集める効果
○明暗法…現実の光と同じ方向
　・本物の食堂の延長のように感じられる

絵画の科学とその可能性を目のあたりにできる
→「かっこいい。」
→ 一つの要因

本物の食堂の延長のように感じられる。

T：筆者はなぜ「かっこいい。」と思ったのですか？　ここまで読み取ったことを基に、自分の言葉で説明してみましょう。

○生徒たちには、ここまで読み取ったことを基に筆者が「かっこいい。」と思った理由について、自分の言葉で説明させる。
○ペアワークで確認させたり、ノートに簡単に書かせたりするなどするとよい。
○自分の言葉で説明させる際には、まず十六段落に「絵画の科学が、それまで誰も描かなかった新しい絵を生み出した。」と書かれていることに着目させる。
○さらに、「レオナルドが究めた絵画の科学と、そのあらゆる可能性を目のあたりにできること」「これが、『最後の晩餐』を『かっこいい。』と思わせる一つの要因だろう」と書かれていることに着目させ、この部分を使って説明させるとよい。

〈生徒の回答例〉
　筆者が「かっこいい。」と思った理由は、レオナルド・ダヴィンチが究めた絵画の三つの科学と、そのあらゆる可能性を目の当たりにしたからです。絵画の科学によって、それまで誰も描かなかった新しい絵が生み出されたことが一因として挙げられています。

3　読み取った内容について、自分の図に情報を書き加えさせる

○ここまで読み取った内容を、前時に描いた図に書き加えて整理させる。

4　次回の学習について予告する

○次回は結論の部分を読み取っていくことを伝える。

3 5時間 君は「最後の晩餐」を知っているか／「最後の晩餐」の新しさ

指導の重点
・情報と情報との関係を図で示す方法を理解し使わせる。

本時の展開に即した主な評価規準例（Bと認められる生徒の姿の例）
・絵画の三つの科学や、筆者の語る魅力について読み取り、筆者の論理の展開について考えている。【思・判・表】

生徒に示す本時の目標
　筆者の論を読み取り、論の展開を図で整理しよう

1　修復前の「最後の晩餐」の絵を見せ、結論では修復の話題が出てくることを示す
○修復前の「最後の晩餐」の絵を見せ、修復後の「最後の晩餐」の絵と比べさせる。
T：絵の修復というものを知っていますか？　今皆さんが教科書で見ている「最後の晩餐」は、修復後のものになります。修復前とどのように違うか、比べて見てみましょう。

2　結論の内容を読み取る
○結論（十七〜二十一段落）を読み、「最後の晩餐」の修復をしたことによって、よく見えるようになったものを整理する。
T：修復をしたことによって、何が見えてくるようになりましたか？

> **ポイント　修復によって見えてきたもの**
> 　修復によって見えてくるようになったものについて読み取る際には、以下の記述に着目させるとよい。
> ・十八段落「鮮やかな色彩がよみがえった」

> ・十九段落「絵の『全体』がよく見えるようになった」「レオナルドが、絵画の科学を駆使して表現しようとしたものが、とてもよく見えてくる」
> ・二十段落「（絵が完成したばかりの頃は）本当の魅力が『見えなかった』」「修復は、そのような『全体』をより明快に見えるようにした」

○二十一段落から、筆者の伝えたいことを読み取る。「この絵を自分の目で見てほしい」「芸術は永遠なのだ」などの言葉に着目させて読ませる。

3　筆者の伝えたいことを図に整理し、筆者の論の展開について自分の言葉で説明する
○これまでに読み取った内容を、第１時に描いた図に整理してまとめる。
○図を見ながら、筆者の論の展開の仕方について、自分の言葉で説明をする。
T：筆者は自分の伝えたいことを読者に伝えるために、どのような論の展開の仕方をしていますか？
○ノートやプリントに自分の考えを書かせ、ペアやグループで共有したり、ICT機器を使って全員の考えを共有したりする。

準備物：なし

君は「最後の晩餐」を知っているか

本時の目標
> 筆者の論を読み取り、論の展開を図で整理しよう

○「最後の晩餐」の本当の魅力
・一九九九年 修復が終了
　…細部が消え、全体がよく見えるように

→

・絵の構図が明快に見えるようになった。

絵画の科学を駆使して表現しようとしたもの ＝本当の魅力

「芸術は永遠なのだ」

〈生徒の考えの例〉
・最初にシンプルでインパクトのある「かっこいい」という言葉を使うことによって、読者に親しみやすさや興味をもたせ、絵画の科学について詳しく説明して、最後には「最後の晩餐」の本当の魅力を伝え、「絵を自分の目で見てほしい」としている。
・抽象的な言葉から入って、だんだん具体的な説明へと進んでいって、自分の言いたいことを段階的に伝えるような論の展開をしている。
・最初に「かっこいい」と一言で短く表現してから、その理由を具体的かつ論理的に説明して、読者の思考に寄り添うように書いている。

T：そうですね。この文章では、「かっこいい。」という個人的な価値観かつ抽象的な言葉から話を始めて、そう思った具体的な理由について、論理的に論を展開していましたね。

発展
生徒たちは本単元の後で「具体と抽象」というものについて学習する予定ではあるが、ここで「具体」と「抽象」という言葉について説明をし、論の展開の仕方と関連させて説明しておくのもよい。

4　次回の学習について予告する
○次回は「最後の晩餐」について書かれた、ほかの文章と比較しながら読んでみることを伝える。

君は「最後の晩餐」を知っているか／「最後の晩餐」の新しさ

4/5時間

指導の重点
・二つの文章を比較して読み、それぞれの筆者の論の違いについてまとめさせる。

本時の展開に即した主な評価規準例（Bと認められる生徒の姿の例）
・二つの文章を比較して読み、二人の筆者の論の違いを比較してまとめている。【思・判・表】

生徒に示す本時の目標
二つの文章を比較して、それぞれの筆者の論の違いをまとめよう

1 本時の学習の流れを示す
○「最後の晩餐」について書かれたほかの文章である。「『最後の晩餐』の新しさ」を読むことを伝える。
○「君は『最後の晩餐』を知っているか」と比べて読むことによって、筆者の論の違いを捉えることを伝え、学習の見通しをもたせる。

2 「『最後の晩餐』の新しさ」を通読し、読み取った内容をワークシートの表に整理する WS

○「『最後の晩餐』の新しさ」を通読する。
T：「君は『最後の晩餐』を知っているか」は、「最後の晩餐」の「かっこよさ」について述べられていましたが、今回の文章では何について述べられていますか？
・二段落から「新しさ」が文章全体のテーマとなっていることを読み取らせる。
・四段落「画期的」という言葉から「新しさ」を連想させてもよい。

T：「君は『最後の晩餐』を知っているか」では「かっこよさ」の理由として三つの科学について述べられていましたね。今回の文章では、「新しさ」の理由としては、どのようなことが述べられていますか？
○次の点を読み取らせる。読み取った内容について、実際に「最後の晩餐」や他の絵を見ながら確認させるとよい。
・構図（奥行き）（三、四段落）
　→示されている四つの作品の中でも、最も奥行きが感じられる。
・頭部の光輪（五段落）
　→他の三つの作品では、すべてに光輪が描かれている。
・緻密な描写（六段落）
　→修復によって、極めて緻密に描写されていたことが明らかになった。

> **ポイント 「画期的」という言葉に着目**
> 「新しい」という言葉だけでなく、同じ意味合いの言葉として「画期的」という言葉に着目させることによって、本文の内容を読み取りやすくなる。

準備物：ワークシート

本時の目標：二つの文章を比較して、それぞれの筆者の論の違いをまとめよう

		君は「最後の晩餐」を知っているか	「最後の晩餐」の新しさ
テーマ		君は「最後の晩餐」を知っているか	新しさ
着眼点	・かっこよさ、新しい絵	・三つの科学 ・解剖学 ・遠近法 ・明暗法	・構図（奥行き） ・頭部の光輪 ・緻密な描写
構成	・印象「かっこいい」←理由を分析的に述べる		・それ以前の作品との比較 ・相違点を指摘 ・当時の人々にとっての新しさを客観的に明らかにする
表現	・比喩 ・読者への問いかけ ・語りかけ		・主観を避けている ・事実を客観的に積み上げる ・比較の表現 ・客観性が高い（事実の文末） ・一文が短く、簡潔

3 二つの文章を比較しながら，構成の違いや，表現の違いについて整理する

○「君は『最後の晩餐』を知っているか」の論の展開の仕方を確認する。

T：「君は『最後の晩餐』を知っているか」では，筆者はどのように論を展開していましたか？

・最初に「かっこいい。」という抽象的な印象を述べ，その後で理由を分析的かつ論理的に説明していたことを押さえる。

○「『最後の晩餐』の新しさ」について，論の展開の仕方を確認する。

T：今回の文章では，どのように論を展開していますか？　また，表現の違いにはどのようなものがありましたか？

・自分の考えをワークシート等にまとめた後，グループで話し合うなど，協働的な学習の中で進めていけるとよい。

・最初に，「最後の晩餐」以前の作品と比較をし，相違点を指摘しながら，当時の人々にとっての新しさへと論を進め，客観的に絵の魅力を解説している点に着目させる。

・「新しさ」という筆者の捉え方は「君は『最後の晩餐』を…」の個人的な印象「かっこいい」に比べると，客観的な捉え方である。

・p.179「学びのカギ　観点を明確にして文章を比較する」，p.278「『学びのカギ』一覧　説明的な文章を読むために」，二次元コード「学びの地図」なども参考にしながら考えさせるとよい。

4 次回の学習について予告する

○次回は，二つの文章のどちらが読み手に内容がより伝わる文章になっているかということについて考えることを伝える。

5 君は「最後の晩餐」を知っているか／「最後の晩餐」の新しさ
（5時間）

指導の重点
・二つの文章を読んで、それぞれの文章についてどのような人に読んでもらうとよいか、自分の考えを書かせる。

本時の展開に即した主な評価規準例（Bと認められる生徒の姿の例）
・二つの文章を読んで考えたことを知識や経験を結び付け、自分の考えを広げたり深めたりしている。【思・判・表】

生徒に示す本時の目標
それぞれの文章の意図や目的について考えよう

1 前時に読んだ二つの文章の違いを確認する
○前時にまとめた表を見ながら、二つの文章の違いについて確認する。
T：二つの文章にはどのような違いがありましたか？ それぞれにどのような目的があると考えられますか？
・それぞれの違いについて、自分の言葉で具体的に述べさせるようにする。
・「評論文」と「解説文」という言葉については、教師からは示さず、生徒たちから出てくるようにしたい。

ポイント 評論文と解説文の違い
生徒たちから「評論文」と「解説文」という言葉が出てきた際には、以下の点を押さえておく。
【評論文】
筆者の思いや価値観を伝えるための文章
→読み手に納得してもらうという目的がある。
【解説文】
客観的な事実を分かりやすく解説するための文章
→読み手に理解してもらうという目的がある。

2 二つの文章を比較しながら、それぞれの表現の特徴について整理し、その目的や意図について考える
○二つの文章の表現の特徴について表にまとめる。
T：二つの文章にはそれぞれどのような表現の特徴がありますか？ また、筆者のどのような思いが感じ取れますか？
〈「君は『最後の晩餐』を…」の特徴〉
・自分の感想や印象を伝え、比喩を用いた表現が使われている。
・読者への問いかけや語りかけが含まれ、筆者のレオナルドへの尊敬や情熱が伝わってくる。
〈「『最後の晩餐』の新しさ」の特徴〉
・主観を避け、事実を客観的に述べている。
・比較の表現が使われている。
・文末が事実を述べる形になっており、客観性が高い。
・一文が短く、簡潔に述べられている。
T：なぜこのように特徴の違いが生まれるのでしょうか？ 筆者はそれぞれ、読者に何を伝えるために、このような書き方を選んだのでしょうか？

258 ● 7 価値を語る

準備物：前時のワークシート

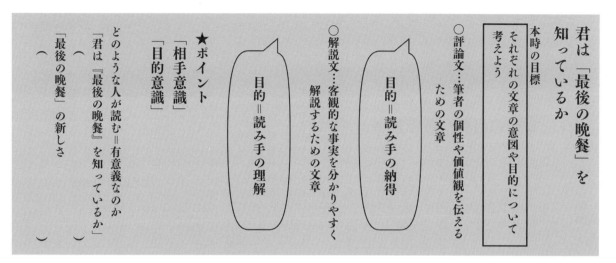

○教科書 p.175 の二次元コード「筆者インタビュー」なども参考にしながら考えさせるとよい。

3　二つの文章は，それぞれどのような目的をもった人に読んでもらうとよいかを考える

○二つの文章は，それぞれどのような目的をもった人に読んでもらうと，より意義あるものになるか，文章と読む人との目的が一致することについて，自分の考えを書く。

T：それぞれの文章は，どのような目的をもった人に読んでもらうとより意義あるものになるでしょうか。「この文章はこのような目的をもった人に読んでもらいたい」という案について，自分の考えを書いてみましょう。

○読んでもらいたい人を細かく設定するようにし，その人に読んでもらいたい理由についても具体的に説明させるようにする。

〈生徒の考えの例〉
・「君は『最後の晩餐』を知っているか」の文章は，普段絵画にあまり興味がなく，美術館などにも行ったことのない，「知識を得たい」という目的をもった人に読んでもらいたいと考えました。筆者の感動や価値観から文章が始まっているので，筆者と一緒に絵画を見るような体験ができて，筆者の絵に対する情熱も伝わると思ったからです。

・普段から「人の意見を聞くのが苦手」で，知識を効率よく得たいという人には，「『最後の晩餐』の新しさ」を読んでもらいたいと思います。この文章は，感情的なことは書かれておらず，ほかの作品と比較しながら客観的に魅力が解説されています。文末の表現も事実を示すものが多く，筆者の個人的な意見や価値観は感じさせないため，感情的に引っかかることなく読みやすいと思います。

ポイント
生徒には，「誰に」「何のために」何を伝えることを目的とした文章なのか，「相手意識」や「目的意識」を意識させながら文章に触れさせる。ここでは，「この文章にはこのような特徴があるから，こういう目的をもった人に向いている」といった考えを生徒たちから引き出す。

4　単元を振り返る

T：学習を通して気付いたことや学びが深まったことについてノートに書きましょう。

7　価値を語る

思考のレッスン2　具体と抽象　（1時間）

1　単元の目標・評価規準

・意見と根拠，具体と抽象など情報と情報との関係について理解することができる。
〔知識及び技能〕(2)ア
・言葉がもつ価値を認識するとともに，読書を生活に役立て，我が国の言語文化を大切にして，思いや考えを伝え合おうとする。　「学びに向かう力，人間性等」

知識・技能	意見と根拠，具体と抽象など情報と情報との関係について理解している。((2)ア)
主体的に学習に取り組む態度	学習課題に沿って，積極的に具体と抽象の関係について理解しようとしている。

2　単元の特色

教材の特徴

　「具体と抽象」の考え方は，情報と情報との関係を理解し，情報を取得したり，考えをまとめて表現したりする上で，重要な概念の一つである。私たちは，日常生活において文章を読み書きしたり，会話をしたりする際には，無意識のうちに「具体と抽象」を使い分けている。そのため，本単元で「具体と抽象」を理解することは，日常生活における自分の言語生活を捉え直すだけでなく，よりよい言語生活を築く上で大切な第一歩となる。
　また，「具体と抽象」の考え方を身に付けることは，今後の文学的文章や説明的文章の読解学習を進めていく上で，書き手の意図を正しく理解するための手段の一つとなる。文章は一般的に，筆者の考えや論を「抽象」として表し，それを支える根拠や具体例などを「具体」として書かれていることが多いからである。そして具体と抽象の区別は「読むこと」に限らず「書くこと」「話すこと・聞くこと」においても大切であることは同じである。
　今回の「思考のレッスン」をきっかけに，生徒が「具体と抽象」について理解し，よりよい情報の使い手として活用できるようになることをねらいとして学びを進めていく。

身に付けさせたい資質・能力

生徒に最も身に付けさせたいのは,「意見と根拠」「具体と抽象」などの「情報と情報との関係」について理解し活用する力である。学習指導要領解説によると,具体とは「物事などを明確な形や内容で示したもの」とあり,抽象とは「いくつかの事物や表象に共通する要素を抜き出して示したもの」と記載されている。生徒たちは,小学校段階から「つまり」や「ようするに」「例えば」などの言葉を用いながら「具体と抽象」を自然に使い分けている。今回の学習では,これまで感覚的に使ってきた用語や考え方を適切に理解しながら,情報を扱う際に活用できる力を身に付けさせていくことを目的とする。

3 学習指導計画（全1時間）

時	○主な学習活動	☆指導上の留意点　◆評価規準
1	○単語を具体と抽象に分ける。 ・「リンゴ」「ミカン」「オレンジ」「グレープフルーツ」を分類してみる。 ・「中学生が抱く夢」を具体化してみる。 ○「具体」と「抽象」の言葉の意味を確認する。 ○教科書 p.166 評論文「君は『最後の晩餐』を知っているか」の文章から,具体と抽象を探す。 ○具体化と抽象化は,日常生活の中のどのような場面において役に立つか,身近な例を挙げながらグループで話し合う。 ○教科書 p.181 の「問題2」の言葉について一つ選び,具体例を挙げながらペアやグループで説明する。 ○学習の振り返りをする。	☆単語（名詞）を分類するだけでも,抽象化や具体化には段階の違いがあることを理解させる。 ☆説明的文章や文学的文章を読む場合においても,具体と抽象の関係で考えることが有効であることを理解させる。 ☆教科書の問題に取り組ませることによって,理解を深める。 ◆具体と抽象の使い分けについて,「具体化」「抽象化」などの言葉を使って身近な例を挙げながら説明している。【知・技】 ◆学習課題に沿って,積極的に具体と抽象の関係について理解しようとしている。【主】

思考のレッスン2　具体と抽象

指導の重点
・具体と抽象の関係について理解し，日常生活において具体と抽象がどのような場面で役に立つか，自分の考えを説明させる。

本時の展開に即した主な評価規準例（Bと認められる生徒の姿の例）
・具体と抽象の使い分けについて，「具体化」「抽象化」などの言葉を使って身近な例を挙げながら説明している。【知・技】
・学習課題に沿って，積極的に具体と抽象の関係について理解しようとしている。【主】

生徒に示す本時の目標
「具体」と「抽象」について理解し，活用できるようになろう

1　単語を具体と抽象に分ける
○教科書を見ずに「リンゴ」「ミカン」「オレンジ」「グレープフルーツ」のカードを「国産の割合が高い果物」や「かんきつ類」といったグループに分類する。
・ロイロノート・スクールなどの学習支援ツールでカードにしたり，ふせんを使ったりすることによって活動がしやすくなる。
・どのグループが「具体」で「抽象」にあたるのかを考えさせる。

○教科書を見ずに，教科書 p.180「中学生の夢」について具体化をする。
・果物の分類によって抽象化ができたら，次の課題として，「中学生の夢」をより具体化する作業をする。これもカード等を用いるとスムーズに進行できる。

ポイント　段階の違いを捉える
　教科書 p.180 を見ながら，単語を分類するだけでも，「リンゴ」「ミカン」→「国産の割合が高い果物」→「果物」というように，抽象化や具体化には，段階があることに気付かせる。
　さらに，不等号などを使って，以下のようなワークをしてみるのもよい。
○具体性を高める練習として
　洋食＞麺類＞パスタ＞ミートソース，カルボナーラ，ボロネーゼ
○抽象度を高める練習として
　キャベツ＜野菜＜食べ物＜生物

2　「具体」と「抽象」の言葉の意味を知る
○ワークシートで「具体」と「抽象」の言葉の意味について，その定義を理解させる。 ⬇ WS
・具体…言葉から姿や形が明確に思い浮かぶ物事
・抽象…いくつかの物事から共通する要素を取り出してまとめたもの

準備物：カード（もしくはふせん），ワークシート

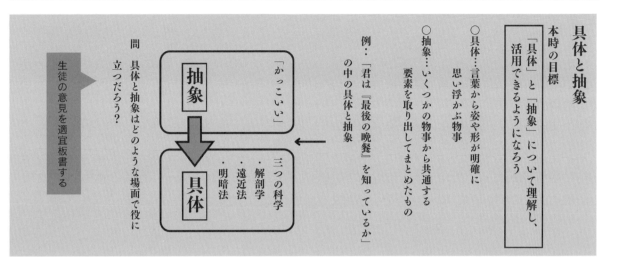

3　文章から具体と抽象を探す

○既習の評論文「君は『最後の晩餐』を知っているか」の文章では，抽象的な意見から具体例へと論が展開されていたことを思い出させる。

・ここでは「かっこいい」という筆者の抽象的な感想を「抽象」と捉え，「絵画の三つの科学」の具体例を「具体」として確認させる。

・「君は『最後の晩餐』を知っているか」の本文に，筆者の論にあたる部分などの「抽象」には赤で線を，具体例などの「具体」にあたる部分には青で線を引くなどさせてもよい。

・評論文に限らず，説明的文章や文学的文章においても，具体と抽象の関係で内容を捉えることができるということを理解させる。

4　具体化と抽象化が役に立つ場面について考える

○具体化と抽象化は，日常生活の中のどのような場面において役に立つか，身近な例を挙げながらグループで話し合う。

○考えを伝え合うときに，具体と抽象の観点を意識しながら話し合うと，理解が深まることを確認する。

〈生徒の意見の例〉

・先日，家族で外食をするときに，私たちは焼き魚を食べたいのに，両親はそばを食べたいと言って，なかなか店が決まりませんでした。そんなときに，具体と抽象の考え方を生かして，和食屋さんを提案すれば，みんなが満足するように解決できたのかなと思いました。

・例えば，会社で商品開発などをする際に，「和菓子に新しいものを加えてヒット商品をつくりたい」といった目的があったら，もっとイメージを具体化して「みたらし団子ドーナツ」などの具体例を挙げることができると思いました。

5　教科書の言葉について説明する

○教科書 p.181の「問題2」の言葉「未熟」「誠実」「楽観的」「肩の荷が下りる」「我を忘れる」の中から一つを選ばせる。

○選んだ言葉について，具体例を挙げながらペアやグループで説明をさせる。

6　学習の振り返りをする

○具体と抽象について，学んだことや考えたこと，今後に生かしていきたいことなどを書かせる。

7 価値を語る

季節のしおり　冬

教材の特徴

　冬を感じさせる俳句と短歌の三作品である。いずれの作品も嗅覚や触覚などの五感を鋭く働かせた作品である。作者は作品を創作するに当たって言葉の選び方や表現方法を工夫して情景や心情を表現している。この三作品は冬の感動，ひらめき，切り取る一場面等で優れたものがある。ここから一つの作品を選び，鑑賞文を書く活動をさせる。

生徒に示す本時の目標
　三作品から一つの作品を選んでミニ鑑賞文を書こう

1　作品を音読する
○本日の流れを説明し，最初は各自で音読する。その後，全員で音読する。
Ｔ：作品を音読しながら，リズムを感じたり，言葉の響きの美しさを感じたりしましょう。

2　作品を理解する
○作品の内容を理解する。特に，三作品とも嗅覚や触覚を鋭く働かせて表現した秀逸な作品であることを理解する。

3　三作品から一作品を選んでミニ鑑賞文を書く
Ｔ：冬の感動，ひらめき，切り取る一場面が最も優れていると思う作品を一つ選び，ミニ鑑賞文を書きましょう。鑑賞文を書く際には，詠まれている情景，作者の心情，表現技法等について記述することを通して，作者の感動の中心を丁寧に表現していきましょう。特に，作者が嗅覚や触覚を鋭く働かせて情景や心情を表現していることがポイントになります。

ポイント　イメージを膨らませ，嗅覚や触覚などの五感で考えさせる
　作品から受ける印象からイメージを膨らませて作者の感動の中心を自分の言葉で表現する。また，行き詰まったら何度も音読してイメージを膨らませ，嗅覚や触覚などの五感で考えてみる。

○鑑賞文が完成したら提出箱（ロイロノート・スクール，Microsoft Teams，ミライシード等）に提出する。
〈生徒の作品〉
・冬といえばふつう，「寒い」「雪」などをイメージするが人のあたたかさに着目した俵万智さんの発想，表現の仕方はすごい。とても面白いと感じた。
・道ですれ違った子供から，食べたであろうみかんの香りを感じる繊細な感覚がすごいと思った。

4　班内で互いの鑑賞文を読みコメントをする
Ｔ：作品をどのように捉えたか，詠まれている情景や作者の心情，表現技法，作者の感動の中心

準備物：なし

季節のしおり　冬

本時の目標
三作品から一つの作品を選んでミニ鑑賞文を書こう

〈授業の流れ〉

1　作品を音読する
2　作品を理解する
3　三作品から一作品を選んで、鑑賞文を書く
　・その作品が詠まれた情景・作者の心情・表現技法等を確認する
　・作者の感動の中心を丁寧に表現する
　・嗅覚や触覚を鋭く働かせて表現していることに注意する
4　班内で互いの鑑賞文を読みコメントをする
　・互いに評価し合い、アドバイスし合う
5　全体共有
　・自分が取り組んだ作品を中心になるべく多くの鑑賞文を読みコメントする
6　まとめ・振り返り
　・自分の書いた鑑賞文について振り返る
　・他の人の鑑賞文から学んだことをまとめる

について互いに説明をし合った後，互いのミニ鑑賞文を読み合ってコメントやアドバイスをし合いましょう。

○まずはミニ鑑賞文の内容について互いに説明し合う。

○次に提出箱（ロイロノート，Teams，ミライシード等）から班員のミニ鑑賞文を読み合いコメントし合う。その際，相互評価を行いよりよいミニ鑑賞文にするためにアドバイスをし合う。

> **ポイント　ミニ鑑賞文をよりよくする**
> 　詠まれている情景・作者の心情・表現技法の三点が記述されているかどうかを確認し，相互評価を行う。また，互いのミニ鑑賞文について，積極的によいところ，工夫したところを見付け，互いに称賛し合う。

○班員からもらったアドバイスを参考にしてミニ鑑賞文をよりよくする（直さなくてもよい）。

5　全体共有

○学級の全員が全員のミニ鑑賞文を閲覧できるようにする。

○班の代表者が班の意見交流について発表する。

○授業の残り時間を勘案して臨機応変に対応する。

T：三作品の詠まれた情景，作者の心情，表現技法，感動の中心，嗅覚や触覚等の五感を取り入れた表現の工夫等について全体共有しましょう。

○まずは自分と同じ俳句または短歌を取り上げたミニ鑑賞文について閲覧し合い，評価し合い工夫したところをコメントし，よりよいミニ鑑賞文にするためにアドバイスをし合う。

○次に，自分が取り上げなかったミニ鑑賞文について上記と同様にコメントとアドバイスをし合う。

6　まとめ，振り返り

○自分が書いたミニ鑑賞文について自分の表現したかったことが表現できたかを振り返り所定のところに記入する。

○コメントやアドバイスを基にさらによくしていくにはどのようにするとよいかを考える。

○班員やクラスメイトのミニ鑑賞文に積極的にアドバイスやコメントができたかどうかを振り返る。

○班員やクラスメイトのミニ鑑賞文から学んだことをノート等に記入する。そして，自らのミニ鑑賞文を書く力を高めていく。

7 価値を語る

［話し合い（進行）］
話し合いの流れを整理しよう

（1時間）

1 単元の目標・評価規準

・意見と根拠，具体と抽象など情報と情報との関係について理解することができる。
〔知識及び技能〕(2)ア

・互いの立場や考えを尊重しながら話し合い，結論を導くために考えをまとめることができる。
〔思考力，判断力，表現力等〕A(1)オ

・言葉がもつ価値を認識するとともに，読書を生活に役立て，我が国の言語文化を大切にして，思いや考えを伝え合おうとする。
「学びに向かう力，人間性等」

知識・技能	意見と根拠，具体と抽象など情報と情報との関係について理解している。 ((2)ア)
思考・判断・表現	「話すこと・聞くこと」において，互いの立場や考えを尊重しながら話し合い，結論を導くために考えをまとめている。 （A(1)オ）
主体的に学習に取り組む態度	話し合いの流れを整理するときに必要なことを積極的に考え，互いの立場を尊重しようとしている。

2 単元の特色

教材の特徴

　本教材では，「大掃除で重点的に掃除する所」について話し合う動画を視聴して，進行役になりきって話し合いの流れを整理する学習を行う。教科書には，話し合い動画を視聴できる二次元コードと，話し合いの台本が載っているので，比較的容易に話し合いの内容を確認することができる。話し合いの内容を整理していく中で，どのような意見が述べられているか，どのようなことを根拠として述べられた意見か，意見が出されていく中で具体的になっている内容はどのようなものかについて確認させ，結論に向かうために話し合いの流れを整理させていく。

身に付けさせたい資質・能力

　本単元では，学習指導要領A(1)オ「互いの立場や考えを尊重しながら話し合い，結論を導くために考えをまとめる」力を育成することに重点を置く。また，〔知識及び技能〕(2)ア「意見と根拠，具体と抽象など情報と情報との関係について理解」することの指導と関連させることで，相手の意見とその根拠や，話し合いの中で具体化されていったことを正しく捉えることが，

結論を導くために不可欠であることを理解させる。

　これらの資質・能力を身に付けさせるための言語活動として，「話の流れを整理するための『まとめ方』を考えよう」を設定する。この活動は学習指導要領に例示されたA(2)イ「それぞれの立場から考えを伝えるなどして，議論や討論をする活動」の趣旨を受けたものとして設定する。この言語活動では，話し合いの進行役として，ただ出された意見を振り返るのではなく，結論を導き出すためにどのように話し合いの流れを整理してまとめるとよいかについて考えさせる。また，個人でまとめ方を考える時間，グループで共有して「五つのまとめ方」を考える時間，グループで考えた「五つのまとめ方」を全体で共有する時間を設定し，最後に個人で話し合いの流れを整理したりまとめたりするポイントについてまとめさせる。そのように「個→集団→全体→個」の学習形態の流れをつくり，主体的・対話的で深い学びを実現させる。

3　学習指導計画（全1時間）

時	○主な学習活動	☆指導上の留意点　◆評価規準
1	○本教材のねらいを確認し，学習の見通しをもつ。 ○話し合い動画を視聴して，出された意見を整理してまとめる。 ○まとめた内容を見直し，話し合いの流れを整理するためのまとめ方として書き直す。 ○話し合いの流れを整理するための「まとめ方」をグループで考える。 ○グループで考えた「五つのまとめ方」を全体で共有する。 ○学習を振り返り，話し合いの流れを整理したりまとめたりするポイントをまとめる。	☆要点を絞ってメモを取るように促す。 ☆必要に応じて，再度動画を再視聴させたり，台本を読ませたりする。 ☆単なる意見の羅列ではなく，意見どうしの関係や，意見に対する評価も合わせてまとめるよう促す。 ☆結論を導き出すために話し合いの流れを整理することを押さえる。 ◆話し合いで出た意見とその根拠の関係，意見どうしの関係を捉えている。【知・技】 ◆結論を導き出すために，話し合いで出された意見のまとめ方を考えている。【思・判・表】 ◆話し合いの流れを整理するための「まとめ方」を積極的に考え，ワークシートにまとめようとしている。【主】

［話し合い（進行）］話し合いの流れを整理しよう

指導の重点
・話し合いの流れを整理するための「まとめ方」を考えさせる。

本時の展開に即した主な評価規準例（Bと認められる生徒の姿の例）
・話し合いで出た意見とその根拠の関係、意見どうしの関係を捉えている。【知・技】
・結論を導き出すために、話し合いで出された意見のまとめ方を考えている。【思・判・表】
・話し合いの流れを整理するための「まとめ方」を積極的に考え、ワークシートにまとめようとしている。【主】

生徒に示す本時の目標
話し合いの流れを整理するための「まとめ方」を考えよう

1 本教材の学習課題を確認し、学習の見通しをもつ
T：この単元では話し合いの進行役になりきって話し合いで出た意見をまとめてもらいます。主な学習活動は、話し合いの流れを整理するための「まとめ方」を考えることです。

2 話し合い動画を視聴して、出された意見を整理してまとめる
T：まずは話し合いの動画を視聴します。話し合いで意見が出たときに意識して聞くことはありますか。
○生徒からの「どのような意見か」「意見とその根拠は何か」といった発言を取り上げて、聞く意識を高める。
T：どのような意見が出されたか、その意見の根拠は何か、メモをしながら視聴しましょう。
○5分程度時間をとり、ワークシートの①にまとめさせる。

ポイント　個別最適な学びの視点
はじめは一斉に動画を見るが、時間内であればタブレット等で再度視聴させたり、話し合いの台本を読ませたりして、話し合いの内容や流れを捉えやすくさせる。また、事前に動画内の発言者の名前を伝えておき、学習に入りやすくする。

T：では、進行役になりきって、参加者の意見をまとめてみましょう。
○教科書p.183の「やってみよう」❶に取り組ませ、記入はワークシートの②にさせる。
○3分程度時間をとる。

3 まとめた内容を見直す
T：ワークシートの②に書いた言葉は、話し合いで出た意見をどのようにまとめたと言えますか。ワークシート③の(1)に書いてください。
○自分が書いた言葉が、話し合いで出た意見をどのようにまとめていると言えるか、その「まとめ方」を書かせる。
○教科書p.184の「話し合いの流れを整理するために・進行役の役割」を参考にさせる。
○3分程度時間をとる。

準備物：ワークシート

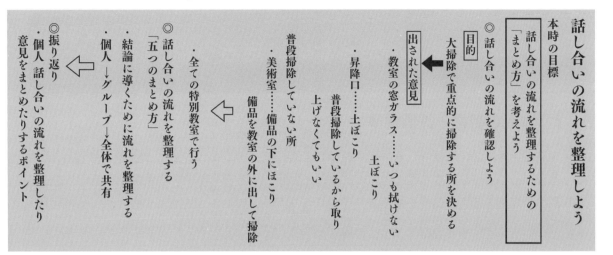

4　話し合いの流れを整理するための「まとめ方」を考える

T：グループになり、それぞれのまとめ方を共有しながら、話し合いの流れを整理するための「まとめ方」を提案してください。
　　今回は後の交流をやりやすくするために提案は五項目とします。「五つのまとめ方」の提案になります。
○四人程度のグループをつくって取り組ませる。

ポイント　結論を導き出すために話し合いの流れを整理させる
　今回の話し合いは「大掃除で重点的に掃除する所」を決めることが目的（＝結論）なので、結論に結び付く意見や根拠をまとめたり、意見に対する結論に結び付く評価をまとめたりできるように、話し合いの流れを整理することを意識させて考えさせる。

○教科書p.184の「進行役の役割」に書かれた三つのまとめ方を含んでもよい。
○予想される生徒の考えの例
　・意見とその根拠をまとめる。
　・意見の具体と抽象の関係をまとめる。
　・賛成された意見と反対された意見をまとめる。

○10分程度時間をとる。
○なぜそれらのまとめ方にしたのか、理由も答えられるようにさせる。

5　全体で発表して共有する

○ロイロノート・スクールにグループごとに決めた「五つのまとめ方」を提出させ、画面共有する。
○グループごとに2分程度で「五つのまとめ方」とそのまとめ型にした理由をそれぞれ発表する。

6　学習を振り返る

T：最後に振り返りをします。結論に向かうために、話し合いの流れを整理したりまとめたりするときのポイントを書いてください。
○ワークシートに書かせる。

7 価値を語る

文法への扉2　走る。走らない。走ろうよ。（2時間）

1　単元の目標・評価規準

・単語の活用について理解を深めることができる。　　　　　　　　〔知識及び技能〕(1)オ
・言葉がもつ価値を認識するとともに、読書を生活に役立て、我が国の言語文化を大切にして、思いや考えを伝え合おうとする。　　　　　　　　　　　「学びに向かう力、人間性等」

知識・技能	単語の活用について理解を深めている。 ((1)オ)
主体的に学習に取り組む態度	用言の活用について理解し、自分の言語生活に生かそうとしている。

2　単元の特色

教材の特徴

　本単元は、第2学年「文法への扉1　単語をどう分ける？」での自立語についての学習を踏まえ、動詞、形容詞、形容動詞の性質や活用について学ぶ単元である。「活用」という概念や活用の変化の仕方を生徒が理解できるようにすることが大切であるが、単純な暗記学習にとどまらず、日常の言語生活に生きて働く文法となるような用言の学習とすることが望まれる。

　本教材の特徴は、複数の単語（言葉の例）を出しながら、後に続く言葉によって語形が変化することを確かめたり、変化の仕方に法則があることに気付いたりすることで、生徒が主体的に用言の活用についての理解を深められることだ。普段何気なく使っているからこそ気付きにくい単語の活用の仕方について、多くの例に触れ、実際の言葉の変化を見える形で表にすることは、思考の助けとなる。そして、これらの例から活用の決まりを見付けさせることは、生徒の関心を高めるとともに、深い理解につながると考える。また、生徒一人一人が身近に接している言葉を紹介し合い、共有することで、広く言葉への理解を深めることができるよう指導していく。

身に付けさせたい資質・能力

　本単元では、学習指導要領〔知識及び技能〕(1)オ「単語の活用について理解を深める」力とともに、用言の活用について理解し、自分の言語生活に生かそうとする力を育成することに重点を置く。この資質・能力を身に付けさせるための言語活動として、「用言の使い方の誤りを

指摘し，説明する」活動を設定する。用言の活用を学ぶ際には，ほかの言葉でもその規則性が当てはまるのかを確かめることによって，理解を深める必要がある。演習を通してひと通りの規則性を確認した後，自らの周りで実際に使われている言葉についても確かめてみる活動は，自身の言語文化を振り返り，言葉と上手に付き合っていこうという態度を育てることにつながる。その言葉を取り上げる際には，例外的な用法にだけ注目するのではなく，動詞・形容詞・形容動詞の働きをしているか，規則性があるかをしっかりとつかむように指導する。

　なお，黒板掲示用の資料については，プロジェクターを用いるなど，提示方法を工夫する。また，活用表についても，プリントを配布し，カ行変格活用やサ行変格活用は部分的な穴埋めにするなど，時間短縮が図れるようにしておくことでスムーズな展開を図る。

3　学習指導計画（全2時間）

次	時	○主な学習活動	☆指導上の留意点　◆評価規準
一	1	○教科書 p.185上の挿絵を改変したものを見て，語形の変化を見付ける。 ○本時の目標「動詞の活用について理解しよう」を知り，学習の見通しをもつ。 ○動詞の活用の仕方について，規則性を見付ける。 ○活用形，活用の種類について知る。	☆教科書 p.185上の挿絵を答えとして見比べながら，「走る」の形が，後に続く語によって変化をしていることを押さえさせる。 ☆音便や可能動詞についても触れる。 ◆用言には，それぞれの活用があることに気付き，それぞれの活用の形を理解している。【知・技】
二	2	○本時の目標「用言の正しい活用について説明しよう」を知り，学習の見通しをもつ。 ○形容詞・形容動詞の活用について知る。 ○例文の添削をする。 ○用言の誤った活用について指摘し，説明する。	◆用言には，それぞれの活用があることに気付き，それぞれの活用の形を理解している。【知・技】 ☆例文を用いて「ら抜き言葉」にも触れる。 ☆「きれいだ」を「きれい」と間違えないよう，留意させる。 ◆今までの学習を生かして，進んで用言の活用の仕方をワークシートに記入し，説明しようとしている。【主】

文法への扉2　走る。走らない。走ろうよ。

指導の重点
・動詞の活用について理解を深めさせる。

本時の展開に即した主な評価規準例（Bと認められる生徒の姿の例）
・用言には，それぞれの活用があることに気付き，それぞれの活用の形を理解している。【知・技】

生徒に示す本時の目標
　動詞の活用について理解しよう

1　教科書 p.185上の挿絵を改変したものを見て，語形の変化を見付けさせる

○教科書 p.185上の挿絵にある「走る」の例文六つの傍線部を，あえて活用させていない「走る」にしたものを提示する。

T：「毎朝，走るてみようかな。」この文，なんだかおかしいですね。どこを変えるとよいですか。
S：「走るて」を「走って」に変えます。
T：そうですね。「走る」の形を変えるとよさそうです。ほかの「走る」も正しく直してみましょう。
T：いま「走る」の形を変えましたが，「走る」のどの部分を変えましたか。また，どの部分が変わっていませんか。
S：「走る」の「る」を変えました。
S：「走」が変わっていません。
T：皆さんが気付いたように，言葉の変化には変化する部分と変化しない部分がありそうです。

2　本時の目標「動詞の活用について理解しよう」を知り，学習の見通しをもたせる

○「走る」は動詞であり，語尾が規則的に変化することを「活用する」ということを確認する。
○用言という言葉にも触れる。
○「走る」の規則的な変化とは何か，ほかの動詞にも規則的な変化があるのかについて確かめていくことを伝える。

3　動詞の活用の仕方について，規則性を見付けさせる

○「走る」「書く」「飛ぶ」「待つ」の語形変化の規則性を見付けるよう，指示する。
T：では，「走る」「書く」「飛ぶ」「待つ」の四つの動詞について，変化の仕方にどんな規則性があるか書きます。言葉の変わっていない部分，変わっている部分，後に続く言葉に注意して考えてみましょう。
○「走る」の「る」が，「らりるれろ」と変化していることに気付かせ，その法則が別の語にも当てはまるか，考えさせる。
T：「走る」の変化の規則性は見付けられましたか。その法則が「書く」「飛ぶ」「待つ」にも当てはまるか確認してみましょう。

> **ポイント　範囲を絞って規則性を見付ける**
> 　変化しない部分（語幹），変化する部分（活用語尾），後に続く言葉の三点に注目させ，

準備物：黒板掲示用資料

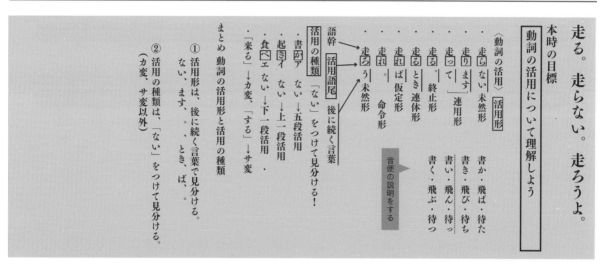

規則性を見付けさせる。この時、後に続く言葉に注目させることが、活用形理解への布石となる。授業冒頭の「走る」の例を参考に、考えさせたい。

○今回はまず五段活用の動詞だけに絞って考えさせ、時間短縮を図っている。その他の活用の種類については、五段活用の説明後、活用表を使用して確かめさせる。

T：変化の仕方について、四人班で気付いたことを共有しましょう。その後、発表してもらいます。

○変化している部分がア段～オ段で変化していること、後に続く言葉「ない」「ます」などによって変化の形が決まっていることを確認する。

発展

難易度を上げたい場合や、時間に余裕があるときは、上一段活用や下一段活用の言葉についても同時に考えさせると、より理解が深まる。

4 活用形、活用の種類について説明し、問題に取り組ませる

○「走る」の例で活用形を教える。活用表の使い方も併せて確認する。

○教科書 p.246～を見て、音便や可能動詞についても説明しておく。

T：後に続く言葉で活用形が分かることを確認しました。では、次の語はどのように変化をするか、活用表を用いて確かめてみましょう。

○「起きる」「食べる」「来る」「する」の活用表を完成させる。教科書 p.248 が答えとなっている。

○活用表を見ながら、五段活用以外の活用の種類について説明する。活用の見分け方も押さえておく。

○教科書 p.248 下の問題に取り組ませる。

5 本時の振り返りを行う

○活用形、活用の種類について振り返る。
○次回は、形容詞・形容動詞の活用について学ぶことを伝える。

文法への扉2　走る。走らない。走ろうよ。

指導の重点
・用語の活用について理解を深めさせる。

本時の展開に即した主な評価規準例（Bと認められる生徒の姿の例）
・用言には，それぞれの活用があることに気付き，それぞれの活用の形を理解している。【知・技】
・今までの学習を生かして，進んで用言の活用の仕方をワークシートに記入し，説明しようとしている。【主】

生徒に示す本時の目標
用言の正しい活用について説明しよう

1　本時の目標「用言の正しい活用について説明しよう」を知り，学習の見通しをもたせる

○まず，前時の動詞の活用について振り返る。
T：前回の授業で，動詞の活用について学びました。あなたが動詞の活用について学んだことを，隣の席の人と共有しましょう。時間は1分です。
○活用形と活用の種類について，さっと確認する。また，本時は形容詞・形容動詞の活用を学ぶことと，用言の活用の誤りを指摘し，正しい活用について説明できるようになることを伝える。

2　形容詞・形容動詞の活用について説明する

○教科書 p.249を見て，形容詞・形容動詞の活用の種類が，動詞と違い，1，2種類しかないことを確認し，活用表で確かめさせる。
T：動詞は活用の種類がたくさんありましたが，形容詞，形容動詞は，教科書 p.249の活用表にある活用で全てです。実際にそうなるのか，教科書の活用表に書き込み，確かめてみましょう。
○形容詞の音便や形容動詞と「名詞＋だ」の見分け方についても，教科書 p.249下段を用いて説明しておく。

ポイント　活用形を見分ける
　形容詞・形容動詞の活用形を答える際には，動詞とは見分け方が違うことをしっかりと理解させたい。動詞は，言い切りの形の「ウ段の音」がたくさんあり，活用の種類も五種類あったため，後に続く言葉で活用形を見分けている。しかし，形容詞・形容動詞は言い切りの形が，「い」「だ・です」と限られているため，後に続く言葉ではなく，活用の仕方をそのまま覚えるように促す。また，動詞とは後に続く言葉が異なっている部分もあるので，注意を喚起したい。

3　用言の正しい活用について，例文の添削に取り組ませる

○可能動詞を例にして添削させ，誤りを指摘させる。
T：「このお芋，もう熱くないから食べれるよ。」この文には誤りがあります。正しい表現に直し，何が誤りかを説明してください。
　まずは，自分で考えてみましょう。
○個人で考える時間をとった後，席の前後で意見を交換させる。

準備物：ワークシート，ミニホワイトボード

走る。走らない。走ろうよ。

本時の目標
用言の正しい活用について説明しよう

〈形容詞の活用〉
かろ・かっ・い・い・けれ
く

〈形容動詞の活用〉
だろ・だっ・で・だ・な・なら
に

でしょ・でし・です
（です）

※ウ音便→暑うございます（暑う）
　→（です）

※形容動詞の区別
・毎日が平和だ→（○とても）形容動詞
・最も尊いものは平和だ→（×とても）名詞＋だ

◎誤りを見つけて説明しよう。
このお芋，もう熱くないから食べれるよ。

「ら抜き言葉」→可能動詞は五段活用の動詞から派生，それ以外は×

まとめ
活用形…動詞→後に続く言葉で見分ける
　　　形容詞・形容動詞→活用の仕方を暗記
活用の種類…動詞→「ない」で見分ける
　　　　　　　　→カ変「来る」
　　　　　　　　→サ変「する」

T：どこが誤りか，分かった人はいますか。
〈予想される生徒の反応〉
・「食べれる」が「ら抜き言葉」になっている。
・「このお芋」，「は」が抜けている。
○主語の後の「は」は，省略されることもあるので，誤りではない。
T：「食べれる」が「ら抜き言葉」になっているのが誤りなのですが，どうしてか説明できますか。
○可能動詞は五段活用の動詞から派生してできるが，「食べる」は下一段活用なので，可能動詞にはならないからである。ただし，ら抜き言葉も最近は正しい日本語と認める動きもある。「正しい言葉」の定義は時代によって変化することに注意する。

4　用言の誤った活用について指摘し，説明する活動に取り組ませる

○ワークシートを配布し，課題に取り組ませる。

T：では，ワークシートにある文を読み，誤りを指摘して，説明してみましょう。
○「きれいくない」「起きれる」「歩って行く」等，誤りを見付けて，理由を書かせる。
T：では，四人班で話し合い，ミニホワイトボードに書いて発表してもらいます。
○話合いの時間をとり，発表させ，全体で答えを共有する。

5　振り返りを行う

○用言の活用について振り返らせる。
○言葉を正しく使おうという意識をもたせるよう，留意する。

7 価値を語る

立場を尊重して話し合おう
討論で視野を広げる
（4時間）

1 単元の目標・評価規準

・意見と根拠など情報と情報との関係について理解することができる。〔知識及び技能〕(2)ア
・互いの立場や考えを尊重しながら話し合い、結論を導くために考えをまとめることができる。
〔思考力、判断力、表現力等〕A(1)オ
・言葉がもつ価値を認識するとともに、読書を生活に役立て、我が国の言語文化を大切にして、思いや考えを伝え合おうとする。「学びに向かう力、人間性等」

知識・技能	意見と根拠など情報と情報との関係について理解している。（(2)ア）
思考・判断・表現	「話すこと・聞くこと」において、互いの立場や考えを尊重しながら話し合い、結論を導くために考えをまとめている。（A(1)オ）
主体的に学習に取り組む態度	進んで互いの立場や考えを尊重し、学習の見通しをもって討論しようとしている。

2 単元の特色

教材の特徴

　この単元は討論を通して、それぞれの立場や意見が出された背景を理解した上で、互いの意見の共通点や相違点などを踏まえ、一定の結論に向かって考えをまとめていくことに重点を置く。置かれた立場や意見が出された背景を理解した上で、互いの意見の共通点や相違点、新たな提案ができるように話し合っていき、一定の結論に向かって考えをまとめる。このことは、これからの時代を生きていく上で必要な資質・能力である。授業ではいろいろな人の多様な考えに触れられるように、同じテーマ・同じ立場の生徒同士の意見と根拠の共有、グループでの討論、クラスでの討論など、様々な話合いの場を設定する。なお、今回は教科書 p.186の二次元コード「表現テーマ例集」と、全国教室ディベート連盟による全国中学・高校ディベート選手権（ディベート甲子園）で実際に使われた論題から、二つの立場に分かれて討論する課題を設定することとする。

身に付けさせたい資質・能力

　本単元では、学習指導要領A(1)オ「互いの立場や考えを尊重しながら話し合い、結論を導く

ために考えをまとめる」力を育成することに重点を置く。また，〔知識及び技能〕(2)ア「意見と根拠，具体と抽象など情報と情報との関係について理解」することの指導と関連させて，適切な根拠や意見の具体性を吟味しながら互いの考えを評価し，互いの立場や出された意見の背景を尊重した上で，共通点や相違点を整理しながら一定の結論に向けて考えをまとめていけるようにする。

　これらの資質・能力を身に付けさせるための言語活動として，「〇組　討論大会」を設定する。この活動は学習指導要領に例示されているA(2)イ「それぞれの立場から考えを伝えるなどして，議論や討論をする活動。」の趣旨を生かして設定するものである。順序としては，六人程度のグループをつくり，司会・賛成派・反対派の三つに役割を分けて討論を行う。その際，それぞれの役割を経験できるよう三つのテーマを取り上げ，役割を交代しながら討論を3回行う。その後，クラスで賛成派代表者三名，反対派代表者三名，司会二名を選出し，その他の生徒は聴衆になる。クラス全体で一つのテーマで「〇組　討論大会」を行う。振り返りで異なる立場や意見を尊重しながら話し合う上で，どのような発言が効果的だったかを確かめていく。

3　学習指導計画（全4時間）

次	時	〇主な学習活動	☆指導上の留意点　◆評価規準
一	1・2	〇「目標」やリード文で本教材のねらいを確認し，学習の見通しをもつ。 〇討論テーマと用語の定義を確認する。 〇テーマについての現状やメリット・デメリットなどの情報を調べる。 〇根拠の適切さを吟味して，立場にあった自分の考えをまとめる。	☆社会生活中にある，生徒達に身近な事柄をテーマとして設定する。 ☆肯定側，否定側，司会者の三つの役割を各自が担えるように，三つのテーマを設定する。 ☆意見と根拠，理由付けを整理する。 ◆適切な根拠となる情報を集め，意見と根拠，理由付けを整理している。【知・技】 ◆積極的に討論の準備をしようとしている。【主】
二	3	〇討論の方法を知る。 〇グループで討論する。 〇討論を振り返る。	☆役割を交代させながら3回討論を行う。 ☆タブレット等を用いて討論の様子を録画しておき，振り返らせるようにする。 ◆互いの意見の共通点や相違点，話合いの論点を踏まえて質問したり反論したりして，振り返りにおいて自分の考えをまとめている。【思・判・表】 ◆積極的に互いの立場や考えを尊重し，学習課題に沿って討論しようとしている。【主】
三	4	〇代表者を決めて，クラス全体で討論を行う。 〇討論を振り返る。 〇学習を振り返る。	☆司会者二人，肯定側・否定側三人ずつ，それ以外を聴衆とする。 ◆互いの意見の共通点や相違点，話合いの論点を踏まえて質問したり反論したりして，振り返りにおいて自分の考えをまとめている。【思・判・表】 ◆積極的に互いの立場や考えを尊重して，討論のテーマに対する自分の考えをまとめようとしている。【主】

立場を尊重して話し合おう　討論で視野を広げる

指導の重点
・討論テーマについて，自分の立場を支える情報を集めさせる。

本時の展開に即した主な評価規準例（Bと認められる生徒の姿の例）
・積極的に討論の準備をしようとしている。【主】

生徒に示す本時の目標
討論のテーマにおける用語を確認して，自分の立場を支える情報を集めよう

1　単元の学習課題，本時の学習課題を知る
○単元名や副題，リード文を参考にして，単元のイメージをもたせる。
T：この単元では，討論を行います。勝ち負けを決めるのが目的ではなく，互いの意見を尊重しながら聞くことで，自分の考えを広げたり深めたりすることを目的とします。
T：本時は，討論のテーマを知り，自分が討論を行うテーマについての詳しい情報を集めていきましょう。

2　討論のテーマとそこで使われる用語の定義を確認する
T：討論のテーマは三つあります。それぞれのテーマについて，肯定側・否定側・司会の役割で一回討論を行います。
○討論のテーマを示す
A　中学校高等学校の部活動制度を廃止すべきである
B　中学生以下のスマートフォンなどの使用を禁止すべきである
C　全ての中学生はボランティア活動を行うべきである
T：次にテーマに関連する用語の定義を確認しましょう。

ポイント　討論における用語の定義を示す
討論がかみ合わないものにならないように用語の定義を全員で確認する。
A「部活動」……地域教室や地域クラブなどの学校教育外の活動は含まない
B「スマートフォンなど」……携帯電話回線を直接使用し，インターネットのサイト閲覧やSNS使用ができる情報端末のこと。
「使用を禁止」……所有することと，継続的に借用することを禁止する。なお，心身の障害など，やむを得ない事情の場合には使用を認める。
C「ボランティア活動」……活動は学校内の取り組みではなく，個人が各自で行うこととする。

3　討論するテーマを決める
T：討論を行うテーマを決めます。
○六人程度のグループをつくり，「A・B」「B・

準備物：ワークシート

立場を尊重して話し合おう

単元の目標
互いの立場を尊重しながら話し合い、自分の視野を広げよう

本時の目標
討論のテーマにおける用語を確認して、自分の立場を支える情報を集めよう

討論テーマ
A 中学校高等学校の部活動制度を廃止すべきである
B 中学生以下のスマートフォンなどの使用を禁止すべきである
C すべての中学生はボランティア活動を行うべきである

用語の定義
A 「部活動」
地域教室の地域クラブなどの学校教育外の活動は含まない

B 「スマートフォンなど」
携帯電話回線を直接使用し、インターネットのサイト閲覧やSNS使用ができる情報端末
「使用を禁止」
所有することと、継続的に借用することを禁止する
心身の障害など、やむを得ない事情の場合には使用を認める

C 「ボランティア活動」
活動は学校内の取り組みではなく、個人が行うこととする

○討論テーマ・用語の定義は、板書ではなくタブレット等に配布したり、教室の画面等に投影したりしてもよい

○討論テーマに対する情報の出典を書く
※情報の出典を書く

「C」「C・A」と書いた紙を用意して、くじを引かせる。
○生徒はくじで引いた二つのテーマについて討論するが、肯定側・否定側のどちらになるかはまだ発表していない。くじを引かなかったテーマについての討論は司会や聴衆の立場になることを伝える。

4　討論テーマに対する情報を集める
T：討論するテーマについての詳しい情報を集めましょう。

ポイント　立場を決めずに幅広く情報を集める

テーマについての現状・メリット・デメリットの三点について調べさせる。肯定、否定のどちらに立つか決めず情報を集めるのは多角的な見方で情報を評価させるためである。これにより幅広い視野でテーマに対する情報を集めることができ、現状を踏まえた意見や反対の立場を想定した意見が討論の場で出しやすくなる。

○25分ほど時間をとり、担当する二つのテーマについての情報を集めさせる。

○既習事項や教科書 p.286「グラフの見方／引用・出典」を活用し、情報の出典を明らかにさせる。
○ワークシートにまとめさせる。

5　本時の学習を振り返る
○本時の学習を振り返り、次時の見通しをもつ。
T：ワークシートに振り返りを記入しましょう。
○ワークシートに振り返りを記入させる。
T：次回、肯定側・否定側どちらの立場で討論を行うか発表します。それを受けて自分の立場を支える根拠を使って、意見をまとめられるようにしましょう。
○さらに情報を集めたい生徒には課題として集めてくるよう伝える。

立場を尊重して話し合おう　討論で視野を広げる

指導の重点
・自分の意見と根拠，理由付けを整理して，発表に備えさせる。

本時の展開に即した主な評価規準例（Bと認められる生徒の姿の例）
・適切な根拠となる情報を集め，意見と根拠，理由付けを整理している。【知・技】

生徒に示す本時の目標

　自分の意見と根拠，理由付けを整理して，発表に備えよう

1　本時の学習課題を知る
○本時の流れと学習課題を示して，学習の見通しをもたせる。
T：本時は前時に決めた二つの討論するテーマに対する自分の意見とその根拠，理由付けを整理して，次回の討論に備えます。
○ここでの「意見」とは討論するテーマに対する肯定・否定の立場であること，「根拠」とはその意見を支える事実であること，「理由付け」とは根拠と意見を結び付ける，なぜその根拠だとその意見となるのかという理由であることを伝える。

2　相手意識と目的意識を確認する
T：討論をする相手と目的をそれぞれ確認しましょう。

> **ポイント　相手意識と目的意識をもたせる**
> 　どんな相手に対してどんな目的をもって話し合うかを確認することで，自分の意見を吟味したり振り返りをしやすくさせたりする。

> ここでは「討論するテーマについての現状を知らない人や，反対の考えをもつ人」（相手意識）を想定して，「自分の立場についての意見を述べて，相手に新たな気付きや考えをもたせる」（目的意識）ことを意識させる。

3　自分が担当する立場に対する意見とその根拠，理由付けをまとめる
T：では，討論を行う二つのテーマで，肯定側・否定側のどちらの立場で話し合うかを発表します。
○前時に引いたくじのはじめに書かれたアルファベットが肯定側として討論するテーマ，後に書かれたアルファベットが否定側として討論するテーマであることを伝える。（「A・B」であれば，Aのテーマを肯定側，Bのテーマを否定側の立場で話し合う）
T：まずは自分が述べる意見を，根拠と理由付けを明確にしてまとめましょう。
○15分ほど時間をとり，自分の割り当てられた立場での意見とその根拠，理由付けをまとめさせる。
○前時に集めた情報を参考にする。また，環境が整っていればタブレット等を使って情報を調べ

準備物：ワークシート，前時のワークシート

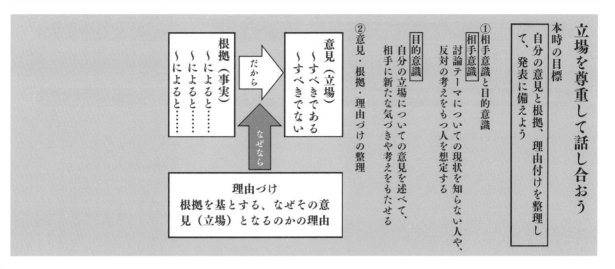

立場を尊重して話し合おう

本時の目標
自分の意見と根拠，理由付けを整理して，発表に備えよう

① 相手意識と目的意識
相手意識
討論テーマについての現状を知らない人や，反対の考えをもつ人を想定する
目的意識
自分の立場についての意見を述べて，相手に新たな気づきや考えをもたせる

② 意見・根拠・理由づけの整理

意見（立場）
〜すべきである
〜すべきでない

だから

根拠（事実）
〜によると……
〜によると……
〜によると……

なぜなら

理由づけ
根拠を基とする，なぜその意見（立場）となるのかの理由

させてもよい。
○既習事項のp.130「思考のレッスン1　根拠の吟味」を参考にさせることも有効である。
○ワークシートに書かせる。　**WS2**

4　ペアで意見とその根拠，理由付けをまとめる
T：では同じ立場の人とペアになって，意見と根拠，理由付けを整理していきましょう。
○15分ほど時間をとってまとめさせる。
○ワークシートにまとめさせるが，ペア同士がまとめた根拠と理由付けが混同しないように，ペアを組む人の根拠と理由付けは色ペンでまとめさせる。
○相手意識と目的意識を確認させながらまとめさせる。

> **ポイント　互いの意見と根拠，理由付けの関係を吟味する**
> 根拠が意見を支える客観的事実になっているか，意見と根拠を結び付ける理由付けが適切かなどを互いに確認して，次時の討論に備えさせる。

5　本時の学習を振り返る
○本時の学習を振り返り，次時の見通しをもつ。
T：今日の学習を振り返りワークシートに記入しましょう。
○ワークシートに記入させる。
T：次回はグループ内で討論を3回行います。肯定側・否定側・司会者それぞれの立場で，互いの意見や立場を尊重して話し合えるようにしましょう。討論に向けた準備をさらに進めたい人は，家庭学習などで行ってきましょう。

立場を尊重して話し合おう　討論で視野を広げる

3/4時間

指導の重点
・互いの立場を尊重して話し合い，自分の考えをまとめさせる。

本時の展開に即した主な評価規準例（Bと認められる生徒の姿の例）
・互いの意見の共通点や相違点，話合いの論点を踏まえて質問したり反論したりして，振り返りにおいて自分の考えをまとめている。【思・判・表】
・積極的に互いの立場や考えを尊重し，学習課題に沿って討論しようとしている。【主】

生徒に示す本時の目標
　互いの立場を尊重して話し合い，自分の考えをまとめよう

1　本時の学習課題を知る
○学習課題と学習の流れを示して，学習の見通しをもたせる。
T：本時はA・B・Cの三つのテーマについて，司会者・肯定側・否定側の三つの役割でそれぞれ討論をします。

2　討論の流れを確認する
T：討論の流れを確認しましょう。
○討論の流れを示して，討論の進め方を確認させる。
○教科書pp.188-189を参考にさせる。

> **ポイント　流れに沿ってメモを取らせる**
> 　メモが取れる枠をつけて流れを示した表を作成し，メモを取らせる。そうすることで話合いの流れを整理したり，話合いの後に振り返りをしやすくさせたりすることができる。
> 　なお，教科書pp.188-189の「討論の流れ」には「意見」「質疑」「作戦タイム」「反論」と示されているが，ここでは「質疑」ではな

く「質疑応答」とし，質疑に対して答える場もつくる。

下図のような表をワークシートの裏面または別紙に用意して，討論中のメモに活用する。

討論テーマ								
肯定側								
流れ	(1)1分半 肯定側意見	(2)1分半 質疑応答	(3)1分半 否定側意見	(4)1分半 質疑応答	(5)1分半 作戦タイム	(6)1分半 否定側反論	(7)1分半 肯定側反論	振り返り 2分
否定側								

3　グループで討論を行う
T：それでは討論を始めましょう。司会の立場の人は，流れに沿って討論を適切に進行させてください。
T：討論が終わったらその都度振り返りを行います。司会者はそれぞれの立場のよかったところを伝えてください。肯定側・否定側は新しい気付きがあったことなど，それぞれ自分の考えの変化を述べてください。
○第1時で組んだ六人程度のグループで討論を行う。
○示した流れに沿って，一つの討論につき12分程

準備物：ワークシート

立場を尊重して話し合おう

本時の目標
互いの立場を尊重して話し合い、自分の考えをまとめよう

① 討論の流れを確認しよう

```
流れ
(1) 肯定側意見        一分半
(2) 質疑応答          一分半
(3) 否定側意見        一分半
(4) 質疑応答          一分半
(5) 作戦タイム        一分半
(6) 否定側反論        一分半
(7) 肯定側反論        一分半
振り返り              二分
```

相手の立場を尊重する
・どのような根拠に基づいて意見を述べているか
・意見と根拠を結びつける理由づけが適切か
・自分たちと比べて共通点・相違点

② 討論を振り返ろう
司会者
　互いの立場のよかったところを振り返る
肯定側・否定側
　自分の考えの変化を伝える

◎本時の振り返り

度で3回行う。
○討論の例（討論テーマA「中学校高等学校の部活動制度を廃止すべきである」）

司会者：それでは肯定側から意見を発表してください。

肯定側：はい。私たちは，中学校高等学校の部活動制度を廃止すべきであると考えます。そうすることで，生徒の負担を減らすことができるからです。20XX年XX月XX日の△△新聞の記事によると，公立中学校の生徒の○○％が部活動の時間・日数が長いと感じ，○○％が学業との両立に悩みを抱えているそうです。また，20XX年発行の☆☆大学紀要によると，部活動加入を義務付けている公立学校は各地方の○都府県で○○％に上ります。このように，部活動にしばられ，負担感を感じている生徒が多くいるので，部活動を廃止し，好きなことや自身の成長につながるようなことに打ち込むべきだと考えます。……

司会者：ありがとうございます。では，質疑応答に入ります。否定側から質疑はありますか。

否定側：はい。肯定側は部活動を廃止すべきという立場ですが，部活動をやりたい人への対応はどのようにお考えでしょうか。

肯定側：はい。部活動をやりたい人に対しては，地域のクラブに入ったり習い事をしたりすることを代替案として提案します。スポーツなどをする機会も他者との関わりも部活動と同じようにできると考えるからです。

司会者：それでは，否定側意見に入ります。

否定側：はい。私たちは，中学校高等学校の部活動は廃止すべきでないと考えます。なぜならば，部活動は自己肯定感を高め，さらに校内の生徒同士の人間関係を深めることができるからです。私たちが2年生を対象に行った部活動に関するアンケートによると，「部活動に取り組むことで得られること」という項目に対して……

> **ポイント　動画を撮影する**
> タブレット等を使用して，討論の様子を録画し，振り返りをしやすくする。

4　本時の学習を振り返る

○本時の学習を振り返り，次時の見通しをもつ。

T：ワークシートに振り返りを記入しましょう。次回はクラスで討論をしてもらいます。司会者は二人，肯定側・否定側は三人ずつです。そのほかの生徒は傍聴者になります。

○ワークシートに記入させる。　**WS3**

立場を尊重して話し合おう　討論で視野を広げる

(4/4時間)

指導の重点
・立場を尊重しながら話し合うために大切なことについて自分の考えをまとめさせる。

本時の展開に即した主な評価規準例（Bと認められる生徒の姿の例）
・互いの意見の共通点や相違点，話合いの論点を踏まえて質問したり反論したりして，振り返りにおいて自分の考えをまとめている。【思・判・表】
・積極的に互いの立場や考えを尊重して，討論のテーマに対する自分の考えをまとめようとしている。【主】

生徒に示す本時の目標
立場を尊重しながら話し合うために大切なことについて自分の考えをまとめよう

1　本時の学習課題を知る
○学習課題と学習の流れを示して，学習の見通しをもたせる。
T：本時はクラス全体で討論を行います。その後で振り返りを行い，相手の立場を尊重しながら話し合うために大切なことを考えましょう。

2　クラス全体で討論を行う
T：それでは「○組　討論大会」を始めていきます。討論テーマは「……」でいきます。肯定側として，△△さん，□□さん，◇◇さんお願いします。否定側として，▲▲さん，■■さん，◆◆さんお願いします。誰か二人に司会者を務めてもらいたいです。司会を務めてくれる生徒はいますか。申し出てください。はい，●●さんと▽▽さんにお願いします。ほかの生徒の皆さんは聴衆になります。聴衆の人には対論の内容や進め方について後で意見を出してもらいますからよく聞いておいてください。
○第2時のワークシートの内容や前時の各グループの話合いの様子から，肯定側と否定側それぞれで根拠と理由付けが特に適切であった生徒を選んでおき，それらの生徒が最も多い討論テーマを取り上げる。
○「相手意識」と「目的意識」も再度確認する。
○司会者は必要に応じて教員が行ってもよい。
○質疑が出なかった際は，聴衆側に聞いてもよい。
○20分程度時間をとる。

ポイント　討論の流れを示す
第3時と同じように討論の流れを示す。前時よりも人数が多く時間も確保できるので，今回は次の流れとする。(1)肯定側意見，(2)質疑応答，(3)否定側意見，(4)質疑応答，(5)作戦タイム，(6)否定側反論，(7)肯定側反論，(8)作戦タイム，(9)肯定側最終弁論，(10)否定側最終弁論。また，ワークシートの裏面に流れの表を印刷するなどして，生徒が活用できるようにするとともに，授業者も振り返りの参考となるように適宜使用する。

3　討論テーマに対する自分の考えをまとめる
T：討論を通してどのような考えに至ったか，振り返ってください。そして討論テーマに対する最終的な自分の考えをまとめてください。

準備物：ワークシート

立場を尊重して話し合おう

本時の目標
立場を尊重しながら話し合うために大切なことについて自分の考えをまとめよう

① 「○組　討論大会」
討論テーマ

流れ	
(1)肯定側意見	三分
(2)質疑応答	二分
(3)否定側意見	三分
(4)質疑応答	二分
(5)作戦タイム	二分
(6)否定側反論	一分半
(7)肯定側反論	二分半
(8)作戦タイム	二分
(9)肯定側最終弁論	二分
(10)否定側最終弁論	二分

② 討論大会振り返り

◎ 振り返り

○ワークシートにどうしてそのような考えにいたったのか，理由も書かせる。 WS4
○3分程度時間をとる。
○三人程度指名して発表させる。書かせている間に，「誰のどのような発言で自分の考えが変わったり深まったりしたか」を書けている生徒がいるか確認しておき，その生徒に発表させると次の活動にもつながる。

4　効果的であった発言を振り返る

T：では，肯定側・否定側の発言で，異なる立場や意見を尊重して話し合う上で効果的であったものはあったでしょうか。
〈生徒の発言例〉
・肯定側の△△さんは意見の根拠となる事実を複数挙げていて，理由付けも適切だったので，肯定側の意見に共感することができました。
・否定側の▲▲さんが，肯定側の△△さんの意見の一部に賛成する考えを述べていたのがいいなと思いました。全面的な対決でなく認めるところは認めることが大切なのかと思いました。

・否定側の◆◆さんが肯定側からの反論について丁寧な対応をしてから自分の立場の考えを述べていたことに対して，相手の立場を尊重しているなと感じました。
○それぞれの立場の生徒に発言させる。
○3分程度時間をとってワークシートにまとめさせてから，10分程度発言させる時間をとる。

5　単元全体を振り返る

T：単元の振り返りをしましょう。
○意見を裏付ける適切な根拠を示すために気を付けたこと，互いの立場や意見を尊重しながら話し合うために必要なこと，討論が役立ちそうな場面についてワークシートに書き，提出させる。
○7分程度時間をとる。

討論テーマ											
肯定側	流れ	(1)2分半 肯定側意見	(2)1分半 質疑応答	(3)2分半 否定側意見	(4)1分半 質疑応答	(5)2分 作戦タイム	(6)1分半 否定側反論	(7)2分半 肯定側反論	(8)2分 作戦タイム	(9)2分 肯定側最終弁論	(10)2分 否定側最終弁論
否定側											

上図のような表をワークシートの裏面または別紙に用意して，討論中のメモに活用する。授業者も使用すると振り返りに役立つ。

7　価値を語る

漢字に親しもう4

（1時間）

1　単元の目標・評価規準

・第1学年までに学習した常用漢字に加え，その他の常用漢字を読むことができる。また，学年別漢字配当表に示されている漢字を書き，文や文章の中で使うことができる。

〔知識及び技能〕(1)ウ

・言葉がもつ価値を認識するとともに，読書を生活に役立て，我が国の言語文化を大切にして，思いや考えを伝え合おうとする。　　　　　　　　　　　　　「学びに向かう力，人間性等」

知識・技能	第1学年までに学習した常用漢字に加え，その他の常用漢字を読んでいる。また，学年別漢字配当表に示されている漢字を書き，文や文章の中で使っている。((1)ウ)
主体的に学習に取り組む態度	積極的にことわざや慣用句に用いられている漢字を調べ，学習課題に沿って正確に読んだり書いたりしようとしている。

2　単元の特色

教材の特徴

　本教材は漢字の学習を取り立てて行う単元で4回目となる。漢字学習は暗記学習となりやすいため，生徒は苦手意識をもちやすい。そこで，繰り返し書いて漢字を覚える以外に漢字を覚える方法として「熟語の構成」や「同訓異字」，「同音異義語」で覚える方法を学んできた。それに加え，他教科で使用する漢字や1年生の既習事項を生かし，「漢字の成り立ち」で漢字を覚える方法，「慣用句・ことわざ」に着目して漢字を覚える学習に取り組むことで，生徒に様々な漢字学習の方法があることを示し，生徒が自分に合った学習方法を選んで主体的に漢字学習に取り組めるよう促す。

身に付けさせたい資質・能力

　「漢字に親しもう4」では「歴史・自然に関する漢字」「同じ読みの漢字」「慣用句・ことわざ」「同じ部首の漢字」が提示されている。その中で，漢字の読み書きを日常生活の中で積極的に行う態度を育成するために「慣用句・ことわざ」に注目し「意味を勘違いされやすい慣用句」を取り上げ，なぜ勘違いされやすいかを考える言語活動を設定する。その際，辞書を用いて漢字や言葉の意味を調べて理解することの大切さを実感させたい。

3　学習指導計画（全1時間）

時	○主な学習活動	☆指導上の留意点　◆評価規準
1	○「漢字に親しもう4」①〜④の問題演習に取り組む。 ○ワークシートで慣用句・ことわざについて学習する。 ・ワークシートで意味を勘違いされやすい慣用句・ことわざの調べ学習をする。 ・なぜ勘違いされやすいかを考える。 ○「漢字に親しもう4」⑤〜⑦の問題演習に取り組む。 ・学習の振り返りをする。	☆漢字の成り立ちについて板書し既習事項について確認する。 ☆ことわざ・慣用句の定義を板書し，共通理解をする。 ☆ワークシート，辞書を準備し配布する。 ◆ことわざや慣用句に用いられる漢字を正確に読んだり書いたりしている。【知・技】 ◆積極的にことわざや慣用句に用いられている漢字を調べ，学習課題に沿って正確に読んだり書いたりしようとしている。【主】

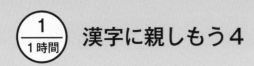

指導の重点
・文中で使われる漢字やことわざ・慣用句に用いられる漢字を正確に読んだり書いたりさせる。
・ことわざや慣用句に用いられている漢字を調べ、学習課題に沿って正確に読んだり書いたりさせる。

本時の展開に即した主な評価規準例（Bと認められる生徒の姿の例）
・ことわざや慣用句に用いられる漢字を正確に読んだり書いたりしている。【知・技】
・積極的にことわざや慣用句に用いられている漢字を調べ、学習課題に沿って正確に読んだり書いたりしようとしている。【主】

生徒に示す本時の目標
文中で使われる漢字やことわざ・慣用句に用いられる漢字を正確に読んだり書いたりできるようになろう

1 「漢字に親しもう４」①・②の問題演習
T：「漢字に親しもう４」で漢字の問題演習を行います。漢字学習は何度も繰り返し書くことで覚えるだけでなく、熟語の構成で覚える、部首で覚える、そして今回の目標にもあるようにことわざや慣用句で覚えるといった様々な学習方法があります。漢字の学習方法の選択肢を増やし、自分に合った漢字の学習方法を考えながら問題演習に取り組みましょう。
○p.190「漢字に親しもう４」①・②の【漢字の読み（歴史・自然）】の練習問題に取り組み、答え合わせを行う。
T：①・②の漢字は他教科の中で使われる漢字の読みを扱いました。他教科でも漢字の読み書きを意識することで漢字を学習できますね。

2 「漢字に親しもう４」③の問題演習
T：続いて【同じ音読みの漢字】を学びます。この学習では「漢字の成り立ち」の「形声」が応用できます。では「形成」とはどのような漢字だったか覚えていますか？
S：音を表す部分と訓を表す部分を組み合わせてつくられた漢字です。
T：そうですね。音を表す部分を音符、意味を表す部分を意符と言いましたね。次の問題の漢字に共通するのは音符の部分です。皆さんは、意符に注目しながら漢字のもつ意味を考え、□に合う漢字を選び、熟語を完成させましょう。
○練習問題に取り組み、答え合わせを行う。
○黒板には復習として他の漢字の成り立ちも書く。

3 「漢字に親しもう４」④の問題演習
T：次に【慣用句・ことわざ】で漢字を学びます。
○慣用句・ことわざの定義を板書し、共通理解を図る。
T：意味を知っている言葉でも、辞書を使い意味を再確認しましょう。
○辞書を配布し練習問題に取り組み、答え合わせを行う。
T：ワークシートには教科書以外のことわざ・慣用句を載せました。どちらの意味が正解か、選んで○を付けてください。
○ワークシートの問題に取り組ませる。
T：答え合わせは自分で辞書を使い、意味を調べて答えとして正しい方を選んでください。

準備物：ワークシート，国語辞典，ことわざ・慣用句辞典，振り返りシート

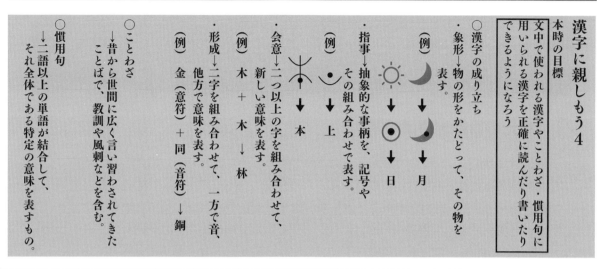

ポイント　答え合わせの方法
　ここでは、生徒に挙手で答えを言わせるのではなく、辞書を使い正しい意味を確認させる活動を取り入れる。この活動を通して、意味を調べ理解することの大切さを生徒に実感させたい。

T：ワークシートに示した言葉は「意味を勘違いされやすいことわざ・慣用句」を取り上げました。「なぜ勘違いされやすいのか」考えてみたいと思います。問題にある慣用句・ことわざを一つ例にとり、「漢字」に注目しながら自分が考えたことをワークシートに書いてみてください。

【予想される生徒の答え】
・「気が置けない」は「気」は「気遣い・気持ち」などの心情を表し、そこに「置けない」という否定の言葉があるため、悪い意味に捉えられるのかもしれない。
・「琴線に触れる」は似た言葉で「逆鱗に触れる」があるため、意味が混同してしまうのではないか。
・「敷居が高い」が間違われた意味で捉えられるのは「高い」という漢字のもつ意味や与える印象がそうさせているのではないか。

T：では、隣同士で話し合ってください。
○その後、全体で共有する。挙手して発言させる。
T：ことわざ・慣用句で漢字を覚える際は意味も一緒に確認することが大切ですね。

4　「漢字に親しもう4」5～7の問題演習
T：では、5～7までまとめて問題演習に取り組みましょう。分からない漢字は辞書で調べましょう。
○練習問題に取り組み、答え合わせを行う。

5　学習のまとめ
T：今日は慣用句・ことわざを中心に漢字の読み書きの学習をしました。今後も、文章の中で正しく漢字を使えるようになるために、いろいろな学習方法で漢字の知識を身に付けていきましょう。では、振り返りシートに今日の授業で学んだことを書き留めておきましょう。
○振り返りシートを配布し、学んだことを振り返えらせる。

いつも本はそばに

「自分らしさ」を認め合う社会へ　父と話せば／（１時間）
六千回のトライの先に／読書案内　本の世界を広げよう

1　単元の目標・評価規準

・本や文章などには，様々な立場や考え方が書かれていることを知り，自分の考えを広げたり深めたりする読書に生かすことができる。　〔知識及び技能〕(3)エ
・文章を読んで理解したことや考えたことを知識や経験と結び付け，自分の考えを広げたり深めたりすることができる。　〔思考力，判断力，表現力等〕C(1)オ
・言葉がもつ価値を認識するとともに，読書を生活に役立て，我が国の言語文化を大切にして，思いや考えを伝え合おうとする。　「学びに向かう力，人間性等」

知識・技能	本や文章などには，様々な立場や考え方が書かれていることを知り，自分の考えを広げたり深めたりする読書に生かしている。　((3)エ)
思考・判断・表現	「読むこと」において，文章を読んで理解したことや考えたことを知識や経験と結び付け，自分の考えを広げたり深めたりしている。　(C(1)オ)
主体的に学習に取り組む態度	本や文章などには，様々な立場や考え方が書かれていることを知り，今までの学習を生かして進んで感想を伝え合おうとしている。

2　単元の特色

教材の特徴

　本教材の「父と話せば」，「六千回のトライの先に」は，実社会に生きる多様な人の生き方に焦点を当てた作品である。生徒の朝読書や図書館での選書の傾向からすると生徒がよく読むとは言い難いジャンルであるので，本単元は読書のジャンルの幅を広げることにつながると考える。また，国籍に関わる問題や重度の障害を乗り越えて社会と関わる姿などについて読みを深めることで，多様な人の生き方を考える機会にもつながる。この二作品を通して自分の考えを広げたり深めたりすることで，社会の中で互いに違いを認め合い，一人一人が自分らしく生きるために必要なことについて考えるきっかけにする。

　作品のもつ価値に触れ，今後も進んで自分の考えを広げるために読書しようとする人を育てたい。

身に付けさせたい資質・能力

　学習指導要領C(1)オ「文章を読んで理解したことや考えたことを知識や経験と結び付け，自分の考えを広げたり深めたりする」力を育成することに重点を置く。本単元では，読書により自分に新しい考えが生まれるという経験をさせたい。新しい考え方を読書で実感できたことで，例えば，今まで900番台ばかり選んでいた読書が200や400番台などに広がったり，文庫ばかりだったものが新書を手に取るようになったりするような生徒の姿を目指す。そのための言語活動としてC(2)イ「小説や随筆などを読み，引用して解説したり，考えたことなどを伝え合ったりする」活動を設定する。本単元では，それぞれの，またはどちらかの作品を自分の知識や体験と結び付けて，今までの考えが変わったり今までもっていた考えがより確かになったりする経験をさせる。他者と交流する協働的な学びで，異なる視点での捉え方など自分一人では気付かなかった考えに気付かせ，より一層考えの広がりや深まりが確かになるように指導する。また，この活動を行う際は，〔知識及び技能〕(3)エ「本や文章などには，様々な立場や考え方が書かれていることを知り，自分の考えを広げたり深めたりする読書に生かすこと。」と関連付ける。

3　学習指導計画（全1時間）

時	○主な学習活動	☆指導上の留意点　◆評価規準
1	○単元の目標を確認し，学習の見通しをもつ。 ○教師の話を聞き，二作品に書かれている多様な人の生き方を知る。 ○作品から，今までの考えと変わったことや今までもっていた考えが確かになったことをまとめ，タブレット等に入力する。 ○入力した考えを，教師がスクリーンに投影して操作し，学級でやりとりをしながら，テーマで分類する。 ○話し合いたいテーマを選び，同じテーマのグループで交流し，学級で共有する。 ○今後知識を付けていきたいと思うテーマを考え，「本の世界を広げよう」から読みたい本について考え，そう考えた理由もワークシートにまとめる。 ○学習の振り返りをする。	☆家庭学習であらかじめ二作品を通読させておく。 ◆本や文章などには，様々な立場や考え方が書かれていることを知っている。【知・技】 ◆作品を自分の知識や経験と結び付け，自分の考えを広げたり深めたりしている。【思・判・表】 ◆自分の考えを広げるために進んで読書しようとしている。【主】

「自分らしさ」を認め合う社会へ　父と話せば／六千回のトライの先に／読書案内　本の世界を広げよう

1／1時間

指導の重点
・文章を読み考えたことを交流することを通して，読書が新しい考えを育てるということに気付かせる。

本時の展開に即した主な評価規準例（Bと認められる生徒の姿の例）
・本や文章などには，様々な立場や考え方が書かれていることを知っている。【知・技】
・作品を自分の知識や経験と結び付け，自分の考えを広げたり深めたりしている。【思・判・表】
・自分の考えを広げるために進んで読書しようとしている。【主】

生徒に示す本時の目標
　文章を読み，考えたことを交流して考えを深めよう

1　単元の目標を確認し，学習の見通しをもつ
T：今日は，先日家庭学習で読んだ「父と話せば」，「六千回のトライの先に」を教材として扱います。二つの作品で書かれていることについて考え，交流し，自分の考えを深めます。

2　教師の話を聞き，二作品に書かれている多様な人の生き方を知る
T：「父と話せば」は，両親と自分の中国と台湾と日本という国籍，台湾語・中国語・日本語の三つの言語を行き来する著者など，言語から見える人の生き方に関わることが書かれています。「六千回のトライの先に」は，重度の障害を乗り越えて社会と関わる人の姿が描かれています。どちらも実社会に生きる多様な人の生き方に焦点を当てた作品です。

3　文章を読み，今までの考えと変わったことや今までの考えがより確かになったことをまとめる
T：それぞれ，またはどちらかの作品を読んで，今までの考えと変わったことや今までの考えがより深まったことを文章にまとめましょう。
○まずは個人で考えさせ，タブレット等に入力させる。
○生徒の意見（例）「国籍，出身，言語が自分とは何かを考えることにここまで密接に関わっていることを意識してはいなかった。自分に置き換えるとどう考えるのだろう」等。

> **ポイント　知識や体験と結び付けて考えさせる**
> 読書が考えを深めるという実感をもたせるために，自分自身のこれまでの知識や体験と結び付けるなどして考えさせるようにする。

T：自分のこれまでの知識や体験と結び付けるなどして考えましょう。

4　入力した考えを，テーマで分類する
○タブレット等に入力した考えを，教師がスクリーンに投影したまま，つなげたり分けたりして操作する。例えば，「言語」「思考」「アイデンティティ」，「家族」，「歴史的事実」等のテーマでまとめられることが考えられる。
○学級でやりとりをしながら，考えたことを分類

準備物：ワークシート

自分らしさを認め合う社会へ

本時の目標
文章を読み、考えたことを交流して考えを深めよう

「父と話せば」（温 又柔 著）
「六千回のトライの先に」（吉藤オリィ 著）
↓
- どちらかを読んで自分の考えをまとめる
- 自分のこれまでの知識や体験と結び付けて考えよう

例えば、
- これまでの自分の考え方との **比較**
  ……新たな視点
- 似た体験、異なる体験 **振り返る**
  ……自分だったらどう考えた？
- 考えたことを交流する
- 交流を経て今までの考えと変わったことや今までの考えがより確かになったことは？

---

5 話し合いたいテーマを選んでグループで交流し，学級で共有する

T：話し合いたいテーマを選びグループで交流しましょう。
○学級で交流を共有する。
T：各グループでは，どのような考えが出ましたか。代表の人が順に発表してください。
○「言語とアイデンティティの結び付きを意識した」「父を焦点化している理由を深く知りたい」等が考えられる。

6 今後読書を通して考えたいと思うテーマを見付ける

T：今後本を読んで知識を付けていきたいと思うテーマは何ですか。その理由は何ですか。
○ワークシートに書かせる。 【WS】

7 「本の世界を広げよう」から今後読みたい本について考える

○教科書 pp.200-202「本の世界を広げよう」から読みたい本について考え，ワークシートにまとめましょう。また，そう考えた理由も書きましょう。

8 振り返りと単元のまとめをする

T：この単元では，実生活に生きる多様な人の姿に焦点を当てた作品を読んで交流し，読書が新しい考えを生んだり今までの考えを深めたりすることができたのではないですか。自分の中で，読書への関心や意欲にどのような変化がありましたか。ワークシートにまとめましょう。

T：例えば今まで小説だけを選んでいた読書が，歴史や自然科学などに広がったり，文庫ばかり読んでいたものが新書を手に取るようになったりするように，皆さんの関心や意欲の変化が，この単元をきっかけに表れたらとても嬉しいです。

発展

生徒の実態に応じて，本単元のテーマと同じ作品が読みたい人に向けてアナウンスを行う。また，教科書の巻末の資料 pp.290-301 の「盆土産」「形」等を紹介することも考えられる。

8 表現を見つめる

走れメロス (8時間)

1 単元の目標・評価規準

- 抽象的な概念を表す語句を増すとともに、文章の中で使うことを通して、語感を磨き語彙を豊かにすることができる。　　　　　　　　　　　　　　〔知識及び技能〕(1)エ
- 説明や具体例を加えたり、表現の効果を考えて描写したりするなど、自分の考えが伝わる文章になるよう工夫することができる。　　　　　　〔思考力，判断力，表現力等〕B(1)ウ
- 登場人物の言動の意味などについて考え、内容を解釈することができる。
〔思考力，判断力，表現力等〕C(1)イ
- 文章を読んで理解したことや考えたことを知識や経験と結び付け、自分の考えを広げたり深めたりすることができる。　　　　　　　　　　〔思考力，判断力，表現力等〕C(1)オ
- 言葉がもつ価値を認識するとともに、読書を生活に役立て、我が国の言語文化を大切にして、思いや考えを伝え合おうとする。　　　　　　　　　　　　「学びに向かう力，人間性等」

知識・技能	抽象的な概念を表す語句を増やすとともに、文章の中で使うことを通して、語感を磨き語彙を豊かにしている。((1)エ)
思考・判断・表現	・「書くこと」において、説明や具体例を加えたり、表現の効果を考えて描写したりするなど、自分の考えが伝わる文章になるように工夫している。(B(1)ウ) ・「読むこと」において、登場人物の言動の意味などについて考え、内容を解釈している。(C(1)イ) ・「読むこと」において、文章を読んで理解したことや考えたことを知識や経験と結び付け、自分の考えを広げたり深めたりしている。(C(1)オ)
主体的に学習に取り組む態度	作品を読んで、語句の関連性に着目し内容を理解して、自分の考えを表現しようとしている。

2 単元の特色

教材の特徴

　本教材は、語句に着目することによって、登場人物の心情を細かく読み取れる作品である。メロスの「信じる」を中心とした言葉（信実・約束・信頼・正直・愛等）と、王の「疑う」を中心とした言葉（欺く・うそ・悪徳等）が登場人物を読者にイメージさせている。そこで、語句と語句のつながりから、話の展開や登場人物の言動の意味を考え、小説の理解を深めさせ、

作品を味わわせたい。後半ではそれを書くこととつなげる展開とした。

身に付けさせたい資質・能力

　本単元では，学習指導要領C(1)イ「登場人物の言動の意味などについて考え，内容を解釈する」力の育成に重点を置く。登場人物のイメージをつくり上げている言葉に着目し，その言葉の使われ方や登場人物の言動との関連について考えさせる。指導する際には〔知識・技能〕(1)エ「抽象的な概念を表す語句の量を増すとともに，文章の中で使うことを通して，語感を磨き語彙を豊かにする」と関連付けて指導する。さらにC(1)オ「文章を読んで理解したことや考えたことを知識や経験と結び付け，自分の考えを広げたり深めたりする」ために，作品中の語句と登場人物の言動に着目し，生徒各自が感じたり想像したりしたことを交流して深い学びにいざなう。また，書くことを通して，作品に対する自分の考えを深めさせる。

3　学習指導計画（全8時間）

次	時	○主な学習活動	☆指導上の留意点　◆評価規準
一	1	○単元のねらいと学習の見通しを確認する。 ・教材を通読する。 ・粗筋を捉える。	☆語句に着目しながら作品の内容を理解させる。 ◆抽象的な概念を表す語句の量を増やしている。【知・技】
	2	○語句の意味を理解して内容を理解する。 ○「王」と「メロス」を象徴する語句を考える。	◆語句を理解して，文章の内容を捉えようとしている。【主】
	3	○前時に学習した語句と，登場人物の言動から人物像を読み取る。 ○「王」「メロス」を象徴する語句と心情を結び付け，場面の内容を理解する。	☆語句や言動を手掛かりにして心情の変化を読み取らせる。 ◆登場人物の言動に注意しながら心情を捉えている。【思・判・表】
二	4	○今まで読み取ったことを基に，国王とメロスをそれぞれ評価する。	☆各自が読み取った内容で国王，メロス，セリヌンティウスについて自分の考えをもたせる。
	5	○読み取ったことを基にセリヌンティウスについて評価する。	◆考え，理解したことを経験・知識と結び付け，自分の考えを深めている。【思・判・表】 ◆語句を理解して，語感を豊かにしようとしている。【主】
	6	○メロスを最後まで支えたものは何だったのか考える。	☆読み取ったことを基に自分の考えをもたせる。 ◆考え，理解したことを経験・知識と結び付け，自分の考えを深めている。【思・判・表】
三	7	○自分の考えが伝わるように工夫して書く。	☆自分の考えを伝えるために工夫して書かせる。
	8	○自分の考えが伝わるように工夫して書き，それを交流する。	◆説明や具体例を加えて自分の考えが伝わるように工夫している。【思・判・表】 ◆自分の考えが伝わるように工夫し書こうとしている。【主】

1 / 8時間　走れメロス

指導の重点
・語句に着目して作品を読み，粗筋を捉えさせる。

本時の展開に即した主な評価規準例（Bと認められる生徒の姿の例）
・抽象的な概念を表す語句の量を増やしている。【知・技】
・語句を理解して，文章の内容を捉えようとしている。【主】
（※第2時も併せて評価する）

生徒に示す本時の目標
語句に着目して作品を読み，粗筋を捉える

1　本単元の学習課題を把握する

○小説を読むとき，今までどのようなところに注目しながら読んでいたのかを確認する。この単元では語句や表現に着目して読み，次に個々の登場人物に着目して読む。そして作品の面白さを味わう。この道筋を説明し，学習課題を明確にして関心をもたせる。

T：皆さんは小説を読むとき，今までどのようなところに着目して読んでいましたか。登場人物のキャラクターやストーリーの展開など，読みを進めるにしたがって関心のできたところに着目して読んでいたと思われます。今回はまず語句，次に登場人物の言動に着目して読みます。次に個々の登場人物に着目し，人間像や心情について読み取ります。そして最後に作品のもつ面白さを味わいたいと思います。本単元で読む「走れメロス」は登場人物の人物像や心情の変化を表した語句が多く使われている作品です。また，難しい漢語も使われていて，それが作品の雰囲気をつくり出していることも特徴です。長い作品ですが，いろいろな角度から読み味わいましょう。

ポイント　今までの読書の経験を振り返り，今回の学習に役立てる

生徒一人一人様々な読書の経験があるので，今までの読書生活を生かしながら，多様な角度から作品を味わわせる。

2　学習の見通しをもつ

○小説を「語句に着目して読む」とはどういうことか考えさせる。
①その語句が，どのようなイメージを与える語句なのか。
②同じ対象でも場面によって使う語句が異なる場合がある。語句と場面のつながりを読み解く。
③語句が文章の中でどのような役割をしているのか。
を意識して読むことを確認する。
語句を意識するとその語句が象徴・暗示するものを想像でき，語句と語句のつながりを考えると登場人物の心情の変化を読み取ることができる。このことを教師が押さえ指導する。

T：この単元では，最初に「語句」に着目して読みます。そのことの意味を考えていきましょう。

準備物：ワークシート

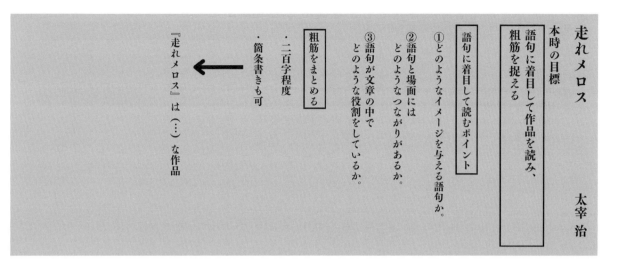

語句に着目して読むとは、語句の意味を知ることはもちろんですが、その言葉が作品の中でどのような役割を果たしているのか、語句と場面がどうつながっているかを考えてみましょう。

3　「走れメロス」を通読する
○教科書を音読する。デジタル音源で範読されたものを視聴させてもよい。
T：教科書を音読します。この作品には今まで読んだことのないような難しい語句もあります。難しい語句や印象的な語句にはマークを付けてみましょう。

> **ポイント　難解語句を確認させる**
> 　「走れメロス」には漢語などの難しい語句がある。しかし一読のときには正確な意味にこだわらず文脈から想像しながら読ませる。後ほど語句に関心をもたせるために積極的に意味調べをさせたいので、語句に注意を向けながら本文を読ませたい。

○粗筋を確認する。
T：長い作品でしたが、大体のストーリーをノートにまとめてみましょう。
　その後、「『走れメロス』は（…）な作品」という形で走れメロスの内容を端的に表現しましょう。
○時間を20分ほどとる。粗筋はワークシートに200字程度にまとめる。箇条書きにする生徒がいてもよい。　**WS1**

4　次回の見通しをもつ
○次回は書いた粗筋を発表することを予告する。
○また語句の意味調べをするので使い慣れた辞書類を持ってきてもよいことを伝える。

2/8時間 走れメロス

指導の重点
・語句から登場人物のイメージを捉えさせる。

本時の展開に即した主な評価規準例（Bと認められる生徒の姿の例）
・抽象的な概念を表す語句の量を増やしている。【知・技】
・語句を理解して、文章の内容を捉えようとしている。【主】

生徒に示す本時の目標
語句から登場人物のイメージを捉える

1 前時の確認をする
T：前時は「粗筋を捉える」活動をしてもらいました。書いた粗筋をグループで見せ合い、確認してください。粗筋のまとめ方はいろいろありますが、読んでない人が見ても内容の大体が分かることがポイントです。その観点で助言し合いましょう。
○グループで、各自が書いた粗筋を読み合い、助言し合う。
T：では前時のもう一つの課題、「走れメロス」は（…）な物語である」についても意見交換してください。
○グループでの意見交換の後、ワークシートのメモを基に何人かの生徒に発言させる。

⬇ WS2

〈予想される生徒の発言〉
・友情のために頑張った物語
・正義を貫いた物語
・邪悪な国王を改心させた物語
・冒険活劇の物語
・男同士の友情の物語
・市民に正義の価値を教え感動を与えた物語

2 小説の視点を理解する
○まず、小説の視点について解説するために、「走れメロス」は誰の視点で書かれているのかを確認する。
T：小説には視点があります。視点は誰の視線で書かれているかということで、小説を読み取る上で大切なポイントとなります。

> **ポイント　小説の視点を読みに生かす**
> 　小説の本文は様々な視点で書かれている。主人公の視点であったり、第三者の視点であったり、読みを深めていく上で大切なポイントとなる。「走れメロス」は三人称で書かれており、作品を読み進めていく際に重要になる。三人称だから主人公のメロスだけでなく、「王は、残虐な気持ちで、そっとほくそ笑んだ。生意気なことを言うわい…」のように、国王の気持ちの細かい描写も可能になる。また、三人称で書かれた小説の地の文は基本的に正しいことが書かれている。それに対して一人称で書かれているときは、あくまで語り手が思ったことが書かれていることに注意する。

準備物：国語辞典，前時のワークシート，ワークシート

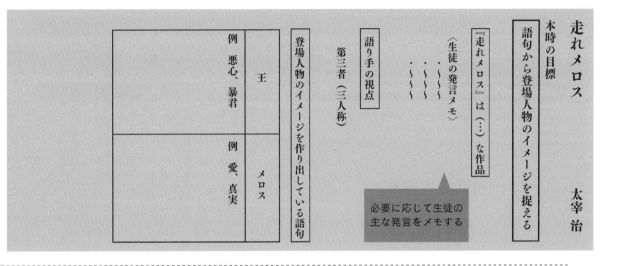

3　登場人物を象徴する語句を集める
○語句に着目して読む
T：皆さんは，今までに語句に着目して小説を読んだ経験はあまりないかと思います。小説では，語句が場面や登場人物のイメージをつくり出していることが多いです。ここでは登場人物のイメージをつくり出している語句に着目し，読み進めましょう。
○「王」が登場する場面に共通する「王」のイメージをつくっている語句のグループを探す。同様に「メロス」のイメージをつくっている語句のグループを探す。そして，それぞれの語句のグループが人物のイメージをどのよう象徴しているか考える。語句を探す際は，教師がヒントとなるような言葉を提示して，生徒が探しやすいようにする。
【王の例】「悪心」「暴君」等
【メロスの例】「愛」「信実」等
語句が見付けられない生徒が多いときは，グループで探させてもよい。
T：「走れメロス」で王が登場する場面で「王」のイメージをつくっている語句を探してみましょう。次に，「メロス」のイメージをつくっている語句を探しましょう。分からない場合は先生が回ってアドバイスします。

ポイント　抽象的な語句に注目する
　ここでは，中心となる登場人物を象徴する語句，特に抽象的な語句に着目させる。作品中の人物描写などから，メロス・王それぞれの描かれ方を明らかにして，人物を象徴する抽象的な概念を表す語句を探させる。

4　選んだ語句で単文をつくらせる
　集めた語句を使って，簡単な短文をつくらせる。自分で実際に使うことで，その語句の表すイメージを確認させ，登場人物の理解に役立てる。また，それぞれの語句を使うことにも慣れさせるようにする。

5　本時の振り返りと次時の見通しをもつ
○次回は，今回選んだ語句をみんなで共有することを予告する。

3/8時間 走れメロス

指導の重点
・文章を語句や言動に着目して読み、登場人物の人物像と心情を捉えさせる。

本時の展開に即した主な評価規準例（Bと認められる生徒の姿の例）
・登場人物の言動に注意しながら心情を捉えている。【思・判・表】

生徒に示す本時の目標
語句や言動に着目して登場人物の人物像と心情を捉える

1　前時の学習内容と本時の学習課題を確認させる
○本時の目標を確認して学習に入る。
○前時に集めた登場人物のイメージをつくっている語句と、本時で見る言動の変化を重ね、改めて人物像と心情の変化についてまとめることを示す。
T：前回行った内容の振り返りと本日の学習課題の確認を行います。今までに「走れメロス」の粗筋と作品のイメージを書いてもらいました。今日はそこで捉えたことを基に、より深く「走れメロス」について考えてみましょう。

2　前時考えた「王」のイメージをつくった語句について確認する
○前時に考えた登場人物のイメージをつくっている語句を聞く。何人かの生徒に発表させる。前時のワークシートを集めて教師が集約しておいてもよい。また、タブレット等を使い、共有させてもよい。

ポイント
【王】悪心，欺く，暴君，疑う，奸佞邪知，残虐，等→仲間
【メロス】愛，信実，勇者，正直，誠，約束→赤面

王はラストシーンまでは一度しか登場しないが、メロスは全編登場する。メロスの人物像を表す言葉は多様な要素があり、それがメロスの葛藤を表していることに気付かせる。

3　登場人物のイメージをつくり出す言動を、それぞれの場面から探す
○今まで語句に着目してきたが、今度は登場人物の言動に着目する。
T：前時から、人物のイメージをつくる語句を探してきましたが、今度は同じことを言動で探しましょう。各自ワークシートに書き出してみましょう。　⬇ WS3
○「王」や「メロス」が登場する場面から、二人の心情が分かるような言動を捉える。比較的容易に見付けることができるが、教師が例を示すとさらに見付けやすい。
【王】（王城の場面）

準備物：前時までのワークシート，ワークシート

	走れメロス　太宰治
本時の目標	語句や言動に着目して登場人物の人物像と心情を捉えよう

	王	メロス
登場人物のイメージを作り出している語句	悪心、欺く、暴君、疑う、奸佞邪智、残虐等→仲間	愛、信実、勇者、正直、誠、約束、疑惑、ふてくされた根性、悪徳者等→うれし泣き、赤面

	王	メロス
登場人物のイメージを作り出している言動	王城の場面 ・わしの孤独な心がわからぬ。 ・信じてはならぬ。 ・残虐な気持ちでほくそ笑んだ。	王城の場面 ・激怒した。 ・のそのそ王城に入っていった。 ・悪びれずに答えた。
	刑場の場面 ・顔を赤らめて ・おまえらの望みはかなったぞ。 ・仲間に入れてくれまいか。	王城に向かう途中 ・殺されるために走るのだ。 ・もう、どうでもよい。

・憫笑した。
・わしの孤独の心がわからぬ。
・信じては，ならぬ。
・人のはらわたの奥底が見え透いてならぬ。
・残虐な気持ちで，そっとほくそ笑んだ。
・正直者とかいうやつばらにうんと見せつけてやりたいものさ。
・ちょっと遅れて来るがいい。
・おまえの心は，わかっているぞ。等
【王】（刑場の場面）
・顔を赤らめて
・おまえらの望みはかなったぞ。
・仲間に入れてくれまいか。
【メロス】（王城の場面）
・激怒した。
・買い物を背負ったままで，のそのそ王城に入っていった。
・悪びれずに答えた。
・視線を落とし，瞬時ためらい　等
【メロス】（王城に向かう途中）
・殺されるために走るのだ。
・若いメロスは，つらかった。
・幾度か，立ち止まりそうになった。
・愛と誠の偉大な力を，今こそ発揮してみせる。
・もう，どうでもいい

・私は，きっと笑われる。等
○イメージした語と言動を色ペンなどで書き分けて比較して考えると，登場人物の心情の変化に迫ることができる。
○二人ともそれまでと異なる言動があることに気付かせる。

4　振り返りと次時の予告をする
T：場面によって登場人物の言動が変化していますね。場面と場面をつなげ心情の変化を捉えることができました。次時はこれまでに見てきたことを基にして，もう一度，登場人物の言動について考えましょう。

4/8時間 走れメロス

指導の重点
・作品を読んで，登場人物について自分の考えをもたせる。

本時の展開に即した主な評価規準例（Bと認められる生徒の姿の例）
・考え，理解したことを経験・知識と結び付け，自分の考えを深めている。【思・判・表】
・語句を理解して，語感を豊かにしようとしている。【主】
（※第5時も併せて評価する）

生徒に示す本時の目標
「国王は変わったのか」「メロスは真の勇者なのか」という課題について考える

1　前時の学習内容と本時の学習課題を確認する
○前時までにメロスと国王を表す語句と言動について見てきた。物語の進行に合わせて，人物たちの心情も揺れ動いている。この二人の変化を含めて改めて人物像について考える。

2　国王とメロスについて評価する
T：前回までの授業では，登場人物のイメージをつくる語句に着目し，次に登場人物の言動に着目しながら作品を読みました。その結果，登場人物の心情の変化を捉えることができました。今日は，今までに読んだことを基に，改めて二人の人物像について考えます。考える課題は「国王は変わったのか」と「メロスは真の勇者なのか」ということです。
○生徒にワークシートに自由に書かせる。

⬇ WS4

15分の時間をとる。迷った生徒は周囲の生徒と相談してもよいことにする。書けない生徒には前時までのワークシートを見直させ，今までにまとめた登場人物のイメージをつくっている言葉や言動の変化から考えるよう助言する。
○時間が終了したところで，国王について考えたい人とメロスについて考えたい人に分かれて四～五人のグループをつくり，「国王は変わったのか」「メロスは真の勇者か」の二点について意見を交換する。
○グループで交流させる。10分程時間をとる。
○グループ内で出た意見について，代表に発表させる。

〈予想される生徒の意見〉
【国王】
・はじめは暴君だったが，メロスとセリヌンティウスのやりとりや行動を見て恥ずかしくなり心を入れ替えたと思うから国王は変わった。
・国王は最初から悪人だったのではないのではないか。「疑うのが正当の心構えなのだと，わしに教えてくれたのは，おまえたちだ」とあることから，国王も人にだまされたりひどい目にあったりした結果，暴君になっていたのではないか。そうであれば変わったというより，呪縛が溶けたという方がよいのではないか。
・メロスが持ち物はないと言っているのに対し，「その，命が欲しいのだ」と言っている。プ

準備物：前時までのワークシート，ワークシート

走れメロス　太宰治

本時の目標
「王国は変わったのか」「メロスは真の勇者なのか」という課題について考える

○王国は変わったのか
○変わった
　初めは暴君→メロスとセリヌンティウスのやりとりや行動を見て恥ずかしくなり心を入れ替えた。
○国王は最初から悪人だったのではないか→呪縛が解けた
　「疑うのが正当なのだと、わしに教えてくれたのは、おまえたちだ」→国王も人にだまされたりひどい目にあったりした→暴君

○メロスは真の勇者なのか
○真の勇者と言える
　あらゆる困難を乗り越え、友情のために走りきった。
○勇者とは言えない
　買い物を背負ったまま王城に乗り込むのは無謀。真の勇者は勝つために知恵を働かせるもの。

口の山賊なら金品を奪うはず。だからメロスは「さては、王の命令で、ここで私を待ち伏せしていたのだな」と言っている。
ここでメロスの言うとおりなら、国王はメロスが帰って来ないと信じているのでなく、もしかしたら帰ってくるかもしれないと思って、帰ってきたら自分が恥をかくことになるので山賊に殺すよう命じたのではないか。そこまでするならラストシーンで本当に改心しているとは思えない。まだ何か企んでいるかもしれない。
・山賊に命じたのは王だとしても、まさか武装した山賊たちと戦ってボロボロになって帰ってくるとは思わなかったのではないか。はじめは帰ってきては困るという気持ちがあっても、常識外の頑張りを見て、心を入れ替えたのだと思う。

【メロス】
・あらゆる困難を乗り越え、友情のために走りきったのは真の勇者と言えるだろう。
・正義感から始まったことはそのとおりだが、買い物を背負ったまま王城に乗り込んでいくなんて無謀すぎる。真の勇者は勝つために知恵を働かせるものだと思うので勇者とは言えない。

・友情のために走るというけれど、セリヌンティウスはまったくこの件に関係ない。メロスが勝手に事件に巻き込んだだけである。真の勇者なら罪もない人を巻き込む可能性のあることはしないだろう。
・妹の結婚式に出たければ、結婚式が終わってから国王を殺しに行けばいい。三日間待ってくれと言うのは命乞いと同じなのだから勇者としてはおかしい。
・行動に軽率なところがあったり、友人への配慮が足りなかったりはするが、とにかく気力・体力の限界を超えて頑張り約束を果たしたのだから英雄と言っていいのではないか。

ポイント
多くの意見が出ることが予想される。人の行動や考え方に対する解釈や評価は多様なので、いろいろな意見が出たことを褒めたい。読み手のそれぞれの評価を認めるまとめをする。

3　振り返りと次時の予告をする

5 / 8時間　走れメロス

指導の重点
・語句に注目して作品を読み，セリヌンティウスについて考えさせる。

本時の展開に即した主な評価規準例（Bと認められる生徒の姿の例）
・考え，理解したことを経験・知識と結び付け，自分の考えを深めている。【思・判・表】
・語句を理解して，語感を豊かにしようとしている。【主】

生徒に示す本時の目標
セリヌンティウスについて考える

1　前時の学習内容と本時の学習課題を確認する
○前時までに学習したことを基に，セリヌンティウスについてもっと詳しく読ませる。
T：今まで，メロスと国王について詳しく読んできましたね。今日は，今まで詳しくは触れてこなかった人物について詳しく読んでみましょう。「走れメロス」にはもう一人重要な人物が出てきますね。
○生徒の発言を促す。
T：そうですね。セリヌンティウスですね。
○ここで本時の目標を示し，学習の見通しをもたせる。
T：本時の学習の目標は，「セリヌンティウスについて考える」です。
　まず，セリヌンティウスがどういう人か，叙述に即して基本情報を読み取りましょう。
○適宜，ワークシートの記述を生徒に発言させながら基本情報を黒板にまとめる。　⬇ WS5
【基本情報】
　・メロスの竹馬の友。
　・シラクスの町に住んでいる。
　・職業は石工。
　・メロスとは二年間会っていない。

2　作品中のセリヌンティウスの行動等について個人でまとめる
T：では，次にこの小説の中でのセリヌンティウスの行動についてまとめてみましょう。
【セリヌンティウスの行動等】
　・（この事件の前にメロスは久しぶりに会いに行こうと思っていた。）
　・深夜，王城に召された。
　・メロスの話を受けて無言でうなずき，メロスをひしと抱き締めた。
　・ラストシーンではりつけの柱に縄を打たれてつり上げられつつあった。
　・縄をほどかれた。
　・メロスの告白にうなずき，メロスの言うままにメロスの頬を殴った。
　・優しく微笑み自分も三日間のうち一度だけちらと君を疑ったと告白し自分を殴らせた。
　・二人は抱き合い，うれし泣きした。
○このまとめを見てセリヌンティウスについて思うことを自由に発言させる。
T：セリヌンティウスが登場する場面は短いけれど，この作品の中で重要な役割を果たしていることが分かりましたね。では，皆さん，セリヌ

準備物：ワークシート

走れメロス　太宰治

本時の目標
セリヌンティウスについて考える

基本情報
・メロスの竹馬の友
・シラクスの町に住んでいる
・職業は石工
・メロスとは二年間会っていない

セリヌンティウスの行動等
・深夜、王城に召された。
・メロスの話を受けて無言でうなずき、メロスをひしと抱き締めた。
・ラストシーンではりつけの柱に縄を打たれてつり上げられつつあった。
・縄をほどかれた。
・メロスの告白にうなずき、メロスの言うままにメロスの頬を殴った。
・優しく微笑み自分も三日間のうち一度だけちらと君を疑ったと告白し自分を殴らせた。
・二人は抱き合い、うれし泣きした。

セリヌンティウスについて思うこと

ンティウスについて思ったこと，感じたことなど何でもいいので自由に述べてもらいます。まずワークシートに自由に思ったことを書いてください。10分間，時間をとります。
○ワークシートに記入させる。教師は机間指導して書けない生徒には適宜，助言する。

3　グループで考える
T：時間です。それでは手を止めてください。これからグループで話し合います。まずは全員，自分の考えを述べてください。ワークシートに書いたことはメモなので，そのまま読み上げるのではなく考えながら発表してください。
　全員が，発表したら友達の意見について交流しましょう。時間は20分です。
○グループをつくって話し合いをさせる。
○20分経過したら，班の代表に班で出た意見を紹介させる。
【予想される生徒の意見】
・セリヌンティウスは何も知らないのに王城に連れて来られてしまい拘束され，磔にされそうになるなどかわいそうだ。
・二年間も会ってない友達の依頼で身代わりになってあげるなんてすごくいい人。
・上記の理由で，お人好しすぎるのではないか。

・メロスより勇者だと思う。
・メロスの人間性については見方が分かれるが，セリヌンティウスについては無条件でいい人といえる。
・セリヌンティウスがいなければこの話は成立しない。

ポイント
セリヌンティウスの存在に目を向けることにより，多角的な見方ができる。小説は存在感のある脇役によって話に厚みが出ることを認識させる。

4　振り返り
○本時の振り返りをする。

6/8時間 走れメロス

指導の重点
・メロスを最後まで支えたものは何だったのか考えさせる。

本時の展開に即した主な評価規準例（Bと認められる生徒の姿の例）
・考え，理解したことを経験・知識と結び付け，自分の考えを深めている。【思・判・表】

生徒に示す本時の目標
　メロスを最後まで支えたものは何だったのか考える

1　前時の学習内容と本時の目標を確認する
○前時までに学習したことを基に，メロスを最後まで走らせることができた要因について考え，自分の考えをもつ。
Ｔ：前時はセリヌンティウスについて詳しく読み，思うところを交流しました。登場人物の評価は読み手によって違うことが分かりました。
　これで国王，メロス，セリヌンティウスとこの作品の主要人物の人物像や行動・心情について読んで理解し，それに対する考えももってみました。今日はそのまとめとして，新たに考える課題を出します。まず，本時の目標を示しますから見てください。
○本時の目標「メロスを最後まで支えたものは何だったのか考える」を示す。
Ｔ：メロスは王城への帰路，山賊の襲撃，川の氾濫，体力の消耗という大きな困難に出会いました。でもそれを乗り越え，シラクスの町に到着し，約束を果たすことができましたね。普通の人なら途中であきらめてしまいそうな状況でした。メロスは何に支えられて走り切ることができたのでしょうか。
　例えば「友情」，「正義感」，ほかにも考えられます。これについて考えることが今日の課題です。本文には，これがメロスの支えになったというような表現はありません。自分で読み取ったことから考えてみてください。また，そのように考えた理由になる叙述や出来事なども一緒にメモしましょう。
　まずは個人で考えます。ワークシートにメモしてください。15分間時間をとります。

⬇ WS6

2　課題について個人で考え，グループで交流する
○各自，自分の考えを書く。活動が進まない生徒には，3～5時間目のワークシートを見直して，主要登場人物であるセリヌンティウスや国王とのやりとりから考えるように助言する。
○終了時間になったらグループを編成し，話し合わせる。
Ｔ：時間ですが自分の考えはまとまりましたか。それでは四人グループになって話し合います。時間は15分とります。話合いの後に，班で出た意見を紹介してもらいますから，ミニホワイトボードにまとめてください。

準備物：ワークシート，前時までのワークシート，ミニホワイトボード

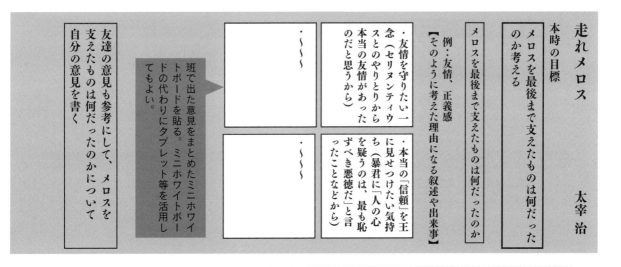

ポイント
班で意見をまとめる話合いでなく，いろいろな意見を聞いて自分の考えを深める話合いであることを確認する。

○四人程度のグループで10分間時間をとる。
○ミニホワイトボードに考えたことを，そう考えた理由になる叙述や出来事とともに書き込む。
○ミニホワイトボードの代わりにタブレット等を活用して交流してもよい。

3 全体で交流し，自分の考えを再構成する
○各班の発表を全体で聞く。
【予想される生徒の発表内容】
・友情を守りたい一念。（セリヌンティウスとのやりとりから本当の友情があったのだと思うから）
・本当の「信頼」というものを王に見せつけたい気持ち。（暴君に「人の心を疑うのは，最も恥ずべき悪徳だ」と言ったことなどから）
・妹のために立派な兄貴でいたいという願い。（妹に「おまえの兄は，たぶん偉い男なのだから，おまえもそのほこりをもっていろ」と言っているから）
・国王に対する意地。（「命が大事だったら，遅れて来い。おまえの心は，わかっているぞ」と国王に決めつけられたから）
・正直な男でいたいという気持ち。（「正直な男のまま死なせてください」と思っているから）
・周囲の信頼に報いるため。（「私は信頼に報いなければぬ」と言っているから）
・神に導かれて走っている。（訳のわからぬ大きな力に引きずられて走った，とあるから）

T：いろいろな意見が出ました。最後に個人に戻って，友達の意見も参考にしてもう一度メロスを支えたものは何だったのかについて意見を書きます。前と変わってもよいし，変わらなくてもよいので，今の意見を書きましょう。
○各自，ワークシートに書いて提出させる。書き切れなかった生徒は宿題にする。

4 振り返り
○作品の捉え方も読み手によって異なることを確認し，それが文学の面白さであることを伝える。

7/8時間 走れメロス

指導の重点
・根拠の適切さを考えて説明や具体例を加えたり，表現の効果を考えて描写したりするなど，自分の考えが伝わる文章になるように工夫させる。
・文章を読んで理解したことや考えたことを知識や経験と結び付け，自分の考えを広げたり深めたりさせる。

本時の展開に即した主な評価規準例（Ｂと認められる生徒の姿の例）
・説明や具体例を加えて自分の考えが伝わるように工夫している。【思・判・表】
・自分の考えが伝わるように工夫し書こうとしている。【主】
（※第８時も併せて評価する）

生徒に示す本時の目標
キャストインタビューの作成を通して，作品の魅力を探し，説明する

1　本時の目標「キャストインタビューの作成を通して，作品の魅力を探し，説明する」を確認する

T：今日は今まで学習してきた表現上の工夫や登場人物の人物像から，作品の魅力について，皆さんの考えをキャストインタビューという形にしてまとめます。読むことと書くことの両方から評価を入れていきます。

T：これからワークシートを配ります。四人班でどの登場人物を担当するのか，この後話し合いましょう。　⬇ WS7

○キャストインタビューの例をいくつか紹介し，キャストインタビューはどのようなものなのかを確認する。

○ワークシートに用意された質問以外に，作品の魅力や登場人物の魅力に迫る質問を，キャストインタビュー例の中から選ぶ。

T：キャストインタビューの例をいくつか読みながら，これからどういうものを作成すればよいのかについてイメージをもちましょう。

T：キャストインタビュー例を見ながら，ワークシートに用意されている質問以外にも，この質問は面白いな，作品や担当する登場人物の魅力を語るのにふさわしい質問だな，と思えるものがあったらメモをしておきましょう。

・話題のアニメやドラマ，映画など数多くのキャストインタビューがWEBサイトで公開されている。キャストインタビューでは，担当する人物の人物像をどう捉えているか，どう演じるか，作品の主題に対して演者はどう思うか，という質問が多い。今まで学習してきた内容を自分で説明できるかどうか，確認できる手段として取り入れたい。タブレット等を使ってあらかじめURLを限定して閲覧させたり，こちらでプリントをつくって配付したりするなど，実態に合わせて提示の方法を考えたい。

・キャストインタビュー作成にあたり用意する質問は，先述したよく問われる基本的な内容にしておきたい。一つだけ質問部分を空欄にし，自分で設定できるようにすることで，「書くこと」の評価項目である「自分の考えが伝わる文章になるように工夫している」を判断する材料にすることができる。

・提示するキャストインタビュー例の内容については十分に吟味し，ワークシートを作成す

準備物：国語辞典，国語資料集，ワークシート，キャストインタビュー例

走れメロス　　太宰治

本時の目標
キャストインタビューの作成を通して、作品の魅力を探し、説明する

○担当する登場人物の行動について、自分の経験と結び付けて考えたことを説明する。
○本文からセリフや行動を引用して説明する。
○キャストインタビュー作成の流れ
①どのキャストにするか、班で相談する。
②四つの質問について考え、「仮」の答えをワークシートに記入する。
③同じ登場人物同士で交流し、原稿を見直す。

る上で見本にできるようなものを選びたい。

> **ポイント**
> タブレット等を使った作成も考えられる。事前に用意するワークシートをGoogleドキュメントで作成しておくと，互いのファイルを見合って参考にすることができたり，Google Classroomで提出したりすることができる。タイピングが得意ではない生徒などは作成に時間がかかってしまうことも予想される。学校の実態に合わせ試したい。

2　キャストインタビューの下書きを作成する

○作品の魅力がより伝わると思った質問をいくつか発表する。
T：キャストインタビュー例をいくつか見て，作品の魅力が伝わると思ってメモをした質問とその理由について何人かに発表してもらいます。
・何名か指名をして発表するか，ペアで話し合い，ペアのどちらかに発表してもらう。
○キャストインタビュー例を参考にしながら，担当になった登場人物のキャストインタビューを作成する。
T：ではここからキャストインタビューの下書きを作成します。キャストインタビュー例で似たような質問を見付け，答え方を参考にしてみましょう。

3　同じ登場人物の担当同士で，原稿を確認する

○同じ登場人物同士で原稿を読み合い，人物像の捉え方や作品の魅力を語る視点について意見を交流し，推敲する。
T：これから同じ登場人物の担当同士で集まり，作成した原稿を読み合います。特に担当した登場人物の捉え方，作品の魅力を伝える質問とその答えについて意見を交流していきましょう。交流を通して，その場で原稿を直していきましょう。
・座席をあらかじめ指定し，できるかぎり意見の交流が活発になるようにする。個人で原稿を作成している際に，原稿の内容を見てまわり，意見の交流がバランスよくなるような座席配置を考えたい。

8/8時間 走れメロス

指導の重点
・登場人物の設定を捉え，学習の課題に沿って作品について考えたことを粘り強く伝えさせる。

本時の展開に即した主な評価規準例（Bと認められる生徒の姿の例）
・説明や具体例を加えて自分の考えが伝わるように工夫している。【思・判・表】
・自分の考えが伝わるように工夫し書こうとしている。【主】

生徒に示す本時の目標
キャストインタビューを班で読み合い，作品の魅力について考える

1　本時の目標「キャストインタビューを班で読み合い，作品の魅力について考える」を確認する

○四人班で作成したキャストインタビューを読み合い，感想や意見を交流する。

T：前回は同じ登場人物を担当する人たちで交流し，原稿を読み合いました。今回は元の四人班に戻り，違う登場人物の視点から見た感想や意見を交流していきます。

・交流する際は，ふせんに意見を書いて貼る，または全員読み終わった後に一人一人意見を出していく，といった進め方が考えられる。最後に清書することを踏まえ，出た意見はしっかりとメモするよう伝える。

ポイント
前回行った，同じ登場人物同士での読み合いの中で，よく書けていると思った人を選び，全体で発表させる展開も考えられる。
また，タブレット等を使って原稿を作成させた場合は，保存してある友達のデータを自由に参照する時間をとるという展開もある（上書きできないような対策をする必要もある）。生徒の実態や授業の進度に合わせて進めていきたい。
いずれの場合も，友達との交流を通して自分では思いつかなかった質問や考え方，答え方に触れ，自らの原稿に生かす機会とすることがねらいである。

○班で一人，代表を選び，クラス全員の前で発表する。

T：では交流が終わったところで，班から一人，よく書けているな，まとまっているなという人を選びたいと思います。よく書けている，というのは，作品の魅力についていろいろな視点から述べられている，または魅力に迫る面白い質問を通して，魅力についてさらに深く掘り下げられている，ということです。この単元を始めるときにも話しましたが，まだ「走れメロス」を知らない人が「ぜひ読んでみたい」と感じられるような魅力が語られていることが大切です。

・全体での発表を通して，交流では得られなかった視点を得ることが目的である。登場人物が重なってしまうことを避けるため，最初にそれぞれの班の希望を取りながら，調整したい。

準備物：ふせん，プロジェクター，国語辞典，資料集，前時のワークシート

走れメロス　　太宰治

本時の目標
キャストインタビューを班で読み合い、作品の魅力について考える

友達との交流を通して、キャストインタビューの原稿を修正する。
作品の魅力についての自分の考えがどう変わったのかを整理する。

ワークシートを映す

2　キャストインタビューを清書する

○友達との交流や発表を通して，最終的にたどり着いた考えをまとめ，キャストインタビューの清書をする。

T：ではこれから，キャストインタビューを清書したいと思います。最初に考えた質問を変えても構いません。まだ「走れメロス」を知らない人に，ぜひ作品を読んでみたいと思わせるような魅力をしっかりと書いていきましょう。

・清書した成果物だけではなく，下書きと清書の両方を提出させたい。下書きにどのような訂正や加筆をしたのかということが粘り強さと調整力をはかる上での材料となる。

3　1時間目に書いた感想とキャストインタビューを比較する

○作品の面白さや魅力に対する考え方が，1時間目に考えたものからどのように変化したかを振り返る。

T：最後に，自分の考えがどのように変わったか，振り返る時間をもちます。1時間目に書いた感想とキャストインタビュー記事を比較し，どのように考えが変わったのか，気付いたことや考えたことをワークシートに書きましょう。

T：考えが変わらなかった人もいると思います。何時間もの授業や話し合い，交流を通して，考えがより明確になった部分があると思います。考えが明確になるとは，自分の意見に対して，しっかりと理由が説明できるようになることを指します。そのことをぜひワークシートに書いてください。

・主体的に学習に取り組む態度の評価材料とする活動である。しっかりと考えさせ，ワークシートに記述させたい。

8　表現を見つめる

漢字に親しもう5

身に付けたい資質・能力

　本教材は漢字を取り立てて学習する単元の5回目にあたり，〔知識及び技能〕(1)ウの指導を想定した授業とする。練習問題として「漢字の読み（医療・健康）」「四字熟語」「同じ読みの熟語」「同じ漢字の読み」があり，ワークシートでは「四字熟語」に注目して言語活動を行う。主に，書き間違えやすい四字熟語を取り上げ「なぜ間違えやすいのか」を生徒に考えさせ，辞書等を用いて調べる活動を通して漢字を正しく用いる態度と習慣を養う。

生徒に示す本時の目標
　問題演習を通して漢字を正しく読んだり書いたりできるようになろう

1　「漢字に親しもう5」の①の問題演習に取り組む

T：「漢字に親しもう5」では「漢字の読み（医療・健康）」「四字熟語」「同じ読みの熟語」「同じ漢字の読み」の問題演習を行います。また，四字熟語では「書き間違えやすい四字熟語」を取り上げてなぜ間違えやすいかを考えましょう。では，「漢字に親しもう5」①の問題演習に取り組みましょう。

○問題演習後，答え合わせを行う。

T：①の問題は医療・健康に関する漢字でしたね。これらの漢字は日常生活の中でどんな場面で見かけますか？

S：病院へ行ったとき，テレビや新聞の報道，薬のコマーシャル，医療関係の小説，保健室の前の掲示物　等

T：日常生活や読書をする中でも多くの漢字を目にします。それらの漢字を読むことも漢字の勉強することの一つの方法です。積極的に身の回りの漢字を読み，分からない漢字は調べる習慣を付けると漢字の学習につながりますね。

2　「漢字に親しもう5」の②・ワークシートで書き間違えやすい四字熟語について考える

⬇ WS

T：では，②の四字熟語の問題を解きます。また，追加の課題として辞書を使って教科書の四字熟語の意味調べを行ってください。

○辞書を配布する。問題演習後，答え合わせを行う。

T：次にワークシートで①四字熟語の誤字訂正と意味調べの問題に取り組みましょう。自力で解いても辞書で漢字を調べても構いません。ただし意味調べは必ず辞書で調べて書きましょう。

○ワークシートを配布し，問題を解く。

T：では，なぜこのような書き間違いが起きるのか，(1)～(8)の四字熟語を例に「漢字」に注目し考えたことを書いてください。また，書き間違えないためにどのような点に注意して覚えればよいかも書きましょう。

【予想される生徒の答え】
・「絶体絶命」の「絶体」単独で使われることはなく，この四字熟語にしか使われない。「絶対」は「他に比較するものや対立するも

準備物：ワークシート，国語辞典，四字熟語辞典，振り返りシート

漢字に親しもう5

本時の目標
問題演習を通して漢字を正しく読んだり書いたりできるようになろう

1 p.222 ①の解答を板書

2 p.222 ②の解答を板書

【ワークシートの答え】
(1) 単刀直入　(2) 以心伝心
(3) 意味深長　(4) 五里霧中
(5) 危機一髪　(6) 絶体絶命
(7) 完全無欠　(8) 自画自賛

3 p.222 ③の解答を板書

不朽→いつまでも価値を失わずに残ること。
普及→広く行き渡ること。

4 p.222 ④の解答を板書

→楽器（ガッキ）＝「楽（ガク）」＋「器」

名する生徒は机間指導しながら決める。

のがない」という意味で単独で使える。熟語の意味に注目することで間違えて覚えることを防ぐことができる。

・「自画自賛」は自分で自分のことを褒める意味があるため「自我」と勘違いしてしまうのだと思う。間違えて覚えないために，四字熟語の由来を調べることが大切。

ポイント　間違えが起きる理由を考える

漢字学習は間違えを訂正して覚え直すだけでは知識として定着しにくいと考える。そこで，「なぜそのような間違いが起きるのか，理由を考える」活動を通して，四字熟語を覚えるときのポイントに生徒自らが気付かせることで，自立した学習者への第一歩となるための一助としたい。支援が必要な生徒に対しては書くときのヒントとして「四字熟語の由来」や「熟語の構成」「熟語の意味」に注目し書くことを伝える。

T：では，ワークシートに書いたことを学習班で読み合い共有しましょう。
○学習班（三〜四人）で書いた文章を読み合う。共有後は教室全体で生徒を指名し共有する。指

3 「漢字に親しもう5」の③・④の問題演習に取り組む

T：最後に③・④の問題演習に取り組みましょう。③は同音異義語の問題で復習となります。文脈から判断して適切な熟語を選びましょう。④は新しく習う音訓です。今まで学習した音訓に加えて新たな読み方を覚えましょう。
○問題演習後，答え合わせを行う。
T：補足説明をします。③の①「普及」と「不朽」の意味の違いを説明できますか？
○挙手で発言させ，意味を板書する。
T：4の③ですが，「旅客機」の場合は「客（かく）」が「かっ」と促音便に変化しています。似たような促音便変化の例に「楽器（がく＋き）」で「がっき」などがあります。

4 本時の学習の振り返りとまとめ

T：今日は問題演習を通して正しい漢字の読み書きについて考えました。振り返りシートに今日の授業で学んだことを書き留めておきましょう。
○振り返りシートを配布し，振り返る。

8　表現を見つめる

文法への扉3　一字違いで大違い　（2時間）

1　単元の目標・評価規準

・助詞や助動詞の働きについて理解を深めることができる。　〔知識及び技能〕(1)オ
・言葉がもつ価値を認識するとともに，読書を生活に役立て，我が国の言語文化を大切にして，思いや考えを伝え合おうとする。　「学びに向かう力，人間性等」

知識・技能	助詞や助動詞の働きについて理解を深めている。　((1)オ)
主体的に学習に取り組む態度	助詞や助動詞の働きについて理解し，読んだり書いたりすることに生かそうとしている。

2　単元の特色

教材の特徴

　本単元は，第2学年「文法への扉1　単語をどう分ける？」での自立語の学習，「文法への扉2　走る。走らない。走ろうよ。」での用言の活用の学習に続き，付属語（助詞や助動詞）の働きについて学習する単元である。品詞の分類はすでに第1学年で学習しているので，助動詞と助詞という品詞名は知っているものの，活用するかしないかで分けるといった表面的な知識にとどまり，苦手意識をもつ生徒も少なくない。付属語は，語句と語句の関係を示したり，自立語に意味を添えたりする役割をもつ。補助的なイメージがあるが，単元名にもあるように，一字違いで意味は大きく変わってくる。助詞，助動詞を適切に使うことによって，伝えたい事柄をよりよく伝えられることに気付かせたい。

身に付けさせたい資質・能力

　本単元では，学習指導要領〔知識及び技能〕(1)オ「助詞や助動詞の働きについて理解を深める」ことに重点を置く。この資質・能力を身に付けさせるための言語活動として，「付属語を効果的に使ってキャッチコピーをつくる」活動を設定する。どんな付属語を使えば，気持ちが伝わりやすいのかを考えることで，その付属語がもつ働きを実感できるようにした。どのような思いを表現するために，この言葉を使ったというところまでしっかりと述べさせることが大切である。同じ内容を伝えていても，書き手（話し手）の気持ちや内容の扱い方によって，伝え方は変わってくる。それは，付属語に表れてくることが多い。これは，書く力や読む力を育

むことにもつながる。なぜ，そのような言葉の使い方をしたのか，話し手や書き手の気持ちまで考えて皆で共有することで，付属語のもつ働きに迫ることができるよう指導していく。文法の学習は，教える内容が多く，教師主導で詰め込み型になりやすい傾向にある。ひと通りの説明の後は，自らの周りで実際に生きて使われている言葉への意識や関心を高める活動となるように留意したい。

3 学習指導計画（全2時間）

次	時	○主な学習活動	☆指導上の留意点　◆評価規準
一	1	○本時の目標「助詞・助動詞の働きについて理解しよう」を知り，学習の見通しをもつ。 ○教科書 p.223を読み，「次（　），がんばろう！」の空欄に当てはまる助詞を考え，伝わる意味の違いを捉える。（は，も，など） ○助動詞，助詞について教科書 pp.251-255で確認する。	☆「は」「も」以外の言葉でも意味が変わることも気付かせる。また，話し手や書き手の気持ちが助詞に添えられていることも押さえておく。 ◆助詞や助動詞の使い方によって文の意味が変わることを理解している。【知・技】
二	2	○「付属語を効果的に使ってキャッチコピーをつくる」活動を提示する。 　例）販売員になって，ドライヤーを売る。 ○個人でキャッチコピーを書く。 　どんな気持ちを伝えたくて，どの言葉（付属語）を使ったのかも書く。 ○四人班で意見を発表し，確かめる。その後，全体でいくつか紹介する。	☆書く速さに違いがあるので，題材をいくつか載せておく。 ◆助詞や助動詞の働きによって伝わる意味が変わることを捉え，キャッチコピーと気持ちを書いている。【知・技】 ◆キャッチコピーづくりを通して，助詞や助動詞の働きについて理解し，読んだり書いたりすることに生かそうとしている。【主】

文法への扉3　一字違いで大違い

指導の重点
・助詞や助動詞の働きについて理解を深めさせる。

本時の展開に即した主な評価規準例（Bと認められる生徒の姿の例）
・助詞や助動詞の使い方によって文の意味が変わることを理解している。【知・技】

生徒に示す本時の目標
　助詞，助動詞の働きについて理解しよう

1　本時の目標「助詞，助動詞の働きについて理解しよう」を確認し，例文の（　）に入る言葉を考えさせる

○黒板に「次（　），がんばろう！」と板書する。

T：「次（　），がんばろう！」の（　）に当てはまる言葉を考えてみましょう。入る文字は，まずは1字から探してみましょう。そして2〜3字でも探してみましょう。

〈予想される生徒の回答〉
・「は」「も」「こそ」「だけ」「から」「まで」「くらい」

○生徒の回答を板書する。

○「は」「も」を取り上げ，教科書 p.223 上段を見ながら，意味の違いを捉えさせる。

T：教科書の挿絵を見ながら，「は」と「も」の意味に違いを説明してみましょう。

〈予想される生徒の回答〉
・「は」結果に不満足。次に期待。
・「も」結果に満足。続けたい。

T：一字違うだけで意味が全く違いましたね。

T：「は」「も」だけでなく，最初に皆さんが挙げた「こそ」や「から」などは，助詞といいます。助詞は様々な意味を付け加えたり，語句と語句の関係を示したりします。

ポイント　助詞の働きをまとめる
　教科書 p.253 の例を用いて，助詞の働きをまとめて板書する。「は」「も」以外の助詞の例を用いることで，助詞は，細かな意味を添えることをしっかりと捉えさせる。

2　助詞の種類について，教科書を読んで確認する

○教科書 pp.253-255 を読み，助詞の種類と働きについて確認する。

○格助詞「の」の表す意味，用法三つについて押さえておく。用法は三つあるため，違いを比較しながら教えるとよい。

3　まとめの問題に取り組ませる

○まとめの問題で，理解を確かめる。

T：助詞の働きはたくさんあります。しかし，言葉の意味を皆さんは知っているので，言われて納得の働きだったと思います。

T：さて，ここでまとめの問題です。「君がリー

準備物：なし

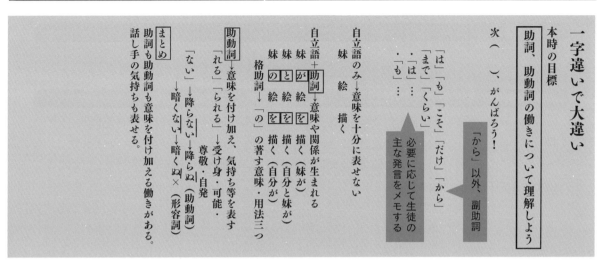

「ダーだ。」という文の助詞を一か所変えて、「君」を推す話し手の強い思いが感じられる文にしてみましょう。
○答えは「君こそがリーダーだ。」となり、「こそ」で強調されていることを確認する。
T：はじめに出てきた「は」「も」「こそ」「だけ」「から」「まで」「くらい」の助詞の種類は何でしょう。
○答えは「は」「も」「こそ」「だけ」「まで」「くらい」が副助詞、「から」が格助詞である。

ポイント　副助詞の働きを確認する
副助詞は話し手や書き手の気持ちがよく表れることを押さえておく。これは、今後の文章をつくるときにも生かせる。

4　助動詞の働きについても同様に、教科書を読んで確認する

○教科書 pp.251-253を読み、助動詞の種類と働きについて確認する。
T：次に、もう一つの付属語、助動詞の意味や働きを確認していきます。
○「れる」「られる」の見分け方、「ない」の見分け方について確認する。

T：代表的な助動詞を中心に意味の違いを考えてみます。次の例文に出てくる「られる」は、どの意味で使われていますか。
○「先生に叱られる。」「僕はしいたけだって食べられるよ。」を示す。答えは受け身と可能。ら抜き言葉について触れてもよい。
T：次の例文の「ない」は助動詞ですか。
○「このお菓子はおいしくない。」「あれ、ブレーキがきかない。」を示す。答えは×（補助形容詞）、○（助動詞は「ぬ」と置き換えられる）
T：助動詞は、用言や体言、ほかの助動詞などの後について、意味を付け加えたり、話し手・書き手の気持ちや判断を表します。

5　本時の振り返りをする

○助詞も助動詞も意味を付け加える言葉で、話し手・書き手の気持ちまで表すことがある。
○助詞は活用しないが、助動詞は活用する。

文法への扉３　一字違いで大違い

指導の重点
・付属語を効果的に使ってキャッチコピーをつくらせる。

本時の展開に即した主な評価規準例（Bと認められる生徒の姿の例）
・助詞や助動詞の働きによって伝わる意味が変わることを捉え，キャッチコピーと気持ちを書いている。【知・技】
・キャッチコピーづくりを通して，助詞や助動詞の働きについて理解し，読んだり書いたりすることに生かそうとしている。【主】

生徒に示す本時の目標
　付属語を効果的に使って，キャッチコピーをつくろう

1　前時の振り返りをし，本時の目標「付属語を効果的に使って，キャッチコピーをつくろう」を確認する
○前時にまとめた，付属語の働きを確認する。
T：前回は付属語である，助詞と助動詞の働きについて学習しました。どちらも語句に意味を付け加える働きがありました。また，話し手や書き手の気持ちを表すことができることも学びました。
　　今回は，文に込められた書き手の気持ちに着目します。付属語を効果的に使ってキャッチコピーをつくってみましょう。

2　例文を見て，課題の取り組み方を理解させる
T：皆さんはお店で短い文の書かれた POP を見たことがありますか。そこには，客の心をつかむため，販売員の気持ちのこもったキャッチコピーが記されています。
○キャッチコピーの例を提示する。
「鉄分もたっぷり！体にいいことばかりのほうれん草です！」

T：ここでは，どんな付属語が使われていますか。教科書 pp.252-255を見て，探してみましょう。
〈生徒の回答〉
・「も」（ほかに同類がある，副助詞）
・「ばかり」（限定の副助詞）
・「です」（丁寧の助動詞）
○生徒の回答を板書する。
T：「も」「ばかり」は助詞で，「です」は助動詞です。これら付属語のうち，一番書き手の気持ちが込められていそうな言葉はどれですか。
〈予想される生徒の回答〉
・「も」「ばかり」「どちらともいえない」等
○二つある場合は，二つ選んでも構わないことを伝える。
T：そこから，書き手のどのような気持ちが感じられますか。説明してみましょう。
〈予想される生徒の回答〉
・「も」利点が一つではないことをアピールしたい気持ち。
・「ばかり」たくさんいいことがあると強調する気持ち。
T：このように，助詞または助動詞「　　　」を使い，こんな気持ちを表現したと記入してください。

準備物：ワークシート

一字違いで大違い

本時の目標
付属語を効果的に使って、キャッチコピーを作ろう

〈助詞・助動詞の働き〉
・意味を付け加える。
・話し手（書き手）の気持ち等も表す。

販売員になったつもりで、キャッチコピーの入ったPOPを作ろう！

「鉄分もたっぷり！体にいいことばかりのほうれん草です！」
→助詞「も」「ばかり」
→助動詞「です」
→助動詞「も」「ばかり」に利点がたくさんあることを強調する気持ちを表した。

（例）ドライヤー、本、ふとん、旅行、パン

○個人で考える。
○四人グループで問題を出し合う。
○全体で共有する。

---

3 個人でキャッチコピーづくりに取り組ませる

○ICT機器を活用し、課題を配布する。ここでは、ロイロノート・スクールで行うこととする。カード（ワークシート）を二枚配布し、一枚にはキャッチコピー、もう一枚には付属語とそこに込めた気持ちを記入させる。 ⬇ WS

T：では、一枚目に付属語を有効に使って、キャッチコピーをつくってみましょう。また、二枚目には、どんな気持ちを伝えたくて、どの言葉（付属語）を使ったのかも記入しましょう。
キャッチコピーの題材は、黒板に示したものから選んでもいいですし、自分で考えても構いません。

ポイント　付属語に込めた気持ちを書かせる

キャッチコピーで用いた付属語の中でも、特に気持ちを込めて用いたものを記入させることで、助詞・助動詞の働きに着目させるようにした。
また、ロイロノートで課題を出す際に、キャッチコピーを書きこむカードと、付属語と気持ちを書きこむカードを分け、クイズ形式で活用できるようにした。

4 考えたキャッチコピーをグループで共有し、そこに含まれる付属語と気持ちについて問題を出し合わせる

T：では、考えたキャッチコピーを四人グループで共有しましょう。机を合わせ、順番にタブレットの画面にあるキャッチコピーを見せながら問題を出します。出題者以外の人は、まず付属語を見付け、そこに込められた気持ちについて考えて答えてください。教科書pp.252-255を参考にしましょう。

5 キャッチコピーを全体で共有し、振り返りを行う

○ロイロノートの一覧表示機能を用いて、全体で共有する。
○いくつか取り上げ、授業のはじめに提示した、付属語の働きを振り返る。

8 表現を見つめる

描写を工夫して書こう
心の動きが伝わるように物語を書く
（5時間）

1 単元の目標・評価規準

- 抽象的な概念を表す語句の量を増やすとともに、話や文章の中で使うことを通して、語感を磨き語彙を豊かにすることができる。　　　　　　　　　　　〔知識及び技能〕(1)エ
- 表現の効果を考えて描写するなど、自分の考えが伝わる文章になるように工夫することができる。　　　　　　　　　　　　　　　　　　　　〔思考力、判断力、表現力等〕B(1)ウ
- 表現の工夫とその効果などについて、読み手からの助言などを踏まえ、自分の文章のよい点や改善点を見いだすことができる。　　　　　　　〔思考力、判断力、表現力等〕B(1)オ
- 言葉がもつ価値を認識するとともに、読書を生活に役立て、我が国の言語文化を大切にして、思いや考えを伝え合おうとする。　　　　　　　　　　　　　「学びに向かう力、人間性等」

知識・技能	抽象的な概念を表す語句の量を増やすとともに、話や文章の中で使うことを通して、語感を磨き語彙を豊かにしている。　　　　　　　　　　　　　　　　((1)エ)
思考・判断・表現	「書くこと」において、表現の効果を考えて描写するなど、自分の考えが伝わる文章になるように工夫している。　　　　　　　　　　　　　　　　（B(1)ウ） 「書くこと」において、表現の工夫とその効果などについて、読み手からの助言などを踏まえ、自分の文章のよい点や改善点を見いだしている。　　（B(1)オ）
主体的に学習に取り組む態度	心情を表す描写について、粘り強く工夫を考え、思いや感じたことを伝え合おうとしている。

2 単元の特色

教材の特徴

　普段の読書活動や物語を通した学習で培った心情を読み取る力を生かして、自分の心の動きを表現する。物語や小説における登場人物の気持ちは、風景描写や音の描写、行動の描写、比喩表現など、様々な書き方で表現されている。また、語り手は誰か、呼称はどのようなものか、構成や展開はどのようになっているかなど、これまでの読む学習を総合的に振り返り、表現の効果を考えながら、自分の心の動きを表現するものとして活用する。読み手に「主人公の心が動いている、変化している」と伝わるには、どのような表現がより効果的かをよく考えて、主体的に書くことがねらいである。率直に気持ちを表す直接的な言葉を使うのもよいが、より多

くの類義語に触れて，自分の心情に沿った表現を選択させたい。言葉と表現を吟味して，読むことと連動した思考の深まりを目指す。

身に付けさせたい資質・能力

　本単元では学習指導要領B(1)ウ「表現の効果を考えて描写したりするなど，自分の考えが伝わる文章になるように工夫すること」及び，オ「表現の工夫とその効果などについて，読み手からの助言などを踏まえ，自分の文章のよい点や改善点を見いだすこと」を扱う。特に「表現の効果を考えて描写し，自分の考えが伝わる文章になるように工夫する」力の育成に重点を置く。書き手の心の動きが読み手に伝わるように，これまでの学習を踏まえて様々な描写に初めて挑戦する機会であるが，読み手が具体的に場面の様子や心情を想像できるように書けているかを確かめながら表現を工夫させる。書き上がった物語は読み合って，よい点や改善点を伝え合うが，その後に個人で推敲させることによって，表現の効果について考えを深めさせる。

3　学習指導計画（全5時間）

次	時	○主な学習活動	☆指導上の留意点　◆評価規準
一	1	○学習の見通しをもつ。 ○描写表現について，練習課題に取り組む。 ○描写表現を共有する。 ○次時の課題について確認する。 ・読み手は「1年間ともに過ごした学級の生徒」 ・目的は「自分の心情を様々な表現を用いて，読み手が想像しやすいように工夫すること」	☆生徒が共通に経験しているものを課題として取り上げる。行動描写，心情描写，情景描写，表現技法，五感を使って感じられる表現について考えさせる。 ◆これまでに読んだ物語や小説の表現を参考にして，場面の様子や人物の心情を表す表現を使って書いている。【知・技】
二	2・3	○作文課題「心が動いた瞬間」について確認する。 ○設定と構成の内容を考える。 ・時間，場所，人物，中心となる心情の設定。 ・状況設定と発端，展開，山場，結末の四つの場面の内容。 ○簡単なあらすじを書く。 ・自分の心情が大きく変化したり高まったりした場面を中心に書く。 ○語り手の視点を決めて，様々な描写を用いて物語を書く。	☆読む相手と書く目的を明確にして意識させながら取り組ませる。 ◆読み手が場面の様子や人物の心情を具体的に想像できるように，表現の効果を考えながら描写を工夫している。【思・判・表】 ◆粘り強く描写を工夫して，物語を創作しようとしている。【主】
	4・5	○作品を読み合い，読み手に伝わった内容について共有する。 ○感想や助言を基に描写・表現の工夫についての推敲を行う。 ○再度読み合い，学習を振り返る。	☆巻末資料や類語辞典等を用いて，同じ心情を表す言葉に触れさせ，吟味させる。 ◆書いた物語を読み合い，よい点や改善点を伝え合っている。【思・判・表】 ◆心情を表す描写について，思いや感じたことを進んで伝え合おうとしている。【主】

描写を工夫して書こう　心の動きが伝わるように物語を書く

指導の重点
・心の動きが伝わる「描写や表現」について考えさせる。

本時の展開に即した主な評価規準例（Bと認められる生徒の姿の例）
・これまでに読んだ物語や小説の表現を参考にして，場面の様子や人物の心情を表す表現を使って書いている。【知・技】

生徒に示す本時の目標
心の動きが伝わる「描写や表現」について考えよう

1　本単元の学習の見通しをもつ
T：今日は，これまでに学習した物語から登場人物の心情がどのように表現されているかを復習して，自分の表現に活用する学習をします。
○教科書の例を用いて，登場人物の心情が描写として書き表されているものを確認させる。
T：例えば，「走れメロス」では，様々な行動描写・人物描写・情景描写などを読みました。
①メロスが「買い物を背負ったままで，のそのそ王城に入っていった。」という行動から，正義感が強く思ったことをすぐに行動に移す単純な人物であることを読みました。
②「初夏，満点の星である。」は，情景描写といって，周りの景色に，気持ちやこれからの展開を予想させるような効果がありました。
③「激怒した」という感情を直接表して印象付けたり，「ああ，何もかもばかばかしい」というセリフとしてではなく，心の中で浮かべていることを表現したりすることもできます。
④表現技法を使った表現もありました。「濁流は…ますます激しく躍り狂う」と，川の氾濫を蛇に例えて動くように書かれていました。
⑤五感を通して感じたことを描写する場面もあります。色や形，匂いや音などを書きます。「斜陽は赤い光を木々の葉に投じ，葉も枝も燃えるばかりに輝いている。」という表現は，視覚の情報と，赤い光・燃える・輝くなどから心情も感じ取れます。

2　描写表現の練習課題に取り組む
○復習した五つの描写表現や表現技法について例文をつくらせる。
T：それでは，復習した①〜⑤の表現方法についてワークシートの練習に挑戦しましょう。

⬇ **WS1**

> **ポイント　生徒の実際の経験を生かして練習課題を共有する**
> 学校生活で生徒が共通に経験している行事の取り組み等を練習課題として，行動や心情を描写する。この設定は表現を共有して確認するときに，想像しやすい，共感を生んで言葉の吟味につなぎやすいという利点がある。

T：今回は，「2学期に行った合唱コンクールの練習場面」について書きます。学級で優秀賞を

準備物：ワークシート

描写を工夫して書こう

本時の目標
心の動きが伝わる「描写や表現」について考えよう

これまでに読んだ物語から学ぶ
「走れメロス」での表現について

練習課題
「合唱コンクールに向けた練習場面」

① 行動描写
② 情景描写
③ 心情描写
④ 表現技法
⑤ 五感を通して感じたこと
　（視覚・聴覚・嗅覚・味覚・触覚）

〈生徒の発言メモ〉（よい表現の例）
・お互いに相手を思いやる柔らかな空気に包まれていた。
・隣のAさんに目をやると、いつもより口を大きくあけて笑顔で歌っている。

目指して、ハーモニーや抑揚が揃ってきた、その練習場面で今まさに、積極的に声を出して歌っている人の気持ちです。

〈予想される生徒の答え〉
①行動描写→どのような動きをしている？
　お腹に力を入れて声を遠くに飛ばした。
　ほかのパートの声を聞きながら歌った。
②情景描写→窓の外の景色を使って、歌っているときの気持ちを表すと……？
　外の木々は光を受けてキラキラと輝いている。温かく柔らかな日差しを背中に感じていた。
③心情描写→気持ちを表す言葉だとふさわしいのは？　心の中の声（セリフ）は？
　誇らしい。心地よい。「ぴったり重なっている」
④表現技法→比喩を使って「まるで〇〇のような歌声」とすると……？
　まるでゆったりとした川の流れのように響く歌声だ。まるで同じスピードで全員一緒に歩いているような一体感のある歌声だ。
⑤五感を通して感じたこと→視覚・聴覚・嗅覚・触覚・味覚を使ってみると……？
　お互いに相手を思いやる柔らかな空気に包まれていた。隣のAさんに目をやると、いつもより口を大きくあけて笑顔で歌っている。な

ど

3　描写表現を共有する

〇描写表現をグループで共有した後に全体で共有させる。

Ｔ：グループで共有した描写表現の中に、ほかのグループにも伝えたい表現はありますか？
　全員で表現に込められた「練習の場面で積極的に歌っている人の気持ち」を想像しましょう。

〇①〜⑤で挙がった表現について、どのような気持ちが読み取れるかをいくつか全体で共有する。

4　次時の課題について確認する

〇次時以降の学習の流れを意識させる。

Ｔ：今日は、全員共通の練習課題で、合唱コンクールに向けて練習中に歌っている人の気持ちを様々な描写で書き表しました。
　次回は、今日の学習を生かし、自分の経験を振り返って「心が動いた瞬間」の物語を書きます。短い物語として、場面の展開に心情の変化も含めて書いてみましょう。
　書いた物語はみんなで読み合う予定です。一年間ともに過ごした学級のみんなに向けて、様々な表現の工夫をして気持ちを伝えましょう。

描写を工夫して書こう　心の動きが伝わるように物語を書く

指導の重点
・「心が動いた瞬間」について，目的に沿って内容を考えさせる。

本時の展開に即した主な評価規準例（Bと認められる生徒の姿の例）
・粘り強く描写を工夫して，物語を創作しようとしている。【主】

生徒に示す本時の目標
「心が動いた瞬間」の物語の設定や内容を考えよう

1　本単元の学習の見通しをもつ
〇作文課題「心が動いた瞬間」について確認する。
T：前回学習した様々な表現を使って，今日から短い物語を書きます。題材は「心が動いた瞬間」です。登場する人物の心情が読み手に想像しやすく伝わるように工夫しましょう。
〇教科書に表示されている作業の流れを確認する。
〇教科書のモデルの作文を読んで考えを広げる。
ある日のある瞬間の心の動きが，様々な表現の工夫によって読み手にとって想像しやすく書かれている。

> **ポイント　教科書の作文を読ませて生徒にゴールをイメージさせる**
> 「物語を書く」という課題は，書くことに対して苦手意識をもっていたり，読書の経験が十分でなかったりする生徒にとっては，意欲的に取り組むことが難しい場合が想定される。この単元では「表現の工夫」を学ぶので，題材の設定や構成については教科書の作文を参考にすることで難易度を下げ「表現の工夫」に生徒の思考が向けられるようにする。

教科書の作文を読むと，物語の構成が四場面であることが分かる。状況の説明を始めにすることと，「心が動いた瞬間」という山場が三番目の場面にあることを確認する。また，波線が引かれた描写の工夫が展開・山場・結末に使われていることを押さえてから取り組ませる。

2　設定を明らかにし構成の内容を考える
〇物語を書く目的と読み手となる相手を明示して意識させる。今回の目的は，「自分の心が動いたエピソードを知ってもらい，より親しくなるため」，読み手となる相手は「一年間ともに過ごした学級の生徒」である。
T：文章を書くときに，なぜ書くのか，誰が読むのかということは大切なことですね。それらを意識して，ワークシートの項目に沿って，文章を書く前の構成メモをつくりましょう。　　WS2
〇題材「心が動いた瞬間」の時間（いつ），場所（どこで），人物（誰が），中心となる心情とその変化の設定について書かせる。
→前時の内容を発展させて，共通の経験である行事での一場面を設定したり，日常で印象に

準備物：ワークシート

描写を工夫して書こう

本時の目標
「心が動いた瞬間」の物語の設定や内容を考えよう

〈題材について〉「心が動いた瞬間」の設定
・時間（いつ）
・場所（どこで）
・人物（誰が）
・中心となる心情（前回の表現を使う）
・心の動きや変化（前回の表現を使う）

〈構成について〉四つの場面
①状況の設定と発端
　→登場人物の説明や状況について書く。
②展開
　→発端の場面を受けて、心情を表しながら登場人物の動きを書く。
③山場
　→心情が変化をする場面。きっかけとなった出来事や、変化する様子を書く。
④結末
　→変化した後の心情や現在の状況を書く。

残った友達や家族のアドバイスなど個人の経験を想起したりさせる。
○四つの場面構成の欄に内容を書かせる。
　・①状況の設定と発端…登場人物の説明や置かれている状況について書く。
　・②展開…発端の場面を受けて、心情を表しながら登場人物の動きを書く。
　・③山場…心情が変化をする場面。きっかけとなった出来事や、それを受けて変化する様子を書く。
　・④結末…変化した後の心情や現在の状況を説明して締めくくる。

3　簡単なあらすじを書く

○設定と構成を基におおまかな内容を踏まえた粗筋を書かせる。
Ｔ：前回、グループで共有した描写表現では、読んで想像しやすく印象的に伝わる表現が注目されました。読む人のことを考えて、大きく心が動いたことが分かるように表現を探してみましょう。
　→自分の心情が大きく変化したり、気持ちが高まったりした山場の場面を中心に書く。どのような描写を用いて、読み手にそのときの状況や心情を想像させるか、描写表現を探させてもよい。
○生徒の実態に応じて、粗筋を書くまでが順調に進んだ場合は共有させることも考えられる。

4　次時の課題について確認する

○次時の学習の流れを意識させる。
Ｔ：今日は、作文課題の内容について考えました。次回は原稿用紙（アナログ・デジタルどちらも可）に物語を書きます。「心が動いた瞬間」を効果的に伝える表現をよく考えて書きましょう。

描写を工夫して書こう　心の動きが伝わるように物語を書く

3／5時間

指導の重点
・心の動きが伝わる描写や表現について考えながら書かせる。

本時の展開に即した主な評価規準例（Bと認められる生徒の姿の例）
・読み手が場面の様子や人物の心情を具体的に想像できるように，表現の効果を考えながら描写を工夫している。【思・判・表】

生徒に示す本時の目標
　心の動きが伝わる「描写や表現」を考えて書こう

1　課題と語り手の視点を確認する
T：今日はいよいよ物語を書きます。前時の構成メモを準備してください。
○今回の目的と相手を再度意識させる。
　目的：自分の心が動いたエピソードを知ってもらい，より親しくなるため
　読み手：一年間ともに過ごした学級の生徒
○教科書の例を用いて，一人称と三人称の語り手の効果を確認させる。
T：これまでに学習した物語を振り返ると，主人公本人が語っているお話と，登場人物以外の語り手が説明しながら進んでいくお話があったと思います。書き始める前に，どちらの視点から語るかを選びましょう。

ポイント　呼称の違いが視点の違いであることをつかむ
　教科書の作文は，自分のことを「律子」先輩を「真希」と呼び，語り手として外側の視点から状況や心情を表現している。「律子」を「私」と表現した場合を考えさせ，「私」とすると視点が変わり，物語に登場している自分の視点で語ることができることをつかませる。書くことに苦手意識をもっている生徒の抵抗感を減らすため，「あの日の心が動いた瞬間」の映像を見ているような視点が三人称（律子），主人公として物語に自分が登場しているような視点が一人称（私）と補足の説明を入れる。
　また一人称の方が（私）の心情を細かく描写しやすいが，他者の心情は直接描けないことや（私）不在の場面は描けないことなどの違いもあることに留意させる。

2　様々な描写表現を用いて物語を書く
○語り手の視点を選択させる。
○第１時に触れた五つの表現や，前時の構成メモを確認しながら書かせる。
○物語は600〜800字程度とする。
　場面の展開を明確にして少ない分量でも物語を書くことができる生徒は600字に到達していなくてもよいものとする。
T：それでは，「心が動いた瞬間」の物語を書きましょう。
○机間指導を通して，書き出しを支援する。

準備物：前時のワークシート，原稿用紙

描写を工夫して書こう

本時の目標
心の動きが伝わる「描写や表現」を考えて書こう

〈目的〉自分の心が動いたエピソードを知ってもらい，より親しくなるため

〈読み手〉一年間ともに過ごした学級の生徒

語り手を決めよう
・三人称の語り手（教科書）
「あの日の心が動いた瞬間」の映像を見ているような視点
・一人称の語り手（律子→私とした場合）
主人公として物語に自分が登場しているような視点

確認しよう
①六百字〜八百字で物語を書く心の動きについて描写や表現を工夫して書く
②書き終えたら読み返す

〈構成メモ　設定例〉
時間：合唱コンクールに向けた前日の練習時
場所：教室
登場人物：2年1組のみんな，担任の山田先生
中心となる心情：誇らしい，心地よい
心情の変化：先生の言葉で，歌うのは優秀賞をとるためでなく，聴く人に感動を届けるためだと気付いた。自分たちにできる最高の歌にしようと変化した。

〈構成メモ　構成・あらすじ例〉
・状況の設定と発端…優秀賞を目指してクラスで意見がぶつかりながらも，団結して歌えるようになってきた。
・展開…前日練習で担任の先生に歌を聴いてもらった。とにかく声を飛ばして声量を多くしようとした。
・山場…担任の先生が感動して涙を潤ませながら感想を言ってくれた。十分にクラスのよさが感じられて聴く人の心に染みていく歌が素晴らしいと気付いた。
・結末…もう一度クラスで心を一つにして感動を届けようという意識で歌うと自分も感動した。明日のコンクールに向けて気持ちが入った。

〈第1時で確認した描写を取り入れる　例〉
①行動描写…お腹に力を入れて声を遠くに飛ばした。ほかのパートの声を聞きながら歌った。
②情景描写…外の木々は光を受けてキラキラと輝いている。温かく柔らかな日差しを背中に感じていた。
③心情描写…クラスのみんなが誇らしい，心地よい。「ぴったりと心も重なっているんだ。」
④表現技法…まるでゆったりとした川の流れのように響く歌声だ。まるで同じスピードで全員一緒に歩いているような一体感のある歌声だ。
⑤五感を通して感じたこと…隣のAさんに目をやると，いつもより口を大きくあけて笑顔で歌っている。

3　書き終えた作文を読み返す
○書き終えたら，心情について表現の工夫ができているかを確認しながら読み返す。

4　次時の課題について確認する
○次時の学習の流れを意識させる。
T：今日書いた物語は，次回，みんなで読み合います。様々な表現で心情を表す工夫ができているか，お互いに読んで相手に伝えましょう。

描写を工夫して書こう　心の動きが伝わるように物語を書く

指導の重点
・意見交流を基に，自分の文章のよい点や改善点について考えさせる。

本時の展開に即した主な評価規準例（Bと認められる生徒の姿の例）
・書いた物語を読み合い，よい点や改善点を伝え合っている。【思・判・表】
・心情を表す描写について，思いや感じたことを進んで伝え合おうとしている。【主】
（※第5時も併せて評価する）

生徒に示す本時の目標
意見交流を基に，自分の文章のよい点や改善点について考えよう

1　目標を確認し，学習の見通しをもつ
○本時の目標と学習活動「意見交流を基に，自分の文章のよい点や改善点を見つけて物語を推敲すること」を示す。

2　作品を読み合い，読み手に伝わった内容について共有する
○読むときの観点を確認する。
　・心情，情景，表現技法による描写が効果的に用いられているか。
T：学習グループで作品を読み合いますが，着目することは表現の工夫です。気を付けながら意見交流を始めましょう。
○作文のよかった点や改善点は，ワークシートに具体的なコメントを書くように助言する。「面白かった」「とてもよかった」だけでは不十分なコメントであることを示しておく。

📥 **WS3**

○交流の後，作文を書いた相手が推敲する際に参考にする場合があることから，言葉の使い方に配慮することを伝える。

> **ポイント　工夫した描写や表現について色ペンやラインマーカー等で線を引かせてから読み合う**
> 誤字や脱字を見つけたときは，直接書き直すのでなくえんぴつで指摘して横に正しい文字を書き入れること，線が引かれている部分に着目して，それらの描写や表現が読んだときにどのように伝わったかという交流の観点からずれないようにする。

○三〜四人の学習グループで作文を回し読みさせる。
○交流の時間には教科書の［助言の例］のように具体的に話して伝え合うことができるように時間をとる。

3　感想や助言を基に描写・表現の工夫についての推敲を行う
T：それでは，自分の作文をもう一度読み返します。グループの人の作文を読んだときのように，自分の作文のよかった点や改善点を考えてみましょう。
○ワークシートの自己評価欄に自分の作文についてのコメントを書かせる。

準備物：ワークシート，原稿用紙，類義語辞典

描写を工夫して書こう

本時の目標
意見交流を基に、自分の文章のよい点や改善点について考えよう

○読むときの観点
・心の動きが伝わる描写が書かれているか
○コメントを書くときの注意
・作文の良かった点や改善点は、具体的に書く
・×面白かった、とてもよかった
○作文を回し読みする前に工夫した描写や表現に色ペンで線を引き、注目して読んでもらう

推敲しよう　表現を練り直す
・観点を基に推敲すること
・他の人の意見を参考にするかどうかを判断すること
・類義語辞典や教科書の表現一覧を参考にして、より伝わる言葉を探すこと

T：コメントが書けた人から推敲をしましょう。
・自分が伝えたい心の動きが効果的に伝わる文章になっているかを確かめること。
・ほかの人の意見を参考にして考える。表現を直したり新しい言葉を探したりするかどうかは、自分で判断して決めること。
・自分の文章であることを自覚し、自分の感覚を大切にすること。

ポイント　推敲前の文章は残しておくこと
　思考の過程が、本人にも指導者にも分かるように元の文章は残しておく。電子データの場合は、削除や上書きの保存をさせずに別のファイルとして文字の色を変えて添削させるとよい。原稿用紙の場合は、必要に応じてコピーをとり、色ペンで記入させる。

〈予想される推敲例〉
「結末」でもう一度歌ったときの表現
・情景描写を使う→「とても安心感があった」というのを窓の外の景色を使って、歌っているときの気持ちを表した方がよいというコメントを受けて……。
　→窓の外の木々の葉は、光を受けてキラキラと輝いていた。
　→温かく柔らかな日の光が、歌う私たちの姿を照らしていた。
・心情描写→「きっと優秀賞をとる」に気持ちを付け加えたり、印象的にしたりした方がよいのではないかというコメントを受けて……。
　→私は、確信した。「きっと優秀賞をとる」と。
　→「頑張って歌えばきっと優秀賞をとる」
　「頑張る」についてほかの言葉で表現できないかどうかを類義語辞典などを使って検討するのもよい。
　「力一杯」「精一杯」「力の限り」「全身全霊」「ひたむき」「張り切る」などが考えられる。

4　次時の学習について確認する

○次時の学習を確認する。

T：今日は、作文を読んで感じたことを伝え合い、推敲をしました。次回は、同じグループでもう一度読み合い、推敲した作文を共有して今回の単元の学習を振り返ります。

描写を工夫して書こう　心の動きが伝わるように物語を書く

（5／5時間）

指導の重点
・心の動きが伝わる「描写や表現」について考えさせる。

本時の展開に即した主な評価規準例（Bと認められる生徒の姿の例）
・書いた物語を読み合い、よい点や改善点を伝え合っている。【思・判・表】
・心情を表す描写について、思いや感じたことを進んで伝え合おうとしている。【主】

生徒に示す本時の目標
心の動きが伝わる「描写」について考えよう

1　描写や表現について推敲した内容を確認する

T：前回、推敲した作文を一度自分で読み返しましょう。

○描写や表現について、これまで学習してきた内容が文章に反映されているかを念頭に置いて自分の作文を黙読させる。

2　再度読み合って、感想を伝え合う

○意見交流したグループで再度回し読みをさせる。
○推敲をして添削した文章が前回と比べてどのように変わったか、印象の変化を伝え合う。

〈前時の推敲を基にした交流の例〉
情景描写を使った結末の部分について
→「とても安心感があった」というのを窓の外の景色を使って書き直した。

その1　『窓の外の木々の葉は、光を受けてキラキラと輝いていた。』と書き直した場合

Aさん：次の日のコンクールに向けて期待している、嬉しいという気持ちが伝わってくるよ。
Bさん：歌っているみんなを外の自然も応援してくれているみたいでいいね。
Cさん：木々の輝きを表現しているのだけれど、自分の心がキラキラして希望に満ちていることを連想させてかっこいいよ。

その2　『温かく柔らかな日の光が、歌う私たちの姿を照らしていた。』と書き直した場合

Aさん：温かくて柔らかな日の光が、心を安心させるという感覚は、私も共感できるしとても分かりやすいよ。
Bさん：次の日の本番も、うまくいきそうな予感がするし、とても明るい気持ちで歌っているのが伝わるね。
Cさん：まるでスポットライトを浴びているみたいな気持ちにさせ、次の日を連想させる効果もあったよ。きっとうまくいくという自信も伝わってくるね。

3　単元の学習全体を振り返る

T：「心が動いた瞬間」の物語を書くことと、推敲の活動を通して、様々な表現の工夫について学んできました。自分の学習の取り組みを振り返って記入しましょう。

○単元の目標や学習課題が解決できたかどうか、またその達成度を自己評価する。
○学習の振り返りとして、学習の過程で気付いたことや学んだことを具体的に書くように指示する。

準備物：前時のワークシート，原稿用紙

描写を工夫して書こう

本時の目標
心の動きが伝わる「描写」について考えよう

〈感想を伝え合おう〉
○前回交流したグループで回し読む
・前回と比べてどのように変わったか印象の変化を伝え合う

振り返り

学んだことを具体的に書こう。
・新たに使えるようになった言葉や表現は，どのようなものがあるか。
・心が動いた瞬間を読み手に伝えるために，どのような工夫をしたか。
・今回学んだことを今後どのような場面で生かすか。

・新たに使えるようになった言葉や表現には，どのようなものがあるか。
・心が動いた瞬間を読み手に伝えるために，表現においてどのような工夫をしたか。

> **ポイント　他者の意見を参考にして推敲するという学習過程から，生徒の「粘り強さや調整力」を見取る**
> 　振り返りに記入された内容や推敲された原稿を確認することで，主体的に学習に取り組む態度の評価につなげる。
> 　表現を工夫することについて粘り強く取り組んでいるか，他者との協働的な学びを通して自分の作文の表現を調整して目標の達成に向かっているかという観点で教師は生徒の取り組みを評価する。

〈生徒の振り返り例〉
・今回，私は友達からのアドバイスを受けて，情景描写に挑戦することができました。少し難しいと感じましたが，自分がもっていた「安心感」を「温かく柔らかな日の光が照らしていた」という言葉で表現しました。もう一度，Aさんに読んで確認してもらったときに，共感できるし，分かりやすくなったと言ってもらったので，自分の気持ちが伝わったことがとても嬉しかったです。聞き手が同じ気持ちになれるように言葉を考える工夫が必要だと学びました。
　また，BさんとCさんからは，うまくいきそうな予感がするとか，次の日の出来事を連想させるとか言われたので驚きました。心情の表現を工夫したつもりでしたが，次の日のことを表す伏線としても効果を発揮しました。情景描写は，次のシーンにつなぐ役もあるという発見でした。これから物語を読むときにも，情景に注目して登場人物の心情を考えていきたいと思います。

4　単元の学習のまとめをする

○生徒の振り返りを基に単元の学習で学んだことをまとめる。
○振り返りを行っている間に，机間指導をして発表させる生徒を選び，声をかけておく。
　学習の前後を比較して，自身の変容をつかんで言語化している生徒に声を掛けるとよい。
○全体で共有した後，今回の学習が今後どのような場面で活用できるかを簡単に紹介する。

8 表現を見つめる

言葉3　話し言葉と書き言葉　（2時間）

1 単元の目標・評価規準

・話し言葉と書き言葉の特徴について理解することができる。　　　〔知識及び技能〕(1)イ
・読み手の立場に立って，表現の効果などを確かめて，文章を整えることができる。
　　　　　　　　　　　　　　　　　　　　　　　　　　　〔思考力，判断力，表現力等〕B(1)エ
・言葉がもつ価値を認識するとともに，読書を生活に役立て，我が国の言語文化を大切にして，思いや考えを伝え合おうとする。　　　　　　　　　　　　　　「学びに向かう力，人間性等」

知識・技能	話し言葉と書き言葉の特徴について理解している。 （(1)イ）
思考・判断・表現	「書くこと」において，読み手の立場に立って，表現の効果などを確かめて，文章を整えている。　　　　　　　　　　　　　　　　　　　　　　（B(1)エ）
主体的に学習に取り組む態度	話し言葉と書き言葉の特徴について意欲的に理解しようとしている。

2 単元の特色

教材の特徴

　話し言葉と書き言葉の特徴や違いについて考え，正しく理解することで，適切に使えるようになることを目指す教材である。本教材には，話し言葉と書き言葉の特徴が明確に示されており，挙げられている具体例も分かりやすい。また，生徒にとって身近なコミュニケーションツールであるSNSの特徴についても取り上げられている。SNSは，話し言葉のように気軽にやりとりができる反面，書き方によっては誤解が生じる危険性もはらんでいることに気付かせるなど，実生活に直結する教材となっている。

身に付けさせたい資質・能力

　本単元では，学習指導要領〔知識及び技能〕(1)イ「話し言葉と書き言葉の特徴について理解」する力を育成することを目指す。指導に当たっては，小学校第5学年及び第6学年の〔知識及び技能〕(1)イ「話し言葉と書き言葉の違いに気付くこと。」及び第1学年の〔知識及び技能〕(1)ア「音声の働きや仕組みについて，理解を深めること。」を踏まえて，音声言語としての話し言葉と文字言語としての書き言葉の特徴について理解し，適切に使えるようにすること

が重要である。また、書き言葉でのやりとりでありながら、話し言葉の特徴もあるSNSでコミュニケーションをとる際の書き方について考えさせることで、社会生活に生きる力につなげたい。そこで、B(1)エ「読み手の立場に立って、表現の効果などを確かめて、文章を整えることができること。」と関連付けて指導する。これらの資質・能力を身に付けさせるための言語活動として学習指導要領に例示されているB(2)イ「社会生活に必要な電子メールを書くなど、伝えたいことを相手や媒体を考慮して書く活動」を設定する。例文を通して、自分の発信した情報がどう受け止められるかを想像したり、相手の状況や媒体の特性などを考慮したりして書くことの大切さに気付かせ、実生活に生かせるように指導したい。

3 学習指導計画（全2時間）

次	時	○主な学習活動	☆指導上の留意点　◆評価規準
一	1	○「話し言葉」と「書き言葉」の特徴を考える。 ・教科書p.228上段の例を見て、「話し言葉」と「書き言葉」の違いについて考える。 ・教科書pp.228-229の「話し言葉」と「書き言葉」の項目を読み、それぞれの言葉の特徴について理解し、それを踏まえた伝え方の工夫についてワークシートにまとめる。	☆教科書pp.228-229を踏まえて「話し言葉」と「書き言葉」の特徴を理解させる。 ◆「話し言葉」と「書き言葉」について、それぞれの特徴を理解し、表現する際にどのような注意が必要かを考えている。【知・技】 ◆今までの学習を生かして、積極的に「話し言葉」と「書き言葉」の特徴について理解しようとしている。【主】
二	2	○前時の学習を振り返る。 ○教科書p.229の「生活に生かす」を読み、SNSでのコミュニケーションの特徴について考える。 ・教科書p.229下段の例を見て、誤解が生じた理由について考え、話し合う。 ・タブレット等に配信されたSNSの例文を見て、どのように返信すれば、誤解なく伝えることができるかを考え、協働学習ツール等を用いて意見を交換する。 ○学習のまとめをする。	☆匿名性や即時性、文章量の制限、言葉の省略など、SNSならではのコミュニケーションの特徴に気付かせる。 ◆SNSでのコミュニケーションの特徴を理解している。【知・技】 ◆読み手の立場に立って、表現の効果などを確かめて、文章を整えている。【思・判・表】

言葉3 話し言葉と書き言葉

指導の重点
・話し言葉と書き言葉の特徴について理解させる。

本時の展開に即した主な評価規準例（Bと認められる生徒の姿の例）
・「話し言葉」と「書き言葉」について，それぞれの特徴を理解し，表現する際にどのような注意が必要かを考えている。【知・技】
・今までの学習を生かして，積極的に「話し言葉」と「書き言葉」の特徴について理解しようとしている。【主】

生徒に示す本時の目標
「話し言葉」と「書き言葉」の特徴を考えよう

1　本時の目標について理解する
T：今日の授業では，皆さんが毎日使っている「話し言葉」と「書き言葉」の違いや特徴について考えたいと思います。
○「音声によって伝えられる言葉」を「話し言葉」，「文字によって伝えられる言葉」を「書き言葉」と呼ぶことを理解させる。
T：まず，教科書 p.228の上段の例を読んで，「音声で伝える」と「文字で伝える」の違いを見付け，それぞれの特徴について考えてみましょう。
○5分程度時間をとる
T：それでは，「音声で伝える」場合と「文字で伝える」場合の違いや特徴について，皆さんが気付いたことを発表してください。

ポイント　教科書の例を活用し，「話し言葉」と「書き言葉」の違いについて考えさせることで，それぞれの言葉の特徴を理解させる
分かりやすい課題に取り組むことを通して，生徒自身が「話し言葉」と「書き言葉」の違いに気付き，それぞれの言葉の特徴を踏まえて，主体的に伝え方を工夫することができるようにする。

発展
生徒の実態に応じて，話す相手や場面によって，「話し言葉」がどのように変わるかについて考え，発表させることもできる。
例えば，p.228の上段の「音声で伝える」の例文を，生徒朝礼や昼の放送で伝えるときには，どのように伝えたらよいかを考えさせ，実際に発表させることも考えられる。

2　教科書 pp.228-229を読み，「話し言葉」と「書き言葉」の特徴を整理する
T：では，教科書のpp.228-229を読み，「話し言葉」と「書き言葉」の特徴について，ワークシートに整理しましょう。また，それぞれの言葉の特徴を踏まえた伝え方の工夫などについてもまとめてみましょう。
○20分程度時間をとり，課題に取り組ませる。
○悩んでいる生徒には，まず，傍線を引きながら読み，「話し言葉」と「書き言葉」の特徴やその具体例を見付けるよう助言する。その上で，

準備物：ワークシート，黒板掲示用資料

話し言葉と書き言葉

本時の目標
「話し言葉」と「書き言葉」の特徴を考えよう

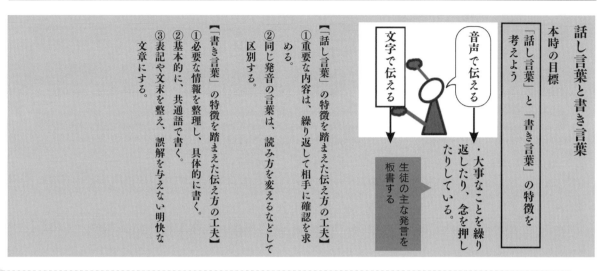

・大事なことを繰り返したり、念を押したりしている。

生徒の主な発言を板書する

【話し言葉】の特徴を踏まえた伝え方の工夫
① 重要な内容は、繰り返して相手に確認を求める。
② 同じ発音の言葉は、読み方を変えるなどして区別する。

【書き言葉】の特徴を踏まえた伝え方の工夫
① 必要な情報を整理し、具体的に書く。
② 基本的に、共通語で書く。
③ 表記や文末を整え、誤解を与えない明快な文章にする。

それぞれの言葉の特徴を踏まえた伝え方の工夫について書かれている部分を見付けるように指示する。
○ワークシートに記述した内容を全体で確認する。

> **ポイント 「話し言葉」と「書き言葉」の特徴を踏まえ、相手に正しく情報を伝えるための伝え方の工夫を理解させる**
>
> 　第２時では、「書き言葉」でのやりとりでありながら、「話し言葉」の特徴ももつSNSでのコミュニケーションの特徴について理解させ、読み手に誤解を生じない書き方について考えさせる。その際の参考となるように、「話し言葉」と「書き言葉」の特徴を踏まえた伝え方の工夫について、ワークシートに整理させるとともに、板書でも確認し、全体で共有する。

T：教科書に書いてあった「話し言葉」と「書き言葉」の特徴以外に、気付いたことはありますか。また、それぞれの言葉の特徴を踏まえた伝え方の工夫について、ほかに思いついた人はいますか。
○本時で学んだことを踏まえ、日常生活を振り返り、「話し言葉」や「書き言葉」の特徴や、それを踏まえた伝え方の工夫について、気付いたことを発表させる。生徒に積極的に発言させたい。
（例）・「話し言葉では、伝える相手が目の前にいることが多いから、話を理解しているかどうか確認しやすい。分かっていない様子だったら、補足して話すこともできる。」
（例）・「話し言葉でも書き言葉でも、伝える相手によって常体を使うか敬体を使うか判断して、適切に使い分けることが大切だと思う。」

3　振り返りと次時の見通しをもつ

T：今日学んだことの振り返りをワークシートに記入してください。
T：次回は、SNSでのコミュニケーションの特徴について考えます。自分の発信した情報が相手に正確に伝わるためには、どのように書いたらよいか考えてみましょう。

言葉3　話し言葉と書き言葉

指導の重点
・SNSでのコミュニケーションの特徴を理解させる。
・読み手の立場に立って、表現の効果などを確かめて、文章を整えさせる。

本時の展開に即した主な評価規準例（Bと認められる生徒の姿の例）
・SNSでのコミュニケーションの特徴を理解している。【知・技】
・読み手の立場に立って、表現の効果などを確かめて、文章を整えている。【思・判・表】

生徒に示す本時の目標
・SNSでのコミュニケーションの特徴を理解しよう
・読み手の立場に立って、表現の効果などを確かめて、文章を整えよう

1　本時の目標について理解する
T：前回の授業では、「話し言葉」と「書き言葉」の違いや特徴について理解しました。今日は、SNSでのコミュニケーションの特徴を理解し、自分の思いや考えを読み手に正確に伝えるためにはどのような注意が必要か、考えていきます。

T：それでは、SNSやメッセージアプリの特徴について考えてみましょう。教科書p.229の「生活に生かす」を読んで、SNSでのコミュニケーションの特徴を見付けてください。
○5分程度時間をとる。
○SNSでのコミュニケーションが「書き言葉」でのやりとりでありながら、「話し言葉」の特徴もあるコミュニケーションであることに気付かせる。

T：教科書に書かれていること以外で、SNSでのコミュニケーションの特徴について挙げられる人はいますか。
○生徒からは、匿名性、即時性、文章量の制限などが挙げられるであろう。特徴的なものについては、板書する。

T：SNSでのコミュニケーションでは、書き方に注意しないと、誤解が生じるとありますが、教科書p.229のSNSでのやり取りでは、どうして誤解が生じてしまったのでしょうか。また、どのように書けば、誤解を生じない表現になったのでしょうか。考えてみましょう。
○個人で取り組んだ後、グループで話し合い、全体で共有する（15分程度）。

> **ポイント　教科書の例を活用し、誤解のない表現にするためにはどのように書けばよいか、考えさせる**
> SNSの特性を理解した上で、自分の考えが明確に伝わる表現になっているかどうか、また自分の発信した情報がどう受け止められるかなど、読み手の立場に立って考えることが大切であることに気付かせる。

2　SNSという媒体を考慮し、読み手の立場に立って、文章を整える
T：皆さんのタブレットにメッセージを送りました。えりさんⒺになったつもりで、どのように

準備物：SNSのやり取りの実践資料（タブレット等に配信）

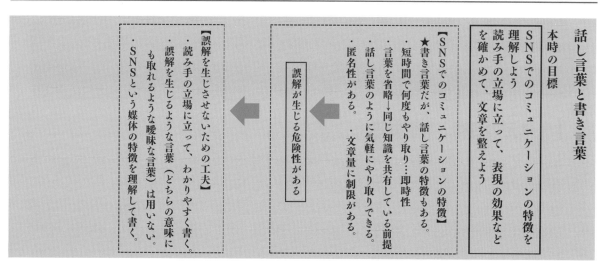

話し言葉と書き言葉

本時の目標
SNSでのコミュニケーションの特徴を理解しよう
SNSでのコミュニケーションの特徴を読み手の立場に立って、表現の効果などを確かめて、文章を整えよう

【SNSでのコミュニケーションの特徴】
★書き言葉だが、話し言葉の特徴もある。
・短時間で何度もやり取り…即時性
・言葉を省略→同じ知識を共有している前提
・話し言葉のように気軽にやり取りできる。
・匿名性がある。・文章量に制限がある。

→ 誤解が生じる危険性がある →

【誤解を生じさせないための工夫】
・読み手の立場に立って、わかりやすく書く。
・誤解を生じるような言葉（どちらの意味にも取れるような曖昧な言葉）は用いない。
・SNSという媒体の特徴を理解して書く。

返信すれば，相手Ⓐを許していることが伝えられるか考えてみてください。できた人は，協働学習ツールを使って返信してください。

```
Ⓐ 土曜日の野球部の試合，
  応援に行けなくて
  ごめんね。
              Ⓔ もういいよ
Ⓐ まだ怒ってるの？
  私が「大丈夫〜。」なんて
  あいまいな言葉を使ったから。
  本当にごめんね。
              Ⓔ もういいってば
Ⓐ どうしたら仲直りできるかな。
              Ⓔ
```

○10分程度時間をとり，課題に取り組ませる。
○タブレット等を忘れた生徒には，メッセージの本文を資料として配布する。
○電子黒板に投影された他の生徒の返信内容を確認し，誤解のない表現になっているかどうか，読み手の立場に立って考える（電子黒板がない場合には，個々のタブレット等の協働学習ツールで確認）。
T：（二〜三人の返信されたメッセージを電子黒板に投影して）あなたがこのメッセージをもらったら，どのように感じますか。また，修正案があったら教えてください。

> **ポイント　読み手の立場に立って，自分の書いた表現が適切に機能しているか，確かめさせる**
> 　読み手の立場に立って自分の書いた表現を確認したり，誤解のない表現を用いたりすることの大切さを理解し，日常生活に生かすようにさせる。

3　学習のまとめをする
T：2時間かけて，「話し言葉」と「書き言葉」の特徴や，それらの両方の要素をもった「SNSでのコミュニケーション」の特徴について学んできました。今後，日常生活でのコミュニケーションにおいて，どのようなことに気を付けていきたいか，ノートにまとめましょう。

8　表現を見つめる

漢字3　送り仮名　（2時間）

1　単元の目標・評価規準

・第1学年までに学習した常用漢字に加え，その他の常用漢字を読むことができる。また，学年別漢字配当表に示されている漢字を書き，文や文章の中で使うことができる。
〔知識及び技能〕(1)ウ

・言葉がもつ価値を認識するとともに，読書を生活に役立て，我が国の言語文化を大切にして，思いや考えを伝え合おうとする。　　　　　　　　　　　「学びに向かう力，人間性等」

知識・技能	第1学年までに学習した常用漢字に加え，その他の常用漢字を読んでいる。また，学年別漢字配当表に示されている漢字を書き，文や文章の中で使っている。((1)ウ)
主体的に学習に取り組む態度	学習課題に沿って，積極的に教科書付録「常用漢字表」の中から漢字を選び，漢字を読んだり書いたりしようとしている。

2　単元の特色

教材の特徴

　本教材は漢字を取り立てて学習する第2学年6回目の単元であり，内容は「送り仮名」の原則と例外について学ぶものである。併せて，活用のある語に関する送り仮名の原則では用言の活用の復習も交えて授業を展開すると既習事項との関連付けができるので，改めて知識の定着を図る。

身に付けさせたい資質・能力

　本単元は2時間構成となっている。1時間目は用言の活用の復習を取り入れながら送り仮名の原則と例外について知識を定着させる。パソコンの変換候補を例に「送り仮名」の適切な使い方を考える活動を通して，漢字学習で身に付けた知識が日常生活でも生きることを実感させる。2時間目は1時間目に学んだ知識を応用させ「間違いやすい送り仮名の問題作成」を行う。問題づくりを通して漢字を正しく用いる態度を養い，出題者の視線で問題を考えることや実際に生徒同士でつくった問題を解き合うことで主体的な漢字学習になるように促したい。また，文法の既習事項を漢字学習に応用することで，「送り仮名」は日本独特の漢字文化であることに気付かせ，言語文化を尊重する態度を育成したい。

3 学習指導計画（全2時間）

次	時	○主な学習活動	☆指導上の留意点　◆評価規準
一	1	○送り仮名の原則と例外について理解する。 ・教科書を使い，活用がある語，名詞，副詞，連体詞，接続詞の送り仮名の原則と例外について理解する。 ・ワークシートで問題演習に取り組み知識の定着を図る。 ○「おこなう（行う・行なう）」を例に送り仮名の許容について考え，「行なう」がどのような場面で使われるのが適切か考える。 ・学習のまとめ。 ・振り返りシートに学んだことを記入する。	☆例外について板書をし，まとめる。 ☆活用のある語の送り仮名の原則に関しては用言の復習をする。 ☆机間指導を行い悩んでいる生徒への支援を行う。 ◆送り仮名の付け方の主な原則と例外を理解し，文章中で漢字を読んだり書いたりしている。【知・技】 ◆学習課題に沿って積極的に送り仮名をもつ漢字を読んだり書いたりしようとしている。【主】
二	2	○「間違えやすい送り仮名」に関するテスト問題を作成する（個人→班）。 ・タブレット等を用いて各自でテスト問題を作成する。 ・班で問題を解き合い，難易度順に並べ替え一つのテストを完成させる。 ○班ごとにつくった問題を解く。 ・振り返りシートに学んだことを記入する。	☆活動の手順を板書する。 ☆机間指導を行い悩んでいる生徒への支援を行う。 ☆問題に不備がないか確認する。 ◆送り仮名の原則と例外を理解し，問題作成を通して漢字を読んだり書いたりしている。【知・技】 ◆学習課題に沿って，積極的に教科書付録「常用漢字表」の中から漢字を選び，漢字を読んだり書いたりしようとしている。【主】

1/2時間 漢字3 送り仮名

指導の重点
・送り仮名の付け方の主な原則と例外を理解させた上で，文章中で漢字を読んだり書いたりさせる。
・学習課題に沿って送り仮名をもつ漢字を読んだり書いたりさせる。

本時の展開に即した主な評価規準例（Bと認められる生徒の姿の例）
・送り仮名の付け方の主な原則と例外を理解し，文章中で漢字を読んだり書いたりしている。【知・技】
・学習課題に沿って積極的に送り仮名をもつ漢字を読んだり書いたりしようとしている。【主】

生徒に示す本時の目標
送り仮名の付け方の主な原則と例外を理解しよう

1 学習課題の確認
T：今日から2時間かけて，「送り仮名」について学んでいきます。送り仮名は漢字の読みを明らかに示すために付けられていて，付け方には原則と例外があります。今日はそれを理解しましょう。

2 活用のある語の送り仮名について理解する
T：では，はじめに教科書 p.230のイラストを見てください。「通る」と「通う」のように同じ漢字を使っていても送り仮名があることで読み方の違いに気付くことができますね。さて，ここで既習事項が身に付いているかチェックします。「通る」と「通う」は自立語で活用のある語です。この二つの共通する品詞名は何ですか？
S：動詞です。
T：そうですね。送り仮名の学習には学習済みの文法の知識を応用させる必要があるのでもう少し復習です。自立語で活用のある品詞名をさらに二つ答えてください。

S：形容詞，形容動詞です。
T：動詞，形容詞，形容動詞は三つ合わせて用言とも言いましたね。12月に学んだ用言の活用の仕方は覚えていますか。活用のある語は原則として活用語尾を送りがなにします。教科書 p.230の下段の表の「活用のある語」の［　］に当てはまる活用語尾を書き込んでください。

ポイント　用言の活用の復習
必ずしも全員の生徒が用言の活用を覚えているとは限らないので送り仮名が書き込めるとは限らない。そこで p.246文法2の復習を少し挟んでから授業を進めてもよい。また，理解していない生徒が少数の場合は，机間指導をしながら表を埋めさせる。

T：次に例外を見ていきます。例外は原則からは外れているものです。また，教科書にない例外を板書していくのでメモを取りましょう。
○動詞，形容詞，形容動詞の例外を板書していく。

3 名詞，副詞，連体詞，接続詞の送り仮名の付け方について理解する
T：次に教科書 p.231の「名詞」の場合を見ていきましょう。名詞は原則，送り仮名を付けませ

準備物：ワークシート，振り返りシート

送り仮名

本時の目標：送り仮名の付け方の主な原則と例外を理解しよう

1　活用のある語
【原則】原則、活用語尾を送る
【動詞】
味わう　哀れむ　慈しむ　脅かす（おどかす）
脅かす（おびやかす）　関わる　食らう　異なる
逆らう　捕まる　群がる

【形容詞】
①語幹が「し」で終わる場合
著しい　惜しい　悔しい　恋しい　珍しい　等
②その他の例文
明るい　危うい　少ない　小さい　冷たい
平たい

【形容動詞】
活用語尾の前に「か」「やら」「らか」を含む場合
細やかだ　静かだ　穏やかだ　健やかだ　和やかだ
明らかだ　滑らかだ　柔らかだ

【例外】次の五は最後の音節を送る
辺り　哀れ　勢い　幾ら　後ろ　傍ら　幸い　幸せ
全て　互い　便り　半ば　情け　斜め　独り　誉れ
自ら　災い

2　名詞
【原則】原則、送り仮名を付けない
【例外】

3　副詞・連体詞・接続詞
【原則】原則、最後の一音を送る
【例外】　明くる　大いに　直ちに　並びに
若しくは　又

【ワークシート】
許容　表す（表わす）　現れる（現われる）等

ん。また，副詞，連体詞，接続詞は原則，最後の一音を送ります。
○原則を板書した後，例外をそれぞれ板書する。
○原則とは異なる送り仮名の付け方をする語も確認する。

4　ワークシートで送り仮名の許容について考える　WS1

○ワークシートを配布し①書き取り問題②選択問題に取り組み，答え合わせをする。
T：さて，送り仮名の付け方には原則と例外があることを学びました。③の問題はどちらが正しいか○を付けてください。
○「行う」と「行なう」どちらを選んだか問いかけ全員に書いた方を挙手させる。
T：送り仮名の原則を学んだので「行う」に○をしていますね。次に，モニターを見てください。
○モニターに教師用端末を接続しWord等で「おこなう」と入力し，変換予測に「行う」と「行なう」を表示させる。
T：変換予測に「行う」と「行なう」，どちらの表記もあります。実は，どちらも間違いでなく許容されているのです。しかし，「行う」の方が一般的な使い方です。では「行なう」を使ったほうがよい場面とはどのような文でしょうか？　ワークシートの記入欄に説明してください。
○隣同士で話し合わせながら考えさせる。
【解答例】「○○君が行った」という場面だと「いった」か「おこなった」か，読んだ人に伝わりにくいから。「おこなった」という文脈のときには「行なった」と書く方がよい。
T：ほかにも，どのような送り仮名が許容されているか知っていますか？　④に記入しましょう。
○生徒とやりとりをしながら許容されている例を板書する。

5　授業のまとめ

T：では，今日学んだことを振り返りシートに記入してください。
○振り返りシートを配布し，今日の学びを記入させる。

2 ／2時間　漢字3　送り仮名

指導の重点
・送り仮名の付け方の主な原則と例外を理解し，問題作成を通して漢字を読んだり書いたりさせる。
・学習課題に沿って，積極的に教科書付録「常用漢字表」の中から漢字を選び，漢字を読んだり書いたりさせる。

本時の展開に即した主な評価規準例（Bと認められる生徒の姿の例）
・送り仮名の原則と例外を理解し，問題作成を通して漢字を読んだり書いたりしている。【知・技】
・学習課題に沿って，積極的に教科書付録「常用漢字表」の中から漢字を選び，漢字を読んだり書いたりしようとしている。【主】

生徒に示す本時の目標
　問題作成を通して漢字を読んだり書いたりしよう

1　学習課題の確認
T：前回の授業の復習です。送り仮名は漢字の読みを明らかに示すために付けられていて，付け方には原則と例外があることを学びました。
　今日は，「間違いやすい送り仮名」の問題を各自でつくり，班ごとにミニテストをつくっていきます。出題者のときは少し難しくて解く人を悩ませるような問題づくりを目指し，解答者のときは全問正解を目指して取り組みましょう。

2　タブレット等を用いて各自で問題をつくる
T：まず，個人で「間違えやすい送り仮名」の問題をつくりましょう。
【条件】
・出題形式は書き取り問題（5問）とする。（問題の例は前回の授業で解いたワークシートを参考とすること。）
・小学1年生から中学2年生までに習った漢字で問題をつくる。
・ロイロノートで問題を作成する。
・5問つくり終わった人は発展課題として「文章中から間違いを二か所指摘する問題」を作成する。

○漢字は，前時で板書した例外の漢字や教科書付録 p.322「常用漢字表」の中から選ばせる。
○各自作成した問題をロイロノート・スクール上で提出させる。
○発展課題も同じようにロイロノートでつくらせて提出させる。文章のテーマは「将来の夢」とし，字数制限は設けない。例文を黒板に掲示するか，ロイロノート上で生徒に配布する。

> 　僕の将来の夢はバイオリン奏者になることです。小学2年生の頃からバイオリン教室に通っています。最近，バイオリンの有名な先生に教る機会がありました。目の前で心揺さぶられる演奏を披露してもらい，僕自身もさらに上手くなりたいと心に決めました。
> 　その日から，練習に対する取り組みが一層真剣になり，毎日の練習時間を増やし，新い曲に挑戦することを決めました。これからも練習に力を入れ目標に向かって努力を続けたいです。

ポイント　問題作成のヒント
　問題作成に支援を要する生徒へ向けて「ヒ

準備物：ワークシート，黒板掲示用資料，振り返りシート

送り仮名

本時の目標
問題作成を通して漢字を読んだり書いたりしよう

【活動の手順】
① 個人でテスト問題を作成する
【条件】
・書き取り問題（5問）を作成する。
・小学1年生から中学2年生で習った漢字で問題を作ること。
・ロイロノートで問題を作成すること。

【発展課題】
「文章中から送り仮名の間違いを二カ所指摘する問題」を作成してみよう。

例文を掲示

誤 教わる　正 教わる
誤 新い　正 新しい

② 班ごとに問題を解き合い、班で一つのミニテストを完成させる。
【条件】
・各班十問、問題を作成する。
・班員が作った問題をそれぞれ一つ以上採用する。
・難易度が少しずつ上がるように並べる。
・選んだ問題文や答えにミスがないか確認する。
・班代表が問題を集約、他の班員は答えの作成をする。

ントカード」を準備する。例えば表面に『感情を表す言葉』と書かれ裏面に「○嬉しい」「×嬉い」と記入しておく。これを例に「他の気持ちを表す言葉だとどのように漢字と送り仮名を書くかな？」などと声掛けしながら作成を促す。また，国語便覧や漢字ドリルを参考にしながら問題作成をさせることも考えられる。

3　班に分かれて問題を共有する
○四～五人の班に分けて各自つくった問題をロイロノート上で共有し，問題を解き合いながら班で一つのミニテストをつくる。
○問題作成の手順として以下を提示する。
【条件】
・班員で問題を解き合う。
・各班十問，問題を作成する。
・班員がつくった問題をそれぞれ一つ以上採用する。
・難易度が少しずつ上がるように並べる。

T：班ごとになり，【条件】に従って問題を作成してください。作成後は問題文や答えにミスがないかも確認してください。
○話合いをしながらロイロノート上で班の代表一人がミニテストをまとめて作成する。
○別の班員がミニテストの答えをロイロノート上でつくる。
○教員は机間指導をしながら作成中の問題に不適切な箇所がないか見てまわる。

4　ミニテストを提出させ，全体共有する
○問題のみを提出させ，全体共有をして各自が自分の班以外の5班分のテストを解く。
T：では，今から各班のつくった問題をワークシートの上で解いていきましょう。 WS2
○ワークシートを配布後，解答欄の空欄に各自が各班の問題を解いていく。
○各班の答えをロイロノート上で提出させ，各自で答え合わせをしていく。

5　授業のまとめ
T：前回と今回の2回にわたって「送り仮名」について学習しました。送り仮名の付け方の主な原則，例外，許容など学んだことを生かして，作文する際は文や文章の中で正しく漢字の送り仮名を送れるようになりましょう。では，振り返りシートを配布します。今日学んだことを書き留めておきましょう。
○振り返りシートに，今日の学びを記入させる。

8 表現を見つめる

国語の学びを振り返ろう （4時間）
「国語を学ぶ意義」を考え，コピーを作る

1 単元の目標・評価規準

・意見と結果，具体と抽象など情報と情報との関係について理解することができる。
〔知識及び技能〕(2)ア
・互いの立場や考えを尊重しながら話し合い，結論を導くために考えをまとめることができる。
〔思考力，判断力，表現力等〕A(1)オ
・表現の工夫とその効果などについて，読み手からの助言を踏まえ，自分の文章のよい点や改善点を見いだすことができる。　　　　〔思考力，判断力，表現力等〕B(1)オ
・言葉がもつ価値を認識するとともに，読書を生活に役立て，我が国の言語文化を大切にして，思いや考えを伝え合おうとする。　　「学びに向かう力，人間性等」

知識・技能	意見と結果，具体と抽象など情報と情報との関係について理解している。　((2)ア)
思考・判断・表現	「話すこと・聞くこと」において，互いの立場や考えを尊重しながら話し合い，結論を導くために考えをまとめている。　(A(1)オ) 「書くこと」において，表現の工夫とその効果などについて，読み手からの助言を踏まえ，自分の文章のよい点や改善点を見いだしている。　(B(1)オ)
主体的に学習に取り組む態度	一年間の国語の学習を振り返り，学んだことを生かそうとしている。

2 単元の特色

教材の特徴

　第2学年の国語学習のまとめの教材である。一年間の国語学習を振り返り，できるようになったことや考え方が変わったところを基に，「国語を学ぶ意義」について話し合い，考えたことをその理由とともに端的にコピーにまとめ，クラスで共有し，交流する学習活動を行う。これまでの学びを振り返り，他者からの助言を踏まえて自身の考えを深め，学びを価値付けることで，今後の国語学習への意欲と展望をもたせたい。なお，優れた作品は，春季休業中に1年生のタブレット等に配信し，第2学年の国語学習の見通しをもたせるための教材として活用する。

身に付けさせたい資質・能力

本単元では、学びのサイクルのうち、学びの振り返りを重視している。「振り返る」→「価値付ける」→「展望する」という一連の流れを通して、3年生の学びへとつなげていきたい。そこで、2年生までに身に付けた国語の知識及び技能、思考力・判断力・表現力等を活用して、これからどのように国語学習と向き合っていくかを考え、実践しようとする力の育成を目指し、学習指導要領に基づき、特に、次の二つの資質・能力を育成することを重視する。

一点目は、A(1)オ「互いの立場や考えを尊重しながら話し合い、結論を導くために考えをまとめることができる」力を育成することに重点を置く。この資質・能力を身に付けさせるための言語活動として学習指導要領に例示されているA(2)イ「それぞれの立場から考えを伝えるなどして、議論や討論をする活動。」の趣旨を生かして「国語を学ぶ意義」についてまとめた作品を読み合い、意見を交流する活動を設定する。作品を読み合い、学びの価値付け方や解説の仕方について、よいと思った点やもっと知りたい点などを伝え合うことで自身の国語の学びの状況についてメタ認知させたい。

二点目は、B(1)オ「表現の工夫とその効果などについて、読み手からの助言を踏まえ、自分の文章のよい点や改善点を見いだす」力を育成する。この資質・能力を身に付けさせるための言語活動として学習指導要領に例示されているB(2)ア「多様な考えができる事柄などについて意見を述べるなど、自分の考えを書く活動。」を設定する。読み手の意見を聞くことで、「国語を学ぶ意義」についてまとめた自分の作品のよさや改善点に気付かせたい。

3 学習指導計画（全4時間）

次	時	○主な学習活動	☆指導上の留意点 ◆評価規準
一	1	○一年間の国語学習を振り返り、学習活動で身に付いたことや自分が変わったと思うことを考え、ワークシートにまとめる。	☆教科書 pp.6-8「学習の見通しをもとう」を確認し、一年間の学習の内容を振り返らせる。 ◆一年間の国語学習を振り返り、具体的な変化を抽象化してまとめている。【知・技】
二	2・3	○「国語を学ぶ意義」を考え、箇条書きでワークシートに記入し、互いの考えを話し合う。 ○自分が考える「国語を学ぶ意義」を踏まえ、コピーにまとめる。 ○そのコピーを付けた意図や理由を200〜300字程度でワークシートに記入する。	◆互いの考えを尊重しながら対話し、それを通して自分の考えを整理したり、価値付けたりしてまとめている。【思・判・表】 ◆粘り強く国語を学ぶ意義を考え、今までの学習を生かしてコピーにまとめて共有し、交流しようとしている。【主】
三	4	○タブレット等の協働学習ツールを用いて、作品を読み合い、意見を交流する ○学習の振り返りを行う。	☆タブレット等のコメント機能を活用して、交流させたい。 ◆表現の工夫とその効果などについて、読み手からのコメントを踏まえ、自分の文章のよい点や改善点を見いだしている。【思・判・表】

国語の学びを振り返ろう
「国語を学ぶ意義」を考え,コピーを作る

指導の重点
・一年間の国語学習を振り返り,自分の具体的な変化から共通点を見つけ,抽象化してまとめさせる。

本時の展開に即した主な評価規準例(Bと認められる生徒の姿の例)
・一年間の国語学習を振り返り,具体的な変化を抽象化してまとめている。【知・技】

生徒に示す本時の目標
一年間の国語学習を振り返り,自分の具体的な変化から共通点を見付け,抽象化してまとめよう

1 本単元の学習課題について理解する
○本単元の学習課題を知り,学習の見通しをもつ。
T:本年度も残り少なくなってきました。この単元では,2年生の国語学習を振り返り,できるようになったことや,自分が変わったと思ったところを基に,「国語を学ぶ意義」について考えてみます。皆さんが考えたことはそれぞれコピーにまとめ,クラスで交流した上で,今の1年生に向けて発信したいと考えています。新2年生の国語学習の参考になるように,しっかり今年の学習を振り返ってください。

2 本時の学習課題について理解し,個人で取り組む
T:それでは,一年間の国語学習を振り返り,できるようになったことや,自分が変わったと思ったことについて考え,ワークシートに記入してみましょう。その際,「話すこと・聞くこと」,「書くこと」,「読むこと」,「言葉」,「情報」,「言語文化」といった国語の学習の領域に着目して振り返るようにしましょう。 **WS1**

○教科書pp.6-8の「学習の見通しをもとう」の表を確認し,一年間の学習の内容を振り返らせる。
○15分程度時間をとり,ワークシートに記入させる。
○適宜,机間指導を行い,悩んでいる生徒に助言する。

> **ポイント ワークシートを活用し,自分の国語学習の軌跡と成長を振り返る**
> 教科書pp.6-8の「学習の見通しをもとう」の表を見ながら,特に印象に残った学習や,勉強になったと考える学習について,色ペンで傍線を引かせる。その後ワークシートを用いて,何を学んだのか,何ができるようになったのか,どのように学んだのか,どの領域に興味をもって取り組んだのか等について考えさせる。

3 対話を通して,自分の考えを深める
T:では,ワークシートを見ながら,国語学習を通して,どのようなことができるようになったのか,また,自分の意識や言動,考え方はどのように変わったのか,隣の人と話し合ってみま

準備物：ワークシート

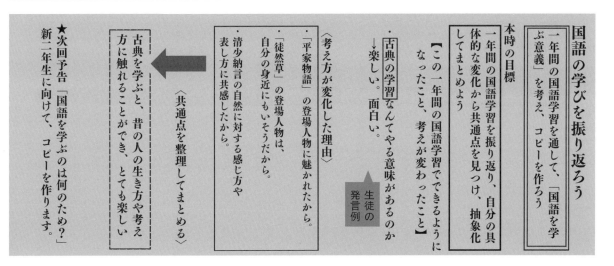

4 振り返った内容から共通点を見付け，抽象化してまとめる

T：具体的な例を出してくれましたが，それらの共通点を見付け，整理してまとめてみてください。

○具体的な内容から，共通点を見付けることで，抽象化につなげていく。
　（例）・古典を学ぶと，昔の人の生き方や考え方に触れることができ，とても楽しい。

5 振り返りと次時の見通しをもつ

T：今日学んだことの振り返りをワークシートに記入してください。

T：次回は，今日考えたことを踏まえて，「国語を学ぶ意義」について考え，コピーにまとめます。新2年生の国語学習の参考になるコピーをつくりましょう。

しょう。

T：教科書 p.234 の「言の葉ポケット」の「考えを整理し，価値づけるときの表現」を使いながら，対話してみましょう。

○15分程度時間をとり，話し合わせる。

○互いの考えを尊重しながら話し合い，感想を述べ合ったり質問をし合ったりして，自分の考えを深めるように助言する。

○机間指導をしながら，国語の学習の領域に着目しているかどうかを確認する。

T：それでは，一年間の国語学習を通して自分にどのような変化があったのか，対話を通して気付いたことを何人かに発表してもらいましょう。

○自分の具体的な変化について発表させる。

　（例）・「1年生までは，古典なんてやる意味があるのかなと思っていたけれど，2年生で「平家物語」の「扇の的」を読んでから，古典って面白いなと思うようになりました。与一とか義経とか，登場する人物がみんなかっこよくて，生き生きしているので，身近に感じられました。「仁和寺にある法師」も面白くて，「こういう人，いるよね」と，思いながら読みました。やっても意味がないと思っていた古典が，2年生の国語学習を通して，とっても楽しくなりました。」

国語の学びを振り返ろう
「国語を学ぶ意義」を考え,コピーを作る

2・3/4時間

指導の重点
・互いの立場や考えを尊重しながら話し合い,結論を導くために考えをまとめさせる。

本時の展開に即した主な評価規準例(Bと認められる生徒の姿の例)
・互いの考えを尊重しながら対話し,それを通して自分の考えを整理したり,価値付けたりしてまとめている。【思・判・表】
・粘り強く国語を学ぶ意義を考え,今までの学習を生かしてコピーにまとめて共有し,交流しようとしている。【主】

生徒に示す本時の目標
・「国語を学ぶ意義」について,互いの立場や考えを尊重しながら話し合い,自分の考えをまとめよう
・「国語を学ぶ意義」を考え,今までの学習を生かしてコピーにまとめてクラスで交流しよう

1 本時の学習課題について理解する
○前時までの学習を振り返り,今後の学習の見通しをもつ。

T:前回は,2年生の国語学習を振り返り,自分の具体的な変化から共通点を見付け,抽象化した内容をワークシートに記入してもらいました。予告しておいた通り,今回と次回は,「国語を学ぶ意義」について考え,コピーにまとめます。その際,そのコピーを付けた意図や理由も示してください。

T:作成したコピーは,今の1年生に向けて発信することを意識してください。2年生の国語学習が楽しくなるようなコピーをつくりましょう。

○コピーとは何か説明するとともに,そのつくり方について,p.234の「言の葉ポケット」を活用して説明する。

2 コピーについて理解する
T:まず,コピーのイメージをもってもらうために,実際に企業が使っているコピーを見てもらいましょう。

○電子黒板等に,実際に企業等が用いているコピーを写す。

T:何をしている企業のコピーだと思いますか。またどのような商品のコピーだと思いますか。また,そこにどんなメッセージが込められていると思いますか。

> **ポイント コピーのイメージをつかませるために,企業等のコピーを紹介する**
> どのようにコピーをつくったらよいか分からない生徒もいるので,実際に使われている企業等のコピーを紹介し,どんな職種や商品のコピーなのか,考えさせる。また,そのコピーの意図や理由等を考えて話し合わせる。

3 「国語を学ぶ意義」をコピーにまとめ,その説明を書く

T:それでは,「国語を学ぶ意義」について,コピーを作成してみましょう。そして,そのコピーの意図や理由を200〜300字程度でまとめてみ

準備物：ワークシート，前時のワークシート

国語の学びを振り返ろう

本時の目標
「国語を学ぶ意義」について，互いの立場や考えを尊重しながら話合い，自分の考えをまとめよう
「国語を学ぶ意義」について考え，今までの学習を生かしてコピーにまとめて交流しよう

【コピーとは何か】
感覚に訴えて強い印象を与えるよう考案された，短い宣伝文句

コピー作成のポイント
・新二年生に向けて，「国語を学ぶ意義」をアピールすることを意識する。
・伝えたいことを短く端的に書く。
・表現を工夫する。（体言止めや比喩等）

説明を書く際のポイント
・そのコピーを付けた意図や理由，背景を具体的に書く。
・自分が伝えたいことは何かを明確にし，整理して書く。
・事前知識のない，新二年生にも理解できるように書く。

○グループ内で作品を共有し，交流する。
　→他の人からのアドバイスは，ワークシートにメモしておこう。

★次回予告
タブレットを使ってクラスで作品を共有し，交流します。

ましょう。繰り返しになりますが，新2年生の国語学習の参考になるように書いてください。
○p.234の「言の葉ポケット」を確認させながら，自分で考えたコピーや，その説明をワークシートに記入させる。　⬇ WS2
○適宜，机間指導を行い，悩んでいる生徒に助言する。

4　グループでワークシートを読み合い，意見を交流する

T：では，グループに分かれ，ワークシートを読み合ってみましょう。「国語を学ぶ意義」について端的にまとめられたコピーになっているか，添えられた説明は，新2年生にとって分かりやすい内容や表現になっているか等を確認し，気付いたことを伝え合ってください。
○黒板に書かれているポイントを確認しながら，読み合うように助言する。
○互いの考えを尊重しながら話し合い，自分の考えを整理したり，価値付けたりして自分の考えをまとめるよう助言する。
○友達からのアドバイスは，ワークシートにメモするように指示する。

5　振り返りと次時の見通しをもつ

T：次回はこの単元の最終回です。タブレットのコメント機能を活用して，皆さんがつくったコピーとその説明をクラスで共有し，交流します。今回，友達からもらったアドバイスを踏まえて，次回までにワークシートの記述を修正してきても構いません。今年一年間の国語学習の総まとめです。次回も頑張りましょう。
○ここでは，2単位時間を続けて記しているので，実際の授業では，進行に合わせて区切りのよいところで切るようにする。

国語の学びを振り返ろう
「国語を学ぶ意義」を考え，コピーを作る

4／4時間

指導の重点
・表現の工夫とその効果などについて，自分の文章のよい点や改善点を見いださせる。

本時の展開に即した主な評価規準例（Bと認められる生徒の姿の例）
・表現の工夫とその効果などについて，読み手からのコメントを踏まえ，自分の文章のよい点や改善点を見いだしている。【思・判・表】

生徒に示す本時の目標
表現の工夫とその効果などについて，読み手からのコメントを踏まえ，自分の文章のよい点や改善点を見いだそう

1　本時の学習課題について理解する
○前時までの学習を振り返り，本時の学習の流れを確認する。
T：これまで皆さんは，「国語を学ぶ意義」について考え，コピーにまとめるとともに，それを付けた意図や理由について説明を書き，グループで意見を交流してきました。
　今日は，クラスで作品を読み合い，よいと思った点やもっと知りたい点，改善点などを伝え合います。タブレットのコメント機能を用いて，作品を共有し，交流したいと思います。
　新2年生の国語学習の参考となるよう，よく考えてコメントを付けてください。

2　友達の作品を読み，コメントを付ける
○本時の前までに個々の作品を提出させ，人権上の課題がないかなど，その内容を確認しておく。
○全員の作品にコメントが付くよう，担当する作品を分担しておく。
T：それでは，友達の作品をよく読んで，タブレットにコメントを打ち込んでください。
T：どのように書いてよいか分からない人は，教科書のp.235の［作品例］のコメントや，黒板のコメント例を参考にして具体的に書いてみましょう。
○30分程度時間をとり，個人で学習課題に取り組ませる。

> **ポイント　コメント例を示すことで，書く内容について，具体のイメージをもたせる**
> 「よかった」，「分かりやすい」などの一言コメントではなく，友達の作品をよりよくするためにアドバイスや質問，感想などを具体的に書く必要があることに気付かせる。

○今回は，黒板にコメント例を掲示したが，あらかじめ生徒のタブレット等に配信しておくこともできる。
○自分が担当する作品に対するコメントを書き終わった生徒には，ほかの生徒がどのようなコメントを付けているか確認させる。ほかのコメントを読んで気付いたことを追記させてもよい。また，担当以外の作品にコメントを付けてもよいことを指示する。

準備物：黒板用掲示物もしくはタブレット配信用の資料 「コメント例」

国語の学びを振り返ろう

本時の目標
表現の工夫とその効果などについて、読み手からのコメントを踏まえ、自分の文章のよい点や改善点を見いだそう

【コメント例】
○友達の作品を読み、コピーや説明のしかたについて、よいと思った点やもっと知りたい点、改善したほうがよい点について、コメントを通して伝え合う。

タブレットのコメント機能を使おう

☆友達の意見を踏まえて、「国語を学ぶ意義」を改めて考え、今後に生かしていきましょう。

3　友達からもらったコメントを読み，自分の作品のよい点や改善点に気付く

T：友達が書いてくれたコメントを読んで，どのような感想をもちましたか。また，改善点は見付かりましたか。

○何人かを指名する。

（例）・自分がつくったコピーを「印象に残る」とほめてもらって嬉しかったです。説明では，音読について触れていなかったのですが，コメントを読んで，自分も「平家物語」の音読が好きだったことを思い出しました。少し書き換えて，音読について加えてみます。

T：それでは，最初に予告しておいた通り，皆さんが，友達の意見を踏まえて修正した作品は，春季休業中に新2年生に配信します。

4　単元の学習全体を振り返る

T：さて，友達のコピーやその説明，自分の作品へのコメントを読んで，「国語を学ぶ意義」について新たに気付いたことを教えてください。

（例）・ほかの人のコピーや作品を読んで，「国語を学ぶ意義」について，別の視点から考えることができました。自分では思いつかなかったのですが，手紙や電子メールの書き方について学んだことも，これからの社会生活に生きると思いました。

T：まもなく3年生です。今回の単元を踏まえ，「国語を学ぶ意義」について改めて考え，今後に生かしていきましょう。

> **発展**
> 生徒の実態に応じて，国語が基幹教科として果たす役割や他教科等との関連について，考えさせることもできる。例えば，国語で学んだ「情報を整理して伝える」力が，社会科や理科，「総合的な学習の時間」の学習活動において，生きて働くことに気付かせるなど，教科横断的な視点で取り組ませることもよい。

8 表現を見つめる

鍵

(2時間)

1 単元の目標・評価規準

- 抽象的な概念を表す語句の量を増すとともに、文章の中で使うことを通して、語感を磨き語彙を豊かにすることができる。　〔知識及び技能〕(1)エ
- 文章を読んで理解したことや考えたことを知識や経験と結び付け、自分の考えを広げたり深めたりすることができる。　〔思考力，判断力，表現力等〕C(1)オ
- 言葉がもつ価値を認識するとともに、読書を生活に役立て、我が国の言語文化を大切にして、思いや考えを伝え合おうとする。　「学びに向かう力，人間性等」

知識・技能	抽象的な概念を表す語句の量を増すとともに、文章の中で使うことを通して、語感を磨き語彙を豊かにしている。((1)エ)
思考・判断・表現	「読むこと」において、文章を読んで理解したことや考えたことを知識や経験と結び付け、自分の考えを広げたり深めたりしている。(C(1)オ)
主体的に学習に取り組む態度	詩を読んで理解したことや考えたことを知識や経験と結び付け、学習課題に沿って作者のものの見方について話し合おうとしている。

2 単元の特色

教材の特徴

　自律した精神性や生き様が投影された茨木のり子の詩は時代を超えて多くの人の心を引き付けている。「鍵」は平成28年度版の教科書に一度掲載されている。「一つの鍵が手に入るとたちまち扉はひらかれる」で始まり、5回出てくる「鍵」という言葉が何を表しているのか想像をかきたてられる詩である。大人になっていく段階で自分の「鍵」を探して迷いもがく中学校2年生に深く味わわせたい詩である。三連までは自分のことが述べられているが、四連は個々の事例を提示し五連は「ひとびとの群れ」「あまたの鍵のひびきあい」と複数の人について述べられている。ただ、四連の事例も「虫くいの文献」や「聞き流した語尾に内包され」など「鍵」とどう関係しているのか等、簡単には理解しにくいところもある。「鍵」が何を象徴しているのか、何を伝えようとしている詩なのか、一人一人が語句を調べたり、考えたりして、作者のものの見方について考え、それぞれの解釈をする。それを友達と話し合うことで自分の考えを広げたり深めたりすることにつなげていく。比喩や多義的な語句に向き合うことで、言葉

を見つめ，詩に込められた作者の思いを読み取る学習につなげていく。

身に付けさせたい資質・能力

　本単元では，学習指導要領C(1)オ「文章を読んで理解したことや考えたことを知識や経験と結び付け，自分の考えを広げたり深めたりする」力を育成することに重点を置く。この資質・能力を身に付けさせるための言語活動として詩歌を読み，考えたことを伝え合う活動を設定する。抽象的な言葉について，調べたり感じたり考えたりする。そして語句や表現についてなぜそう感じたのかを話し合うことで共感したり新しい視点を得たりすることができるように指導する。

　また，この活動を行う際は，〔知識及び技能〕(1)エ「抽象的な概念を表す語句の量を増すとともに，話や文章の中で使うことを通して，語感を磨き語彙を豊かにすることができる。」と関連付けて指導する。抽象的な概念を表す語句を調べ解釈し，自分の知識や経験と結び付けて考えることによって詩の中の場面を具体的に想像する。そうすることで，詩の中で使われている語句を自分なりに解釈し，語感を磨き，語彙を豊かにしていく。

3　学習指導計画（全2時間）

時	○主な学習活動	☆指導上の留意点　◆評価規準
1	○本単元の学習課題「詩を読み，作者のものの見方について語り合う」を知り，学習の見通しをもつ。 ○詩を音読する。 ○分からない語句を調べる。 ○印象に残った語句や表現を挙げ，感想や疑問を出し合う。 ○作者は，「鍵」をどのようなものとして描いているか。「鍵」の特徴について考える。	☆詩の中のどの言葉に着目し，その言葉をどのように解釈しているか押さえさせる。 ◆印象に残った語句や表現を挙げ，調べたり考えたりして自分なりに解釈した上で意欲的に友達と話し合おうとしている。【主】
2	○全文を再読し，「鍵」の特徴を確認する。 ○「鍵」によって「ひらかれる扉」の向こうには，どのようなものがあるか考える。 ○「私」は「この世」をどんな世界と思っているか。考えを書き，友達と話し合う。 ○どうすればあなたが探したい「鍵」を見付けられるのか。友達との交流等を振り返り，作者の言葉を引用するなどして自分の考えや思いを書く。 ○単元の学習を振り返る。	◆友達と話し合ったことや自分の知識や経験と結び付け，作者のものの見方や考え方について考えている。【思・判・表】

1 鍵 (1/2時間)

指導の重点
・詩を読み語句や表現に着目して、感じたり考えたりしたことを話し合わせる。

本時の展開に即した主な評価規準例（Bと認められる生徒の姿の例）
・印象に残った語句や表現を挙げ、調べたり考えたりして自分なりに解釈した上で意欲的に友達と話し合おうとしている。【主】

生徒に示す本時の目標
　詩を読み語句や表現に着目して、感じたり考えたりしたことを話し合おう

1　本単元の学習課題を把握する
T：詩についてどんなイメージをもっていますか。これから茨木のり子さんの詩を読みます。はじめに茨木のり子さんの「詩のこころを読む」を読みます。
○詩は難しいというイメージもあるが、「詩はひとの心を解き放ってくれる力がある、その国々のことばの花々です。」という作者の言葉から、ことばの花である、詩の中の語句に着目することを確認する。

> 　いい詩には、ひとの心を解き放ってくれる力があります。いい詩はまた、生きとし生けるものへの、いとおしみの感情をやさしく誘いだしてもくれます。どこの国でも詩は、その国のことばの花々です。
> 　　　『詩のこころを読む』茨木のり子著、岩波ジュニア新書9

T：着目した語句や表現について感じたり考えたりしたことを友達と語り合いましょう。そのことで作者の描いている世界やものの見方や考え方について自分の感じたことや考えたことを広げ深めていきます。

2　教材を音読する
○詩を音読する。
○デジタル音源の朗読を聞かせてもよい。
T：詩を音読しますが、難しい語句や表現があったら傍線を引いておきましょう。また心に残った表現や言葉にも波線を引きましょう。

3　難しかった語句や表現を挙げる
○タブレット等で調べさせ、調べたことを生徒に発表させる。板書で補足説明をする。

4　印象に残った語句や表現をワークシートに記入後、班で話し合う　　WS1
○詩の語句や表現について考える。
T：これから詩の中で印象に残ったり疑問に思ったりした語句や表現をワークシートに書いてみましょう。その後、印象に残ったり思ったりしたということを、班で自由に発表しましょう。自分と違うところや同じだったところをワークシートに書き込みましょう。

ポイント　友達との共通点と相違点を確認する

準備物：ワークシート

鍵

本時の目標
詩を読み語句や表現に着目して、感じたり考えたりしたことを話し合おう

〈意味の難しい語句〉
・燐光を発し ・腐食 ・燦然と など

〈印象に残ったり疑問に思ったりした語句や表現〉

鍵とは何か
・人の性格 謎めいた行動
・物と物との関係
・複雑に絡まりあった事件
・虫くいの文献
・聞き流した語尾に内包され
・束になって空中をちゃりりんと飛んでいたり…

一連　一つの鍵が手に入ると／たちまち扉はひらかれる
三連　ちっぽけだが／それなくしてはひらかない黄金の鍵
　　　私も……その鍵のありかの近くを
　　　鍵にすれば……知れないのに
五連　あまたの鍵のひびきあい

印象に残ったり疑問に思ったりした語句や表現を友達と発表し合うことから友達の語句や表現についての捉え方を知る。

T：印象に残ったり，疑問に感じたりした語句や表現を班で話し合いましたが，そこで出た意見や感想を発表してもらいます。
○どこが印象に残ったのか，疑問に思ったのかを発表させる。

発展
全班に発表させ，黒板にまとめていく方法もあるがICT機器で班ごとにまとめ全体で共有する方法もある。どちらの方法でもどこが印象に残ったり，疑問に思ったりしたか発表させ共有する。これにより同じ表現でもいろいろな捉え方があることを知る。

5　中心の語句「鍵」に着目して考える
○作者は「鍵」をどのようなものとして描いているか。鍵の特徴について考える。
T：全ての班に発表してもらいましたが「鍵」とは何だろうという疑問がどの班からも出ました。詩の中に鍵という言葉がたくさん出てきます。確認しましょう。

一連　一つの鍵が　手に入ると
　　　たちまち扉はひらかれる
三連　ちっぽけだが
　　　それなくしてはひらかない黄金の鍵
四連　私も行ったのだその鍵のありかの近くまで　鍵にすれば　出会いを求めて
　　　身をよじっていたのかも知れないのに
五連　あまたの鍵のひびきあい

T：ここに出てくる鍵は誰の鍵ですか。
○一～三連は私の鍵であるが四連はいろいろな場面における鍵の例が示されており，特定の人のものではない。五連はひとびとの鍵であることを確認する。
○電子黒板に詩を写し上記の部分に線を引く。
T：この鍵はどのようなものとして描かれていると思いますか。
S：何かをつかむヒント。
　きっかけだと思います。
　鍵が手に入ると何かがつかめるのかなと思いました。

6　次時の見通しをもつ
T：次回は，鍵という詩をより深く味わって，作者のものの見方について考えていきます。

2 ②/2時間 鍵

指導の重点
・詩の中に表れている作者のものの見方や考え方について知識や経験を結び付けて考えさせる。

本時の展開に即した主な評価規準例（Bと認められる生徒の姿の例）
・友達と話し合ったことや自分の知識や経験と結び付け、作者のものの見方や考え方について考えている。【思・判・表】

生徒に示す本時の目標
自分の知識や経験と結び付けて作者のものの見方や考え方について考えよう

1　全文を再読し、詩「鍵」の特徴を確認する
○詩を各自で音読する。
T：「鍵」という詩を読みましたがこの「鍵」という言葉は何かを例えているのではないですか。前時に何かをつかむきっかけやヒントとして表されているという意見が出ました。今日はさらに詩を読み味わい、友達と話し合うことで作者のものの見方や考え方について考えていきます。

2　「鍵」によって「ひらかれる扉」の向こうには、どのようなものがあるかを考える
T：何かをつかむヒントやきっかけである「鍵」ですがその鍵を使ってあけた扉の向こうにはどのようなことがあると思いますか。ワークシートに自分の考えを書いてください。 ⬇ WS2
S：自分の迷いや悩みが解決する
　　願いが叶う　　目標が達成する
　　夢や希望がある

3　五連にある「この世」を私はどのような世界と思っているか。自分の考えを書き、友達と話し合う

T：「この世」とはどのような世界ですか。自分の考えをワークシートの上の段に書き、その後班で話し合います。友達の考えは下の段に書いてください。
○ワークシートに自分の考えを記入させ、交流の後に友達の考えを下段に書かせる。
○全体で発表させる。「この世」に対して肯定的な意見と否定的な意見を取り上げる。
S：この世は夢や希望にあふれる燦然と輝くすばらしい世界
　　この世は生きいそぎ　死にいそぐひとびとがたくさんいる忙しいばかりの世界

> **ポイント　「この世」についての観点を提示する**
> 考えにくい場合は、作者はこの世をすばらしいところだと思っているのか、そうではないかという観点を表示して、肯定的に見ているだけではないことに気付かせる。

4　どうすれば探したい「鍵」を見付けられるのか。詩の中の言葉に着目し、作者のものの見方や考え方について、友達と確認する

準備物：ワークシート

鍵

本時の目標
自分の知識や経験と結び付けて作者のものの見方や考え方について考えよう

〈ひらかれる扉の向こうにはどのようなものがあるか〉
迷いや悩みが解決する　願いが叶う　目標達成　夢や希望

〈この世とは〉
○夢や希望にあふれる　燦然と輝くすばらしい世界
●生きいそぎ死にいそぎひとびとがたくさんいる忙しいばかりの世界

〈どうすれば探したい「鍵」が見付けられるか〉
●生きいそぎ　死にいそぐ
○もっと落ち着いてゆっくりと佇んでいたら探し出せたに違いない

← あなたの「鍵」はどうすれば見つけられるか考えよう

T：ワークシートの上の段に自分の考えを書き，その後班で話し合います。友達の考えは下の段に書いてください。
○ワークシートに，自分の考えと友達の考えを分けて書かせる。

T：それでは班でどのような意見が出たか発表してください。
S：「ちっぽけでもどこかにあるので落ち着いて探す」
「ゆっくりと考える」
「思いがけないところにあるのであきらめずに探す」
「人がそれを見つけ出しとあるので誰かにアドバイスを求める」
○「もっと落ち着いて　ゆっくり佇んでいたら探し出せたに違いない」と「行きいそぎ　死にいそぐ」の対比に着目させる。

発展
全ての班に発表させ，黒板にまとめていく方法もあるがICT機器で班ごとにまとめ，全体で共有する方法もある。3，4の問いは，詩を読み深める際，大変大事なところであるため，教師が出た意見を整理して，押さえておきたいところを丁寧に確認していく。

5　どうすればあなたの鍵が見付けられるのか

T：では最後にあなたの鍵はどうすれば見付けられるか書いてください。
友達と話し合ったりしたことや作者の言葉を引用したりしながら文章を書いてください。
（例）「大会に出たくてずっとがんばってきた。しかし結果が出なかったのであらゆる動画を見て手当たり次第にやってみた。結局うまくいかなかったが基礎練習をじっくり続けたら効果が出て大会に出ることができた。」
「友達との関係がうまくいかず悩んでいた。いとこのお兄さんに話したら気持ちがすっきりして笑顔で友達と接することができ，いつも間にか元通りに仲良くなれた。」
発表させてもICT機器で共有させてもよい。

6　授業の振り返りを行う

T：茨木のり子さんの詩は自分の「鍵」を見付けるために迷ったり悩んだりする皆さんの心に響いたのではないでしょうか。茨木のり子さんの詩には素敵な言葉を使った作品がたくさんあります。ほかの詩も是非読んでみてください。

8　表現を見つめる

国語の力試し　（3時間）

1　単元の目標・評価規準

　本単元は，今までに身に付けた資質・能力を活用して，問題に取り組む単元である。問題は，読む力，話す力・聞く力，書く力，知識・技能から構成されている。学習指導要領との関係は次のとおりである。

- 〔知識及び技能〕(1)エ，カ
- 〔思考力，判断力，表現力等〕A(1)エ　(2)ア　B(1)ウ，エ　(2)イ　C(1)ア，エ　(2)イ
- 言葉がもつ価値を認識するとともに，読書を生活に役立て，我が国の言語文化を大切にして，思いや考えを伝え合おうとする。　　　　　　　　　　　　　「学びに向かう力，人間性等」

知識・技能	・類義語と対義語，同音異義語や多義的な意味を表す語句などについて理解している。　　　　　　　　　　　　　　　　　　　　　　　　　　　　　　　　　　　　((1)エ) ・敬語の働きについて理解し，話や文章の中で使っている。　　　((1)カ)
思考・判断・表現	・「話すこと・聞くこと」において，論理の展開などに注意して聞き，話し手の考えと比較しながら，自分の考えをまとめている。　　　　　　　　　　　(A(1)エ) ・「話すこと・聞くこと」において，説明や提案など伝えたいことを話したり，それらを聞いて質問や助言などをしている。　　　　　　　　　　　　　　(A(2)ア) ・「書くこと」において，根拠の適切さを考えて説明や具体例を加えたり，表現の効果を考えて描写したりするなど，自分の考えが伝わる文章になるように工夫している。　　　　　　　　　　　　　　　　　　　　　　　　　　　　　　　　(B(1)ウ) ・「書くこと」において，読み手の立場に立って，表現の効果などを確かめて，文章を整えている。　　　　　　　　　　　　　　　　　　　　　　　　　　(B(1)エ) ・「書くこと」において，社会生活に必要な手紙や電子メールを書くなど，伝えたいことを相手や媒体を考慮して書いている。　　　　　　　　　　　　(B(2)イ) ・「読むこと」において，文章全体と部分との関係に注意しながら，登場人物の設定の仕方などを捉えている。　　　　　　　　　　　　　　　　　　　　(C(1)ア) ・「読むこと」において，観点を明確にして文章を比較するなどし，表現の効果について考えている。　　　　　　　　　　　　　　　　　　　　　　　　(C(1)エ) ・「読むこと」において，古典作品などを読み，引用して解説したり，考えたことなどを伝え合っている。　　　　　　　　　　　　　　　　　　　　　　(C(2)イ)
主体的に学習に取り組む態度	今までの学習を生かして，それぞれの学習課題に粘り強く取り組み，自己調整しながら学習を進めようとしている。

2 単元の特色

教材の特徴

　全国学力・学習状況調査でも（令和7年度より順次）導入予定のCBTによる力試しである。2年生で学習したことを思い出し，タブレット等で自分のペースで問題に取り組んでいく。行き詰まったときには教科書の学習ページを見るとよい。教科書の問題と発展問題がある。各自がテスト形式で，問題を解き，解答表示で自己採点をすることで2年生で学んだ自身の資質・能力がどの程度身に付いているかを確認できる。また，自分のペースで進め，自己採点するため，自らの学習を調整する力が身に付く。

身に付けさせたい資質・能力

　本単元では，学習指導要領C(1)ア，エ　A(1)エ　B(1)ウ，エ　〔知識及び技能〕(1)エ，カ及び言語活動例であるC(2)イ　A(2)ア　B(2)イが身に付いているかを各自がCBTで確認する。自己採点することで，自らの学習を調整する力が付くように指導する。自己採点のため教師の評価は，主体的に学習に取り組む態度を評価することが適当であると考える。

3 学習指導計画（全3時間）

次	時	○主な学習活動	☆指導上の留意点　◆評価規準
一	1	○二次元コードから「教科書の問題を解く」にタブレット等を使って40分を目安に取り組む。 ○問題に取り組んだ後，回答を確認する。	☆「話す力・聞く力」の問題は二次元コードから音声を聞かせ，メモを取らせる。 ◆【知・技】(1)エ，カ ◆【思・判・表現】C(1)ア，エ　(2)イ
	2	○二次元コードから，発展問題に取り組む。 ○40分を目安に問題を解く。 ○解き終わったら，解答と採点基準を確認し，自己採点をする。	◆【思・判・表現】A(1)エ　(2)ア ◆【思・判・表現】B(1)ウ，エ　(2)イ ◆今までの学習を生かして，それぞれの学習課題に粘り強く取り組み，自己調整しながら学習を進めようとしている。【主】
二	3	○振り返る。 ・間違ったところを改めて見直したり，それぞれの設問に関連する教材に立ち戻って，学習の要点を確認したりする。 →「枕草子」 →「[聞く] 意見を聞き，整理して検討する」 →「表現の効果を考える」 →「表現を工夫して思いを伝える」 →「言葉2　敬語」 →「言葉1　類義語・対義語・多義語」	

1 国語の力試し

（3時間）

指導の重点
・今までの学習を生かして，それぞれの学習課題に粘り強く取り組ませる。

本時の展開に即した主な評価規準例（Bと認められる生徒の姿の例）
・今までの学習を生かして，それぞれの学習課題に粘り強く取り組み，自己調整しながら学習を進めようとしている。【主】
（※第2・3時も併せて評価する）

生徒に示す本時の目標
今までの学習を生かして粘り強く問題に取り組もう

1 本単元の学習課題を把握する
T：一年間，国語の勉強をしてきました。そのまとめとして今日から3時間で2年生の国語の力試しを行います。国語の力がどれだけ身に付いているかを確認します。
　教科書を見てください。問題は「読む力」が三問，「話す力・聞く力」「書く力」「知識・技能」が二問ずつ，合計九問で構成されています。
〇この一年間で国語の力がどの程度身に付いているかを確かめる問題であることを確認する。

2 学習の進め方を確認する
T：これからタブレットで教科書の二次元コードを読み取って問題を解いていきます。その後各自で採点基準を確認して採点します。また「話す力・聞く力」はタブレットで音声を聞いて進めてください。メモを取りながら進めましょう。
〇今後，全国学力・学習状況調査で導入されるCBTによる力試しであることを確認する。

3 CBT方式で問題を解き，終わったら自己採点する
T：では40分で問題を解いてください。早く終わったら採点を行ってください。自分のペースで粘り強く取り組みましょう。

> **ポイント　CBTについて理解し慣れる**
> 　CBTはComputer Based Testingの頭文字をとった言葉で，コンピュータ上での試験方法を指す。世界各国で様々な分野・業界の資格試験，検定試験，社内試験，学力検査などに採用されている。日本でも最近，従来の筆記試験に代わる方法として増加し，資格試験や検定試験に活用されている。中学校の今からシステムを理解して回答の仕方に慣れさせておきたい。

> **ポイント　問題を正しく読み，問われていることを把握させる**
> 　まず問題を正確に読むことが大事である。よく読んで，何を問われているのかを理解することが最も大事であることを強調する。

準備物：なし

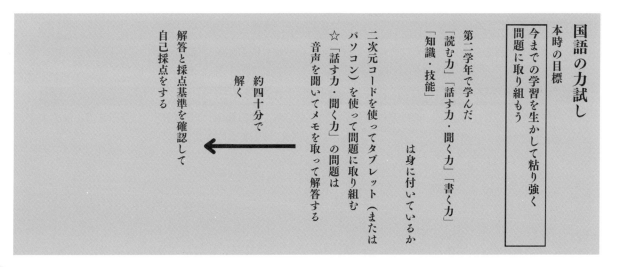

T：解き終わったら採点をします。採点基準をよく読んで自分で採点しましょう。
○「読む力」三問，「話す力・聞く力」二問，「書く力」二問で構成されている。文章を書く問題では苦手意識をもつ生徒も多いであろう。自己採点をする際，以下のことを指導する。

・「読む力」…「枕草子」の現代語訳ＡＢが示されている。それぞれ原文と比べたり，ＡＢを比べたりする問いである。
　ＡＢのどちらに引かれるかという問いなので自分がよいと思った方を選べばよいが，選んだ理由を書くことが求められている。
　「表現のしかた」についてよく分からない場合は教科書「表現の効果を考える」を参考にさせるとよい（描写の仕方や表現技法などが文章に与える効果を考える）。

・「話す力・聞く力」…学級会で「卒業生に贈る言葉」について提案している文章を読み問いに答える。教科書には文章で掲載されているが，二次元コードで聞き取らせる。
　評価の観点の情報の整理については意見と理由の結び付きが整理されているか，理由は適切かどうかに着目させる。

・「書く力」…職場体験の訪問先への電子メールを書くという設定である。
　電子メールという媒体であること，訪問先への問い合わせのメールということで相手意識・目的意識を明確にもつことが大切である。「知識・技能」にある敬語についても適切に使うように確認させたい。

4　次時の見通しをもつ

T：採点まで終わりましたか。点数を見るだけでなく，間違ったところを必ず復習しましょう。次回は発展問題を行います。

②/3時間 国語の力試し

指導の重点
・今までの学習を生かして，それぞれの学習課題に粘り強く取り組ませる。

本時の展開に即した主な評価規準例（Bと認められる生徒の姿の例）
・今までの学習を生かして，それぞれの学習課題に粘り強く取り組み，自己調整しながら学習を進めようとしている。【主】

生徒に示す本時の目標
　今までの学習を生かして粘り強く発展問題に取り組もう

1　本時の学習課題を把握する
T：前時はタブレットを使用してCBT方式で問題を解きました。どうでしたか。
　このCBT方式の試験は，最近，資格試験や検定試験によく使われるようになりました。皆さんも今後この形の試験を受けることがあると思います。是非慣れてください。
　今日は，発展問題に挑戦します。この問題も，2年生で勉強した「読む力」「話す力・聞く力」「書く力」「知識・技能」がどれだけ身に付いているかを自己採点します。採点基準をよく理解し自己採点することで自己の成果や課題が分かります。
○前時と同様，この一年間で国語の力がどの程度身に付いているかを確かめる問題であることを確認する。

2　CBT方式で問題を解き，終わったら自己採点する
T：今回もタブレットで教科書の二次元コードを読み取って問題を解いていきます。その後各自で採点基準を確認して採点します。また「話す力・聞く力」はタブレットで音声を聞いて進めてください。メモを取りながら進めましょう。
　では40分で問題を解いてください。早く終わったら採点を行ってください。自分のペースで粘り強く取り組みましょう。

> **ポイント　自分のペースで粘り強く取り組ませる**
> 　この学習はタブレット等を使い，自分のペースで考えながら学習を進めることが大切だ。すぐに答えを見るのではなく，丁寧に粘り強く学習に取り組むことが大切であることを伝える。

T：解き終わったら採点をします。採点基準をよく読んで自分で点数を付けましょう。
○発展問題は「読む力」「話す力・聞く力」「書く力」では言語活動例に関連する問題，「知識・技能」は単語の活用や文の照応という問題が出題されている。以下の項目からの出題であることを念頭に置き，指導・助言できるとよい。

・「読む力」…正岡子規の短歌の解説ＡＢ
　　正岡子規の短歌についてＡ馬場あき子の解説

準備物：なし

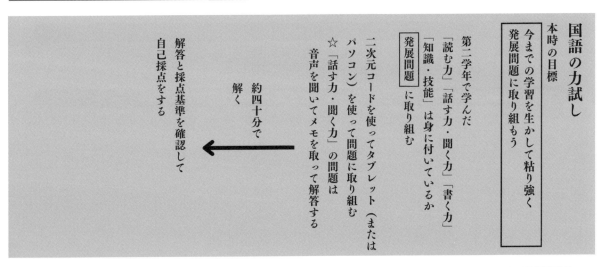

とB武川忠一の解説を読み比べ，それぞれの解説の観点について考える。

　共感した短歌を選び，その歌を選んだ理由を解説文から引用し，自分の知識や経験と関連付けて，解説文を読んで感じたことを書く。

　「自分の知識や経験を関連付けて」は，短歌について知識や経験など特にないという生徒もいるだろう。しかし春の雨の日のゆったりした雰囲気や雨のにおいなど，自分の経験を思い出し，結び付けるよう指導する。

・「話す力・聞く力」…学級会にて美化委員会から出た提案を議論し，進行役がまとめるという設定で，互いの立場や考えを尊重しながら話し合い，結論を導くために考えをまとめる。

　話合いにおいては，一方的に自分の考えを主張するのではなく，互いの共通点や相違点，新たな提案などを踏まえて話し合うことが大切である。進行役の役割の重要性についても理解させたい。

・「書く力」…UD対応の自動販売機の特徴を取り上げ，どのようなときに役立つかを具体的に書く問いである。

　適切な根拠に基づいて意見を述べたり説明や具体例を加えたりするなど，自分の考えが伝わる文章になるように工夫する。

　説得力を増すために，考えや意見の根拠となることがらを具体的に記述する。読み手が言葉を通して具体的に想像できるよう，より効果的な語句や表現を選んで書くように指導する。

・「知識・技能」…単語の活用，文の照応という文の構成等の問題を解く。これらの問題を通して語感を磨き語彙を豊かにしていくことや文の構成を理解するなど言葉に着目して話しや文章の中で使えるように指導する。

3　次時の見通しをもつ

T：採点まで終わりましたか。次回は振り返りを行います。

3/3時間 国語の力試し

指導の重点
・今までの学習を振り返り，自己調整しながら学習を進めさせる。

本時の展開に即した主な評価規準例（Bと認められる生徒の姿の例）
・今までの学習を生かして，それぞれの学習課題に粘り強く取り組み，自己調整しながら学習を進めようとしている。【主】

生徒に示す本時の目標
今までの学習を振り返り，自己調整しながら学習を進めよう

1　本時の学習課題を把握する

T：今まで2時間タブレットを使用してCBT方式で問題を解きました。2年生で学習した国語の力がどれだけ身に付いたかを確認しました。どうでしたか。今日は学習を振り返ります。
　今日の目標は「今までの学習を振り返り，自己調整しながら学習を進めよう」です。自己調整するとは何をすることでしょうか。
S：自己調整するとは自分で考えて計画を立て振り返りながら学習することです。
　自分で目標を決め計画を立てます。その目標を実行して，結果を自己評価して，できたところとできなかったところを確認します。できなかったところは学習方法を工夫して学習を続けて身に付けていきます。
○自己調整することは，学習に限らず全ての活動の場面で大事なことである。人生を歩んでいくに当たって一人一人の生徒に自己調整する力を付けさせたい。

ポイント　自らの学習の成果と課題を見つめ，

調整する力を身に付けさせる
　学習においては，自分自身が何ができて何ができないのか，できないことはどうしたらできるようになるかを考え，自分自身を客観的に認知して，自己を調整する力を身に付けることが大切である。
　自分で見通しを立てる。実行したら自己評価をする。間違ったところを改めて見直したり，それぞれの設問に関連する教材に立ち戻って，学習の要点を確認したりする。これを個人のペースで学習させていく。

2　学習の方法を工夫する

T：では皆さんはどのような学習を行い国語の力を身に付けますか。
　これから行おうと思う学習方法をワークシートに書いてください。　⬇ WS
S：（ワークシートに記入する。）
T：では何人かの人に発表してもらいます。
S：間違ったところをもう一度解く。
　間違ったところを見直す。
　間違った問題に関係する教科書を読んで大事なところを確認する。　　　　　　　　　　　　　など
T：そうですね。今出たほかの人の方法も参考に

準備物：ワークシート

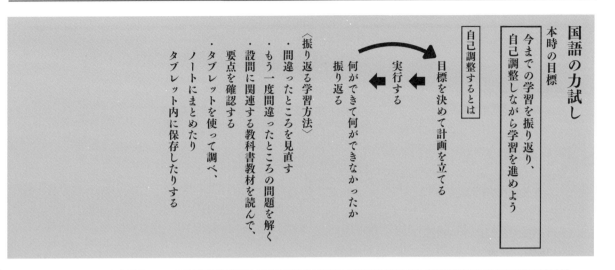

3 各自が工夫して今までの学習を振り返る

T：ではこれから各自，自分に合った内容や方法を工夫して学習しましょう。振り返ったことは，ノートに書いたり，タブレットに書いて保存したりするなどして忘れないようにします。その日に工夫したことも記録しておくとよいです。

S：（各自が振り返りの学習を行う）

○振り返りの学習は各自で行わせるが，方法が分からない生徒には，改めて問題に取り組ませる。そして間違ったところは，教科書の関係する箇所を開き，再度読んで，要点を確認するとよいことを助言する。

〈確認箇所〉
「枕草子」
「［聞く］意見を聞き，整理して検討する」
「表現の効果を考える」
「表現を工夫して思いを伝える」
「言葉2　敬語」
「言葉1　類義語・対義語・多義語」

○振り返りが早く終わった生徒には p.267「語彙ブック」を読むことを進め，知らなかった語句について調べたり理解したりさせる。また，「言葉の宝箱」（小学校）と「語彙ブック」（1年）を二次元コードを使って開き，これまでに学んだ言葉を思い起こさせる。なんといっても言葉は文章や会話の土台である。多くの言葉に触れさせることで，日頃から使える言葉を増やしておくことを目指したい。

4 3年生に向けて目標を立てる

T：2年生の国語の力試しはどうでしたか。
　最後に今回の国語の力試しを行って，身に付いたこととそうでないことが分かったと思います。自分の課題を明らかにし3年生に向けた目標を立てましょう。それをワークシートに書きます。今後も学習内容や方法を工夫し，自己調整しながら学習を進めていきましょう。

S：（ワークシートに記入し，提出する）

執筆者・執筆箇所一覧 （所属は執筆時）

【編著者】

田中　洋一
　　東京女子体育大学名誉教授／令和7年度版光村図書出版中学校国語教科書編集委員

【編集協力者】

枝村　晶子
　　武蔵野市教育委員会

大橋　里
　　八王子市立上柚木中学校

大河内　麻衣
　　小平市立小平第六中学校

【執筆者】（執筆順）

田中　洋一（前掲）
　　第1章　これからの国語科の授業が目指すもの

相澤　菜々子（葛飾区立上平井中学校）
　　見えないだけ　続けてみよう｜メディアの特徴を生かして情報を集めよう／デジタル市民として生きる｜ヒューマノイド

福島　教全（江東区教育委員会）
　　アイスプラネット｜字のない葉書

来栖　早紀（台東区立駒形中学校）
　　漢字に親しもう1｜漢字1　熟語の構成／漢字に親しもう2｜漢字2　同じ訓・同じ音をもつ漢字／漢字に親しもう3｜漢字に親しもう4｜漢字に親しもう5｜漢字3　送り仮名

佐藤　三枝（江戸川区立松江第四中学校）
　　［聞く］意見を聞き，整理して検討する｜魅力的な提案をしよう　資料を示してプレゼンテーションをする｜「自分らしさ」を認め合う社会へ　父と話せば／六千回のトライの先に／読書案内　本の世界を広げよう

長瀬　幸子（北区立飛鳥中学校）
　　文法への扉1　単語をどう分ける？｜文法への扉2　走る。走らない。走ろうよ。｜文法への扉3　一字違いで大違い

白土　真（墨田区立吾嬬立花中学校）
　　枕草子｜［話し合い（進行）］話し合いの流れを整理しよう｜立場を尊重して話し合おう　討論で視野を広げる

片山　富子（世田谷区児童相談所）
　　季節のしおり　春｜季節のしおり　夏｜聴きひたる　月夜の浜辺｜季節のしおり　秋｜季節のしおり　冬

安河内　良敬（足立区立千寿桜堤中学校）
　　クマゼミ増加の原因を探る｜表現を工夫して書こう　手紙や電子メールを書く｜［推敲］表現の効果を考える

栁澤　采佳（千代田区立麹町中学校）
　　情報整理のレッスン　思考の視覚化｜情報を整理して伝えよう　職業ガイドを作る

駒田　るみ子（墨田区立吾嬬第二中学校）
　　短歌に親しむ／短歌の創作教室／短歌を味わう｜言葉2　敬語

佐々木　希久子（港区立港南中学校）
　　言葉の力｜言葉1　類義語・対義語・多義語／語彙を豊かに　抽象的な概念を表す言葉

大河内　麻衣（前掲）
　　読書を楽しむ｜翻訳作品を読み比べよう　星の王子さま／コラム　「わからない」は人生の宝物／読書案内　本の世界を広げよう｜描写を工夫して書こう　心の動きが伝わるように物語を書く

青山　雄司（東京都立立川国際中等教育学校）
　　聞き上手になろう　質問で思いや考えを引き出す｜モアイは語る——地球の未来

中澤　翼（国立市立国立第三中学校）
　　思考のレッスン1　根拠の吟味｜適切な根拠を選んで書こう　意見文を書く

大橋　里（前掲）
　　音読を楽しむ　平家物語／「平家物語」の世界／「平家物語」の主な登場人物たち｜扇の的——「平家物語」から｜仁和寺にある法師——「徒然草」から／係り結び／漢詩の風景／律詩について

前川　智美（横浜創英中学・高等学校）
　　君は「最後の晩餐」を知っているか／「最後の晩餐」の新しさ｜思考のレッスン2　具体と抽象

杉田　あゆみ（武蔵野市立第四中学校）
　　走れメロス

熊谷　恵子（中野区立明和中学校）
　　言葉3　話し言葉と書き言葉｜国語の学びを振り返ろう　「国語を学ぶ意義」を考え，コピーを作る

枝村　晶子（前掲）
　　鍵｜国語の力試し

［板書作成協力者］

青野　祥人（大田区立大森第四中学校）

原田　涼子（世田谷区立太子堂中学校）

天童　虹（葛飾区立中川中学校）

村松　和（港区立白金の丘中学校）

大橋　京佳（足立区立千寿桜堤中学校）

吉川　彩香（国立市立国立第二中学校）

渡邉　健士朗（小笠原村立小笠原中学校）

田中　彩英子（港区立港陽中学校）

【編著者紹介】

田中　洋一（たなか　よういち）

東京女子体育大学名誉教授。横浜国立大学大学院修了，専門は国語教育。東京都内公立中学校教諭を経た後，教育委員会で指導主事・指導室長を務め，平成16年より東京女子体育大学に勤務，令和５年度より現職。この間，中央教育審議会国語専門委員，全国教育課程実施状況調査結果分析委員会副主査，評価規準・評価方法の改善に関する調査研究協力者会議主査などを歴任する。平成20年告示学習指導要領中学校国語作成協力者，光村図書小・中学校教科書編集委員，21世紀国語教育研究会会長。著書・編著書多数。

改訂　板書＆展開例でよくわかる
指導と評価が見える365日の全授業
中学校国語　２年

2025年３月初版第１刷刊　Ⓒ編著者　田　中　洋　一
発行者　藤　原　光　政
発行所　明治図書出版株式会社
http://www.meijitosho.co.jp
（企画）林　知里（校正）川上　萌
〒114-0023　東京都北区滝野川7-46-1
振替00160-5-151318　電話03(5907)6703
ご注文窓口　電話03(5907)6668

＊検印省略　　組版所　長野印刷商工株式会社

本書の無断コピーは，著作権・出版権にふれます。ご注意ください。
教材部分は，学校の授業過程での使用に限り，複製することができます。

Printed in Japan　　ISBN978-4-18-491218-2
もれなくクーポンがもらえる！読者アンケートはこちらから →